WOLF-ULRICH CROPP

IM SCHATTEN DES LÖWEN

NAMIBIA, BOTSWANA, SIMBABWE – VON HORIZONT ZU HORIZONT

1. Auflage 2018
© 2018 DuMont Reiseverlag, Ostfildern
Alle Rechte vorbehalten
Gestaltung: Herburg Weiland, München
Titelfoto: Dan Kidwood / Getty Images
Karten und Fotos Innenteil: Wolf-Ulrich Cropp
Umschlagkarte: Gerald Konopik, DuMont Reisekartografie
Printed in Spain
ISBN 978-3-7701-8295-4

www.dumontreise.de

*Meiner lieben Frau Christiane,
die mich reisen lässt*

INHALT

Prolog   8

Simbabwe
Geheimnisvolles Gemäuer   13
Der Heldenacker   26
Auf dem größten Stausee der Welt   45
Mosi Oa Tunga – ›Donnernder Rauch‹   60
Durch verdammt wildes Wasser   69
Zwischen Hippos und Krokodilen   75

Botswana
Chobe und das KAZA-Projekt   92
Maun, Treffpunkt der Abenteurer   114
Ein Strom ohne Mündung   120
Pirschfahrten   132
Safari zu Fuß mit Betrachtungen zur Spezies Mensch   149
Die letzte Generation einer Naturgesellschaft   167
San in den Tsodilo Hills   182

Namibia
Buntes Windhoek, ein Wiedersehen   204
Katutura, das afrikanische Windhoek   215
Die Story der magischen Steine   231
Das moderne Diamantengeschäft   268
Nach Westen an die Küste   288
›Blühende Steine‹, uralte ›Pflanzenpolypen‹
und andere Sukkulenten der Namib   292
Ein Streifzug durch Swakopmund   300

Wüste muss man spüren!	315
Sandwich Harbour, eine Feuertaufe	326
Die sonderbaren *little five*	333
Ein Versteck, Sossusvlei und eine Farm in der Wüste	344
Zwei Abgründe	361
Schicksalsplateau Waterberg	370
Die Etosha-Pfanne	383
Dramen an der Skelettküste	397
Im Kaokoveld	409
Ockermenschen vom Omumborombonga-Baum	416
Zitatnachweis	434
Verwendete und weiterführende Literatur	436

Prolog

Viele Jahre nach meiner ersten Reise durchs südliche Afrika habe ich mich aufgemacht, meine Sehnsuchtsländer Simbabwe, Botswana, Namibia wieder einmal zu bereisen. Nicht auf der von den meisten Gesellschaften als Bestseller angepriesenen West-Ost-Route, die in Windhoek oder Swakopmund beginnt, dann in die Etosha-Pfanne und weiter nach Botswana und ins Okawango Delta, in den Chobe-Nationalpark und bis zu den Victoria-Fällen führt, wo sie endet. Zweifellos eine herrliche Reise, die ohne besondere Mühen in zwei Wochen zu absolvieren ist und außer Unternehmungslust, Teamgeist und etwas Staubresistenz keine Outdoor-Erfahrung voraussetzt. Und dennoch einen tiefen, ja bleibenden Eindruck von einmaliger Landschaft, Tier- und Pflanzenwelt hinterlässt. Allerdings erlebt ein so Reisender alles nur als flüchtiger Zaungast, der aus seinen Beobachtungen womöglich falsche Schlüsse zieht, weil ihm die Probleme, die Zusammenhänge, Nöte und Hoffnungen verborgen bleiben. Verborgen bleiben müssen!

Beryl Markham, die britische Flugpionierin, Autorin und Abenteurerin, sehr mit Afrika verbunden gewesen, spricht mir aus der Seele: »Afrika ist mehr als ein Land – es ist ein Wesen, geboren aus den Hoffnungen und Träumen von Menschen. Und deshalb gibt es so viele Afrikas. Es gibt so viele Afrikas, wie es Bücher über Afrika gibt – und es gibt so viele Bücher darüber, dass keines Menschen Leben ausreicht, sie alle zu lesen. Wer ein neues Buch über Afrika schreibt, mag eine gewisse Befriedigung empfinden bei dem Gedanken, dass das Bild, das er von Afrika entwirft, mit keinem anderen Bild vergleichbar ist. Nur muss er mit der hochmütigen Zurückweisung all jener rechnen, die an ein anderes Afrika glauben.«

Etwas verschämt sitze ich nun also am Schreibtisch und schreibe ein weiteres Buch über Afrika. Warum? Weil ich mir Zeit genommen habe, die Reise gegen den Touristenstrom unorganisiert von Ost nach West zu unternehmen. Weil ich Simbabwe, die einstige Kornkammer Afrikas, etwas genauer kennenlernen wollte und weil mir am Herzen lag, die letzten Naturgesellschaften der San und Himba erleben zu dürfen, bevor sie restlos assimiliert und Afrika entschwunden sind. Ja, ich war gespannt und neugierig auf das, was mich erwartete, und ich hoffe, ein wenig meiner Neugier auf den Leser übertragen zu können.

SIMBABWE

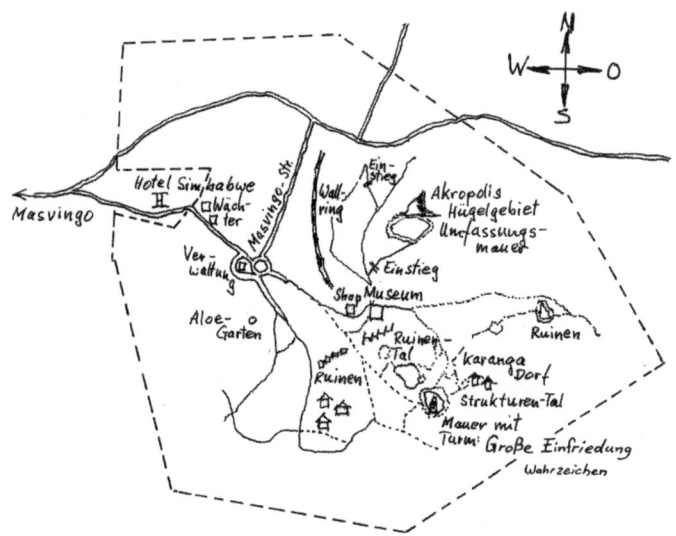

GROSS SIMBABWE NATIONAL PARK

Geheimnisvolles Gemäuer

In den Morgenstunden meiner Verhaftung, Arrestierung, Festnahme – verdammt, es ist egal, wie man es nennt, wenn man in seiner Freiheit eingeschränkt wird, gar mit dem Schlimmsten zu rechnen hat, bin ich einfach zu spät aufgewacht, um abzuwenden, was sich da anbahnte. Das Schnabelklappern eines Marabus rief mich aus einem Traum, der weit zurück in die Zeit der europäischen Entdecker führte.

Muss es ausgerechnet ein Marabu sein, der mich da hinterlistig mit schräg gestelltem Kopf beäugt? Sein graues Gefieder sträubt, jetzt den hässlichen Kopf mit dem fleischrosa Kehlsack schüttelt, als wollte er sagen: Warte, mein Lieber, wir sehen uns wieder.

Wie Geier sind Marabus Aasfresser – Vögel, die Unheil verkünden, auf den Tod lauern ...

Ich richte mich auf, fege mit der Hand ein paar Blätter vom Körper. Der grauslichste Vertreter der Storchenfamilie wirft noch einen bösen Blick auf mich, der mir das Gefühl vermittelt: Du hast hier nichts verloren. Hau ab aus Afrika! Er macht einige staksige Hopser, breitet die Flügel aus und schwebt über altes Gemäuer davon.

Ich ordne meine steifen Glieder, setze mich auf einen der im Gelände liegenden Steinquader, die irgendwann einmal behauen wurden, und erinnere mich meines Traumes:

Doch es war kein Traum. Es war vor siebenundzwanzig Jahren Wirklichkeit. Und hier im geheimnisvollen Gemäuer von Groß-Simbabwe, angesichts des rund-konischen, mächtigen Turmes im Zentrum des Heiligtums, muss ich mich an Monomotapas versunkene Macht erinnern. Schlauer wär's, den Rucksack zu schultern und zu verschwinden. Welcher Tourist, der noch alle beisammen hat, sucht sich einen Schlafplatz in einem Trümmerfeld? Dazu in einem, das Präsident Robert Mugabe kontrolliert?

Im Tal flimmerte die Savanne in der Mittagshitze. Nur noch wenige Meter, dann hatten wir den lang gezogenen Bergrücken erklommen und betraten das große Geheimnis Afrikas: Groß-Simbabwe, die einstige Hauptstadt des Monomotapa-Reichs, die Herrin des Bergbaus, wie das Reich genannt wurde. Schon tauchten die Rundhütten des Karanga-Krals – die Karanga sind eine Untergruppe der Shona, eines Bantuvolks – aus dem Busch auf und vom Dorfplatz dröhnte dumpf und schwer die Trommel, die Fremdlinge ankündigte. Wir betraten das Dorf nicht ohne Ehrfurcht. Breitbeinig, selbstbewusst stand er da, Numoro, der Schamane des Dorfes. Während der letzte Trommelschlag als Echo im Tal hing, griff er zum Kuduhorn und, wie in eine Fanfare gestoßen, meldete er: »Simbabwe – Symbol der Freiheit für ein neues Rhodesien«. Oder nur für einen Machtwechsel, eine andere Unterdrückung?

GEHEIMNISVOLLES GEMÄUER 15

Der Shona-Schamane Numoro bläst in sein Kuduhorn

»Ich sehe Asche und Blut – verbrannte Erde«, orakelte der Schamane geheimnisvoll, seine Fetische betrachtend, als wir ihm Stunden später, von der Besichtigung der Steinstadt ermattet, gegenübersaßen. Mögen ihn seine Sehertalente täuschen, hoffte ich. Sicher war allerdings, dass auf der politischen Karte Afrikas ein neuer Name auftauchen würde. Aus Rhodesien, dem ehemaligen Südrhodesien, wurde Simbabwe. Das einstige Nordrhodesien war bereits 1964 Sambia geworden.

Die Namenswahl kam nicht von ungefähr: Archäologen, Ethnologen und Historiker sind sich einig: Groß-Simbabwe war Zentrum der entwickeltsten und zugleich rätselhaftesten Kultur Afrikas südlich der Sahara und ist heute eine erstaunliche Ruinenstätte, deren Steinbauweise von hochentwickelter Architektur zeugt.

Adam Render, ein deutscher Elfenbeinjäger, entdeckte die rätselhaften und vergessenen Ruinen wieder. 1871 führte er seinen

Landsmann, den Geologen, Kartografen und Forscher Karl Gottlieb Mauch, an die Stätte. Mauch fertigte Skizzen und Lagepläne an und veröffentlichte in Deutschland einen ausführlichen Bericht. Groß-Simbabwe lässt sich je nach Sprache der Einheimischen mit ›Große Steinhäuser‹ oder ›Geehrte Häuser‹ übersetzen. Seit Mauchs Veröffentlichung ist Simbabwe bis auf den heutigen Tag ein Irrgarten von Hypothesen und Spekulationen. Der Ursprung der siebenhundertzweiundzwanzig Hektar großen, von Granitblöcken ummauerten Steinstadt verliert sich im Nebel der Geschichte. Die kulturhistorische Bestimmung der Ruinen steht bis heute aus. Wer aber waren nun die Erbauer der Anlage? Wo kamen sie her? Handelte es sich um einen kultischen Ort? Phönizier oder Ägypter seien die Gründer, behaupten die einen, Bantu die anderen, mit ihnen Präsident Mugabe, der Groß-Simbabwe zum nationalen Kulturgut erklärte. 1986 wurde die Stätte Weltkulturerbe.

Kamen die Architekten aus Arabien, dem Nildelta oder dem Inneren Afrikas? War es ein heiliger Ort? Oder eine Wehrstadt für den Goldhandel? Wissenschaftler wälzten die Fragen wie den Stein des Sisyphos. Carl Mauch vermutete, die Ruinen seien bereits über fünfhundert Jahre vor Christus entstanden und es müsse sich um das biblische Goldland Ophir handeln. Dann hieß es, Simbabwe sei eine Niederlassung des Königreichs Saba, damit eine arabische Gründung. Neuere Grabungen, Stilvergleiche und C14-Analysen haben jedoch bewiesen: Die Anlage ist wesentlich jüngeren Datums. Inzwischen steht fest: Bantuvölker drangen vor zweitausend Jahren aus Kamerun in den Süden vor und erreichten im 5. Jahrhundert das heutige Simbabwe. Dort entdeckten sie Metallvorkommen – Eisen, Gold, Kupfer –, die sie abbauten. Die Schmelz- und Schmiedekunst war ihnen aus Westafrika bekannt. Auch trieben die eingewanderten Bantu mit der Küste Handel. Das Metallgeschäft verlieh ihnen Macht und ließ sie das Reich Monomotapa, ›Herr der Minen‹, zwischen Sambesi und Limpopo gründen. Das Königreich war ein Feudalstaat, dessen Herrscher als Priesterkönige verehrt wurden. Im Staat bildete eine Oberschicht von etwa zweihundertfünfzig Personen den Hofstaat aus Priestern und Beamten. Hauptstadt des Reiches wurde um 900 nach Christus, lange bevor die Europäer erschienen, Groß-Simbabwe, die Stadt aus Steinen und Türmen. In der Blütezeit Monomotapas, vom 11. bis 15. Jahrhundert, hatte sie um die zwanzigtausend Einwohner. Groß-Simbabwe war Regierungssitz, Kultstätte und Begräbnisplatz zugleich. Ab dem 16. Jahrhundert erlitt die Monomotapa-Kultur ihren Niedergang, verursacht durch den Einbruch fremder Mächte und zerstörerischen, exzessiven Sklavenhandel, durch Stammeskriege und Überfälle, durch den Run auf die Goldbergwerke, um die Gier Europas nach dem gelben Metall zu befriedigen. Am Fluss Mshagashe traf erstmalig der Monomotapa-Herrscher Gasa Lesere auf den Portugiesen Siveira. Man schrieb das Jahr 1561. Nur wenige Jahre später unterlagen die schwarzen Armeen einer portugiesischen Truppe. Der Herrscher musste die Eindringlinge als ›Schutzmacht‹ anerkennen. Die Goldbergwerke wurden abgetreten, allmählich zerfiel das Reich in Anarchie.

Die mächtigen Ruinen Groß-Simbabwes liegen südöstlich des Ortes Masvingo auf einem gut tausend Meter hohen, von Granitfelsen geprägten Plateau. Ihr Kernstück bildet die Große Einfriedung, auch Tempel genannt. Das gut zweihundertfünfzig Meter lange, zehn Meter hohe und vier Meter starke Felsblock-Mauerwerk umschließt die Residenz des Priesterkönigs, die an ein Labyrinth aus Gassen, Mauern und Steinkränzen erinnert. Ihr Zentrum bildet ein konischer Turm, ein zwölf Meter hoher Kegelstumpf aus Granitquadern, der vierhundert Jahre lang die Macht des Regenten repräsentierte und als Heiligtum Ort religiöser Versammlungen war. In seinem Schatten habe ich genächtigt.

Etwa achthundert Meter nordwestlich der Großen Einfriedung thront auf einem einhundert Meter hohen Granitberg, einer

Fluchtburg gleich, die Bergruine, auch Akropolis genannt. Sie besteht aus einer Vielzahl von Einfriedungen, Plattformen und Höhen, durch die ich gestern gekrochen bin.

Alles, was zwischen Masvingo und dem Lake Kyle geschieht, ist von der ›Stadtburg‹ einsehbar. Zwischen Burg und Tempel erstreckt sich eine Senke, das Ruinental, ein Gewirr aus Mauerresten und Terrassen. Auch der idyllische Karanga-Kral, in dem Numoro, der Schamane, lebte, befand sich bei meinem Besuch vor siebenundzwanzig Jahren dort. Groß-Simbabwe birgt vermutlich noch viele Geheimnisse.

Die Kontakte zu arabischen und persischen Händlern sowie eine erstaunliche Ähnlichkeit der Abschluss-Ornamentik an den Wallanlagen der arabischen Handelsniederlassung Gedi südlich des kenianischen Malindi widerlegen nicht, dass es sich bei der Steinbauweise von Simbabwe um eine eigenständige Bantu-Entwicklung handelt, die ohne fremden Technologie-Transfer verlief, zumal den Simbabwe-Bauten beispielsweise die typisch arabischen Bogenelemente völlig fehlen.

1979 benannte sich Rhodesien in Simbabwe um, nach dem geistigen Mittelpunkt des Monomotapa-Reichs, nach einer großen Epoche schwarzafrikanischer Geschichte, auf die die Bewohner mit Recht stolz sind. Wir werden sehen, was Robert Gabriel Mugabe, erst Regierungschef, dann Staatsoberhaupt, aus dem Erbe gemacht hat ...

All das beschäftigt mich an jenem Morgen in den Ruinen so sehr, dass ich erschrocken herumfahre, als sich von hinten eine Hand auf meine Schulter legt. Zwei Männer haben sich hinter meinem Rücken in Position begeben. Einer, der meine Schulter im Griff hat, trägt die Uniform eines Rangers. Vielleicht auch die eines Dorfsheriffs. Der andere, ein alter Mann mit eingefallenen Wangen und feuchten, traurigen Augen sieht unterernährt aus und trägt Zivil: zerlumpte Hosen, verflecktes Hemd, eine viel zu große, seitlich aufgerissene Jacke.

»Was treiben Sie hier?«, herrscht mich der Jüngere an.

»Ich bewundere Ihr Nationalheiligtum, nach dem Sie Ihr schönes Land benannt haben.«

Meine Schmeichelei fruchtet nicht.

Sein grimmiges Gesicht verheißt Ärger.

»Sie haben sich in der Nacht im Groß-Simbabwe-Park herumgetrieben. Das ist verboten!«

»Ich habe die Atmosphäre bei Vollmond genießen wollen. Außerdem darf man hier campen.«

Für Sekunden ist er irritiert. Wechselt Blicke und einige Worte mit dem Alten, wohl einer der Parkwächter, der mich als Parkstreuner ausgemacht und angezeigt hat.

»Campen ist nur an bestimmten Plätzen gestattet – wenn man sich angemeldet hat.«

Schon gestern fiel mir auf, dass der Park so gut wie nicht besucht wird. Mutterseelenallein stolperte ich durch das Ruinengelände. Warum auf einmal dieses Theater?

»Ich bin Tourist aus Deutschland.«

Wieder tuscheln die beiden miteinander, sicher in Shona, der Sprache dieser Region. Ich verstehe nichts.

»So, aus Deutschland. Das Land gehört nicht zu unseren Freunden!«, antwortet der Sheriff jetzt barsch. Der Parkwächter pflichtet eifrig kopfnickend bei. Oh weh, da habe ich einen eklatanten Fehler gemacht. Zu spät fiel mir ein: Auf dem EU-Afrika-Gipfel Anfang Dezember 2007, es war in Lissabon, sagte unsere Bundeskanzlerin Angelika Merkel: »Wir dürfen nicht wegschauen, wenn Menschenrechte mit Füßen getreten werden«, und ergänzte: »Der jetzige Zustand Simbabwes schadet dem Bild des neuen Afrikas.« Die Reaktion folgte prompt: Präsident Mugabe bezeichnete die Staaten, die sein Land kritisierten, als arrogante »Viererbande«, dabei wurde er von Südafrikas Präsident Thabo Mbeki und Abdoulaye Wade, dem Präsident des Senegals, unterstützt.

In der Tat hatten Landenteignungen, politisch motivierte Morde, Wahlbeeinflussungen und -fälschungen Mugabe im Westen nachhaltig geschadet. Journalisten, besonders kritische weiße, leben in seinem Staat gefährlich. Nicht wenige sind aufgegriffen, gefoltert, sogar ermordet worden. Das verwundert nicht, so wie er die Herren von einst öffentlich verteufelt. Und erfolgreichen Farmern die Höfe durch *warvets*, Kriegsveteranen, besetzen lässt.

»Ihren Pass und Ihren Rucksack! Will sehen, ob Sie Gegenstände entwenden wollten.«

Den Pass aus der Hand zu geben ist in Simbabwe gefährlich. Wenn du ihn nicht zurückbekommst, bist du verloren. Ich lenke den Sheriff ab, indem ich ihm den Rucksack reiche und etwas öffne. Seine Hände gleiten ins Innere, wie die eines geübten Taschendiebs. Ungeduldig stülpt er den Rucksack aus und wühlt in Wäsche, einer Reiseapotheke, Papieren zur Reise und anderen Utensilien. Erstaunlicherweise interessiert ihn die Kamera nicht. Nun zieht er den Reißverschluss eines recht versteckt gelegenen Innenfachs auf. Mir bleibt das Herz stehen, als er einen Reisepass herauszieht. Mit gierigem Blick blättert er die Seiten durch.

»Wo ist das Visum?«

»Ich habe ein gültiges Visum!«

»Wo? Ich bin Polizist und will Ihr Visum sehen. Oder Sie sind als Illegaler verhaftet!«

Ich reiße ihm den Pass aus der Hand. Er packt mich. Es bahnt sich ein Handgemenge an. Aus meiner Lederjacke ziehe ich einen anderen Pass.

»Hier. Es ist alles in Ordnung.«

Genüsslich schnalzt der Sheriff mit der Zunge.

»Aha, zwei Pässe. Journalist? Spion?«

In manchen Ländern Afrikas bedeutet das Wort Spion ein Todesurteil, das Wort Journalist, wenn nicht gerade akkreditiert, Verhaftung, Gefängnis, Folter. So auch in Simbabwe.

Nun sitze ich wirklich bis über beide Ohren in der Scheiße. Ohne Hoffnung, da herauszukommen. Angstschweiß läuft mir den Rücken herab. Fast weinerlich erkläre ich, Tourist zu sein, der weiter nach Botswana und Namibia reisen wolle. Vor zwei Tagen in Harare angekommen und mit dem Bus nach Masvingo gefahren sei. Ein freundlicher Pkw-Fahrer habe mich nach Groß-Simbabwe gebracht. Weil ich den beeindruckenden Ort nach vielen Jahren wiedersehen wollte. Mich interessiere die Tier- und Pflanzenwelt, keine Politik.

»Lüge! Sie wollen über unser Land Unwahrheiten verbreiten, unseren Präsidenten, der in ganz Afrika ein Held ist, verunglimpfen. Sie kommen mit. Ich werde Sie der CIO übergeben.«

Mein Gott. Das wird ja immer schlimmer. Die CIO, die Central Intelligence Organisation, ist der Geheimdienst in Simbabwe. An deren Händen klebt 'ne Menge Blut.

Bis auf die Kamera stopft er die Ausrüstung zurück in den Rucksack. Grapscht nach dem Ersatzpass.

Pässe und Kamera werden konfisziert. Vom Landgendarm und dem alten Wächter in die Mitte genommen, marschiere ich zum Ausgang. Vorbei am Museum, hin zum Parkplatz, auf dem ein verlassener Land Rover steht. Alles liegt friedlich im gleißenden Licht der Morgensonne. Die vertrackte Situation durchlebe ich wie in einem unheimlichen Albtraum. Ich werde zum Geländewagen geführt, die Tür wird aufgerissen, der Sheriff drückt mich auf den Beifahrersitz. Ohne mich eines Blickes zu würdigen, eilt der Parkwächter zu seiner Pförtnerloge, wo sich auch ein Laden und Toiletten befinden. Sicher wird er den ganzen Tag mit geschwollener Brust dasitzen, in der Hoffnung auf Belobigung oder Prämie, so umsichtig zur Ergreifung eines Staatsfeindes beigetragen zu haben. Im Land Rover spiele ich gedanklich verschiedene Szenarien einer Flucht durch. Doch nichts erscheint mir sinnvoll oder aussichtsreich, um mit heiler Haut davonzukommen. Ich bin verdammt noch mal dem bewaffneten Sheriff ausgeliefert! Kann froh sein, dass er mir noch keine Handschellen angelegt hat.

Wir rumpeln über eine Schotterpiste Richtung Norden. Der Dorfpolizist jongliert den Wagen an Schlaglöchern vorbei, die den Weg wie aufgereihte Krater markieren. Die Strecke hat Symbolcharakter: Steinig und voller Schlaglöcher war der Weg der afrikanischen Länder in die Unabhängigkeit. Das trifft besonders für Simbabwe zu. Wie nahe liegen doch Aufstieg und Untergang beieinander, denke ich in diesem Moment. Simbabwe ist mit großartigen Zukunftsaussichten 1980 in die Unabhängigkeit geschritten. Mugabe galt als Garant für ein gedeihliches Miteinander zwischen schwarzen und weißen Bürgern. Alles war intakt: soziale Einrichtungen, Infrastruktur, Schulen, Krankenhäuser. Die Landwirtschaft war mit Abstand die erfolgreichste Afrikas. Deren Produkte wurden weltweit exportiert und ernährten die eigene Bevölkerung. Und heute? Keine eigene Währung, kaum Bildung, weil die Schule für viele unbezahlbar ist. Zusammengebrochene Landwirtschaft, Flüchtlinge ... Ich mag nicht weiterdenken. Alles in einem so schönen Land mit fruchtbaren Böden, reich an Rohstoffen, bei größtenteils gesundem Klima. Was veranlasst die Menschen, ihrem Despoten die Treue zu halten? Propaganda? Hass auf erfolgreiche Weiße? Mugabes langer Kampf gegen Ian Douglas Smith, bis 1979 Premierminister von Rhodesien? Wie ich meine Situation einschätze, werde ich die Antworten nicht mehr finden ...

Gerade schlägt der Wagen hart auf. Beide stoßen wir mit den Schädeln ans Chassis und müssen grinsen. Dann zieht der Rover nach rechts, ist kaum zu halten. Dem Schutzmann vergeht das Grinsen. Er bremst und besieht sich den Schaden. Plattfuß! Als ich auch aussteigen will, raunzt er mich an:

»Sitzen bleiben!«

Die Tür wird verriegelt.

Er steigt aufs Wagendach, wo ein Ersatzreifen montiert ist. Das Ruckeln nimmt kein Ende. Der Sheriff kann den Reifen aus der Verankerung nicht lösen. Ich klopfe gegen das Dach. Er klettert herunter und lässt mich raus. Der Reifen wurde mit einem Bügel, der mit einem Kreuzschlüssel zu lösen ist, am Dachgepäckträger montiert. Mit einem Schweizer Messer, der Sorte mit den meisten Anwendungsmöglichkeiten, mache ich mich ans Werk. Der Bügel lässt sich abschrauben. Von Minute an schaue ich in das Gesicht eines freundlichen Landgendarmen. Meine Rettung? Gemeinsam wuchten wir den Ersatzreifen vom Dach und tauschen ihn gegen den defekten. Die Weiterfahrt verläuft wesentlich entspannter. Dennoch müsse er mich der CIO melden, um nicht selbst Probleme zu bekommen. Schließlich habe ihn Jonas, der Parkwächter, zum Einsatz gerufen. Als wir an verwilderten Farmen vorbeikommen, plaudern wir über die Errungenschaften der ZANU-PF-Partei (Zimbabwe African National Union – Patriotic Front) Mugabes und die Verräter der Oppositionsparteien ZUBU und ZimFirst (Zimbabwe First Party, heute: National People's Front, NPF), die mit den Weißen zusammenarbeiten. Ich ringe mir ein gequältes Lächeln ab. Sage ihm, erstaunt zu sein, dass in dem Land so vieles funktioniere. Die Menschen von besonderer Freundlich- und Herzlichkeit seien. Ich überzeugt sei, dass sich künftig alles noch besser und erfolgreicher entwickeln werde. Sein Gesicht verfinstert sich und ich befürchte, die falschen Worte verwendet zu haben.

»Richtig, wir benötigen Zeit und Geduld. Beides verlangen wir auch von Amerika und Europa, besonders von Deutschland!«

Er schiebt seine Schirmmütze ins Genick und schlägt betonend aufs Lenkrad.

»Robert Mugabe ist und bleibt unser Held. Kritik dulden wir nicht, weil sie unser Volk entzweit.«

Ich versuche das Gespräch auf Familie und Kinder zu lenken. Themen, die Afrikaner lieben. Gern scherzen sie auch und mögen sich vor Lachen schütteln. Als ich von meinen Kindern berichte und vier Enkeln, erzählt er von sich. Seine Frau baue Mais, Hirse und Süßkartoffeln an und züchte drei Schafe. Damit könne die Familie gerade satt werden. Sein Gehalt sei zuletzt vor zwei Monaten gezahlt worden. Aber das tue nichts zur Sache. Bisher sei es immer gekommen.

»Wir Shona glauben fest an eine gute Zukunft.«

Um noch näher an ihn heranzukommen, reiche ich ihm meine Hand und sage meinen Namen. Er stutzt, greift aber doch zu und sagt, er heiße Justin Ryoka. Bei Weitem nicht sicher, ob ich Justin von seinem Vorhaben abbringen kann, fange ich an, Witze zu erzählen, in der Hoffnung, dass sie in der Übersetzung bei ihm ankommen. Kurz vor Masvingo erreichen wir die befestigte, lebhaft befahrene Bundesstraße A4, die hinauf zur Hauptstadt Harare, dem früheren Salisbury, führt. Viel Zeit bleibt mir nicht, schon gleiten die ersten, grauen, traurigen Häuser der vierzigtausend Seelen zählenden Provinzhauptstadt, die einst Fort Victoria hieß, vorbei. Justin muss sich vor Lachen schütteln, vielleicht hab ich dann eine Chance.

»Eine hübsche, junge Frau fragt einen Verkäufer: ›Was kostet der Mars-Riegel?‹ Er ganz entzückt: ›Pro Schokoriegel einen Kuss‹! ›Einverstanden!‹, sagt die Frau, ich nehme fünf Stück. Meine Oma bezahlt.« Justin Ryoka schmunzelt.

»Mein Arzt hatte einen Patienten drei Jahre auf Gelbsucht behandelt, bis er feststellte, dass es ein Chinese war.«

Justin lacht.

»Eine alte Dame im Tierpark, am Papageienkäfig, fragt: ›Na, du bunter Vogel, kannst du denn sprechen?‹ Der Papagei: ›Na, du alte Schachtel, kannst du denn fliegen?‹«

Er lacht und ich krame alte Witze aus meinem Gedächtnis, mit denen ich meine Haut retten muss: »Ein gerade vermähltes Paar in Berlin. Sie: ›Ich muss dir gestehen, dass ich farbenblind bin.‹ Er: ›Ich muss dir auch etwas gestehen. Ich komme nicht aus Berlin. Ich komme aus Simbabwe.‹«

Der Polizist stutzt, dann brüllt er vor Lachen und schlägt sich aufs Knie. Mein Gott, der hätte auch total danebengehen können.

Wir rollen durch Masvingo. Er lacht noch und gluckst:
»Erzähl noch einen!«

Mir fallen noch zwei der Sorte ein. Justin amüsiert sich köstlich. Wir schlagen die Handflächen aneinander. Plötzlich stoppt er den Wagen. Sein Gesicht ist wie versteinert. Was hab ich falsch gemacht? Die Angst sitzt mir wie ein heißer schmerzender Klumpen im Magen.

»Mister, ich muss Sie jetzt übergeben, erst der Polizeistation, die bringt Sie nach Bulawayo zur CIO.«

Mir wird schwindelig, nicht nur aus Furcht. Auch vor Enttäuschung.

»Es gibt eine Lösung«, sagt der Sheriff nach einer Weile wie selbstverständlich: »Sie zahlen mir die beiden ausstehenden Monatslöhne. In US-Dollar, versteht sich.«

So taumelt man durch ein Wechselbad der Gefühle.

»Wie viel?«, frage ich.

»Mit etwas Tip hundertfünfzig Dollar.«

Ich handele nicht, bin wahnsinnig erleichtert. Justin greift auf den Rücksitz zur Kamera und händigt sie aus. Die Pässe überreicht er, nicht ohne sich zuvor meinen Namen zu notieren, nebst Passnummer mit den Worten:

»Für den Fall, dass ich es mir anders überlege, Mister. Sie bleiben unter Beobachtung. Sollten Sie Lügen verbreiten, sind Sie dran. Okay – hier.«

Wortlos stecke ich ihm die Scheine zu.

»Ich möchte nach Harare zurück. Wo ist die Bushaltestelle?«

»Ein Stück in diese Richtung, die Leopold Takawiro Avenue entlang, beim Bahnhof.«

Ich steige aus. Er ruft mir nach:

»Keine unwahren Geschichten. Ich melde Sie der CIO!«

Die Wagentür klappt zu. Justin Ryoka dreht und braust davon.

Uff, in einem schmuddeligen Bistro am Bahnhof bei 'ner Cola muss ich das Erlebnis erst einmal verdauen.

Der Heldenacker

Nichts als die Wahrheit berichten, wurde mir nachgerufen. Was verstehen Simbabwer unter Wahrheit? Wurden sie unter Mugabe so indoktriniert, dass sie zwischen Wahrheit und Lüge nicht mehr unterscheiden können? Eigentlich hat mich Justins Mahnung wütend gemacht. Auch weil ich ihm ausgeliefert bin. Nach Lust und Laune kann er mich der CIO melden. Der Geheimdienst steht mit den Grenzübergängen in Kontakt. Ein Hinweis genügt, die Computer aller Übergänge lassen meinen Namen aufleuchten – ich wäre geliefert.

Missmutig wandere ich durch Harare. Schwanke, ob ich Simbabwe mit nächsten Flieger verlassen oder noch etwas verweilen soll. Lichtdurchflutete Straßen, angenehmes Klima, Harare liegt auf einer Hochebene, eintausendfünfhundert Meter über dem Meeresspiegel, und das Treiben der freundlichen Händler am Südrand des Africa Unity Square versöhnen mich allmählich – ich werde bleiben. Mit einem Schinkensandwich und 'ner Flasche Chibuku, Hirsebier, ausgerüstet, suche ich ein Plätzchen am Stamm eines Jacaranda-Baums und lasse mich nieder. Vor mir hat es sich eine Mutter mit drei Kindern auf dem Rasen bequem gemacht. Ab und zu durchquert ein Geschäftsmann den Park, der im Zentrum Harares wie eine kleine, grüne Lunge wirkt. Doch der Africa Unity Square, einst Cecil Square, ist mehr als eine Grünfläche mit dichtem Baumbestand und Springbrunnen. Es ist der Ort, an dem britische Siedler ihre ersten Häuser errichteten. Etwas rechts von mir erinnert ein Bronzedenkmal an den Platz, an dem erstmals der Union Jack, die Flagge Großbritanniens, gehisst wurde.

Meine Gedanken schweifen in die Vergangenheit, die sicher dazu beigetragen hat, dass in Simbabwe so vieles im Argen liegt. Es ist einhundertsechsundzwanzig Jahre her, im Mashona- und Matabeleland beobachteten die Einheimischen eine fremde, seltsame Truppe, die da, aus dem Süden kommend, heraufzog. Ein Treck aus Südafrika war das, der aus Ochsenkarren bestand, von hellhäutigen Menschen angetrieben. Menschen mit wilden, bärtigen Gesichtern, in denen Augen funkelten, nicht braun oder schwarz, nein, blau, kalt und entschlossen. Die langen Bärte und Kopfhaare, einige gelb wie Bienenhonig, ließen sie auf die Afrikaner wie eine unbekannte Art zotteliger Tiere wirken. Doch, oh Wunder, die Eindringlinge trugen Schuhe und große Hüte, traten nicht ängstlich, sondern ungemein selbstsicher auf. Es waren zweihundert weiße Siedler mit einem dreihundert Mann starken Begleittrupp auf der Suche nach Gold und geeignetem Farmland. 1890 kam der Treck an dieser Stelle zum Stehen. Einige der Vortrecker ließen sich nieder und benannten den Platz nach dem damaligen britischen Premier: Salisbury.

Die Pioniere waren in ein Gebiet eingedrungen, größer als England, doch nur sehr dünn bevölkert. Im Osten lebten einige Hunderttausend Shona, im Westen vielleicht zweihundertausend Ndebele. In dem schier endlosen Buschland würde sich niemand bedrängt vorkommen, mochte Lobengula, der König der Ndebele, gehofft haben, als er einem Agenten des britischen Geschäftsmanns Cecil Rhodes erlaubte, in seinem Reich nach Bodenschätzen zu suchen. Wurden ihm doch für die Gefälligkeit Gewehre, Munition, ein Flussboot, sogar ein monatlicher Betrag von einhundert britischen Pfund versprochen. Zu spät erkannte der König, dass die Weißen aus dem Süden nicht nur die Bodenschätze, vor allem Gold, kassierten, sondern gleich das Land vereinnahmten und unter sich aufteilten, als gäbe es die angestammten Bewohner gar nicht. Jeder Weiße erklärte nun auf einmal die ›erworbene‹ Scholle zu seinem privaten Eigentum. Vorausgegangen war, dass die von Cecil Rhodes gegründete British South Africa Company (BSAC) sich von der britischen Krone das Recht hatte verbriefen lassen, die Landaufteilung an weiße Siedler vorzunehmen. 1893 griff Lobengula, der sich und sein Volk hintergangen fühlte, zu den Waffen. Der Aufstand wurde niedergeschlagen. Ein Jahr später starb der letzte Ndebele-König. Doch die Unruhen hielten an. Die Afrikaner wurden durch Landnahme, Viehdiebstahl und die Einführung einer Hüttensteuer weiter unter Druck gesetzt. Das führte 1896 und 1897 zu einem konzertierten Aufstand der Ndebele und Shona, von Simbabwe heute als 1. Chimurenga in Ehren gehalten. Rhodes' BSAC wurde von englischen Truppen unterstützt. Schließlich unterwarfen sich die Ndebele einem diktierten Friedensvertrag. Shona-Aufständische kämpften bis zur blutigen Niederlage. Vorbeugend hatten die Briten bereits die Siedlung Salisbury, ebenso wie Bulawayo, als Fort befestigt. Die weißen Siedler, die das Land bebauten, verstanden sich als rechtmäßige Erwerber. Sie schufen Großfarmen auf Basis von Monokulturen. Mit dem Tabakanbau sicherten sie sich rasch einen florierenden Exportmarkt.

Das durch die gewaltige Landnahme okkupierte Gebiet erhielt den Namen Rhodesien und wurde gänzlich umgekrempelt.

Aus den schwarzen Eignern wurden landlose Arbeiter auf den Farmen, in den Unternehmen der Weißen. Initiiert hatte die ›Eroberung‹ Cecil John Rhodes, als sechstes von neun Kindern eines Vikars in der Nähe von London aufgewachsen. Siebzehnjährig folgte er 1890 seinem Bruder nach Südafrika, wo er sich anfangs mit Gelegenheitsjobs über Wasser hielt. Mit Kompagnons stieg er schließlich in die Diamantensuche und den -handel ein. Mit Fortune, Geschick und Sachverstand gründete er 1880 die De Beers Mining Company, der bald die große Kimberley-Diamantenmine gehörte. Rhodes war von Ehrgeiz besessen – und ein Imperialist. Reichtum allein war für ihn nicht genug. Er begab sich in die Politik. Vom Weltherrschaftsanspruch Britanniens angesteckt, trieb er die Expansion der Kapprovinz ins nördliche Afrika voran, indem er die besagte BSAC, mit weitreichenden Vollmachten ausgestattet, gründete. Am Ende seiner ›Mission‹ verfügte er über ein Gebiet größer als Frankreich und Spanien zusammen, wurde Premier der Kapkolonie und Geheimrat der britischen Königin. Rhodes starb 1902 mit neunundvierzig Jahren – ein Titan, der, welch ein Schlag ins Gesicht des schwarzen Mannes, seine letzte Ruhe auf einem der verehrten Hügel Matopos fand. Jener Stätte, die für die Matabele ein heiliger Platz und Austragungsort einer der letzten schmachvollen Schlachten gegen die weißen Eindringlinge war. Ein symbolischer Stempel des Kolonialisten Rhodes, der diese Grabstätte vor seinem Tod bestimmt hatte.

Nach der Unabhängigkeit Rhodesiens mussten neue Namen her. Für Salisbury wurde Harare gewählt, so hieß ein alter Shona-Führer, nach dem schon das größte Township, heute Mbare, benannt wurde …

Ein fliegender Händler reißt mich aus meinen Gedanken zur Geschichte. Ohne Umschweife lässt er sich neben mir nieder, legt einen Holzkasten mit allerlei Krimskrams und Süßigkeiten ins Gras. Er fixiert mich von der Seite und versucht stereotyp ein Gespräch in Gang zu bekommen.

»Hi, wie geht's dir? – Wo kommst du her? – Ich heiße Moses, wie heißt du?«

Ich brumme vor mich hin: »Kaufe nichts. Will meine Ruhe, den Park genießen.«

»Kein guter Platz, Mister, musst Heroes' Acre besuchen, das ist unsere Geschichte!«

»Heroes' Acre – Heldenacker, noch nie was darüber gehört.«

»Mann, was bist du, Geschäftsmann? Nee, der setzt sich nicht ins Gras. Tourist? Nee, davon gibt es hier keine mehr, treten, wenn überhaupt, in Massen auf. Ha, du bist ein alter, abgebrannter Tramp, ein Weißer, der nicht weiß, wo er hingehört. Stimmt's?«

»Stimmt! Und warum verschwendest du deine Zeit mit einem wie mir? Ich kaufe nichts.«

»Will dir nichts verkaufen, dir nur was erzählen. Ich bin freier Unternehmer, habe alle Zeit der Welt.«

»Okay, Moses, du gibst mir ein paar Bier aus, lädst mich zum Essen ein und zahlst mir ein ordentliches Trinkgeld.«

So ein verdutztes Gesicht habe ich lange nicht mehr gesehen. Nun rollt er mit seinen Kulleraugen, kratzt sich am Kopf und brüllt vor Lachen.

»Wieso das denn?«

»Weil ich sauer bin!«

Damit deute ich die gestrige Konfrontation mit einem Polizisten an, von der ich gehört hätte ... Möchte wissen, was er davon hält. Er lauscht meiner Story und meint:

»*Is it? Shame!* Die Dinge werden sich zum Guten wenden. Da bin ich ganz sicher.«

Wir reden eine ganze Weile über dies und das. Zwischendurch grüßt Moses den einen oder anderen Passanten. Die Zunft der fliegenden Unternehmer Harares kennt sich, scheint gut vernetzt zu sein. Als ich ihn darauf anspreche, meint er: »Alles Kollegen.« Eine staatliche Grundschule sei geschlossen worden. Andere Einrichtungen hätten Lehrer entlassen. Viele Eltern könnten die Gebühren und die Lebensmittel für ihre Sprösslinge nicht mehr aufbringen. »Wir brauchen Zeit. Bald wird alles besser«, ergänzt Moses, unverbesserlich optimistisch. Meint er die Zeit nach Mugabe? Ich will ihn nicht kompromittieren. Nur: Vier Millionen Simbabwer im Exil sind nicht so zuversichtlich. Wenn Moses nach der Erwähnung von Missständen immer ein »Von jetzt ab« an seine Äußerungen hängt, macht das schon stutzig. Auf eine Verbesserung »Von jetzt ab« warten Simbabwer seit über zehn Jahren. Da zwingt sich der Refrain aus dem Musical »Annie« auf, in dem es heißt: »The sun will come out tomorrow, so I better hang on till tomorrow.« Hat unsere eigene Geschichte nicht auch Zweckoptimismus als Überlebensstrategie in der Diktatur verkündet? Und der Bürger hatte ihn bis zum Untergang verinnerlicht? Kurzum, Moses ist ein arbeitsloser Lehrer mit Zeit. Mich interessiert der Heldenacker, der sich sieben Kilometer südwestlich in Richtung Norton befinden soll. Aus der Tiefe des Parks ruft der Lehrer einen Halbwüchsigen heran, dem ich keinen Cent anvertrauen würde. Typ Gangleader: eingeschlagene Vorderzähne, Narben im Gesicht, Baseballkappe quer auf dem Schädel, Kaugummi im Mund.

»Joseph, pass auf meinen Laden auf. Ich fahre mit dem Gentleman zum Acre.«

Das ist es, was mich in Afrika immer wieder fasziniert: die Spontanität, mit der sich auf neue Situationen eingelassen wird. Die Nonchalance, mit der Dinge geregelt werden.

»Auf geht's, ich begleite dich«, sagt Moses.

Joseph hängt sich den Bauchladen um, verschwindet in Richtung Jason Moyo Avenue.

Schon ist ein Taxi herangewunken. Ein alter Nissan rumpelt mit uns und kreischender Musik aus Harare heraus.

»Der National Heroes' Acre wurde 1981 eröffnet und ist von nationalen und sieben Architekten und Künstlern aus Nordkorea konzipiert worden. Es ist ein Friedhof und eine monumentale Gedenkstätte für afrikanische Helden der Unabhängigkeitskämpfe«, brüllt mir Moses ins Ohr.

Schon aus der Ferne ist der Hügel mit dem Obelisken zu erkennen, an den eine mächtige Treppe, gleich einer Himmelsleiter, heranführt.

Auch diese pompöse Gedenkstätte ist erstaunlich schlecht besucht. Sind die Helden von einst in Vergessenheit geraten oder haben sie sich durch unehrenhaftes Handeln ins Abseits manövriert?

Masimura heißt der Führer am sakralen Ort. Er bringt uns an die Statue des unbekannten Soldaten. Überlebensgroß stehen da drei Soldaten in verschiedenen Ebenen auf einem Podest. Der untere hält einen Raketenwerfer, der mittlere, eine Soldatin, hat in der Linken ein Gewehr, mit der rechten Hand drückt sie einen Flaggenzipfel an ihre Brust. Die Flagge selbst wird von einem Soldaten über ihr, stolz in die Weite schauend, getragen. Er hat eine Kalaschnikow geschultert. Ein martialisches Ensemble im Stil altsowjetischer Gestaltungskunst.

Am Eingang gegenüber dokumentiert ein Museum den langen Befreiungskampf. Überall wurde teurer schwarzer Granit verarbeitet. Wir schreiten die Treppe hinauf, die an beiden Seiten von Gräbern flankiert wird. Bisher haben hier einundsiebzig Helden ihre letzte Ruhestätte gefunden. Nicht alle physisch, zumindest aber namentlich und mit einem Foto versehen, bleiben sie in Erinnerung. Masimura zählt Namen auf, die mir nichts sagen: Charles Gumbo, Herbert Mahlaba, Cephas Cele ... Moses legt seine Hand an die Brust.

»Hat man die Helden vergessen?«, frage ich, mehr bedauernd.

»Wie meinen Sie das?«, entgegnet Masimura herausfordernd.

»Dies ist doch ein Wallfahrtsort. Wo sind die Gläubigen?«

»Sie sollten mal am Heroes' Day oder einem Nationalfeiertag hier sein. Fünftausend Menschen finden allein auf den Terrassen Platz. Viel mehr noch möchten Einlass haben!«

Die Frage nach Claqueuren und Jubelstatisten verkneife ich mir.

»Hier ist Platz für hundert Helden«, erklärt der Führer.

Mir fällt auf, dass neben Sally Mugabe, als »Mutter der Nation« gepriesen, Grabstätten freigelassen wurden. Eine ist sicher für ihren Mann, Robert Mugabe, reserviert. Den Präsidenten, der seine vom Volk heiß geliebte erste Frau so schändlich im Stich gelassen hatte. Damals, als Sally von böser Krankheit gepeinigt wurde, machte sich der alte Despot an seine vierzig Jahre jüngere Sekretärin Grace Marupu heran, die ihm, noch während Sally lebte, zwei Kinder gebar. Robert heiratete Grace 1996 pompös aufwendig. Zwölftausend Gäste waren geladen, unter ihnen Joaqim Chissano, der Staatspräsident von Mosambik, und Nelson Mandela. Prasserei war für die Feier eine harmlose Bezeichnung. Ob sich Mandela in der Runde wohlfühlte? Die tote Sally war der Engel der Armen, sie half den Mühseligen und Beladenen, wo sie konnte. Grace ist der Liebling bei Harrods in London, den Galeries Lafayette in Paris, Christian Dior, Rolex, Ferragamo ... eine Person ohne Schamgefühl, stets im Kaufrausch, von Verschwendungssucht getrieben. Macht muss der Bereicherung dienen, ist ihr Credo. Simbabwer, die es wagen oder längst geflüchtet sind, sagen, Grace habe ihren Mann zur selbstmörderischen Landnahme getrieben. Fünf Farmen in ihrem Besitz reichen nicht.

Oben auf dem Berg ragt die weithin sichtbare, vierzig Meter hohe Säule in den Himmel. Wie eine Fackel oder ein ewiges Feuer. Nach achtzehn Uhr nämlich beginnt ihre Spitze zu leuchten. Auf dem Weg hinab kommen wir an eindrucksvollen Bronzereliefs vorbei. Eines zeigt, wie Weiße mit Hunden und Schlagstöcken sich über flüchtende Männer, Frauen und Kinder hermachen. Ein zweites drückt den Jubel der Schwarzen über den Sieg über die Weißen aus. Auf einem anderen Relief eilen Massen, wieder Männer, Frauen, Kinder, vor der Flagge in eine Richtung. Darüber, alles überragend, der Führer Robert Mugabe, der die Richtung in eine verheißungsvolle Zukunft angibt. Nicht erst heute muss man sagen: Er hat sein Volk in die falsche Richtung geschickt. Dem greisen, starrsinnigen Despoten traut sich keiner zu widersprechen und die Opposition ist schwach und uneins.

Der Heldenacker wirkt auf mich beklemmend. Ein kämpferischer, unversöhnlicher Geist schwebt über dem Walhalla Mugabes. Das ist nicht Simbabwe, wie ich es in Erinnerung behalten möchte. Doch wie ist es zu dem Niedergang gekommen?

Auf der Fahrt zurück in die Stadt bin ich mit meinen Betrachtungen allein. Mit Moses kann ich nicht diskutieren, habe den Eindruck, dass er dem System treu bleibt, nichts hinterfragt. Ich muss mich in Acht nehmen. Gerade hat er die Gedenkstätte als große Errungenschaft seines Landes gepriesen. Als einen Ort der Einkehr, aus der ein jeder Afrikaner stolz und gestärkt herausmarschiert.

17. April 1980: Gut einhundertfünfzigtausend *Europeans,* wie die Weißen in Rhodesien, später Simbabwe, heißen, lauschten mit Sorge und Angst im Herzen: Wie wird es weitergehen, nach dem so blutigen, viele Jahre währenden Kampf der schwarzen Guerillas gegen die Regierung Ian Smith? Von Britannien und der übrigen Welt allein gelassen, musste Smith sich von der Macht verabschieden. Im übervollen Rufaro-Stadion von Harare hielt Mugabe eine denkwürdige Rede. Die Weißen trauten ihren Ohren nicht: Der Mann, der bis dato für einen kommunistischen Teufel gehalten wurde, sprach von Versöhnung. Aus Lautsprechern hallte:

»Gestern habe ich euch als einen Feind bekämpft. Heute seid ihr ein Freund und Verbündeter geworden, mit den gleichen nationalen Interessen, der gleichen Loyalität, den gleichen Rechten und Pflichten wie ich. Gestern habt ihr mich gehasst, heute aber könnt ihr der Liebe nicht entrinnen, die euch an mich und mich an euch bindet.« Im Verlauf der Rede versprach er, »einen Strich unter die Vergangenheit zu ziehen«.

Es war nicht zu glauben, was da aus dem Mund des einstigen Todfeinds zur Geburtsstunde des Staates Simbabwe zu vernehmen war und von Satz zu Satz versöhnlicher klang:

»... Nie wäre es zu rechtfertigen, dass, weil die Weißen uns unterdrückten, als sie die Macht hatten, nun die Schwarzen sie unterdrücken müssen, weil sie die Macht haben. Böses bleibt böse, ob es nun Weiße gegen Schwarze oder Schwarze gegen Weiße tun.«

Den friedfertigen Worten folgten Taten, die die Welt in Erstaunen versetzten: In sein erstes Kabinett holte Mugabe zwei weiße Minister, mit seinem Vorgänger Ian Smith traf er sich zum entspannten Gedankenaustausch. Namensänderungen von Straßen und Städten, die Beseitigung der Statue von Cecil Rhodes wurden als harmlose Konzessionen an die neue Zeit hingenommen.

Dank der hochproduktiven Farmen der Weißen war Simbabwe die Kornkammer Afrikas und nebenbei der zweitgrößte Produzent von Virginia-Tabak. Die herrlichen und wildreichen Nationalparks erfreuten sich touristischen Zulaufs. Der Staat verfügte über eine intakte Verwaltung, bis hinab in die Kommunen. Tansanias Staatspräsident Julius Nyerere mahnte: »Du [Robert] hast ein Juwel geerbt. Pass gut darauf auf!«

Mugabe wurde, ob seiner Weitsicht, mit akademischen Würden geehrt und sogar von den Briten zum Ritter geschlagen. 2007/2008 wurden ihm allerdings viele Ehrendoktortitel und die Ritterwürde wieder aberkannt ...

Was war geschehen? Dazu ein Blick auf Mugabes Vita. Er wurde 1924 im heutigen Masvingo, einen Katzensprung von Groß-Simbabwe entfernt, geboren und katholisch erzogen, besuchte eine Jesuitenschule. Der intelligente und wissensdurstige junge Mann vom Volk der Shona studierte an mehreren Universitäten Philosophie, Pädagogik und Wirtschaftswissenschaften. 1963 wurde Mugabe Führer des militanten Flügels der Zimbabwe African

National Union (ZANU). Ein Jahr später wurde er aufgrund seiner Aktivitäten verhaftet und elf Jahre inhaftiert. Mit einem Jura-Fernstudium an der University of London vertrieb er sich seine Zeit als politischer Gefangener. Wieder frei, kämpfte er erneut gegen die Minderheitsregierung Ian Smiths, galt als Marxist und begab sich ins Exil nach Mosambik. Im rhodesischen Busch wütete ein erbarmungsloser Guerilakrieg gegen die weißen Machthaber. Nun erklären sich die versöhnlichen Worte im Rufaro-Stadion: 1979 traf sich eine afrikanische Delegation unter Mugabes Führung zu Waffenstillstandsverhandlungen in London. Im sogenannten Lancaster-House-Abkommen wurde vereinbart: freie Wahlen in einer neuen Republik Simbabwe mit der Verpflichtung, das vorhandene System zehn Jahre lang unverändert zu belassen, außerdem eine Mindestzahl an Weißen im Parlament zu garantieren. Im nächsten Jahr setzte sich in freien Wahlen Mugabe gegen Joshua Nkomo von der ZAPU (Zimbabwe African People's Union) durch und wurde Premierminister. Der einstige Koalitionspartner Nkomo wurde unter dem Vorwand eines Putschversuchs aus der Regierung entfernt und ZAPU-Anhänger waren der Verfolgung durch Mugabes Fünfte Brigade ausgeliefert. Dabei kam es zur Tötung von zwanzigtausend Parteimitgliedern, alle, wie Nkomo, Angehörige des Ndebele-Volks. In den Jahren 1990 und 1996 ließ sich Mugabe als Präsident von Simbabwe bestätigen.

Ab 1990 begann die Zeit der ökonomischen Wende. Lukrative Verträge wurden an ZANU-Parteigenossen vergeben, Farmland infolge einer groß angelegten Landreform an die schwarze Bevölkerung verteilt. Mit Duldung der Partei wurden weiße Farmer von *warvets* (Kriegsveteranen) regelrecht vom Hof gejagt und enteignet.

Landwirte flüchteten in Nachbarländer oder gleich nach Australien oder Neuseeland. Unter der schwarzen Bevölkerung machte sich Arbeitslosigkeit breit, die Verwaltung brach in wichtigen Bereichen regelrecht zusammen. Der Simbabwe-Dollar, dann der

Kwacha, übersetzt ›Morgenröte‹, stürzten ins Bodenlose. Die Inflation galoppierte. Heute besitzt der Staat keine eigene Währung. Es werden nur US-Dollar, Euro, südafrikanischer Rand und der Pula Botswanas akzeptiert.

Um von der desaströsen Wirtschaft abzulenken, fiel Mugabe über Minderheiten her. Dabei traf sein Bann erfolgreiche *Europeans:* Die Weißen seien wie eine Schlange, der man den Kopf abschlagen müsse, hieß es aus seinem Umfeld, was den *warvets*-Horden als Aufforderung zum Plündern galt. Nicht Unfähigkeit war schuld, es waren Weiße, die das Desaster verursachten. Als begabter Demagoge konnte er Tatsachen prächtig auf den Kopf stellen. Eine weitere Kampagne ritt er gegen Homosexuelle: Wurde die Polizei ihrer habhaft, wanderten sie für mindestens zehn Jahre ins Gefängnis. Ein hoher Politiker, Canaan Banana, wegen Homosexualität verurteilt, flüchtete ins Ausland, da er sein Leben bedroht sah.

In der Zeit der Wirren teilte eine kleine, korrupte Elite die letzten Pfründe unter sich und dem Mugabe-Clan auf. Ehemalige Mitarbeiter oder in Ungnade gefallene Genossen bescheinigen dem zum Diktator mutierten Präsidenten psychische Störungen, in erster Linie Paranoia, erklärbar durch jahrelange Verfolgungen und fehlgeschlagene Attentate auf ihn. Seinen Anspruch als Staatsoberhaupt auf Lebenszeit führt er auf seinen Stammbaum zurück, sieht sich als Nachkomme der Könige von Groß-Simbabwe. Durch manipulierte Wahlen ›Herrscher‹ zu bleiben, betrachtet er als sein legitimes Recht. Kritik an seiner Person steht unter Strafe.

Neben mir sitzt schweigend Moses. Was er wohl denkt? Hält er Mugabe auch für einen König oder hofft er, wie wohl die meisten Simbabwer, der Greis hat nicht das ewige Leben? Es kann nur besser werden. Gern hätte ich mit ihm diskutiert, seine Meinung erfahren. Es ist unmöglich, will ich meine ohnehin missliche Situation nicht verschlimmern.

Das Taxi bringt uns zurück an den African Unity Square.

Es ist nicht ratsam, allein durch Harare zu spazieren. Man wird beobachtet. Im unbedachten Moment schlagen Gangs zu, hart und brutal, während die Polizei wegschaut. Das bestätigt auch Moses. Ich schlage ihm vor, mir einen Teil der Innenstadt zu zeigen. Für ein Trinkgeld hat er noch nicht viel geleistet. Die Orientierung im Stadtzentrum ist einfach. Bis auf wenige Ausnahmen verlaufen die Avenuen von West nach Ost, die Straßen von Nord nach Süd. Sie folgen dem Schachbrettmuster vieler Pionierstädte. Moses schlägt einen Gang durch die First Street vor, die Fußgängerzone, die von Läden, schlecht besuchten Cafés, leeren Kaufhäusern gesäumt ist. Gute Stimmung versuchen Straßenmusikanten zu vermitteln. Gerade umtänzelt uns ein Lautenspieler. Auch Schuhputzer und Straßenhandwerker sind emsig bei der Sache. Wir wenden uns östlich in die Baker Avenue.

»Das ist die Anglican Church, das größte Gotteshaus in Harare«, sagt Moses. »Hier baute Canon Balfour die erste Kirche auf noch sumpfigem Untergrund. Von dem ursprünglichen Gebäude ist nur noch ein winziges Altarkreuz erhalten.«

»Und der Komplex da vorn?«

»Das ist unser Parlament.«

»Was geht da vor sich?«, frage ich scheinheilig.

»Na, da wird diskutiert! – Ursprünglich war das Gebäude 1895 als Hotel geplant worden. Drei Jahre später kaufte es die British South Africa Company und funktionierte es zum Gericht um. Seit 1970 erfüllt der Bau seinen heutigen Zweck.«

Das Mittelstück der Robert Mugabe Road zeigt altes, koloniales Salisbury mit zweistöckigen Häusern, deren Balkone und Galerien kunstvoll verzierte Geländer aus Holz oder Eisen besitzen. Unter schattigen Arkaden nähern wir uns der Hausnummer 88.

»Dies ist das einstige Hauptquartier der ZANU, auf das im Dezember 1981 ein Bombenanschlag verübt wurde. Die neue Zentrale liegt westlich von hier in der Rotten Row. Weißt du, was die ZANU-PF ist?«

»Na klar!«, antworte ich.

»Zimbabwe African National Union – Patriotic Front, der wir vieles verdanken. Sie hat uns Simbabwern das Land zurückgegeben. Präsident Mugabe ist ein Held!«

Jetzt weiß ich, woran ich bin – Gott sei Dank bin ich vorsichtig gewesen.

»Wenn wir Glück haben, wird gerade debattiert. Wollen wir reingehen?«

»Gern, wenn wir reingelassen werden.«

Wir tragen uns in ein Gästebuch ein, werden einer Leibesvisitation unterzogen und erfahren, dass unser Aufzug der Würde des hohen Hauses nicht entspricht. Und nun? Ein Aufseher eilt davon und bringt zwei Krawatten, mit einem einfachen Windsorknoten ziehen wir sie uns um den Hals. So wird uns Zutritt gewährt. Ich bin gespannt. Habe noch nie das Parlament eines Diktators betreten. In einem fünfzigsitzigen Besucherraum, der durch Glasscheiben vom Sitzungssaal getrennt ist, nehmen wir Platz.

»Wir befinden uns in der Strangers' Gallery«, flüstert Moses, »die Debatten werden in Englisch übertragen. Unten wird nämlich auch Shona, Karanga oder Ndebele gesprochen.«

Ich schaue in einen atriumförmig angelegten Sitzungssaal, der total verwaist ist. Mein Blick schweift hinüber zum Staatswappen: Auf grünem Schild sind die Ruinen von Groß-Simbabwe zu erkennen. Im Schildhaupt befinden sich blaue und silberne Wellenpfähle. Auf angedeuteter Savanne rahmen zwei aufrecht stehende Kudus den Wappenschild ein. Hacke und ein AK-47-Sturmgewehr kreuzen sich hinter dem Schild. Darüber prangt ein roter, fünfzackiger Stern, aus dem das Profil eines goldenen Groß-Simbabwe-Vogels herausragt. Den Wappenfuß schließt der Wahlspruch: »Unity, Freedom, Work« (Einheit, Freiheit, Arbeit) ab, der wie ein Banner im Wind flattert.

Moses hat bemerkt, dass ich mich dem Wappen widme, und meint:

»Der Schild symbolisiert unsere Megalithkultur, die Wellen darüber unser Naturwunder, die Victoria-Fälle. Und der Vogel verweist auf die bildnerische Kunst unserer Ahnen in Groß-Simbabwe. Mit Kalaschnikow und Hacke haben wir uns die Freiheit erkämpft, die Kudus erinnern an den Wildreichtum unserer Nationalparks, und der aufgehende Stern weist den Weg in eine glückliche Zukunft.«

Im Saal deutet sich keine Veränderung an.

»Die Abgeordneten werden gleich erscheinen«, meint mein Begleiter.

Das Warten überbrückt er mit Geschichten zu Mugabes Errungenschaften. Ich bin beeindruckt, wie ein entlassener Lehrer das Gesellschaftssystem dermaßen positiv sehen kann. Mir zwingen sich Gespräche mit überzeugten Kommunisten in der ehemaligen DDR auf. Armut unter Armen lässt sich ertragen. Armut unter Reichen macht aggressiv.

Nach dreißig Minuten werde ich unruhig.

»Da passiert nichts. Ich bin an Geschichte interessiert ...«

»Gut«, sagt er etwas zerknirscht, »machen wir einen kleinen Spaziergang.«

Wir kommen an einem Haus mit Baldachin und schlanken eisernen Säulen vorbei. Im Gesims steht »A.D. 1902«, an der Fassade und auf einem Schild über dem Eingang »Vasans Footwear Ltd.«.

»Hier siehst du das wohl älteste Kaufhaus der Stadt. In dem werden noch Schuhe verkauft.«

Aus dem kleinen Spaziergang ist ein anstrengender Marsch geworden, der uns ins frühere Queen Victoria Museum, heute das Museum of Human Sciences, führt, das etwas über die Geschichte der Nyanga, deren Terrassenbau und Fallgrubenanlagen erzählt. Ob die Fallgruben für den Tier- oder Sklavenfang angelegt wurden, ist nicht bekannt. Dann geht es weiter den Stadthügel hinauf. Vom Kopje, auf dem 1890 britische Pioniere den Union Jack hissten, haben wir einen Blick über ganz Harare. Bronzeplatten am Harare Toposcope geben hier oben Auskunft über Orte, die während der Kolonialzeit von Bedeutung waren, reflektieren rhodesische Geschichte, die afrikanisch-simbabwische fehlt bislang.

Nun geht es wieder hügelab und sieben Kilometer per pedes durch die Stadt in die Borrowdale Road, wo sich die National Archives befinden. Auf dem Weg dorthin sei der Wohnsitz von Präsident Mugabe zu sehen, informiert Moses.

»Doch Achtung. Die Straße vor dem Anwesen ist gesperrt. Dort postierte Soldaten haben Schießbefehl!«

»Schießbefehl?«, frage ich verwundert.

»Na klar, Attentäter lauern überall. In Europa etwa nicht?«

Später erfahre ich, dass dem Umstand schon mehrere Menschen zum Opfer fielen, da Sperren missachtet und junge Draufgänger erschossen wurden. Sie schlossen zuvor Wetten ab, stellten damit ihren Mut auf eine todbringende Probe.

Ich vertiefe mich in die Ausstellung des Nationalarchivs mit Fotos, Dokumenten und Gegenständen zur Historie des Landes.

Im Besitz des Archivs befinden sich sogar drei Livingstone-Tagebücher im Original, auch umfangreiche Privatpost englischer Schriftsteller und anderer Persönlichkeiten. Ein Gemälde von Thomas Baines zeigt zwei Missionare, die im Einbaum von Afrikanern durch Stromschnellen, wahrscheinlich des Sambesi, gestakt werden. Moses blättert in Kopien mit dem Konterfei Robert Mugabes. Eines betrachtet er fast hingebungsvoll. Er zieht den Abzug aus der Hülle.

»Das Bild würde ich mir gern ins Wohnzimmer hängen.«

»Hängt bei euch noch kein Foto von ihm?«

»Doch, dieses.«

Er zeigt mir ein Foto eines alten Mannes mit halb geschlossenen Augen, der, seinen Kopf stützend, vor einem Mikrofon hockt – das Abbild eines müden, desinteressierten Afrikaners. Moses' Auswahl ist das Porträt eines jüngeren Mugabe mit erhobener Faust und kampflustigem Blick. Am Revers der Anzugjacke stecken Farnkraut und eine Hibiskusblüte. Ich frage mich, ob es verkehrt ist, dem Lehrer das Bild zu kaufen. Warum ihm nicht die Freude machen? Auch wenn ich mich darüber wundere, dass Moses den ganzen Tag mit mir, einem ›Klassen- und Rassenfeind‹, durch Harare marschiert. Neugierde? Aussicht auf eine anständige Bezahlung? Patriotismus? Ich werde es wohl nie erfahren.

Mit dem Mugabe-Foto mache ich ihm tatsächlich eine Freude. Nehme hin, wie es eben ist in Simbabwe. Überall und jedem unsere Maßstäbe aufzuoktroyieren ist keine Lösung. Reisen durch Afrika haben mir das immer wieder vor Augen geführt, wie der heutige Tag mit Moses. Sein Optimismus ist lobenswert und bleibt ihm hoffentlich erhalten. Die Alternative wäre, sich in die Hände von Schlepperbanden zu begeben.

Längst ist die Sonne hinter Harares Hochhäusern verschwunden. Über den African Unity Square sinkt Dunkelheit. Überall streichen Jugendliche herum oder haben sich Leute zusammengerottet, die gierig nach irgendetwas Ausschau halten. So kommt es mir jedenfalls vor. Ich bin froh, in einheimischer Begleitung unterwegs zu sein. Moses pfeift im Park zwei Mal kräftig, aus dem Nichts der Dunkelheit schlendert der jetzt noch finsterer wirkende Joseph mit dem Bauchladen heran.

»He, Bruder, war 'n langer Ausflug, was?«, grüßt er.

»Die Weißen wollen immer alles genau wissen, darum lieben wir sie«, sagt Moses. Beide lachen herzhaft.

Mir graut vor dem Weg zur Unterkunft, die östlich, nicht gerade im mondänsten Bezirk der Stadt liegt.

»*No problem*, wir bringen dich nach Hause«, meint der Finsterling. Hoffentlich täuscht mich meine Menschenkenntnis, zumindest in Bezug auf Moses, nicht. Anderenfalls wäre die Reise spätestens heute zu Ende.

»Wo wohnst du denn?«, fragt Joseph.

»Im Harpers, Baker Avenue, Ecke sechste Straße.«

»Cool, Mann, kenne ich. Da bist du aber unter Schwarzen. Die Europäer geh'n ins Sheraton, Holiday Inn oder in die Cresta Lodge.«

»Na und, wär ich sonst in Afrika? Ich mag die Musik im Harpers.«

Wir machen uns auf den Weg, erreichen unbehelligt die Unterkunft, einen Schuppen, in dem unten Afro-Jazz dröhnt, darüber die Schlafkammern liegen. Der Jazz ist heute besonders heiß. Eine Viermannband holt alles aus ihren Instrumenten heraus. Saxofon, Bassgitarre, Trompete und Schlagzeug lassen die Luft beben und die Gäste im verrauchten, halbdunklen Raum swingen. An der Bar zapft ein exotisches Geschöpf Bier. Anfangs sehe ich nur Zähne und Augäpfel. Allmählich kann ich einen mächtigen Haarkranz und ein verführerisches Dekolleté erkennen. Als ich vor meinem Trip nach Groß-Simbabwe im Harpers nächtigte, hatte ich nur mal kurz der Musik gelauscht. Die Bardame war mir entgangen. Wie kann es anders sein, Joseph kennt sie, winkt und ruft hinüber: »Hei, Manda!«

Obgleich mich die Sightseeing-Tour ziemlich geschafft hat, lassen wir uns mit Chibuku, dem lokalen Bier, nieder. Die Band spielt einen Blues. In der Bar sitzen auch Paare, die sich jetzt erheben und tanzen, eng ihre Körper aneinanderreibend. Manda schwebt ans Mikrofon und haucht einen Song, der in die Tiefe geht und Gänsehaut verursacht. Mit dem letzten »I love you«, begibt sie sich wieder hinter die Bar. Ein zweiter Blues wird von einem Afrikaner mit Rastalocken und offenem Hemd gesungen, aus dem ein goldenes Kreuz herausbaumelt. Plötzlich packt mich jemand am Handgelenk. Manda zieht mich auf die Tanzfläche. Verlegen mache ich meine Tanzschritte. Bald merke ich, verdammt, der Tanz mit dem Vollweib lässt dich zwanzig Jahre jünger sein. Ich ernte interessierte, doch keinesfalls böse Blicke, hier allein, als einziger Europäer im Harpers. Mein Tanz wird immer angepasster. Manda macht sich einen Spaß mit mir. Ich gönne es ihr und gebe ihr an der Bar eine Cola mit Rum aus. Was sie mit Einblicken und Zukunftsmusik honoriert ...

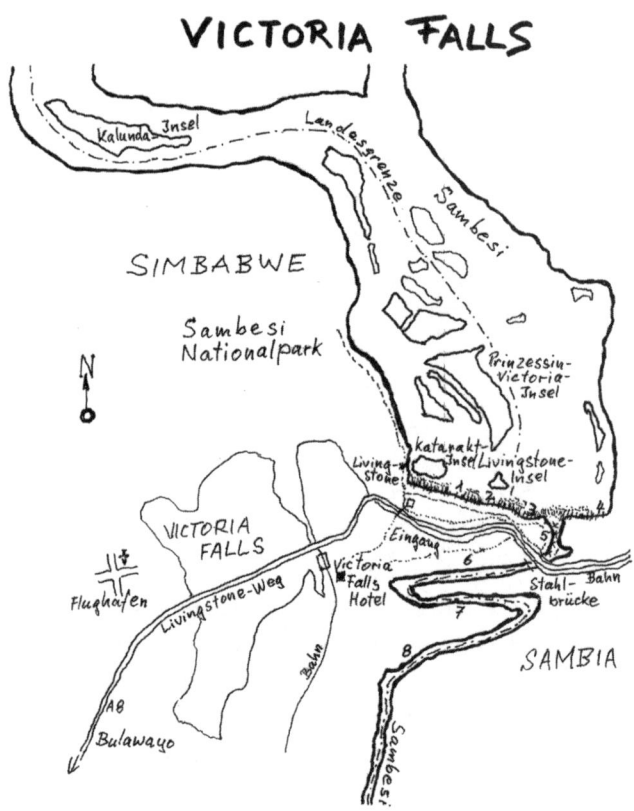

1 Main Falls
2 Horseshoe Falls
3 Danger Point, Boiling Pot
4 Eastern Cataract
5 Es folgen 10 Stromschnellen
6 Second Gorge
7 Third Gorge
8 Fourth Gorge

Auf dem größten Stausee der Welt

Stadt und Politik entronnen, befinde ich mich auf dem Weg nach Binga, einem Achttausend-Einwohner-Ort am Ufer eines von Menschenhand geschaffenen Binnenmeers. Auf Empfehlung von Moses bin ich mit Peter Masiiwa verabredet, einem Mann, der früher im Tourismusbusiness beschäftigt war und sich jetzt mit Gelegenheitsjobs durchschlägt. Wir treffen uns im Hot Springs Hotel, dem das Binga Rest Camp angeschlossen ist.

Peter wartet schon auf mich. Ich erkenne ihn an seinem kahl geschorenen Schädel, einer verspiegelten Sonnenbrille, dann am »Traveller Zambezi«, einem Blatt, das er sich aus Victoria Falls mitgebracht hat, wo er irgendwann mal im Einsatz war. Peter schätze ich auf Mitte vierzig, nicht unsympathisch. An seine zappelige Art muss ich mich erst gewöhnen. Was mich misstrauisch stimmt, ist seine kritische Einstellung zur Regierung, das schlechte Leben, die miserablen Chancen, Arbeit zu finden. Kein Geld, überall Mangel an Lebensmitteln. All das lässt er mich wissen, ohne meine Einstellung zu kennen. Dass sein Kumpel in Harare absolut linientreu ist, müsste er doch wissen. Oder ist er wirklich keiner von Mugabes Anhängern?

Wir beschließen, erst einmal ein Bad in den heißen Quellen zu nehmen. So zur Erfrischung nach meiner langen Busfahrt. Die wirkliche Wildnis von Sambia liege hier, wo der Sambesi zum Meer gestaut wurde, meint Peter. Oberhalb des Hafens von Binga wohnen die Tonga, deren Frauen Wasserpfeifen rauchen, selbst in aller Öffentlichkeit, ein Kind auf dem Rücken, den Wassereimer auf dem Kopf. Ein merkwürdiges Völkchen voller Geheimnisse und Mythen, erzählt Peter, als Shona mit Geringschätzung auf das akephale Bantuvolk herabblickend. Aber das tat schon die englische Kolonialmacht: T'onga bedeutet nämlich ›ohne Kopf / ohne Oberhaupt‹. Eine Gesellschaft ohne Führung? Das Volk interessiert mich. Seit der Schulzeit beschäftigen mich indigene Gemeinschaften und autochthone Völker. Sie sind mit ein Grund meiner Reise. Ich frage mich aber auch, ob Peter der richtige Informant ist.

Er ist der Richtige! Stammt aus Binga, spricht Shona und gutes Englisch, außerdem treibt er ein Fahrzeug auf, mit dem wir jetzt durch die Steppe in Richtung Südwesten fahren. Über Schüttelpisten in ansteigendes Bergland. Merkwürdig, die strohbedeckten Hütten stehen auf Pfählen. Nicht nur, wie üblich, die Vorratsspeicher.

»Gibt's hier Überschwemmungen?«

»Das sind die Behausungen der Tonga. Sie bauen noch so, wie es am Sambesi üblich war. Da trat der Fluss von Zeit zu Zeit über die Ufer.«

»Was weißt du über die Tonga?«, frage ich.

»Nicht viel. Angeblich hatten sie schon zehntausend Jahre lang beiderseits des Sambesi zwischen Devil's- und Kariba-Schlund gesiedelt. Das Gebiet war landeinwärts von Felsen geschützt. Vor anderen Volksgruppen fühlten sich die Leute sicher, weil da unten, im heißen, mit Malaria und Bilharziose verseuchten Gebiet, niemand siedeln mochte. Ihr isoliertes Leben ließ sie in einem Zustand der Rückständigkeit verharren. Die Kindersterblichkeit lag bei ihnen um achtzig Prozent. Schlimm wüteten auch Cholera und Pest oder arabische Sklavenjäger. In den Fünfzigerjahren des letzten Jahrhunderts begannen sich amerikanische und europäische Ethnologen für ihre Sitten und Gebräuche zu interessieren. Merkwürdig war, dass Tonga-Frauen Lendenschurze trugen, viele auch Büstenhalter in Pink, Rot, Blau oder Grün aus einem ortsunüblichen Material. Nachforschungen ergaben, dass zuvor ein griechischer Händler durch ihr Gebiet gezogen war und den Tonga Textilien verkauft hatte.

»Wovon lebten die Tonga?«

»Sie waren Fischer, die etwas Hirse und Gemüse anbauten, Ziegen, auch mal Rinder hielten.«

»Das hört sich nach längst vergangener Zeit an. Was passierte dann?«

»Lass dir das von ihnen erzählen. Oh, Mann, das ist eine traurige Geschichte.«

Einige Kilometer weiter taucht ein Gehöft auf, anders als das der Shona, die ihre Hütten zum Schutz vor Raubwild mit einem Dornenzaun einfrieden. Nein, hier stehen ärmliche Behausungen vom kargen Boden gut einen Meter abgesetzt, mit schäbigem Schilf bedeckt. Ich bitte Peter zu halten. Mit Salz-, Haferflockentüten und einigen Riegeln Seife beladen, nähern wir uns den vier Hütten. Auf staubigem Boden sitzt eine Frau, ein Häufchen Elend, mit einer Haut wie schwarzes Pergament. Unbeweglich hockt sie da, wie eine Pflanze, von feinem Sand umweht. Nur die Augen flackern wie eine Flamme, die jeden Moment auszugehen droht. Und ihr Mund stößt hin und wieder Rauch aus. Sie zieht an einem Mundstück, der *guamombe,* einer aus einer Kalebasse gefertigten Wasserpfeife, die neben ihr steht.

»Das Rauchen der Wasserpfeife ist Frauen vorbehalten«, flüstert mir Peter zu.

Er spricht sie an. Sie löst sich aus der Erstarrung und weist müde zu den Hütten. Etwas zögerlich nähern wir uns ihnen. Ein hagerer Mann mit Hirtenstock und schmutzig-braunem Umhang klettert aus dem Hüttendunkel ins Freie. Peter tauscht übliche Nettigkeiten aus. Wie überall in Afrika geben wir uns die Hand, indem drei Mal zugegriffen wird. Wir gehen auf eine Art Dorfplatz und lassen uns auf Baumstümpfen nieder. Ich schiebe ihm die Gastgeschenke zu. Drei Kinder mit eitrigen Rotznasen lauern im Hintergrund. Auf einen Wink werden die Tüten gepackt und irgendwo deponiert. Wieder schickt der Wind eine Staubböe über die Steppe. Das Gehöft macht einen vergessenen, weltfernen Eindruck, als wäre es in einem Jammertal errichtet worden. Was auch stimmt, wie ich gleich erfahre.

Peter sagt: »Das ist der Dorfälteste. Ich spreche ihn mit *madala* an, die höfliche Anrede für alte Männer. Du kannst ihm Fragen stellen. Er hat die Vertreibung seines Volkes miterlebt.« Ich frage, Peter übersetzt. Gebärdenreich erzählt der Tonga mit brüchiger Stimme, wie es zum Standortwechsel kam.

»Früher lebten die Familien im Tal an beiden Ufern des Sambesi. Es war ein hartes, doch glückliches Leben. Der Fluss und etwas Landwirtschaft reichten, um satt zu werden. Jetzt hungern wir und haben keine Beschäftigung. Niemand mag uns. Wir werden hin und her geschubst. Ja, im Tal waren wir zufrieden. Ein Fest war es, wenn wir mal einen Elefanten erlegt, Fleisch im Überfluss und Elfenbein als Tauschware hatten. Erst als sie uns deportierten, sah ich die ersten Weißen. Wir waren eine große Familie. Vater erzählte, dass eines Tages Fremde erschienen, die versprachen uns ein besseres Leben, Arbeit und Wohlstand oben auf den Anhöhen. Manche glaubten ihnen, verließen das Land ihrer Väter. Viele wollten die Gräber ihrer Ahnen, die Felder, die Hütten nicht im Stich, besonders nicht vom Wasser wegspülen lassen. *Tsikamu,* Hexer,

Wahrsager und Leute, die mit unseren Ahnen in Verbindung standen, warnten, der Anordnung zu folgen. Über unser Volk würde Unheil hereinbrechen, und so kam es auch. Wer nicht ziehen wollte, wurde gewaltsam unter Schlägen verladen. Wie Vieh in Lkws gepfercht. Hier oben, in der Trockenheit, wurden wir abgesetzt. Nein, wie Müll abgekippt! Im dürren, kargen Land. Wir sind Fischer. Wo ist Wasser? Wo ein Fluss?«

»Wurden die Tonga versorgt?«, frage ich.

»Ja, aber nur mit Versprechungen. Schau dich um, so leben wir seit der Vertreibung. Alles wurde weggespült, die guten Geister, die alten Geschichten, Traditionen – alles.«

In seiner Stimme liegt jetzt tiefe Traurigkeit. Müden Schrittes erscheint ein zweiter Tonga, setzt sich zu uns. Als er unser Thema erfasst, ruft er:

»Alle haben uns betrogen, die Weißen und die ZANU-Leute! Der Fluss war unser Segen. Jetzt vertrocknen wir.«

»Ich hörte von Krankheiten und hoher Kindersterblichkeit unten am Fluss«, wende ich ein.

»Da hat sich auch nichts geändert. Früher behandelten wir Kranke mit unserer Medizin. Wenn sie leben sollten, lebten sie, wenn nicht, starben sie eben. Das ist der Lauf der Dinge. Heute werden Kranke auf einen Karren gepackt und tagelang transportiert. Im Hospital kommen viele tot an.«

Der *madala* nickt zustimmend und seufzt:

»Ich habe vier Geschwister hier oben verloren. Ist das ein Vorteil?«

Wir starren über die verdorrte Steppe, fliegender Sand hat sie längst grau gefärbt. Damals habe die Regierung den Tonga versprochen, einen Kanal zu graben, um ihnen Wasser zu liefern, damit Feldfrüchte gedeihen könnten. Nichts sei geschehen. Damit sei auch Nyaminyami gestorben und das sei sehr schlimm.

»Schaut euch um, was bleibt, ist, an Traurigkeit zu sterben!«

»Nyaminyami?«, frage ich neugierig.

Die beiden Dörfler schweigen, als handelte es sich um ein großes Geheimnis, das Fremden nicht erklärt werden könnte. In das Schweigen sagt Peter mit gedämpfter Stimme:

»Nyaminyami ist eine Legende. Seit der großen Veränderung im Tal glauben die Tonga, ihr Schutzgeist habe an Kraft verloren und wache nicht mehr über ihr Volk.«

»Ein Wassergeist? Oder ein Flussgott vielleicht?«

»Wohl beides. In ihrer Mythologie lebt Nyaminyami als Schlange mit Fischkopf im Sambesi, war gütig und versorgte die Menschen am Fluss stets mit Nahrung. In Zeiten der Not schnitt man einfach ein Stück von seinem Schwanz ab. Der, so ihr Glaube, wuchs ständig nach. Eine Art Notspeisung.«

»Und warum soll seine Kraft verschwunden sein?«

»Nun, das hängt mit der Tragödie der Tonga zusammen. Die Fischer erzählen sich, als der Kariba-Staudamm gebaut wurde, befand sich Nyaminyamis Frau in der Teufelsschlucht, um Tongadörfer zu besuchen. Ein mächtiger Damm versperrte ihr den Heimweg, als sie zurück zu ihrem Mann, dem Wassergeist, wollte. Seither muss das Paar getrennt leben, was Nyaminyami traurig und böse stimmte. Er rächte sich, indem er hohe Wellen, von unterirdischen Beben ausgelöst, über den See schickte. Die Tonga sind überzeugt, dass der Flussgott im Sambesi noch existiert, doch helfen kann er ihnen seit dem Dammbau nicht mehr. Alte Fischer sind sicher: Nyaminyami wird eines Tages fürchterlich wütend sein und den Staudamm zerstören. Dann wird es dem Volk wieder besser gehen.«

Auf dem Weg zum Wagen macht Peter Massiwa einen großen Bogen um die rauchende Alte, die immer noch wie versteinert dahockt. Er hält sie für eine *tsikamu tanda,* eine Hexenjägerin, die böse Geister austreiben, aber einen auch, und das mache sie gefährlich, verhexen könne. Dem kann ich nicht beipflichten, gehe zu ihr und lege ihr zwei Stück Kernseife neben die Kalebasse. Seife ist für afrikanische Frauen in entlegenen Gegenden ein begehrtes Mitbringsel. Sie grunzt und verzerrt ihr Gesicht zu einem Grinsen.

Peter war das nicht recht. Im Wagen meint er:

»Es gibt Personen, vor denen muss man sich in Acht nehmen. Man kann nie wissen. Stell dir vor, du brichst dir ein Bein oder hast morgen einen Unfall.«

»Bist du abergläubisch?«

»Natürlich nicht! Hexerei ist was anderes.«

Die Fahrt nach Mlibizi kommt mir vor, als folgten wir dem Trampelpfad einer Elefantenherde. Staub dringt durch alle Fugen, legt sich wie Patina auf die Haut. In Mlibizi angekommen, drehen wir eine Orientierungsrunde, gelangen dabei an die Ausläufer des Stausees mit dem Fähranleger. Von hier aus kann Kariba mit einem hausbootähnlichen Schiff erreicht werden. Den Gedanken, Kariba zu besuchen, wälze ich schon den ganzen Tag. Zuvor geht es um ein Nachtlager. Peter steuert die Mlibizi Lodge an, eine Herberge, die schon bessere Zeiten gesehen hat. Sie wird von weißen Simbabwern gemanagt. Das Ehepaar lebt über vierzig Jahre im Land, hat den Niedergang erlebt, sagt, es sei jetzt zu alt, um fortzugehen, auch wenn die andere Seite, Sambia, weißen Hoteliers und Farmern verlockende Angebote mache. Die Zimmer sind passabel, sogar mit Moskitonetzen ausgestattet. Das gemeinsame Abendessen besteht aus Amstel Bier, Kudusteak, Salat und *sadza,* das ist Maismehl. *Sadza* allein ist das Brot der Armen, ein Magenfüller, ein Hungervertreiber. Das Mehl wird in Wasser zu einem pampigen Brei gekocht. Einheimische formen aus der geschmacklosen Masse Kugeln, die, in braune Soße getaucht, verzehrt werden. Gegessen wird natürlich mit den Fingern der rechten Hand.

Wir sitzen auf der Veranda, die Fliegenklatsche in ständigem Einsatz, das Randalieren der Ochsenfrösche in den Ohren. Das Ehepaar Roberts, so heißt es meiner Erinnerung nach, erzählt uns von den Schikanen, denen sie in der Vergangenheit ausgeliefert waren und bisweilen jetzt noch sind. Dabei nehmen sie bezüglich

Regimekritik kein Blatt vor den Mund. Als Grandville, der Ehemann, von einem eklatanten Fall der Landenteignung erzählt, begibt sich Peter auf sein Zimmer. Ich harre aus, in der Hoffnung, dass es sich nicht nachteilig auswirkt.»Farmer Roy Bennett war eine Institution. Der Enkel eines irischen Einwanderers, der schon 1889 mit den ersten Pionieren ins Land gekommen war. Und er war ein Mann, der die Schwarzen achtete, so wie er von ihnen geachtet wurde. Von den *chiefs* erhielt er die Erlaubnis, zweitausendachthundert Hektar Land in der Nähe von Melsetter, heute Chimanimani, zu bewirtschaften. Er krempelte die Ärmel hoch, schuf nach nur wenigen Jahren eine Kaffee- und Rinderfarm. Zusätzlich eine Safarilodge, weil er in einem landschaftlich attraktiven Gebiet siedelte. Für viele Afrikaner gab's fair bezahlte Arbeitsplätze und die Möglichkeit, sich als Bauern nach modernen Erkenntnissen ausbilden zu lassen. Siedler Bennett und seine Familie waren beliebt, weil sie sich überdies sozial engagierten. Es blieb nicht aus, dass die einheimischen Führer Roy 1999 baten, Verantwortung als Politiker zu übernehmen. Als Mandatsträger eines Wahlkreises. Der Europäer ließ sich überreden. In Harare war das Zentralkomitee der ZANU-PF strikt gegen Roys Nominierung, fürchtete man doch seinen sicheren Sitz. Roy wurde abgelehnt. Eine Abordnung aus Parteivertreten, Polizei, Geheimdienst und Kriegsveteranen machte unumwunden klar, dass er als Weißer bei einer Kandidatur für die Opposition mit seinem und dem Leben seiner Familie spiele. Die erste *jambanja,* Farmstürmung, folgte am nächsten Tag. Das Wohnhaus wurde verwüstet, Roys schwangere Frau gequält. Wenig später erlitt sie eine Fehlgeburt. Dennoch ließ sich der Farmer nicht abschrecken. Er wollte die Wahl für die MDC-Opposition durchstehen ... und gewann für das Movement of Democratic Change den Wahlbezirk Chimanimani. Daraufhin wurde das gesamte Vermögen der Bennetts Schritt für Schritt demontiert. Die Schikanen zogen sich hin, bis in den April 2014. Während des Terrors gab's Tote, Verwundete,

Vergewaltigte. Am Ende hatten die Bennetts eine halbe Stunde Zeit, zu verlassen, was sie einst rechtmäßig erworben und erschaffen hatten«, schließt Grandville seine Anklage.

»Selbst keine Angst, zwischen die Mahlsteine zu geraten?«, frage ich.

»Für Mugabes Schergen sind wir im kargen Nordwesten uninteressant. Haben nichts zu bieten, was sie neidisch machen könnte. Eigentlich kann's nur besser werden, wenn der ›große Führer‹ nicht mehr da ist«, meint Frau Roberts.

»Machen Sie nachts keine Spaziergänge«, mahnt Grandville, »Hippos kommen aus dem Wasser!«

Tags darauf fahren wir zurück nach Binga. Die lange Fahrt mit der Fähre bis Kariba schlage ich mir aus dem Kopf. Es gibt unterwegs ohnehin nicht viel zu sehen, weil die Fähre stets einen ziemlichen Abstand vom Ufer halten soll. Nach einem Besuch im Binga Craft Centre, in dem Handwerkskunst der Tonga gezeigt wird – feine Korbflecht- und Töpferarbeiten neben allerlei Fetischen, mit denen Ahnengeister besänftigt werden sollen –, begeben wir uns zum Hafen. Im seichten Uferwasser, etwas abseits, waschen Frauen Wäsche. Ich bitte Peter, sie anzusprechen, um mit ihnen ins Gespräch zu kommen. Was nicht ganz einfach ist, sie sind misstrauisch. Das entbehrungsreiche Leben hat sie, besonders Fremden gegenüber, schweigsam gemacht. Im Haus und auf den Feldern leisten die Frauen die Hauptarbeit. Ein Seifenriegel macht eine jüngere Wäscherin gesprächig. Ich erfahre, dass das bisschen Geld, das zusammenkommt, von den Frauen verwaltet wird. Die Männer würden es doch nur versaufen oder verspielen. Ihr Mann habe Glück und einen Job als Packer in einem Hotel an den Victoria-Fällen. Dort verdiene er wöchentlich dreißig US-Dollar bei freier Unterkunft und Verpflegung. Das Geld bekomme sie und teile ihm fünf Dollar für Bier und Zigaretten zu. Sie sei fünfundzwanzig Jahre alt und habe vier Kinder. Die Chilangilio Cooperative kaufe ihr manchmal geflochtene Matten oder Tonkrüge ab, weil sie handwerklich begabt sei. Ja, es gehe ihrer Familie, verglichen mit vielen anderen Tonga-Sippen, gut.

»Kannst du fragen, was sie für einen Glauben hat?«, bitte ich Peter.

Der verzieht das Gesicht und meint, so eine persönliche Frage könne er nicht stellen. Er versucht es mit Umschreibungen. Am Ende erfahre ich, dass sie Christin ist, aber an gute und böse Geister glaubt. Von denen hänge zum Beispiel das Wetter ab, sie seien für Krankheit und Gesundheit verantwortlich. Auch glaube sie an Mashawe, einen Geist, der böse Mächte beeinflussen könne. Nun merke ich, dass ihr unsere Fragerei zu intim wird. Sie ergreift die gewaschenen Textilien, hievt sich den vollen Korb auf den Kopf, schreitet nicht ohne Grazie auf nahe Hütten zu.

Am Hafen befinden sich Schuppen und Boote, die etwas ungeordnet ans Ufer gezogen wurden. Wir leihen uns ein Kanu und paddeln in Ufernähe an verwunschenen Buchten vorüber. Ausgerüstet mit einem Karton Chibuku, Bananen und einer Tüte Zebra-*biltong*, getrocknetem, in Streifen geschnittenem Wildfleisch, an dem sich Unvertraute die Zähne ausbeißen können. So verproviantiert, begeben wir uns auf Picknicktour auf dem riesigen Kariba-Stausee. Für die einen Energie und Segen, für die anderen Vertreibung und Tragödie. Während wir auf spiegelglattem Wasser dahingleiten, denke ich an die Entstehung dieses Binnenmeers. Mit knapp zweitausendsechshundert Kilometern ist der Sambesi Afrikas viertlängster Fluss. Im Nordwesten bildet er die Grenze zwischen Sambia und Simbabwe. Schon um 1950 schlugen Ingenieure vor, den Flusslauf bei Kariba durch eine Talsperre zu stauen. Während der Bauzeit, von 1955 bis 1959, entwickelte sich das Dörfchen Kariba zur Stadt.

»He, Peter, wie viele Menschen haben an dem Damm gearbeitet?«

»Über neuntausend Shona-, Ndebele-, sogar Tonga-Arbeiter. Italiener waren die Baumeister. Die Talsperre besteht aus einer doppelt gekrümmten Bogenmauer. Das Fundament soll vierundzwanzig Meter stark sein. Die Kosten beliefen sich auf fast fünfhundert Millionen US-Dollar ...«

»Halb so schlimm, wir haben 'ne Musikhalle gebaut, die kostete fast eine Milliarde«, rufe ich nach hinten.

»Ich hab gelesen, dass der Baufortschritt durch schwere Unfälle und plötzliche Fluten immer wieder unterbrochen wurde. Bei einer soll das Wasser über Nacht um vier Meter gestiegen sein und eine Brücke und Teile des Fundaments weggerissen haben. Auch sollen rund hundert Arbeiter bei den Bauarbeiten gestorben sein. Fertig wurde der Damm 1959. Tore wurden geschlossen, das Wasser konnte steigen, stimmt das?«

»So war's. Doch sechs Monate später bebte die Erde und die Tonga raunten: ›Das ist die Rache Nyaminyamis. Unser Wassergott holt sich den Sambesi zurück. Er wird den Damm zerstören!‹ Tatsächlich gibt es immer noch Erdbeben, die die Wassermassen in Bewegung versetzen. Geisterglaube herrscht auch in der Regie-

Am offenen Ufer staken Flamingoschwärme im Kariba-Stausee

rung. Also baten Abgeordnete die Tonga-Ältesten, ihren Wassergott mit Opfergaben zu beruhigen. Nach zähem Verhandeln fügten sich die Vertriebenen. Es heißt, seitdem sind die Beben seltener und schwächer geworden.«

Während das Wasser stieg, erfuhr das Tal eine gewaltige Veränderung. Zwar waren die Menschen deportiert worden, doch Gräber, Ahnen, Erinnerungen schluckte der Fluss. Für die Wildtiere verschwand ein wichtiger Lebensraum. Dramatische Szenen von Großwild, das sich vor den Fluten retten wollte, gingen um die Welt. Elefanten, Nashörner, Büffel, Leoparden hingen im Geäst von Bäumen.

»Hast du mal was von der Operation Noah gehört?«, frage ich.

»Aber klar doch! Als der Stausee anstieg, wurden viele, viele Tiere bei steigendem Wasserstand gerettet. Wildhüter Rupert Fothergill leitete die Aktion, die allen möglichen Tieren – von Erdhörnchen bis zu Elefanten – zugutekam.«

Erst nach Jahren war das Tal vollgelaufen und ein neues Biotop für Wassertiere entstanden. Besonders die Nutzfischzucht profitierte – an der die Tonga jedoch nicht teilhaben. Ebenso verhält es sich mit der Stromerzeugung. Im Wesentlichen partizipieren die Kupferminen beiderseits des Sees an der Energie.

»Du glaubst doch nicht an den Hokuspokus mit dem Wassergott, oder?«

»Oh je, nein!«

»Und wie erklärt man sich die Beben?«

»Es heißt, der enorme Druck der Wassermassen auf die Talflanken löse sie aus. Induzierte Seismizität heißt das Phänomen. Durch das Wassergewicht werden Beben der Stärke fünf bis sechs auf der Richterskala freigesetzt.«

»Brandgefährlich für Kariba, sollte der Damm brechen.«

Wir paddeln in eine weitere, lauschige Bucht, beobachten Kronenreiher, Kormorane, die hechelnd ihre ausgebreiteten Flügel trocknen, und eine Gruppe Pelikane. Auf einer Sandbank harrt ein anderer Vogel auf einem Bein. Der gefällt mir überhaupt nicht, weil er mich an den Morgen in Groß-Simbabwe erinnert. Peter steuert dicht an die Sandbank heran. Der Riesenvogel bleibt stehen, als wollte er uns provozieren. Seine starren Augen sind auf mich gerichtet, als hätte er eine Vision. Oder eine unangenehme Botschaft für mich. Ich klatsche mit dem Paddel aufs Wasser. Widerwillig erhebt sich der Marabu in die Lüfte.

In der Ferne erscheint etwas Hellbraunes über der Wasseroberfläche und pustet eine Fontäne heraus.

»Da, ein Flusspferd. Wir sollten uns auf Abstand halten. Im Wasser können die Burschen gefährlich werden«, meint Peter.

»Gibt's hier auch Krokodile?«

»Na klar. Doch die bleiben am liebsten in Landnähe.«

Wir paddeln aufs offene Wasser. Hier in Uferferne staune ich über die Ausdehnung des Stausees.

»Weißt du, wie groß der See ist?«

»Vom Volumen her ist er der zweitgrößte Stausee der Welt. Mit einem Fassungsvermögen von einhundertachtzig Milliarden Kubikmetern Wasser. Bis er vollgelaufen war, vergingen fünf Jahre. Seine Fläche beträgt fünftausendsechshundert Quadratkilometer, wenn er gänzlich gefüllt ist. Die durchschnittliche Tiefe liegt bei dreißig Metern.«

»Enorm, da passt der Assuan-, heute Nasser-Nil-Stausee, glatt hinein!«

»Genau, ich kann dir auch sagen, dass er über zweihundertzwanzig, manche sagen um die zweihundertachtzig Kilometer lang und um die zwanzig, an manchen Stellen bis zu vierzig Kilometer breit ist.«

Im Zuge der Erkundung von Betschuanaland in den Jahren 1851 bis 1853 besuchte David Livingstone als erster Europäer den oberen Sambesi. Später folgte er dem Fluss abwärts und gelangte an atemberaubende Wasserfälle, die er nach seiner Königin Victoria Falls taufte. Die Expedition führte ihn 1856 zur Mündung des Sambesi, an den Indischen Ozean.

In Ufernähe suhlt sich ein Krokodil

Achthundert Flusskilometer auf simbabwischer Seite werden von nur vier Brücken überspannt: zwei bei Chirundu, dann die Dammbrücke von Kariba und die Victoria-Falls-Brücke, letztere nach Plänen von Cecil Rhodes.

»He, Schreiberling, wie geht deine Reise weiter?«, ruft Peter vom Bootsende.

»Victoria Falls, Chobe, dann die Okavango-Sümpfe.«

»Victoria Falls. Prima, da komm ich mit. Da ist 'ne Menge los. In der Touristenbranche finde ich sicher Arbeit. Bin schon einige Male da gewesen. Alles ganz anders als im Rest unseres Landes. Kein Wunder bei fast zwei Millionen Touris.«

»Victoria Falls scheint wohl so eine Art Fenster zum Rest der Welt zu sein, oder?«

Ohne sichtbare Zeichen, warum, kräuselt sich das Wasser.

»Schau, ganz in der Ferne: Hippos verlassen das Wasser«, sagt Peter in sorgenvollem Ton. »Das gefällt mir nicht. Da passiert was!«

Aus dem Wasserkräuseln entstehen Wellen, die zusehends wachsen.

»Verdammt, wir müssen schnell zurück. Zieh durch, zieh das Paddel durch!«

Aus dem Norden packt uns starker Wind. Wind und Wellen schieben uns in Richtung Binga. Mir gefällt das.

Peter ruft: »Nun paddel endlich. Ich hab Angst!«

»Angst? Glaubst wohl doch an Nyaminyamis Rache?«

»Quatsch – aber paddel, so stark du kannst!«

Mosi Oa Tunya – ›Donnernder Rauch‹

Kaum zu glauben, noch in Simbabwe zu sein. Der Livingstone Way und andere Straßen sind gesäumt von Souvenirläden, die ihre Auslagen wie Feldfrüchte auf den Gehsteigen ausgebreitet haben. Busse schieben sich durch den Verkehr, suchen mit Autokolonnen Platz auf belegten Parkflächen. In Victoria Falls tanzt der Bär. Der Ort ist eine Touristenhochburg für Reisende aus aller Welt. Schwarze Händler, Sightseeing-Führer, Vermittler, Geldwechsler heften sich an deine Seite und ein Kauderwelsch von Sprachen prasselt auf dich ein. Wenn du antwortest, bist du in ihren Fängen. Das ist nicht Simbabwe, das ist ein Devisenjungbrunnen für die maroden Staatsfinanzen. Natürlich hat er Arbeitsplätze geschaffen. Aber auch allerhand schräge Vögel angelockt, die es auf Handtaschen und Portemonnaies abgesehen haben.

Im Garten des altehrwürdigen Victoria Falls Hotel versuche ich mich erst einmal an den Trubel zu gewöhnen. Ja, auch, in schönen Erinnerungen zu schwelgen. Bevor das Hotel eine Oberklassenherberge wurde, diente es als Unterkunft der Arbeiter, die beim Bau der ersten Sambesi-Überbrückung beschäftigt waren. Die kühne Stahlkonstruktion überspannt den Fluss seit 1905. Peter hat sich längst abgesetzt, will bei Agenturen als Fremdenführer oder Vermittler für alles Mögliche vorstellig werden. In seinem Beruf als Lehrer sieht er in nächster Zeit keine Chance.

Wie schnell sich die Zeit dreht. Damals war ich mit einigen englischen Touristen und Jägern aus Betschuanaland, heute Botswana, als einziger Deutscher hier. Einer der *white hunter* wurde Africa Bill genannt. Typ Hemingway. Er hatte einen kapitalen Kaffernbüffel geschossen und warf 'ne Lokalrunde. Man wurde mit *early morning tea* geweckt. Ich war schon vorher aus dem Moskitonetz geschlüpft, bei Dunkelheit durch den Regenwald dorthin gelaufen, wo David Livingstone in Bronze auf einem Sockel steht und, wenn der Tag anbricht, über die Fälle blickt. Der Weg an den Sambesi war nicht zu verfehlen. Die Richtung gaben donnerndes Rauschen und ein Wasservorhang vor, dessen Gischt bei jedem Schritt intensiver wurde. Im Herbst, April und Mai tosen pro Minute fünfhundertvierzig Millionen Liter Wasser in einer zwei Kilometer breiten Front über einhundert Meter tief in eine enge Basaltschlucht. Dieser Wasservorhang ist zur Regenzeit der größte der Welt. Als Dunstglocke ist er vierzig Kilometer weit sichtbar und gar in einer Entfernung von fünf Kilometern zu hören. Treffend wird er von den einheimischen Schwarzen *Mosi Oa Tunya* – ›Donnernder Rauch‹ – genannt. Im Urwaldsaum prasselt die aufgepeitschte Gischt als Regen nieder. Ich wollte das Schauspiel der aufgehenden Sonne, direkt über dem Fall, erleben. Fröstelnd hockte ich auf einem glitschigen Baumstumpf. Starrte hinüber zum weißen ›Rauch‹, der sich aus der scheidenden Nacht löste, lauschte dem Grollen der Urgewalten, die Kamera unter einem Plastikbeutel anschlagbereit.

Dann war es so weit: Aus dem kochenden Kessel stieg der Sonnenball. Pastell, dann gelb und weiß. Die Schlucht noch schwarz. Wasser und Schaum violett, stetig heller werdend. Der wirbelnde Dampf zerfiel in Milliarden funkelnde Brillanten. Die Sonne schob sich höher, ihr Licht verfing sich mehr und mehr im Dunstschleier und zeugte den Götterstab, einen doppelten Regenbogen, der sich prachtvoll über den Katarakt spannte. Wie im Zeitraffer war ein neuer Tag geboren. Überirdisch schön, wie am ersten Schöpfungstag – und ich durfte ihn erleben, ganz allein dabei sein.

Und Livingstone? Wie erlebte er die Fälle am 16. November 1855?

»Der niedrige Wasserstand erlaubte es, dass der Doktor auf einem kleinen Kahn, wiewohl nicht ohne Gefahr, durch die Stromschnellen nach einer kleinen Insel gebracht werden konnte, die mitten im Strome und hart an der Felskante liegt, über welche die

Die Victoria Falls bei Sonnenaufgang

Wasser sich hinabstürzen. ›Kein Mensch‹, sagte Livingstone, ›wird an dieser Stelle begreifen, wo die Menge Wasser auf einmal herkommt. Der Strom scheint von der Unterwelt verschlungen zu werden.‹ Der Doktor kroch so weit als möglich vor und gewann so einen ziemlichen Einblick in die Sachlage«, schrieb Hermann von Barth in »Livingstone's Reisen in Ostafrika«.

Livingstones Entdeckung der Fälle erfolgte von einer Flussinsel aus, auf der Batoka-Führer Opfer darboten. Sie beteten mitten im Tosen des Wasserfalls, im Angesicht des glänzenden Regenbogens. Die Wahl dieses besonderen Ortes war bestimmt von der Furcht vor einem mächtigen Wassergott. Der im Nichts verschwindende Strom erschien den Menschen geheimnisvoll und unfassbar. Selbst Livingstone war von diesem Naturwunder zutiefst beeindruckt und schrieb, egal, was man in England sehen könne oder gesehen habe, etwas so Schönes könne sich niemand vorstellen. Das Wasser des Sambesi war jahrmillionenlang über hartes Basaltgestein geflossen und hatte weichere Schichten, Sedimente, allmählich weggeschwemmt und so die gewaltigen Fälle entstehen lassen.

Jetzt im September führt der Sambesi weniger Wasser. Ich bin gespannt, wie die Fälle morgen auf mich wirken werden, und gönne mir im idyllischen Garten des Hotels einen zweiten Kamikaze, den speziellen Cocktail des Hauses aus Wodka, Triple sec und Limettensaft. Seinen Namen verdankt der Drink seiner Wirkung, die mit der Stärke japanischer Kamikaze-Spezialtruppen verglichen wird. In der Waagerechten entfaltet er seine volle Wirkung.

Längst wurde das Gelände um den Fall eingezäunt. Der Sonnenaufgang lässt sich nicht mehr wie vor siebenundzwanzig Jahren genießen. Also begebe ich mich, vorbei an Tanzgruppen, Imbissbuden, Souvenirständen, Schleppern und Neppern gegen Vormittag an das beeindruckende, reetgedeckte Eingangstor, wo sich eine endlose Menschenschlange aus aller Herren Länder gebildet hat.

Die Vic Falls, wie sie kurz heißen, sind belagert. Wer sich endlich zur Kasse vorgewartet hat, muss zwanzig US-Dollar Eintritt zahlen. Wasserscheue Touristen dürfen noch einmal zehn Dollar für Regencapes oder Schirme ausgeben. Reiseführer schieben ihre Gruppen links an eine Tafel, anhand derer sie erklären, wie die Wasserfront am besten abzumarschieren ist. Nach der Einweisung überlassen sie die Besucher sich selbst, erholen sich von der ewig fragenden Meute bei kühlen Getränken. Die Sonne hämmert vom Himmel. Sie verspricht einen heißen Tag. Ich werfe einen Blick auf die Orientierungstafel. Alles ist mit Namen und Hinweisschildern versehen. Ein Verlaufen auf den ausgetretenen Dschungelpfaden ist unmöglich. Auf die Affen muss man allerdings aufpassen. Sie lauern scheelen Blickes am Wegesrand, schnappen sich mit Vorliebe Handtaschen, Handys, Lunchpakete oder was sonst so greifbar ist.

David Livingstone steht wie eh und je auf seinem Sockel. Strauchwerk und Bäume in seinem Rücken lassen ihn geradewegs aus dem Dschungel treten, das rechte Bein vorgestellt, den linken Arm kraftvoll in die Hüfte gestemmt. Ein Entdecker mit dem Willen eines Eroberers. Ein Guide meinte vorhin: »Livingstone hat die Fälle natürlich nicht entdeckt. Wir haben sie ihm gezeigt. Er hat sie nur der übrigen Welt bekannt gemacht.«

Vor mir liegt Livingstone Island. Erstaunlich, wie nah ihn die Einheimischen im Boot an die Abrisskante heranbrachten. In einem Winkel am westlichen Ende der Fälle entdecke ich einen kleinen Regenbogen. Ein winziger Rest des heute früh alles umspannenden Götterstabs. Der Sambesi führt zu dieser Jahreszeit nicht die maximale Wassermenge, dennoch umtost mich ein gewaltiges Naturspektakel, das an Main und Horseshoe Falls vorbei bis an den Danger Point oberhalb des Boiling Pot alles klitschnass regnet.

Danger Point: Ich habe mich auf einen Felsen gesetzt und schaue in die tobende Schlucht, etwa hundert Meter tief. »Und wenn du lange in einen Abgrund blickst, blickt der Abgrund auch in dich hinein«, sagt Nietzsche. Erhabene Abgründe wie diese wecken Todessehnsüchte. Nicht ausgeschlossen, dass der eine oder andere sich in den Schlund stürzte, mit der Vorstellung, in Gottes Schoß zu landen. Etwas vorgebeugt, erspähe ich Schlauchboote, kleiner als Legosteine, die sich unterhalb der Fälle durch die *rapids,* die Stromschnellen, des tosenden Flusses schleudern lassen. Faszinierend!

Eine Aussichtsplattform gewährt den Blick auf die Eisenbahnbrücke über den Sambesi. Weltberühmt wurde der Übergang, als sich 1975 Kenneth Kaunda, damals Präsident von Sambia, mit dem seinerzeitigen südafrikanischen Premierminister Vorster in einem Salonwagen mitten auf der Brücke traf, um im Rhodesien-Konflikt zu vermitteln. Am Himmel kreisen und knattern Hubschrauber wie im Film »Apocalypse Now«. Okay, das ist vielleicht etwas übertrieben. Immerhin übertönt das Rotorengeräusch bisweilen den ›Donnernden Rauch‹. Nach drei Stunden habe ich knapp acht Kilometer Rundgang beendet und pausiere auf der angenehm kühlen Terrasse des Rainforest Café. Die Kühle verdankt sich einer Sprühvorrichtung, die einen Vorhang feuchten Nebels herabsinken lässt.

Für den Besucher, der die Vic-Fälle oder den Sambesi nicht nur betrachten, sondern auch spüren will, hält die Touristikindustrie besondere Aktivitäten bereit. Für den einen Idiotie, für den anderen ein besonderer Kick ist der Sprung von der einhundertdreißig Meter hohen Eisenbahnbrücke. Sheerwater Bungee Jump heißt der Satz in die Tiefe und kostet einhundertzwanzig Dollar. Der weder Tod noch Teufel Fürchtende baumelt nach dem Sprung einige Meter über dem wild gurgelnden Sambesi, bis er zurück auf festen Boden gezogen wird. Einen nicht geringeren Thrill bietet der Tanz mit dem Schlauchboot durch die *rapids.* Die Stromschnellen beginnen am Danger Point, dann schleudern die Wagemutigen an markanten Felsen mit Namen wie Selbstmord, Kameragrab oder Weißknöcheliger Todesgriff vorbei. Die unerträgliche

Nähe zur Abrisskante des Wasserfalls zu erleben ist ein weiteres Angebot für Vergnügungssüchtige. Da sitzt man direkt in kleinen Pools, unmittelbar an einer Felskante, an der sich Wassermassen im freien Fall befinden und das Gefühl vermitteln, mit dem Teufel zu tanzen.

Die anderen Möglichkeiten, wie Helikopterrundflüge über die Falllandschaft oder mit Kanus zwischen Krokodilen und Nilpferden vor dem Katarakt paddeln, würde der verflossene Bankchef Hilmar Kopper glatt als Peanuts abtun.

Victoria Falls als Ort lockt mich nicht. Da gibt es nichts Ursprüngliches zu erkunden. Das Bestreben der Menschen ist es, den Touristen auf alle erdenkliche Weise das Geld zu entlocken: in den Cafés, Imbissstuben, den Kaufhäusern, Wechselstuben und sonstigen Einrichtungen. Ohne Tourismus gäb's auch keinen Flugplatz. Das Dinner war erlesen. Die Tropennacht senkt sich herab. Bei Trommeln und Kriegsgeschrei wirbelt eine Tanzgruppe über den Hotelrasen. Erschreckt nehmen die Warzenschweine Reißaus. Gerade lagen sie noch auf den Knien und rupften frisches Gras. Wenn sich Ndebele-Krieger heulend auf ihre Schilde schlagen, flüchten nicht nur Warzenschweine. Selbst Nachtvögel und Fledermäuse flattern davon. Mit einem gewaltigen Luftsprung verabschiedet sich die Kriegstanzgruppe, nicht ohne noch rasch mit einem Bastteller von Tisch zu Tisch zu huschen.

Himmlische Ruhe. Nur ein Käuzchenruf aus der Ferne. Aber dann ... ungläubig wischen wir uns die Augen. Was drückt sich denn da aus dem Dickicht? Tatsächlich ein Elefant. Er wankt ein Stück auf den Rasen, zupft hier und dort einen Ast vom Baum, lässt unschlüssig seinen Rüssel schaukeln. Im Nu steht er im Blitzlichtgewitter. So viel Publicity hat er sich nicht gewünscht. Mit erhobenem Rüssel und angelegten Ohren schlägt er sich zurück in die Büsche.

In der Bar treffe ich auf einen Überredungskünstler. James heißt er, ist Engländer, wie ich gestern eingetroffen. Ich merke sofort: Der Tommy ist kein üblicher Tourist. Sein Äußeres und sein

Gehabe machen ihn zum Individualisten. Irgendwie zum toughen Typen. Auch schon etwas älter, bereist er das südliche Afrika, um sich etwas zu gönnen. Damit meint er: Natur und Wildnis erleben. Und weil ihm die Wildnis hier so gezähmt erscheint, sei es angebracht, den Fluss zu erkunden. Ich verstehe nicht recht, was er meint. Beim nächsten Kamikaze wird er deutlicher und schildert sein Vorhaben, bis ich ihm die Hand reiche und sage:

«In Ordnung, James, gehen wir die Sache an!»

James Marden, stellt sich heraus, war Unternehmer in Oxford, handelte mit Gewürzen aus aller Welt. Afrika kennt er gut, noch in seiner aktiven Zeit war er einmal jährlich im Süden des Kontinents. So zur Entspannung und als Großwildjäger. Das Jagen habe er längst aufgegeben. Es sei keine Herausforderung mehr, ein Tier vor die Flinte zu treiben und dann abzuknallen.

»Mann, waren das Momente in Botswana. Tagelang fuhrst du durch die Wildnis. Echte Wildnis, musst du wissen. Mit einem schwarzen Fährtensucher warst du dann zu Fuß unterwegs. Hitze und Durst durften dir nichts anhaben. Wenn du hungrig, abgekämpft einem Koloss Auge in Auge gegenüberstehst und schießen musst, weil er dich sonst zermalmt – das nenne ich jagen. Großwildjagd muss auch dem Tier eine Chance lassen!«

»Was hast du so gejagt?«

»Meist Kaffernbüffel. Davon gab's südlich des Deltas am meisten.«

»Und wie war das? Ist das 'ne Kunst, ein Tier aus der Herde umzulegen?«

»Hast du 'ne Ahnung! Ich war mal westlich von Maun mit einem Kumpel und zwei Schwarzen unterwegs. Die Lizenz erlaubte, einen Bullen zu erlegen. Nach einem langen Marsch standen wir vor einer Herde, vielleicht hundert Büffel stark. Wir nagelten uns aus Ästen eine Klappleiter als Hochsitz zusammen, nahmen rittlings darauf Platz. Ich visierte einen Burschen mit einer Mordshornkappe an. Im Gedränge der Herde einen sauberen Schuss anzubringen ist verflucht diffizil. Noch dazu, wenn die Hornkappe die Stirn des Bullen unverwundbar macht. Das Licht wurde immer ungünstiger, also drückte ich ab. Die Herde rannte los. Erst nach rechts, dann im Bogen an uns vorbei. Den Bullen hatte ich aus den Augen verloren. Hälse reckend hielten wir nach ihm Ausschau. Da preschte er mit gesenkten Hörnern in unsere Flanke. Tim, mein Kumpel, flog durch die Luft wie ein Vogel. Ich feuerte zum zweiten Mal. Als das Tier zusammenbrach, lag ich neben ihm. Im Sturz hatte es auch mich von der Leiter geholt. Tim hatte sich den Oberschenkel gebrochen, ich drei Rippen.«

James macht eine nachdenkliche Pause und meint:

»Ein andermal gab's Komplikationen auf einer Löwenjagd ... Ach, was soll's, für mich ist die Jägerei vorbei. Ich bin hier, um mich treiben zu lassen. Treiben durch einen Strom herrlicher Erinnerungen. Ich bin frei, auf mich wartet niemand. Den Laden habe ich verkauft. Meine Frau ist gestorben. Die Kinder sind brave Angestellte in London.«

Jetzt zückt er sein Handy, zeigt mir stolz Bilder von Tochter und Sohn.

»Weißt du, ich bin mit Afrika infiziert. Der Virus steckt tief in mir, wie Malaria.«

»In uns«, sage ich beiläufig.

»Das dachte ich mir schon«, antwortet er und kippt sein Glas leer.

Durch verdammt wildes Wasser

James stößt mich mit einem fragenden Blick an, als wir knapp eine Stunde vor dem Abenteuer Sicherheitsanweisungen lauschen. Die ›Abenteurer‹ sind insgesamt acht Burschen, sechs wesentlich jünger als wir, einige mit Wildwassererfahrung. Konrad und Klaus sind Jachtensegler, die schon manch schwere See gemeistert haben. Gut, ich bin vor vielen Jahren im Schlauchboot die Stromschnellen des Omo hinabgeritten. Und James hat Erfahrungen auf dem Yukon gemacht. Was uns hier erwarten soll, ist etwas Spezielles. Es heißt, uns begegnen die – neben denen vom Bío-Bío in Chile – heimtückischsten *rapids* der Welt. Shearwater Victoria Falls hat die Risiken erwähnt. Wir haben den Veranstalter per Unterschrift aus der Haftung entlassen. Nun kneifen? Uns quält das Fernweh. In der Fremde Situationen zu meistern gehört auch dazu. Wir suchen weder das leuchtende Paradies noch wollen wir unter glücklichen Tieren im Garten Eden wandeln oder die Wildnis aus dem Lehnstuhl genießen. James und ich sind seelenverwandt, das haben wir schon an der Bar entdeckt. Der Engländer ist sicher noch eine Umdrehung radikaler.

»Lieber im Bett des Sambesi liegen als im Bett zu Hause«, lautet seine Devise.

Noch bis 1990 organisierte die Firma Sobek Expeditions aus den USA den Wildwasserritt, dabei spielte die Sicherheitsbelehrung eine wichtige Rolle. Der heimische Veranstalter übernahm das Prozedere, auch um die Teilnehmer geistig auf das Bevorstehende einzustimmen. Als vertrauensbildende Maßnahme kommen mir die Hinweise von Henry nicht vor:

»Noch mal zum Einprägen: Gehst du über Bord, nicht in Panik geraten! Cool bleiben, die richtige Stellung einnehmen – wie ist die, James?«

»Füße stromabwärts, Knie an die Brust gedrückt!«

»Richtig. Damit hast du die richtige Position, wenn du dich vom Felsen abstoßen musst. Fliegst du außenbords, möglichst am Tau des Schlauchbootwulstes festklammern. Wenn du Glück hast, ziehen wir dich ins Boot zurück.«

»Und wenn das Schlauchboot umgeworfen wird?«, will Konrad wissen.

»Dann rufst du ein Vaterunser!«

Keiner kann darüber lachen.

»Auf geht's!«, bestimmt Henry.

Schweigsam, gar etwas bedrückt, begeben wir uns hinunter zum Boiling Pot. Das ist ein wirbelnder Strudel am Fuß der Victoria Falls und die erste von zehn veritablen Stromschnellen. Mit jedem Schritt abwärts steigt die Anspannung, nagt die Frage nach dem Warum. Neugierde? Abenteuerlust? Verantwortungslosigkeit? Oder der Drang, den majestätischen Sambesi in seiner reinsten Form zu spüren? Bei mir ist es Erwartung und Bewunderung für unbändige Natur.

Wenn ich mich recke, ist die Ablegestelle zu erspähen. Drei graue Schlauchboote liegen dort vertäut in einer Bucht, vielleicht zweihundert Meter oberhalb des Boiling Pot. Der Pfad über Geröll, Spalten und glatte Felskanten schwarzen Basalts wird immer schwieriger. Das Getöse der Wassermassen lässt uns schaudern. Hier toben sich die Elemente aus. Sturzhelme werden aufgesetzt, Schwimmwesten verschnürt, Paddel gepackt. Platz einnehmen. James hockt rechts neben mir.

»So, Jungs, jetzt wird's ernst!«, brüllt Henry gegen das Getöse. »Alles hört auf mein Kommando! Hier herrscht der Flussgott Nyaminyami. Er wacht über die toten Seelen der Menschen, die der Strom in die Tiefe holte. Wir erweisen den Toten die Ehre und müssen den Flussgott gnädig stimmen, damit er uns passieren lässt.«

Damit wirft er etwas ins Wasser, das wie ein Fetisch aussieht. Ob Henry ein Tonga ist und tatsächlich an Nyaminyami glaubt?

»Paddeleinsatz – und einstechen!«

Gepackt vom mächtigen Sog reißt es uns weg, direkt auf eine Felswand zu – in irrem Schuss. Ich seh uns an der Wand kleben.

»Rechts paddeln, links bremsen!«, brüllt Henry.

Mit hartem Schlag touchiert das Boot den Felsen. Wir werden nach rechts geschleudert, haben den Engpass gemeistert. Sind dem Boiling Pot entronnen. Mit wirbelnden Paddeln versuchen wir, das Boot in den Hauptstrom zu zwingen. Geschafft! Erleichterung. Freudenschreie.

Henry muntert uns auf: »Gut so, Jungs!«

Der Strom fegt uns um eine Kurve. Wie ein Blitzlicht blendet die Sonne. Ein gutes Omen? Ein Wink des Flussgeists? Stromschnelle ist nicht gleich Stromschnelle. Jede hat ihre eigenen Tücken: steile Winkel, verschiedene Tiefen, andere Höhen, unterschiedliche Kräfte. Im Galopp auf wilden Rössern nehmen wir die drei nächsten *rapids*. Fühlen uns wie die Herren wilder Flüsse. Vor uns zeigt Stromschnelle fünf die Zähne. Die gilt es ihr zu ziehen.

Nicht ohne Mordsherzklopfen. Wer hier über Bord geht, den reißt ein Strudel mit. Hat er Glück, wird er irgendwo in Sambia ausgespuckt.

»Keine Panik«, rät Henry.

Der hat gut reden, wenn dir die Luft ausgeht. Plötzlich sind wir mittendrin im rasenden Wirbelsturm. Riesige weiße und grüne Wellen schlagen ins Boot, schwappen über uns hinweg. Und auf einmal steigt die linke Bootsseite höher und höher, wird immer steiler. Henry schreit:

»Gewicht verlagern – Paddeleinsatz!«

Vier Mann fuchteln mit den Brettern in der Luft herum, der Rest kämpft verzweifelt ..., schon fast unter Wasser. Wir da oben hängen uns nach links außen, versuchen, das Umkippen zu verhindern. Bange Sekunden, dann kippt das Schlauchboot zurück. Halleluja! *Rapid* fünf hat uns nicht umgehauen. Stolz kommt auf. Whitewater-Experten weltweit stufen die Nummer fünf des Sambesi auf dem höchsten, gerade noch befahrbaren Schwierigkeitsgrad ein. Die Naturgewalt macht demütig. *Rapid* sechs bezwingen wir problemlos. Unter uns befindet sich das Kameragrab. Mein Apparat hat sich dazugesellt. Leichtgläubig nahm ich an, tolle Aufnahmen schießen zu können. Einer der ersten Brecher schlug ihn mir aus den Händen. Nummer sieben hat uns gepackt und fordert ganze Aufmerksamkeit. Sie wird Land der Riesen genannt, weil die Wellen sich locker auf sieben Meter Höhe auftürmen und das Boot umstülpen. Nummer sieben stellt alles, was wir zuvor durchritten, in den Schatten.

Kaum brüllt Henry: »Achtung!«, schlagen wir über den Schlauchwulst, segeln im freien Fall abwärts, haarscharf an zackigen Felsen vorbei. Felsen, die wie Schaufelräder wirken und nach uns greifen. Eine Wasserwand versperrt Sicht und Wahrnehmung. Sie zieht das Boot in sich hinein. Wir befinden uns im Schleudergang einer Waschmaschine. Wasser hebt mich mit Urkräften aus dem Boot. Das Paddel knallt mir gegen den Kopf. Eine Hand krallt am Wulstseil. Ich hänge am Boot wie einer, der im Galopp vom Pferd fällt, aber noch mitgerissen wird. Das war's, denke ich. Ganz gefasst, ganz nüchtern. Der nächste Felsen zermalmt dich. Lungen schmerzen. Ein Gefühl, als hinge der Kopf in der Klospülung. Strudel wollen dir Hose und Hemd ausziehen. Luftschnappen. Klar, wir sind gekentert. Plötzlich zerrt eine Hand an meiner Schwimmweste. Die Hand eines Ertrinkenden in Todesangst?

Ein Wasserwirbel bringt mich mit dem Mann an meiner Weste nach oben. Luft. Helligkeit. Wo ist das Boot? Wir treiben drei Meter neben dem Schlauchboot über kleine Katarakte zu Tal. Das Boot ist nicht umgeschlagen, aber voll Wasser gelaufen, bis auf drei Mann sind alle über Bord gespült worden. Die Wasserwand hat selbst Skipper Henry in den Sambesi gefegt. James hängt am Halteseil wie Elroy, der Klammeraffe. Zwei Mann versuchen, ihn zurück ins Boot zu zerren.

Maik, im Boot, hat Wildwassererfahrung. Ihm gelingt es, in eine ruhigere Bucht zu steuern. Wir Weggespülten tanzen wie Korken im Wasser, versuchen, durch Schwimmbewegungen in die Bucht zu gelangen. Vier schaffen es. Klaus kann sich aus dem Sog nicht befreien. Ihn reißt es davon. Später war zu erfahren, dass ihn ein anderes Boot rechtzeitig bergen konnte. Henry wird mit vereinten Kräften ins Boot gehievt. Er hat sich beim Sturz ins Wasser am Rücken verletzt. Kleinlaut liegt er im Schlauchboot. Nach einer Weile meint er:

»Ihr seht, Nyaminyami hat auch mit Profis kein Erbarmen, wenn sie ins Land der Riesen eindringen«, und grinst erleichtert.

In Stromschnelle acht werden wir mal wieder an eine Basaltwand geschleudert und verlieren zwei Paddel. Das vorletzte zersplittert am Fels. Gischt peitscht übers Boot. Wir sausen über eine schaumige Fläche, als befände sich unter uns ein Luftpolster. Beim Hochschauen kreisen die Felsen ringsum, als wollten sie herabstürzen, und mitten hindurch durch das Chaoszentrum rast das Schlauchboot ...

»Aussteigen!«, befiehlt Henry in einem ruhigen Bassin.
»Warum das?«, ruft Konrad von achtern.
»Nummer neun müssen wir umgehen. Dieser *rapid* ist nicht befahrbar. Wenn du da über Bord gehst, bist du geliefert. Die Strudel lassen dich nicht mehr los. Die Stromschnelle ist vollständig noch nie durchfahren worden. Es sei denn von Selbstmördern.«

Rapids werden international auf einer Skala von eins bis sechs klassifiziert. Sechs ist nicht befahrbar. Sambesi-Schnellen gehören zur Kategorie fünf plus, machen den Colorado mit seinen *rapids* zur harmlosen Kaffeefahrt.

Also schleppen wir das Boot vor die zehnte Stromschnelle, die wir bravourös meistern. An der Songwe Gorge treiben wir in eine Bucht. Helme und Schwimmwesten werden abgelegt und verstaut. Glücklich und ein wenig stolz, den Sambesi hautnah erlebt zu haben, geben wir uns die Hand. Es ist Nachmittag. Die Sonne schickt ihre Strahlen wie glühende Lanzen herab. Bei Temperaturen um vierzig Grad klettern wir aus der Schlucht, um die Geländewagen zu erreichen, die uns zu den Hotels bringen.

Noch außer Atem meint James: »Was hältst du von einem behaglichen Chill-out?«
»Was meinst du damit?«
»Na, so 'ne entspannte Bootsfahrt oberhalb der Fälle.«
»Werde darüber nachdenken.«

Zwischen Hippos und Krokodilen

Am Ufer des Imbabala Zambezi Safari Camp nimmt uns der Sambesi als gemächlicher Fluss auf. Wir lassen uns treiben, ab und an wird mit dem Paddel etwas nachgeholfen oder korrigiert. Die Uferzone seicht, mit Schilf oder Elefantengras bewachsen oder von Sandbänken durchzogen. Friedlich bis langweilig. Das mag auch an der Hitze liegen, die wie flüssiges Gas über dem Fluss wabert. Ab und zu tuckert ein hausbootähnliches Schiff in Strommitte an uns vorbei. An Bord Touristen, die mit Ferngläsern die Umgebung observieren, um ja nichts zu verpassen. Es gibt nichts zu sehen. Bei dem Motorengeräusch geht jedes Tier auf Tauchstation.

Unsere beiden Boote gleiten in Ufernähe lautlos dahin, wie Enten in der Badewanne. Im ersten Kanu hockt Fred aus Nkayi, ein Shona von der Gesprächigkeit eines Taubstummen. Sagt er mal etwas, ist es von Wichtigkeit. Wenn ein Hippo angreifen sollte, nicht aus dem Boot springen. Dort hätten sie die Wasserhoheit. Nein, kräftig mit dem Paddel aufs Wasser klatschen. Das mögen sie nicht. Wenn die Burschen schon unterm Boot seien, dann habe Klatschen weniger Zweck. Und dann erzählt Fred, Nilpferde hätten mit Abstand die meisten Menschenleben auf dem Gewissen. Löwen seien vergleichsweise harmlos.

»Gut zu wissen«, meint James, der mit mir im zweiten Boot paddelt.

»Könnten uns auch Kroks in die Quere kommen?«, frage ich.

»Warum nicht? Die haben eine andere Taktik. Sie zertrümmern das Boot mit einem Schlag mit dem Schwanz.«

»Wenn's weiter nichts ist.«

Nun schweigt Fred, lässt uns mit kruden Gedanken allein. Angesichts des trägen Wassers, des Friedens ringsum, verflüchtigt sich Besorgnis. Was tut die Ruhe gut, nach dem gestrigen Kampf mit dem Fluss! Die Idee mit der Chill-out-Tour ist keine schlechte gewesen. Zumal wir ausgehandelt haben, auch in Nebenarme und an die eine oder andere Insel zu paddeln.

James Marden ist, ganz nebenbei bemerkt, ein ulkiger Begleiter. Obgleich von ihm schon manches zu erfahren war, bin ich aus ihm bisher nicht schlau geworden. Manchmal kommt er mir vor wie einer, der sich durch die weiten, nebligen Spuren des Lebens schleppt – ein Tramp, der sich nicht rechtzeitig in Sicherheit brachte. Dann wie ein Manager, der ausgedient, sich jedoch Neugierde und Unternehmungslust erhalten hat. Dann entdecke ich ihn als Bruder im Geiste, der nach Afrika gekommen ist, um seiner Bestimmung zu folgen. Ich reise nach Simbabwe zu den Ruinen, schloss die Augen und versuchte, die Vergangenheit zu sehen. Als ich sie öffnete, sah ich ein Stück der Gegenwart. Nun bin ich gespannt, was sich an Vergangenheit und Gegenwart in Botswana und Namibia präsentiert. Was mag James suchen? Das Abenteuer oder mehr? Ich werde es herausbekommen.

Fred zeigt stumm nach rechts.

»Holla, Kroks, gleich zwei mit offenem Maul«, staunt James.

Wir nähern uns und können im gelben Maul des einen Urviechs lebende Zahnstocher erkennen: Vögel, die ungeniert am Sägeband langer Zähne herumstochern. Eine Putzsymbiose. Man hilft sich. Der Minireiher und das Nilkrokodil, bestimmt fünf Meter lang. Beide Kroks liegen noch nicht lange am Ufer. Ihr nasser, schuppiger Panzer glänzt wie schwarzes Lackleder. Krokodile faszinieren mich. Urzeitliche Panzerechsen, deren Art zweihundertfünfzig Millionen Jahre alt ist. Ich kann sie immer wieder bestaunen. Wasser schwappt, die ›Zahnstocher‹ flattern davon, die Kiefer klappen zu, pfeilschnell schießt die Echse in den Fluss. Die zweite folgt.

Von gegenüber vernehmen wir ein behagliches Grunzen, dann Schnauben, dem folgen Fontänen, aus kugeligen Nasenlöchern ausgestoßen. Eine Herde Nilpferde suhlt sich im Schlammwasser. Sie lassen lustig ihre Ohren durch die Luft rotieren, als wollten sie uns durch Drolliges in Sicherheit wiegen. Der schläfrige Sambesi ist aufgewacht. Damit auch Fred, der Guide. Aufmerksam observiert er die Herde. Ist da ein aggressiver Bulle auszumachen?

»Beware of the Hippos«, mahnt er einsilbig.

Wie in Zeitlupe gleiten wir an der Herde von Kolossen vorbei, einige darunter mit Sicherheit drei Tonnen schwer. Sie ist mit sich und träger Badegymnastik beschäftigt.

Kaum zu glauben, das tollwütige Flussmonster Sambesi hier so sinnig fließend zu erleben. Es entspringt ganz unspektakulär der Lundaschwelle, einem Savannenplateau. Durchfließt mehrere Seen, transportiert fruchtbares Schwemmland, stürzt mehrere Wasserfälle hinunter, wird zwei Mal gestaut, mündet schließlich in Mosambik mit einem Delta im Indischen Ozean.

Fred hält nach einer Insel Ausschau, auf der wir einen geeigneten Zeltplatz finden können. Aus hohem Elefantengras schiebt sich eine Dickhäuterfamilie an den Fluss. Das Familienoberhaupt mit weißen, langen Stoßzähnen wirft seinen Kopf hin und her. Schlackert mit den Ohren, als verstünde es die Welt ringsum nicht mehr, steckt seinen Rüssel ins Wasser. Das Kleinkind wieselt ihm zwischen den Beinen herum. Uns schickt der Elefantenbulle einen kurzen Trompetenstoß herüber. So als Warnung: Bleibt auf Abstand!

»Hippos right!«, ruft Fred plötzlich.

Vor dem Boot taucht ein Schädel mit massigem Leib auf. Vor sich her schiebt er eine mächtige Bugwelle. Ein Nilpferdbulle hat sich von seiner Herde gelöst und hält auf unsere Boote zu. Es muss ein kampferprobter Bursche sein. Ich kann an seinem Schädel, auch auf dem Rücken Narben und klaffende Wunden entdecken. Er hat wohl gerade seinen Harem gegen Nebenbuhler verteidigen müssen und ist noch richtig wütend. Unsere Paddel klatschen wie Schüsse übers Wasser. Der Bulle stoppt, reißt sein Maul auf, groß wie ein offenes Scheunentor, zeigt Hauer zum Fürchten: lang wie Schlachtermesser, scharf wie Rasier-

Das offene Maul eines Nilpferdes ist wenig einladend

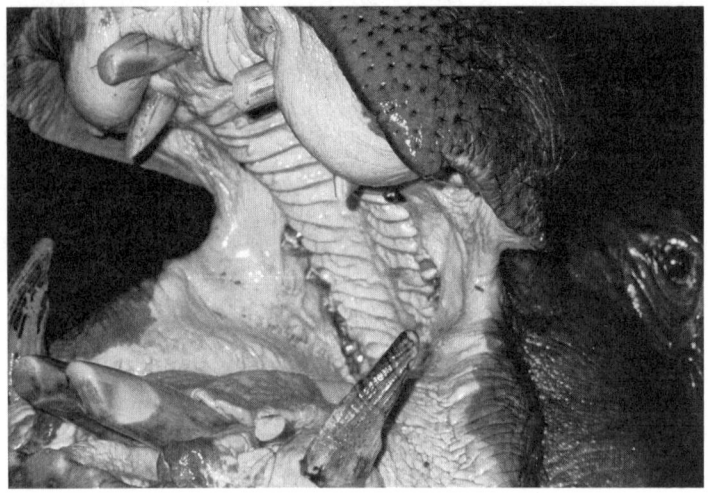

klingen, trotz des klobigen Aussehens. Im klaffenden Rachen stecken drei Schneide- und sieben Mahlzähne. Die Zähne gleichen Baguettes, aufrecht, ungeordnet in einen Rachen gesteckt, der an Riesenwaschbretter erinnert. Ich sehe in listige, blut- und wasserunterlaufene Augen, darunter aufgeblähte Nüstern. Unschlüssig verharrt der Bulle. Stößt Wasser aus den Nasenlöchern, rülpst ungehörig laut. Greift er noch mal an? Dann würde er James und mich aus dem Boot werfen und zubeißen. Aber nicht fressen, weil Flusspferde Grasfresser sind. Pro Kopf und Nacht rupfen sie siebzig Kilogramm mit ihrem einen halben Meter breiten Maul. Das geht mir tatsächlich in den Sekunden der Gefahr durch den Kopf.

Beim heftigen Flussklatschen kugele ich mir fast den Arm aus. Gott sei Dank trägt es zum Erfolg bei. Der wild gewordene Bulle dreht bei, schwimmt zur Herde zurück. Scheinangriffe, allerdings nicht so wütende wie diesen, erleben wir noch einige. Langsam glauben wir, dass ein Fluss- oder Nilpferd, ein *Hippopotamus amphibius,* das ungemütlichste der wilden Tiere Afrikas ist. Flussvölker rund um den Sambesi können allerdings auch ein Klagelied übers Krokodil anstimmen. Wobei eine kleine Mücke, die Anopheles, mit Abstand die meisten Menschen dahinrafft. Im letzten Nachmittagssonnenlicht baut sich am Ufer eine Büffelherde auf, von Kuhreihern umschwirrt. Viele der weißen Vögel stolzieren auch auf den Rücken der Wildrinder herum, eifrig Maden pickend – als Putzkolonne. Nicht weit davon entfernt zeigen abziehende Elefanten ihre eindrucksvollen Hinterteile.

Die Dämmerung bricht an. Motten umschwirren die Köpfe. Irgendein Käfer prallt wie ein Geschoss gegen meine Stirn. Fred hat einen Inselplatz gefunden, den er für geeignet hält. Rechts hört man die Hippos schmatzen, links leuchten Krokodilaugen, wenn das Licht der Taschenlampe darauf fällt. Mittendrin wir.

»Hier gehen wir an Land«, bestimmt der Afrikaner.

»Hier?«, fragen James und ich im Duett.

»Genau. Kroks sind weit genug entfernt. Hippos sind an Land zu ertragen.«

»Ade zur guten Nacht!«

Ein plötzlicher Ruck bringt die Boote zum Stehen. Wir müssen ins Wasser springen und sie aufs Land ziehen. Fred übernimmt die Rundumsicherung. Lauert da etwas im hohen Gras? Fester Boden unter den Füßen macht zuversichtlich. Fred wirft die Igluzelte in den Sand. Die Verpflegungskiste wird geborgen.

»Holz sammeln!«, sagt Fred.

Am Ufer liegen ein Paar trockene Äste. Unter dem Schein der Kopflampen sind die Zelte rasch in Feuernähe aufgebaut. Schon dampft ein Kochtopf über den Flammen. Das Mahl ist karg, aber reichhaltig. Mit einem Schuss Rum wird der Tee aufgewertet. Im flackernden Schein des Feuers wirken unsere Gesichter wie Teufelsmasken. Wir starren in die züngelnden Flammen. James zieht eine Mundharmonika aus der Tasche und legt los:

»Africa – Voodoo Master ...«

Ausgesprochen passend für diese Nacht. Nun bin ich doch erstaunt, Fred kennt sogar den Text:

»In dark deep jungle I hear the wild drum. My heart beats faster knowing my time's come. The voodoo master waiting for nightfall ...«

James und ich finden noch keine Ruhe. An die fremden Laute ringsum muss man sich erst gewöhnen. Fred begibt sich auf sein Nachtlager im Zelt.

»Du, ich sag dir, hier liegen ganz in der Nähe Krokodile«, sagt James. »Ich rieche das.«

Er leuchtet mit der Lampe die Umgebung ab.

»Stimmt, es stinkt nach Aas. Und hier liegt irgendwo Losung der Echsen herum.«

Nachts mit der Taschenlampe Krokodile suchen, Mann, das ist spannender als auf Löwenjagd sein. James pirscht sich an die Wasserwechselzone. Ein Lichtstrahl fällt auf zwei phosphoreszierende Augen. Gut sind die schlitzförmig senkrecht stehenden Pupillen zu erkennen. Ich versuche, den Abstand zwischen den Augen zu schätzen. Ist er größer als zwanzig Zentimeter, dann ist es ein großes Tier. Misst er über dreißig Zentimeter, dann ist es eine riesige Echse. Gerade schiebt sich ein weiteres Augenpaar dazu. Bei Nacht wirken Krokodilaugen noch mal so kalt und gefährlich. Vorsichtig ziehen wir uns zurück. Beobachten aus der Deckung. Registrieren gebannt jede Regung der Kroks. Was haben sie vor?

Nähere Bekanntschaft mit den Echsen machte ich am Omo in Südäthiopien. Dort ist die Population ähnlich stark. Eins der Tiere schnellte aus dem Wasser und riss dem Bootsmann das Ruder aus der Hand. Hätte ihn die Crew nicht festgehalten, wäre der Afrikaner glatt über Bord gegangen.

Leise flüstere ich James ins Ohr:

»Wollen wir uns nicht absetzen? Ich kannte mal einen Gerd soundso, einen Deutschen, dem zog 'n Krok glatt die Hose aus.«

»Wie das?«

»Ganz einfach, Gerd stand mit seinen Pluderhosen immer knietief im Wasser und wusch sich. Eines Abends wurde er an den Beinen gepackt und umgerissen. Gerd war geistesgegenwärtig, hielt sich am Boot fest. Als der Angriff vorüber war, stand er da, ohne Hosen. Ein Schuh fehlte, der rechte Fuß blutete.«

James starrt nachdenklich zu den Krokodilen hinüber, die uns regungslos observieren. Flüsternd meint er:

»Ich hatte mal einen Freu...«

Plötzlich stößt er einen Schrei aus. Etwas hat aus der Dunkelheit zugegriffen und ihn an der Schulter gepackt. James wirft sich zur Seite ...

»Mein Gott, Fred, willst du mich umbringen?«

»Nein – aber ihr euch! Zurück ans Feuer!«

Die beiden Köpfe mit den starren Augen waren abgetaucht. Auf dem Rückzug zum Lager erzählt Fred so allerlei Schauriges über die Echsen. Außerdem ist er sauer, dass wir uns eigenmächtig entfernt haben. Zumal der Ausflug mit ihm außerhalb normaler Bootssafaris, als *special trip* durchgeführt wird.

Zurück zu den Krokodilen: Es gibt Flussvölker, die sehen in den Tieren ihre Urahnen. Selbst wenn sie Dörfler töten, sind sie tabu, niemand darf sie jagen. Der Schamane füttert die Echsen, in der Hoffnung, das Dorf so vor ihrem Zorn zu schützen. Zur Zeit der Pharaonen wurde in Ägypten der Krokodilgott Sobek verehrt. In den Anlagen von Kom Ombo ist eine in Stein gemeißelte Figur zu sehen, die einen Menschen mit Krokodilkopf darstellt. Die Urviecher besitzen keine Zungen, können nicht kauen. Sie schnappen zu, reißen ab, schlucken. Ihr Überfall ist stets heimtückisch: erst stunden- bis tagelanges Lauern, dann wird zugepackt, unter Wasser gezogen, festgehalten, solange Widerstand geleistet wird. Ist das Opfer ertrunken, zerren sie es in ihren Bau, um es dort in Verwesung übergehen zu lassen. Setzt die Fäulnis ein, reißen sie große Stücke von ihrer Beute ab, saugen und verschlingen das Fleisch. Krokodilhöhlen sind fürchterliche Orte. Voller Exkremente, Gebeine, Schleim, Gestank und Dunkelheit. Sie werden in Flussufer oder unter Felsvorsprünge gegraben. Stets liegen die Zugänge unter der Wasseroberfläche, während sich die Höhlen selbst oberhalb befinden. Erstaunlich ist, dass so ein mörderisches Krokgebiss zum Transport der Kleintiere auch ungemein zärtlich, fast liebevoll eingesetzt werden kann. Weibchen betreiben eine intensive Brutpflege, um dem Nachwuchs Verhaltensweisen und Jagdmethoden zu vermitteln. Ein Gelege besteht aus sechzehn bis achtzig Eiern, die zwischen achtzig und einhundertzwanzig Gramm wiegen. Die Eier werden einige Meter vom Wasser entfernt in einem Erdloch vergraben und ein Nisthügel wird gebaut, zur Tarnung mit Laub abgedeckt. Nach etwa drei Monaten kündigen eidechsengroße Tiere durch Quaken ihr Schlüpfen an. Rasch gräbt das Weibchen nach den Babys und transportiert sie in seinem Maul ins Wasser. In den ersten Monaten ist die Mutter in der

Nähe der Kleinen, die sie sorgsam bewacht. Mit starker Körpervibration, einem Schütteln, warnt sie vor Feinden. Nachts ruht der Nachwuchs auf dem Rücken der Mutter. Trotz aller Vorsorge findet etwa die Hälfte den Tod durch Feinde, die Krokodile später selbst fressen: Raubfische, Warane, Störche, Reiher oder Hyänen. Ins wehrhafte Alter gekommen, reißen Krokodile schon mal Zebras oder Gnus. Einen Elefantenrüssel verachten sie auch nicht. Um die hundert Jahre können sie werden. Der Tod ereilt sie durch Verhungern, da sie zum Jagen zu schwach werden. Weltweit haben Menschen den Bestand an Krokodilen dezimiert. Ihr Leder und Fleisch sind sehr beliebt.

James stochert im Feuer herum. Dann sagt er mit einem tiefen Seufzer:

»Was ich dir vorhin erzählen wollte: Ich hatte einen guten Freund, Dr. Jonas Hamilton, kam wie ich ursprünglich aus Oxford. Gemeinsam hatten wir Reisen durch Afrika unternommen, uns aber irgendwann aus den Augen verloren. Per Zufall hörte ich, dass er wieder in England sei, und zwar in einer Psychiatrie in Londons Süden. Dr. Hamilton in einer Klapsmühle, der Afrikanist, Biologe, Taucher, Reptilienforscher mit Schwerpunkt Krokodile – undenkbar! Ich musste ihn besuchen.«

James unterbricht sich, weiß nicht, ob er weitererzählen soll.

»Der Fall Jonas Hamilton kommt mir bekannt vor. Meine, vor Jahren davon gehört zu haben. Erzähl weiter.«

»Nun gut. Als ich in sein Zimmer trat, lag da jemand, der sich die Bettdecke ängstlich unters Kinn zog. Die Leichenblässe seines Gesichts, die großen, verstörten Augen, dann die schmale, zerbrechliche Nase, Haare weiß, spinnwebfein, in Büscheln ausgegangen. All das ließ mich erschrecken. Ein irgendwie ausgebrannter Typ um die siebzig. Aber nicht mein agiler Freund Jonas.

Er war es aber doch! Mit ihm musste etwas Besonderes, Rätselhaftes geschehen sein. Ich kann nicht sagen, ob er mich erkannte. Sein starrer Blick ging durch mich hindurch. Erinnerungen an gemeinsame Reisen sollten ihn wachrütteln. Was war mit Jonas los? Ich musste wissen, was ihn hierhergebracht hatte. Die Verwandtschaft hatte sich von dem Irren distanziert. Behandelnde Ärzte sprachen von schwerer Schizophrenie. Folgenden Tags versuchte ich Hamilton aus seiner schwermütigen Versunkenheit, unterbrochen nur von Angstattacken und Schreianfällen, zu befreien. Sollte ich können, was Ärzte vergebens versucht hatten? Vielleicht mit Erinnerungen an gemeinsame Erlebnisse? Ich hatte Fotos mitgebracht, die mit uns in Afrika gemacht wurden. Auf einem war er am Fluss zu sehen. Ausgelassen umarmten wir uns. Im Hintergrund lag etwas Langes, Schweres, das aussah, als wäre es gefesselt. Doc Hamilton sah das vergilbte Foto, schrie auf, verkrampfte, kauerte sich in die äußerste Ecke seines Bettes. Dort wimmerte er mit über den Kopf gepressten Armen. Von Teufeln besessen. Pfleger eilten heran. Ein Arzt setzte eine Beruhigungsspritze. Jonas wurde zitternd wie Laub gebettet. Was hatte ihn dermaßen aufgeregt? Es musste etwas Besonderes auf dem Bild gewesen sein.«

»Mensch, James, mach's nicht so spannend. Woran litt der Reptilienforscher denn nun?«

Mein Kumpel wirft einen weiteren Ast ins Feuer. Grunzen, Quaken mischen sich mit den Geräuschen prasselnden Feuers. Aus Freds Zelt dringen wohlige Schnarchlaute. Wir fuchteln uns Mücken, Fliegen und Falter vom Kopf. Fast vorwurfsvoll meint James:

»Das musste ich doch erst einmal selbst herausfinden! – Zaghaft, ganz allmählich keimte Vertrauen. Eines Nachmittags wollte Jonas mir etwas vermitteln. Sein Mund verzog sich tonlos zu einer Höhle. Kein Wort entwich. Ich nahm das Foto noch mal vor. Schaute mir den Hintergrund mit der Lupe an. Eine Ahnung wuchs in mir. Es musste mit diesem Fluss zusammenhängen, mit dem Sambesi und noch etwas. Und dann, plötzlich löste sich seine Blockade. Er stammelte: ›... das Grauen ... über mich ... kam.

Nacht ... schwarzes Monster ...‹ Mehr brachte er nicht heraus. Höchste Erregung schnürte ihm die Kehle zu. Ich musste Jonas Zeit lassen. Wieder in seinem Zimmer, aber zwei Tage später: Der Forscher und ich, wir schwiegen schwarze Löcher in den Raum. Er war sonderbar ruhig, seinen Mund umspielte ein dünnes Lächeln.

Er: ›Ich komme aus der Finsternis.‹

Ich: ›Wir kommen alle aus der Finsternis.‹

Auf eigentümliche Weise waren wir uns wieder nähergekommen. Ob ich wollte oder nicht, ich musste mich mit ihm beschäftigen. Afrika war unsere Gemeinsamkeit. Ganz unvermutet ließ Jonas seine Geschichte heraus. Unerhört gesammelt. Sein Monolog ließ mich schaudern:

›Ich hatte mein Lager unterhalb der Ngonye Falls bei Sioma am Sambesi aufgeschlagen. Seit Wochen beobachtete ich dort *Crocodylus niloticus*. Eine besondere Gruppe hatte ich im Visier. Alle über fünf Meter lang. Ich wusste immer, wo sie sich gerade befanden. Ein besonders heißer Tag ging zu Ende. Ich war müde, wohl auch etwas unaufmerksam. Ich stand bis zu den Oberschenkeln im Wasser und wusch mich. Waren mir herangleitende Augenpaare im letzten Büchsenlicht entgangen? Ich weiß es nicht. Der Angriff kam urplötzlich. Das Krokodil schoss so mächtig aus dem Wasser ... Ich nahm nur etwas monströses Schwarzes wahr, mit einem Rachen, der mein Bein packte. Ein gewaltiger Ruck riss mir die Füße weg. Dann zog mich eine irre Kraft in die Tiefe. Bevor ich unter Wasser geriet, schnappte ich intuitiv nach Sauerstoff. Mit meiner Taucherlunge kann ich Luft gut vier Minuten anhalten. Das Tier muss mich aber länger durchs Wasser gezogen haben. Ich verlor das Bewusstsein.‹

Hamilton stockte. Schluckte, und setzte wieder an:

›In der Hölle wachte ich auf. Wie ein lebendig Begrabener. Unter glitschigen, stinkenden Massen von Kot und Aas. Alles klebte wie Kleister an mir. Ich ertastete Verwesung: Fleisch, Fell, Knochen, Exkremente ... Ich war ein Überlebender in einem Massengrab, das mit gequirlter Scheiße übergossen war. Steckte mittendrin im After Afrikas. Wo war das Krokodil? Es verging eine Weile, bis ich in der Schwärze Konturen einer Höhle ertasten konnte. An meinem rechten Bein fühlte ich den blanken Wadenbeinknochen. Noch hatte der Schmerz seine Wucht nicht entfaltet. Die Vorstellung, dass die Echse irgendwo neben mir lag, lauerte und zum nächsten Biss ausholte, entsetzte und lähmte mich. Vor Angst, auch vielleicht um Klarheit zu haben, stieß ich einen Schrei aus. Nichts passierte. War ich wirklich allein in diesem Loch? Etwas huschte über meine Kehle, dann etwas über meine Brust. Ein Geräusch wie unterdrücktes Quieken. Ratten? Ich schlug um mich. Von Todesangst und Panik getrieben, tastete ich Boden und Wände ab ... bis ich auf Wasser stieß – und stürzte mich hinein, in einen engen Kanal voll modriger Brühe. Dem Krokodil ins Maul zu schwimmen war mir lieber, als in seiner Höhle auf den Tod zu warten. Ich tauchte im Sambesi auf und konnte mich ans Ufer schleppen. Dann setzten die Schmerzen ein. Die Sinne schwanden. Doch der grausame Schmerz brachte mich auch zurück ins Diesseits. Ich band das Bein ab, schleppte mich an die Straße nach Mongu. Im Straßengraben brach ich endgültig zusammen. Stunden später kam ich im Hospital von Mongu zu mir ... Seitdem verfolgen mich Kroks wie schaurige Dämonen – tags, nachts, hier und überall. Sie wollen mich in ihre Höhle zerren ...‹

Ergriffen lauschte ich dem Bericht meines Freundes. Tröstende Worte fehlten mir. Was sollte ich sagen: Alter Junge, das wird sich geben, schau vorwärts! Plötzlich zitterte Hamilton. Sein Atem rasselte. Seine Stimme überschlug sich:

›Wahnsinn sitzt mir im Schädel wie ein saugender Vampir.‹

Jetzt vernahm ich wieder dieses grässliche Stöhnen. Einen Laut, der aus der Tiefe seiner maßlos gequälten Seele drang. Eine Wahnsinnsattacke stand unmittelbar bevor. Ich rief nach Ärzten, verließ sein Zimmer, aufgewühlt und in Sorge um einen Freund.«

»Was macht Jonas Hamilton jetzt?«, frage ich. Die Geschichte berührt mich.

»Als ich am nächsten Tag nach ihm schauen wollte, hieß es, er sei tot. Mit einem Löffel habe er die Fensterverriegelung aufgeschraubt und sei aus dem vierten Stockwerk auf die Straße gesprungen.«

»Wohl wahr«, murmele ich, »auf jeden wartet die eine, die endgültige Nacht. Gottlob, wir wissen nicht, wann es dunkel wird!«

Schweigend starren wir ins Lagerfeuer. Ein Nachtvogel schreit. Am Himmel flimmert das Kreuz des Südens. Höchste Zeit, in die Zelte zu kriechen.

Am nächsten Tag rudern wir weiter, ins Inselgewirr vor den Fällen: vorbei an Princess Christian Island, Princess Victoria Island und schließlich Livingstone Island. Zum letzten Mal lassen wir uns von donnerndem Rauch und Gischtwolken umtosen, dann steigen wir an Land.

Zurück im Victoria Falls Hotel, folgen wir der Empfehlung des Oberkellners:

»Dinner today: Steak surprise.«

Schon säbeln wir an einem schönen Stück Fleisch herum. Zart und wohlschmeckend, etwas würziger als Geflügel.

Ich frage den Kellner: »Was haben Sie uns denn Schönes serviert?«

»Ein Krokodilsteak.«

»Krokodil?« Wir schlucken gleichzeitig.

Der Kellner: »Krokodilfleisch ist eine Delikatesse. Die *crocfarm* fünfzehn Kilometer flussaufwärts beliefert uns.«

Die Information beruhigt uns nur bedingt. Natürlich ist es sinnvoll, dass die verfolgten Echsen, in einigen Regionen Afrikas vom Aussterben bedroht, in Aufzuchtfarmen gehalten werden. In Simbabwe, auch andernorts, beschloss man, Krokodileier einzusammeln und auf sogenannten *crocodile ranches* schlüpfen zu lassen. Ein bestimmter Prozentsatz wird nach drei Jahren als gesunde, ausgewachsene Echsen der Freiheit übergeben. Den Rest behält der Rancher zur Zucht und für den Verkauf von Leder und Fleisch. Damit kommt jeder zu seinem Recht, ohne den Bestand der Krokodile zu gefährden. Im Gegenteil, Farmen dieser Art sorgen für die Zunahme der Population.

Dass ausgerechnet heute Abend Krokodilfleisch kredenzt wird, muss jedoch erst verdaut werden.

Trotz eines weichen, sauberen Bettes schlafe ich in dieser Nacht besonders schlecht. Schrecke hoch, von Krokodilen verfolgt. Grübele über die Ausreise. Was passiert an der Grenze, wenn der Sheriff mich der CIO gemeldet hat? So zum Spaß, in der Hoffnung auf eine Prämie für die Meldung eines ›Staatsfeindes‹. Die Central Intelligence Organisation ist regelrecht scharf auf unbotmäßige Ausländer.

Auch eine durchgrübelte, mit Krokodilen durchlittene Nacht geht einmal zu Ende. Frühmorgens in einem Bus Richtung Kasane, harre ich der Dinge, die da kommen mögen. James sitzt neben mir. Unser Ziel sind die Okavango-Sümpfe. Doch zuvor geht's über die Grenze, am Caprivi-Zipfel vorbei, durch den Chobe-Nationalpark nach Maun. Meine Gedanken kreisen um das Gepäck. Habe ich verfängliche Dinge dabei, die mir bei einer Durchsuchung zum Verhängnis werden können? Habe ich verbotene Dinge fotografiert? Brücken, Militär, Polizisten, Regierungsgebäude? Den zweiten Reisepass habe ich dieses Mal besonders gut versteckt. Auf der Asphaltstraße gen Westen ist die kaum siebzig Kilometer entfernte Grenze rasch erreicht. Aufgrund der Lage im Vierländereck Simbabwe, Botswana, Namibia, Sambia hat sich in Kazungula und Kasane ein reger Grenzverkehr entwickelt. Vor der Kontrollbaracke haben sich lange Menschen- und noch längere Lkw-Schlangen gebildet, die in einer Schockstarre verharren. Es bewegt sich nichts. Ob die Zöllner Mittagsschlaf halten? Oder wird heute extrem scharf kontrolliert? Endlich stehen wir an einem Tresen, hinter dem Passkontrolleure hocken. Jeder hat einen PC-Monitor vor der Nase, was weniger gut ist. An diesem Übergang sind wir nicht die einzigen Weißen. Touristen von Nomad Africa Adventure Tours sind vor uns. Das ist gut. Die Organisation aus Kapstadt hat beste Beziehungen zu Ländern im südlichen Afrika. Sie kutschiert ihre Touristen eigentlich in entgegengesetzter Richtung durchs südliche Afrika. Vielleicht rutschen wir mit der Gruppe durch die Kontrolle? Vorher ist fein säuberlich ein Ausreiseformular auszufüllen. Mein Pass wird umständlich durchgeblättert. Die Augen des Beamten heften sich auf die Visen vom Kongo, Tschad, Südsudan ... Dann stiert er mich an:

»Sind Sie Journalist? Was haben Sie in Simbabwe gemacht?«
Herzrasen macht sich bemerkbar. »Tourist. Ich bin Tourist.«
»Seit wann gibt's im Südsudan Touristen?«
Nun hämmert er etwas in den Computer. Ich bekomme weiche Knie.

Der Zöllner ist einer der cleveren Sorte. Dass ich nicht zur Nomad-Gruppe gehöre, hat er schnell erkannt.

»Ihr Transitvisum ist längst abgelaufen. Sie sind fast zwei Wochen illegal im Land!«
»Moment, ich hab für fünfzehn Tage beantragt und bezahlt!«
Er pocht auf das Visum und blökt:
»Single entry three days!«
James' Einwand fruchtet auch nicht. Die Stempel kann kein Mensch entziffern. Hilfesuchend schauen wir uns nach dem Busfahrer um. Es ist einer, der die Machenschaften an dem Übergang kennen müsste.

»Das sind zwei Touristen. Lass sie durch oder es gibt eine Meldung. Die Visa sind in Ordnung und du weißt das!«, geht der Fahrer auf Konfrontationskurs.

Der Zöllner knallt einen Stempel in die Pässe und wirft sie uns zu. Wie gern hätte er für seine Beanstandung kassiert!

BOTSWANA

Chobe und das KAZA-Projekt

Wieder im Bus fragt James: »Kommt es mir nur so vor oder bist du irgendwie erleichtert?«

»Das kann man wohl sagen! Ich fühl mich wie in die Freiheit entlassen.«

Nach der Andeutung muss ich die Begegnung in Groß-Simbabwe erzählen. Am Ende meint er:

»Spannend. Nur in die Fänge der CIO sollte man nicht geraten.«

Hinter mir liegt ein schönes Land mit Gegenden, die auf Entdeckung warten, und freundlichen, liebenswerten Menschen mit einer Regierung, die sie nicht verdient haben. Vor mir befindet sich Botswana, mit wenigen Ausnahmen ein Halbwüstenstaat, und schon bin ich voller Erwartung, ja Freude, das Land einmal wieder zu bereisen.

Unmittelbar hinter der Grenze trifft linker Hand ein Feldweg, Relikt der Hunter's Road, auf die Hauptstraße. Auf der *pad*, so heißen solche Überlandverbindungen im südlichen Afrika, zogen einst schwer beladene Planwagen auf der Seite von Betschuanaland, dem heutigen Botswana, nordwärts. Die ›Jägerstraße‹ verlief von den fünfhundert Kilometer südlich gelegenen Orten Ramokgwebane und Plumtree an der Grenze zu Simbabwe nordwärts hierher nach Kazungula an der Grenze zum nördlich anschließenden Sambia. Sie war eine bedeutende Handels-, eine Schlüsselroute für den Elfenbeinhandel. Jäger, daher ihr Name, zogen auf der Hunter's Road zu den großen Elefantenherden. Den Abtransport des Elfenbeins aus den malaria- und schlafkrankheitsverseuchten Gebieten besorgten schwarze Sklaven. Nach 1900 verlor die Strecke allmählich an Bedeutung. Heute wird die *pad* fast ausschließlich von Militärfahrzeugen im Rahmen von Grenzpatrouillen benutzt. Sie ist schwer passierbar, wer als Privatperson auf ihr fahren will, muss eine polizeiliche Erlaubnis einholen. Zwischen April und Juli kann viel Wild beobachtet werden: Elefantenherden, Löwenrudel oder Wildhunde kreuzen die Fahrbahn oder folgen ihr, bis sie von Fahrzeugen bedrängt werden.

Kazungula ist das erste Örtchen auf botswanischer Seite. In der Nähe einer Krokodilfarm verlassen wir den Bus, warten auf einen anderen, der uns nach Kasane, einer Kleinstadt mit einem internationalen Flughafen, bringen soll. Unsere Geduld wird auf eine harte Probe gestellt, Zeit, um über diesen Landstrich zu sinnieren. In Sichtweite fließt der Chobe (auch: Kwando), geteilt durch die Kakumba-Sandbank, in den Sambesi. In unmittelbarer Nähe verkehrt die Kazungula-Fähre nach Sambia. Ebenfalls in Sichtweite liegt auf namibischer Seite der östliche Zipfel des Caprivi-Streifens. Noch vor fünfundzwanzig Jahren galt dieses Gebiet als Namibias tierreichste Region. Neben den *Big Five* – Löwen, Elefanten, Büffel, Leoparden, Nashörnern – war dort nahezu die ganze Tierwelt des südlichen Afrika vertreten. Erbarmungslose

Wilderei und der Angolakrieg waren für deren Dezimierung verantwortlich. Der Name des Streifens geht auf Georg Leo Graf von Caprivi zurück, den Nachfolger des Reichskanzlers Bismarck. Caprivi war es, der im Juli 1890 mit Großbritannien den sogenannten Helgoland-Sansibar-Vertrag schloss: ein Abkommen, das die Gebiets- und Hoheitsansprüche Deutschlands und des Vereinigten Königreichs in Afrika und bezüglich Helgolands regelte. Das Deutsche Reich erhielt das einst britische Helgoland und den Landzipfel, der dem damaligen Deutsch-Südwestafrika den Zugang zum Fluss Sambesi ermöglichte. Nachdem Südwestafrika nach dem Ersten Weltkrieg unter südafrikanische Verwaltung gestellt worden war, erlangte der Caprivi-Streifen im Buschkrieg gegen Angola (1966–1989) für die südafrikanische Armee strategische Bedeutung. Übrigens befanden sich 1989, als es um die Wahlen zur Unabhängigkeit von Namibia ging, deutsche Soldaten im Auftrag der UNO als Wahlbeobachter in diesem Landkorridor. Bis heute rumort es im Caprivi-Streifen, da die etwa fünfzigtausend Caprivianer, meist Bauern, Fischer und Handwerker, Unabhängigkeit, zumindest mehr Autonomie von Namibia anstreben.

James zieht am Strohhalm seiner Cola und meint:

»Schon mal etwas über das KAZA-Projekt gehört?«

»Doch, schon, aber nur sehr wenig.«

»Wir befinden uns am Rand von KAZA. Und das Besondere an dem Projekt ist, dass es Naturschutz mit Armutsbekämpfung kombiniert.«

»Ist die Kavango-Zambezi Transfrontier Conservation Area nicht das größte grenzübergreifende Schutzgebiet der Welt?«

»Genau. Es umfasst eine Fläche von vierhundertvierundvierzigtausend Quadratkilometern – ist also größer als Deutschland – und sechsunddreißig Nationalparks in den Ländern Simbabwe, Sambia, Angola, Namibia und Botswana. Allein an Elefanten zählt KAZA etwa dreihunderttausend Tiere. Russell Taylor und Chris Weaven vom World Wildlife Fund waren bei der Geburt des Projekts um 1990 dabei. Die Kunst ist es, örtliche Bauern zu überzeugen, dass Menschen und Wildtiere in Koexistenz die besten Zukunftschancen haben. Das Schutzgebiet soll die natürlichen Migrationspfade der Elefanten, Gnus, Zebras und anderen Zugtiere sichern oder wiederherstellen. Im Mai 2012 erfolgte die offizielle Eröffnung.«

»Soweit ich weiß, bleibt noch viel zu tun. Zum Beispiel die Einführung eines Parkvisums für Touristen, das von allen beteiligten Ländern akzeptiert wird. Und auch Information und Hilfe, was die Landwirtschaft im Schutzgebiet betrifft, müssen noch intensiviert werden. Zwar hat sich die Einstellung der Leute geändert. Das Wild wird inzwischen als wirtschaftlicher Wert erkannt und nutzbar gemacht. Dennoch ist die Aufregung groß, wenn zur Erntezeit Elefanten- oder Büffelherden die Felder verwüsten. Der WWF hilft mit Elektrozäunen, Lärmkulissen oder Geruchskorridoren, wo früher das Wild abgeknallt wurde. Ausgebildete Gastwirte können Grundstücke erwerben, um darauf Lodges zu betreiben. Diese schaffen Arbeitsplätze und beziehen Produkte von lokalen Bauern. Eine Zusammenarbeit, die der Bevölkerung zugutekommt. Lodge-Gäste kommen der Tierwelt wegen, also ist es sinnvoller, das Wild zu schützen, als es zu jagen. Die KfW-Bank finanziert zusätzlich die Umschulung vom Wilderer zum Wildhüter. KAZA ist ein wirklich ambitioniertes Projekt. Es übertrifft sogar die Dzanga-Sangha-Initiative im Dreiländereck Kamerun, Zentralafrikanische Republik und Republik Kongo«, bemerke ich.

Um uns die Wartezeit zu vertreiben, wandern wir hinunter zur Kudu Lodge, die in einer grünen Parklandschaft am Ufer des Chobe liegt. Ihre Terrasse mit Blick über Pool und Fluss lädt zu einem Drink ein. Der Kellner bringt ein Fernglas. Das Treiben der Elefanten und Flusspferde lässt sich herrlich beobachten. Ausflugsboote fahren ihre Gäste auf Reichweite an friedlich äsendes Wild. James setzt das Fernglas ab und sagt:

»Es gibt eine Sage, die erklärt, warum das Flusspferd ins Wasser ging. Und die erzählen sich die Botswaner am Fluss so: ›Gott hatte die Erde erschaffen und befand, dass sie zu felsig geraten sei, um Wälder und Wiesen wachsen zu lassen. Doch wie fruchtbaren Boden gewinnen? Er kam auf die Idee, schwere Tiere zu erschaffen, den Elefanten, das Nashorn und das Nilpferd, die den Fels zertrampeln sollten. Der Elefant stampfte bis zur Erschöpfung und musste vom Nilpferd abgelöst werden. Auch das Schwergewicht hatte sich rasch verausgabt und streikte eines Tages. Aus Protest und um sich abzukühlen, rannte es in den nächsten Fluss und verharrte dort. Nun kam das Nashorn dran und stampfte die Felsen so intensiv, dass sie zu feiner Erde zerfielen und Flusspferde wenigstens nachts aus dem Wasser gelockt wurden.‹«

Mir gefällt das Märchen am Chobe-Ufer, vis-à-vis schnaubender Flusspferde, die sich immer noch im kühlenden Nass von harter Stampfarbeit zu erholen scheinen.

Jeder hängt seinen Gedanken nach, genießt beschauliches Afrika auf seine Weise. Wir werden noch einige Zeit gemeinsam reisen. In Kasane soll uns ein Bus nach Maun bringen, weil wir von dort mit dem Flugzeug ins Okavango-Delta gelangen wollen. James erscheint mir immer mehr als Gentleman-Abenteurer, im guten Sinn. Unterwegs sein als Daseinsform, verbunden mit dem Wunsch, die unstillbare Sehnsucht mit Erlebnissen zu füllen, die das Leben bereichern mögen. In den meisten Fällen kollidieren Abenteuertum und bürgerliches Familienleben. Bisweilen lässt es sich vereinbaren. James ist unabhängig, seine Frau nicht mehr am Leben, die Kinder stehen auf eigenen Füßen. Es ist wohl so: unterwegs sein als Daseinsform – eine Erkenntnis, die wir teilen und die uns zufällig zusammenbrachte.

»Auf geht's!«, unterbricht James die Idylle am Fluss. Ein überfüllter *peoplemover* schippert uns nach Kasane. Wenn es nicht so heiß und das Gepäck nicht so schwer gewesen wäre, hätten wir zu Fuß in den Nachbarort gehen können. Der Zwanzigtausend-Seelen-

Ort Kasane ist Ausgangspunkt für Touren in den Chobe-Nationalpark. Ebenfalls am Chobe gelegen, in einem grünen Waldsaum, hat sich Kasane seit geraumer Zeit auf Touristen eingestellt. Läden in allen Variationen nebst Supermärkten wie Spar oder Choppies säumen die Straßen. Möbelläden haben ihr Programm an Betten, Schränken, Kommoden und Stühlen auf dem Trottoir drapiert. Das Mobiliar, massiv und voluminös, passt mit Sicherheit in keine Strohdachhütte der Umgebung. Die Umgebung Kasanes bietet Lodges aller Kategorien. Wir beschließen, in The Garden Lodge, einer kleinen, gemütlichen Gaststätte unter deutscher Leitung, zu nächtigen. Natürlich möchten wir wenigstens einen Blick in den Chobe National Park werfen, der mit hunderttausend Stück die größte Elefantenpopulation Afrikas aufweist.

Von besonderer Attraktivität seien auch Büffel- und Antilopenherden, erzählt Philipp, der uns im Allradfahrzeug über Stock und Stein und durch tiefen Sand erst einmal in den trockenen Süden bringt. Stöße und Schaukelei nehmen ein jähes Ende, als eine Elefantenfamilie aus dem Busch bricht und die *pad* blockiert. Philipp springt auf die Bremse. Wir werden nach vorn geschleudert, der Rover steht in einer Staubwolke schräg. Die Elefanten sind wie wir erschrocken. Ein Bulle mit imposanten Stoßzähnen wirft seinen Rüssel in die Luft und stampft auf uns zu.

»Keine Panik«, zischt Philipp, »der droht nur.«

»Der macht Ernst! Das seh ich an den Schweißdrüsen«, rufe ich.

Zehn Meter vor dem Wagen bleibt er tatsächlich stehen, trompetet wild und schüttelt seinen schweren Schädel.

»Ruhig verhalten, bis er sich absetzt«, mahnt Philipp.

Schweiß rinnt über den Kragen. Hoffentlich ist Philipp ein Elefantenversteher. Anderenfalls wird aus uns Kleinholz gemacht. Wider Erwarten beruhigt sich die Familie der Dickhäuter, nimmt die kleinsten in die Mitte und trottet gemächlich vor uns her. Wir

Ein aufgebrachter Elefant beschleunigt wie ein Rennwagen

warten, bis sie sich irgendwann seitlich in den Busch schlägt. Der Ranger unterhält uns mit Informationen zu dem Gebiet, das erst 1967 zum Chobe-Nationalpark erklärt und peu à peu auf zwölftausend Quadratkilometer erweitert wurde. Es ist das drittgrößte Schutzgebiet Botswanas, doch vom Wildbestand her mit Abstand das eindrucksvollste.

»Habt ihr gute Nerven?«, fragt Philipp.

»In Afrika kann mich nichts erschüttern«, sagt James.

Kurz darauf: Auf einer Lichtung liegt ein Büffelkadaver mit aufgerissenem Maul, zerfetzte Lippen geben das Gebiss frei. Leichengestank umhüllt den Balg, der zum größten Teil skelettiert ist. Ein Pulk Aasgeier hackt und hüpft auf dem Kadaver herum. Ihre nackten Hälse sind blutbesudelt, weil ihre Schnäbel stetig in die Öffnung des Schädels stechen, um Weichteile wie Zunge und Augen herauszureißen. Da sich weitere Geier einfinden, beginnt eine Balgerei um die Überbleibsel.

»Löwen haben den Büffel heute Nacht geschlagen. Den Rest überlassen sie jetzt den Geiern, Hyänen und Schakalen«, sagt Philipp.

Kaum einen Kilometer weiter erspähen wir Wildhunde, die eine Antilope jagen.

»Wildhunde sind äußerst selten«, verrät der Ranger. »Sie sind grausame Jäger. Ihre Beute wird nicht erst getötet und dann gefressen, sondern umgekehrt. Sie reißen Stücke aus ihrer Beute, während diese noch lebt. Ich hatte mal Touristen, da befanden sich zwei Frauen drunter, die waren Veganer. Wie es das Unheil wollte, stießen wir auf wilde Hunde, die eine Thomson-Gazelle zerlegten. Die Gazelle schrie und robbte auf zwei Beinen, das Hinterteil hatte man ihr weggefressen. Die Frauen kotzten mir den ganzen Wagen voll.«

Jetzt schieben wir uns vorsichtig an ein Wasserloch, an dem es zugeht wie in einer Zirkusarena. Elefanten bespritzen sich mit einer ordentlich vollen Nase mit Wasser. Kreischende Paviane

Makaber: An einem Büffelkadaver machen sich Aasgeier zu schaffen

tanzen ihnen vor den Füßen herum. Gegenüber schleichen sich Löwen heran und lecken am Nass. Es müssen satte Löwen sein. Sicher von Büffelsteaks gesättigt, weil sich Zebras ungeniert bis in ihre Sprungnähe zum Trinken eingefunden haben. Ein Kudu ist auch nicht bange, hat sich dazugesellt. Selbst Giraffen trauen sich an die natürliche Tränke. Das ist wirklich erstaunlich, weil sie die Vorderbeine weit spreizen müssen, um ans Wasser zu gelangen. Bei diesem optisch so graziösen Spagat sind sie einem hungrigen König der Tiere hilflos ausgeliefert. Aus der Tiefe der Steppe nähert sich nun noch ein Spitzmaulnashorn mit zwei imposanten Hörnern. Wenn es wüsste, wie begehrt sein Horn ist, würde es sich bei Tag nicht aus seinem Versteck trauen. Lendenschwache Chinesen zahlen für Nashornpulver das Mehrfache an Gewicht in Gold und Elfenbein. Am Wasserloch sorgt *black rhino* für Unruhe. Um ans Wasser zu gelangen, müssen Elefanten ihm Platz machen. Doch die denken nicht daran. Das Nashorn ist empört, stupst einen Jungelefanten in den Hintern. Für Minuten sieht es aus, als zeitigte die unsittliche Berührung eine ernste Auseinandersetzung: das Nashorn mit gesenkten Hörnern in Startposition, der Elefant mit drohend erhobenem Rüssel. Zwei Kontrahenten, die sich böse anfauchen. Und, wie häufig in der Tierwelt: Der Klügere gibt nach. Der Elefant rückt beiseite, damit auch der Neuankömmling seinen Durst stillen kann. Ich staune angesichts der Eintracht so unterschiedlicher Tiere am Wasserloch – unter Menschen verschiedener Ethnien kaum vorstellbar. Das Wasserloch erscheint mir wie eine Metapher für das Leben vor dem Sündenfall, wie eine paradiesische Momentaufnahme, die all unsere kleinen, unbedeutenden Querelen, Sorgen und Nöte vergessen lässt. Andächtig verweilen wir, der sakrale Friede berührt uns tief.

James: »Afrika, wie ich es mein Leben lang suchen werde!«

Philipp: »An diesem Wasserloch vergisst du den Überlebenskampf und die Brutalität der Natur.«

Melancholie umspielt sein dunkelbraunes Gesicht, als er hinzufügt: »Seit ich Ranger bin, sehe ich die Tierwelt mit anderen Augen, nicht als Ärgernis, sondern als Bereicherung meines Lebens.«

Behutsam setzen wir uns ab. Keines der Tiere fühlt sich gestört. Beglückt vom Erlebten drehen wir noch eine Runde im Park, grüßen andere Land Rover, die Touristen durchs Land kutschieren. Wir wissen, dass uns Philipp etwas ganz Besonderes gezeigt hat. Wahrscheinlich wäre er mit einer Horde Touris nicht an das Wasserloch gefahren. Zum Abschluss der Safari erzählt Philipp zwei Storys aus der Zeit, als er als Ranger zu Fuß unterwegs war. Das eine Mal durchstreifte er mit einem Kameraden den sehr viel kleineren Nkasa Lupala National Park in der Nähe des Chobe. Nicht selten kommt es vor, dass während langer Inspektionsmärsche im Busch geschlafen wird. Man entfacht zwei, drei Lagerfeuer und legt sich zur Ruhe. Das hysterische Lachen streunender Tüpfelhyänen ist gewohnte Nachtmusik. Philipp schlief schon, als

Bonga, sein Begleiter, plötzlich aufschrie. Eine Hyäne, wohl besonders hungrig, hatte sich ans Feuer gewagt und Bonga mit einem Happs die rechte Wange weggebissen: »Das sah scheußlich aus. Man sah die Zähne durch das fehlende Fleisch. Ein Hyänengebiss, müsst ihr wissen, ist dem eines Löwen ebenbürtig. Bonga hat die Attacke überlebt, seine Frau aber verloren. Sie konnte den Anblick ihres Mannes nicht ertragen.«

In ähnlicher Situation wachte Philipp, am nächtlichen Buschfeuer liegend, durch ein knurrendes Geräusch auf und starrte in die Augenpaare von zwei Löwen. Er dachte, es wäre nur ein Traum, wollte sich gerade umdrehen und weiterschlafen, als das Knurren richtig laut wurde. Philipp sprang auf, ergriff ein brennendes Holzscheit, fuchtelte damit wild vor den Löwen herum und brüllte aus Leibeskräften. Die Löwen suchten erschrocken das Weite. Jägerlatein? Nein! Philipp ist kein Aufschneider. Mit einem wütenden Pavian über mir bin ich auch mal aufgewacht. Doch davon später.

Den späten Nachmittag und Abend vertreiben wir uns mit einer Bootssafari auf dem Chobe. Mischen uns unter Touristen von überall her. Safari – was heißt das? Eine Reise nach Afrika unternehmen, mit der Möglichkeit, Großwild zu erleben, zu knipsen oder wie einst zu jagen. Sie ist der Inbegriff aller Afrikaabenteuer und kommt aus dem Arabischen: *safar,* ›Reise‹. Auf Swahili bedeutet das Wort *safari* dasselbe und fand mit der Kolonialzeit Eingang in die englische und deutsche Sprache, ins Niederländische, Französische und so weiter.

Bekannte Großwildjäger auf Safari waren Theodore Roosevelt, Präsident der USA, die britischen Könige Georg VI. und Eduard VIII., die Schriftsteller Ernest Hemingway oder Robert Ruark. In letzter Zeit hat sich der Begriff völlig gewandelt, bezieht sich auf den Tourismus in den Nationalparks. Die sogenannten *Big Five* spielen auf einer Safari die Hauptrolle. Man muss sie in ihrer natürlichen Umgebung gesehen haben. Aber warum gehören die stattliche Elenantilope oder die noch größere Giraffe nicht dazu?

Eben weil auf der Jagdsafari nur die fünf wehrhaften Großen von Bedeutung sind.

Über einen Steg begeben wir uns auf die Savuti, das ist ein Hausboot mit zwei Stockwerken. Es fasst gut und gern zweihundert Menschen und ist eigens für Safaritouristen aller Altersgruppen ausgerüstet worden: weiche Sitze, Sonnendach über dem oberen Stockwerk. Bar für den ewigen Durst. Spielecke mit Bausteinen. Lautsprecheranlage für den Ansager. Auf der Savuti fühlen sich selbst Kleinkinder und Tattergreise wohl. Die modernen Safarigäste. Der Ansturm ebbt ab. Der Steg wird an Bord gezogen. Zwei schwere Yamaha-Außenbordmotoren springen an, lassen das Boot vibrieren. In flotter Fahrt folgen wir dem Grenzfluss auf botswanischer Seite stromab. Der Ansager, mit wildem Haarkranz, ist ein gut informierter Spaßvogel, der die Touristen von links nach rechts scheucht und umgekehrt. Je nach Ansage, wo er Wild entdeckt hat, lehnt sich das Hausboot im Ansturm der Mas-

Eine Bootssafari auf dem Chobe – die Touristenattraktion

sen auf eine Seite. Der Skipper gibt zu verstehen, der Ansager möge die Tiere am Ufer gleichmäßiger verteilen. Das Boot drohe bei den extremen Schwankungen aus dem Ruder zu laufen. Allmählich beruhigt sich die Masse an Bord, nur noch Hobbyfotografen mit langen Rohren, die noch so ferne Nilpferde, Büffel, Antilopen oder Fischadler in Grund und Boden knipsen, schaffen Unruhe. Lästig werden mitunter auch die Handyknipser. Sie drängen den beschaulichen Beobachter zur Seite und bannen pausenlos jeden Blödsinn als Selfie auf ihren Chip. Für Freunde der Ruhe ist eine Flusssafari auf großen Hausbooten eine Tortur. Man sehnt sich auf einen der *mokoro*, die Einbäume der Fischer, an denen wir vorbeirauschen. Irgendwann gehen auch die Kommentare zu den Tieren in Englisch oder Deutsch auf die Nerven: Das Krokodil soll endlich das Maul aufmachen, das Flusspferd auftauchen, rülpsen, furzen oder spucken, der Elefant gefälligst mehr als nur seinen Hintern zeigen und so weiter und so fort. Ein Schulmeister aus Hamburg scheint Halluzinationen zu haben. Einen Löwen identifiziert er als Nashorn.

»Das ist einwandfrei ein Nashorn!«, beharrt er.

»Erlauben Sie, das ist ein Löwe!«

»Nein, ein Panzernashorn. Ich seh doch deutlich die Panzerung!«

»Unsinn, Panzernashörner, *Rhinoceros unicornis,* gibt's nur in Nordindien«, erklärt sein Bekannter.

Beim Näherkommen klärt sich die Verwechslung: Es ist ein Löwe, der mit Schlamm bekleckert in der Suhle steht.

James stößt mich an: »Wünschst du dich auch zurück ans Wasserloch?«

Ich nicke ihm zu. Andererseits fragt man sich, wie die Touristenströme kanalisiert werden sollen. Die herrlichen Landschaften unseres Globus sind längst nicht mehr Privilegierten, Abenteurern, Backpackern vorbehalten. Ob Bernhard Grzimek, der große Propagandist des Afrikatourismus, mit einem solchen Ansturm gerechnet, ihn gar befürwortet hätte, mag bezweifelt werden.

Die Bootssafari klingt mit einem farbenprächtigen Sonnenuntergang über dem Sambesi aus. In der einen Hand das Glas Sekt, in der anderen Fingerfood und am Horizont der im Fluss verschwindende Feuerball – das Nonplusultra für die meisten auf Safari.

Vor uns liegt eine lange Fahrt quer durch den Nordosten Botswanas. Maun, Safarihauptstadt und Einfallstor zum Okavango-Delta, dreihundertachtzig Kilometer entfernt, wollen wir erreichen. Ein Trip, der mit dem Überlandbus mehrere Stunden dauern wird. Er führt über eine gut ausgebaute Straße, die jedoch nur bei Tageslicht befahren wird, da der Wildwechsel nicht nur des Nachts rege und gefährlich ist.

»Auf der Strecke hat es eine Reihe schwerer Unfälle mit tödlichem Ausgang gegeben«, sagt der Fahrer, just als eine Gruppe Gnus aus dem Busch springt. Nicht quert, sondern eine Weile vor uns her galoppiert, im Zickzack von Bankett zu Bankett.

James Marden, der Engländer, ist mit der ehemals britischen Kolonie Betschuanaland bestens vertraut. Und so liegt es nahe, sich über den Halbwüstenstaat auszutauschen. Wobei ich gestehen muss, dass sich mein Beitrag in Grenzen hält.

»Du warst doch schon in Botswana, oder?«

Ich erinnere mich eines Trips, der mir heute ziemlich skurril vorkommt. 1962 flog ich von Kapstadt nach Keetmanshoop in Namibia, damals noch Südwestafrika, und hielt mich einige Zeit in Lüderitz auf. Wieder in Keetmanshoop, marschierte ich in östliche Richtung zu einer *pad*, die, wie ich annahm, Richtung Aroab führte. Als Hitchhiker wollte ich in die Umgebung von Witdraai gelangen, um einige Zeit mit Buschleuten, San, zu verbringen, deren Leben mich von jeher interessiert hat. Kurz bevor mir in der Hitze das Wasser ausging, rauschte ein Weißer im Land Rover aus Lüderitz heran, brachte mich an einer unbewachten Stelle über die Grenze nach Botswana. Er selbst wollte nach Tshabong. Bei einer San-Sippe irgendwo in der Kalahari setzte er mich ab. So machte ich meine erste Erfahrung mit Botswana und dem Volk der San. Die letzten Jäger und Sammler des südlichen Afrika. Was mag aus ihnen geworden sein? Ich muss wieder zu ihnen!

»Da gewesen schon, nur wüsste ich gern mehr.«

»Also«, beginnt James mit der Attitüde eines Lektors, »der Name des Staates leitet sich ab von Tswana, dem dominierenden Volk, das bis Ende des 18. Jahrhunderts in Grüppchen verstreut in der Kalahari lebte. Das Land ist groß, fast sechshunderttausend Quadratkilometer, und immer noch dünn besiedelt. Mit etwa zwei Komma drei Millionen Einwohnern. Das sind nicht einmal vier Menschen pro Quadratkilometer. Bei Streitigkeiten ging man sich aus dem Weg. Da es bis auf einen schmalen Saum im Norden und das Okavango-Delta überall gleich trocken ist, gab's so gut wie keine Revierkämpfe. Erst mit dem Eindringen der Europäer begannen die Probleme. Buren stießen mit einem großen Treck nach Botswana vor und versuchten die Einheimischen zu knechten. Feindseligkeiten führten 1877 zu Aufständen. Die Briten schritten ein und erklärten den Buren den Krieg. Der erste Burenkrieg brachte den Tswana vorerst Ruhe. Die hielt fünf Jahre. Erneut überfielen Buren Tswana-Gebiet, doch dieses Mal kam keine Hilfe aus Britannien. Der Bangwato-Herrscher Khama III. und seine Mannen hielten sich mit Unterstützung des Missionars John Mackenzie die Buren erfolgreich vom Hals, bis jemand mit Expansionsgelüsten gigantischen Ausmaßes erschien: Cecil Rhodes. Er wollte die britische Herrschaft auf ganz Afrika ausdehnen. Auf obskure Weise gelang es Rhodes, den ehrlichen Makler Mackenzie als Regierungsbeauftragten für das Gebiet Khamas III. abzulösen. Um die Einheimischen willenlos und gefügig für seine Pläne zu machen, erlaubte, ja förderte Rhodes den Alkoholverkauf in Betschuanaland ...«

Bremsen kreischen, wir schleudern an die Lehne des Vordermanns. Kisten und Kästen fliegen durch den Fahrgastraum. In der

Kurve trotten Elefanten, fröhlich mit ihren Schwänzen wedelnd. Der Fahrer liegt über seinem Lenkrad, um den Schreck zu verdauen. Als er sich umdreht, um das Durcheinander zu begutachten, zeigen sich Schweißperlen auf seiner Stirn.

»Nicht gerade gentlemanlike, so ans Land der Ureinwohner zu gelangen«, bringe ich das Gespräch wieder in Gang.

»Der Herero-Aufstand in eurer Kolonie begann ebenfalls mit Alkohol, das ganz nebenbei.«

Ich widerspreche nicht. Seine Bemerkung hat einen wahren Kern.

»Gott sei Dank erhielten Khama III. und verbündete Tswana-Könige Unterstützung von der Londoner Missionsgesellschaft, die veranlasste, dass die Schweinerei unterbunden wurde«, erklärt James.

»Dann schloss Großbritannien mit den regionalen Tswana-Reichen Schutzverträge ab und brachte das Gebiet unter dem Namen Betschuanaland von 1885 bis 1966 als Protektorat unter seine Verwaltung. Das stimmt doch?«

»Richtig. Abgesehen vom zweiten Burenkrieg 1899 bis 1902, in dem die Tswana gemeinsam mit den Briten gegen die Buren kämpften. In dieser Zeit passierte ansonsten nicht viel. Das Land ist groß, war aber zu damaliger Zeit ohne besonderen wirtschaftlichen Wert. Hinzu kam, dass Khamas Sohn Tshekedi es als Regent für den noch minderjährigen Thronfolger Seretse Khama verstand, seinem Land innenpolitisch eine gewisse Unabhängigkeit zu erhalten. 1966 erlangte das Land seine Selbstbestimmung und verkündete Botswana als neuen Namen. Erster Präsident des neuen Staates wurde Seretse Khama. Er unterschied sich von so vielen afrikanischen Präsidenten, die mit wenigen Ausnahmen zu Kleptomanen mutierten, durch seinen Charakter. 1921 in Betschuanaland geboren, von königlichem Geschlecht, als designierter Thronfolger, hatte er in England Jura studiert und dort Ruth Williams kennengelernt, die er heiratete.

Durch die Eheschließung mit einer Weißen geriet er zwischen alle Fronten. Es gab Auseinandersetzungen: einerseits mit seinem für ihn regierenden Onkel Tshekedi, andererseits und vor allem aber mit dem Apartheid-Regime, das mit dem *Immorality Act* den Geschlechtsverkehr zwischen Weißen und Schwarzen bestrafte. Er wurde bestürmt, die Heirat rückgängig zu machen. Aber nein, Seretse Khama hielt zu seiner Ruth, konnte die Widersacher am Ende sogar für sich gewinnen. In einer Versammlung entschieden sich die Abgeordneten gegen Tshekedi, damit wurde Seretse als *kgosi,* König oder oberster Führer, der Bangwato inthronisiert. Die Probleme waren dennoch nicht vom Tisch. Von Südafrika aus wurde England unter Druck gesetzt, etwas gegen die ›Rassenschande‹ zu unternehmen. Ein Gerichtsurteil sollte feststellen, dass Seretse mangels Befähigung nicht geeignet sei, Regierungsgeschäfte zu übernehmen.«

»War er tatsächlich unfähig?«, frage ich.

»Ein Gutachten, das Seretse Khama als außerordentlich fähigen Mann beschrieb, unterschlug die damalige Labour-Regierung. 1951 musste sich der König mit Gemahlin in englisches Exil begeben. Das entlastende Gutachten tauchte erst um 1980 auf. Kaum hatte die Weltpresse von dem Fall Wind bekommen, griff sie ihn auf, prangerte an, dass ein sich liebendes Paar gezwungen wurde, Thron und Land zu verlassen, nur weil es unterschiedlicher Hautfarbe war. Die Empörung der Menschenrechtsverfechter war so laut und vehement, dass man 1956 übereinkam, England müsse sich vom Rassismus in Südafrika distanzieren. Mit dem Ergebnis, dass Seretse und Ruth Williams Khama als Privatpersonen nach Botswana zurückkehren durften.«

»Was macht ein ehemaliger König in seinem Land als Privatmann?«

»Er versucht sich als Viehfarmer und Lokalpolitiker. Mit mäßigem Erfolg, weil seine Gesundheit angeschlagen war. Es grenzte an ein Wunder, dass sich Seretse Khama 1961 energiegeladen als

Landespolitiker der Öffentlichkeit präsentierte und die Demokratische Partei von Betschuanaland (BDP) anführte. Seine Partei gewann die ersten freien Wahlen mit großer Mehrheit und Khama wurde Premierminister, dann im September 1966 erster Präsident der Republik Botswana – der ein schweres Erbe antrat: Botswana galt als das ärmste Land Afrikas, dem man kein eigenständiges Überleben zutraute. Khamas erstes Ziel war es, aus den wenigen Ressourcen eine autarke Wirtschaft zu formen. Rindfleisch, Kupfer und Diamanten waren seine noch recht wackeligen Standbeine. Dem Präsidenten winkte das Glück des Tüchtigen. Wenige Monate nach seiner Wahl wurde bei Orapa eine mächtige Diamantenader gefunden. Natürlich spekulierte man, dass ihm die Vorkommen bereits bekannt gewesen waren und er sie wohlweislich geheim gehalten hatte. Auf jeden Fall bildeten und bilden Diamanten die Basis von Botswanas Wirtschaftskraft. Sie halfen dem Land aus der Abhängigkeit, machten es zu einem der weltgrößten Edelsteinproduzenten und neben Südafrika zur zweitstärksten Wirtschaftsmacht Schwarzafrikas. Heute verfügt der Staat über erstaunliche Devisenreserven; seine Währung, der Pula, ist stärker als der südafrikanische Rand, wird zudem in Simbabwe als gängiges Zahlungsmittel akzeptiert.«

»Schon sehr beachtlich, was der Mann aus dem kargen Land machen konnte!«

»Ihm wurde auch bald internationale Anerkennung zuteil. Elisabeth II. erhob ihn in den Adelsstand. Innenpolitisch gelang es ihm, die Macht der lokalen Herrscher zu brechen und dem Staat ein allgemein gültiges Rechtssystem nach dem Vorbild demokratischer Länder zu verordnen. In einem Erdteil, durchsetzt von Korruption, Kriminalität, Bürgerkrieg und Ausbeutung, hat sich Botswana als Insel des Friedens, der Verständigung und des beachtlichen Wohlstands entwickelt. Einkünfte aus dem Minengeschäft und dem Tourismus wurden sinnvoll in Bildung, Gesundheitswesen, Landwirtschaft und Infrastruktur investiert. Fast alle größeren Städte des Landes sind über gute Asphaltstraßen erreichbar.«

»Einer der wenigen vorbildlichen Staatsmänner Afrikas. Wie war er als Mensch? Weißt du etwas darüber?«

»In der Presse wurden immer seine Anständigkeit, Intelligenz sowie ein sympathischer Mutterwitz erwähnt. Ganz anders als die Potentaten der übrigen Staaten nahm er sich weniger wichtig oder konnte über sich scherzen. Das war erstaunlich, litt er doch bisweilen an Depressionen, die durch seine Diabetes verstärkt wurden. In allen Situationen war ihm Ruth Khama eine Stütze. Ihr großes soziales Engagement machte sie im ganzen Land beliebt und geachtet. Präsident Khama hatte die Vision eines demokratischen, friedlichen Afrika, in dem die Menschen durch ihrer Hände Arbeit zu Wohlstand gelangen. Um dieses Ziel zu erreichen, gründete er die Southern African Development Community, die durch zähe Verhandlungen mit zur Selbstbestimmung Simbabwes beitrug. Den Niedergang der Development Community hat er zum Glück nicht miterleben müssen. Von Staatsgeschäften verzehrt und erschöpft, starb ein Staatsmann, der mit Nelson Mandela in einem Atemzug genannt werden kann.«

Gedankenfern blicken wir aus dem Fenster, lassen Busch, Steppe, karges Land an uns vorüberziehen. Mir fallen Zäune auf, die teils einfach, teils doppelwandig die Landschaft durchziehen.

James erklärt:

»Das sind *veterinary cordon fences,* auch *buffalo cordon fences* genannt.« Das sind veterinärmedizinische Sperrzäune.

»An den Durchlassstellen, den Checkpoints, werden Tierprodukte und rohe Fleischwaren kontrolliert. Brechen Rinderpest oder sonstige Krankheiten aus, wie vor einiger Zeit die hochansteckende Rinderlungenseuche, können Gebiete rasch hermetisch abgeriegelt werden. Die Zäune sind einen Meter fünfzig bis drei Meter hoch und bereits in den Fünfzigerjahren des letzten Jahrhunderts, während der Protektoratszeit, errichtet worden. Damals ging es um die Bekämpfung der Maul- und Klauenseuche. Der Nachteil von landesweit dreitausend Metern Sperrraum ist, dass die gewohnten Wanderwege des Wildes unterbrochen werden. Es heißt, im Dürrejahr 1980 seien etwa zweihundertfünfzigtausend Wildtiere infolge der Absperrungen verdurstet. Der sogenannte Kuke-Zaun wirkt sich besonders verhängnisvoll aus, da er die Tierherden der Kalahari von den Wasserstellen des Okavango abschneidet. Beobachtungen haben an diesem Zaun ein so großes Wildtiersterben gezeigt, dass Migrationskorridore geplant werden.«

»Lass uns noch mal auf die Regierung zurückkommen. Wer folgte auf Seretse Khama?«

»Ich möchte erst noch auf etwas hinweisen: Präsident Khama starb am 13. Juli 1980 eines natürlichen Todes. Während seiner gesamten Regierungszeit gab es weder Attentate noch Putschversuche. Und bis heute keine politischen Gefangenen. Khama fand seine letzte Ruhestätte im Familiengrab auf einem Hügel über Serowe, seinem Geburtsort, östlich des Kalahari-Tierreservats. Nebenbei bemerkt ist Serowe die Hauptstadt der botswanischen Tswana-Gruppen. Heute zählt der Ort rund einhundertfünfzigtausend Einwohner. Seretses Nachfolger wurde Dr. Ketumile Masire, ebenfalls ein besonnener Präsident, der, man glaubt es kaum, 1998 sein Amt freiwillig niederlegte. Sein Nachfolger, Festus Mogac, regierte zehn Jahre. Über ihn ist ebenfalls nichts Negatives bekannt. Seit 2008 regiert Ian Khama, erstgeborener Sohn von Sir Seretse Khama und Ruth Williams Khama. Der ehemalige Generalleutnant und Kommandeur der Streitkräfte Botswanas ist gleichzeitig Oberhaupt der Bangwato. Ihm wird zwar ein recht autoritärer Führungsstil bescheinigt, dennoch bekennt er sich eindeutig zur Demokratie und kritisiert rückhaltlos Diktator Mugabe. Zwar ist damit sein Ansehen im Ausland gestiegen, die Freundschaft der übrigen Staaten im südlichen Afrika hat er damit aber nicht gewonnen.«

»Botswana ein leuchtendes Beispiel für Afrika. Ganz ohne Probleme?«

»Natürlich nicht. Im Juni 2016 gab es einen Angriff auf die Pressefreiheit, die in der Verfassung garantiert ist. Ein Journalist hatte berichtet, dass im Zusammenhang mit einem Autounfall Präsident Khama Fahrerflucht begangen habe. Prompt wurden dem Journalisten und dem Herausgeber des Sunday Standard der Prozess wegen Aufwiegelung gegen den Präsidenten gemacht. Die Angelegenheit verlief im Sande, vermutlich, weil kaum zwei Monate später Khama von der UNESCO als ›Weltbester Präsident des Jahres 2016‹ ausgezeichnet wurde. – Probleme bereiten auch rund hunderttausend Flüchtlinge aus Simbabwe: Nachwirkungen der Flutkatastrophe von 2000, bei der fast achtzigtausend Menschen obdachlos wurden. Dann die seit einigen Jahren andauernde Dürre, die viele Farmer in Existenznot bringt. Sorgen machen darüber hinaus vermehrte Vetternwirtschaft und Bestechlichkeit. Noch ist Kriminalität kaum verbreitet, was nicht heißt, sie würde nicht vor der Tür stehen, weil die Schere zwischen Arm und Reich bedrohlich weit auseinandergeht. Unmut hat die nicht ganz freiwillige Umsiedlung der San, der Buschleute, aus der Zentralkalahari erzeugt. Ein Jäger- und Sammlervolk kann nicht per Befehl zu sesshaften Bürgern werden. Ein ernstes Problem, über das in Botswana nicht gern öffentlich diskutiert wird, ist Aids. Schätzungen sagen, dass sich rund vierzig Prozent der Bevölkerung mit dem HIV-Virus infiziert haben. Es mag an der Sexualmoral oder kulturellen Tabus liegen, dass das Land die Seuche nicht in den Griff bekommt, wenngleich es jährlich einen hohen Tribut an Toten beklagt. Eigentlich unverständlich, ist doch Botswana das einzige Land, in dem bereits im Frühstadium antiretrovirale Medikamente verabreicht werden. Es ist das Schamgefühl, das die Initiative lähmt. So sank die mittlere Lebenserwartung von circa dreiundsechzig Jahren im Jahr 1991 auf rund sechsundvierzig 2007. Allerdings ist sie inzwischen wieder gestiegen, das staatliche HIV-Therapieprogramm Masa zeigt Wirkung.«

»Also ein Silberstreifen am Horizont der Volksseuche«, bemerke ich. »Was bedeutet Masa?«

»Das ist ein Setswana-Wort für Morgendämmerung. Es soll Hoffnung im Jammertal der Erkrankten ausdrücken. Das Programm kombiniert die kostenlose Ausgabe antiretroviraler Medikamente mit ebenfalls kostenloser medizinischer Beratung.«

An einem Schlagbaum mit Hütte hält der Bus. Personal des Veterinärdiensts blickt ins Fahrzeug. Der Busfahrer informiert:

»Alle aussteigen. Wir passieren einen Seuchenzaun. Sämtliche Schuhe mitbringen. Es kann Kontrollen geben!«

Mit Ersatzschuhen in der Hand treten wir durch eine Schüssel mit Desinfektionslösung, in die auch die mitgebrachten Schuhe getaucht werden. Dann geht's durch ein Zaungatter und in den Bus, der in der Zwischenzeit auf die andere Zaunseite gerollt ist. Ein Blick auf die Karte zeigt, wir sind fast am Ziel: nur noch wenige Kilometer bis Maun.

Maun, Treffpunkt der Abenteurer

Bis in die Achtzigerjahre des 20. Jahrhunderts war Maun ein Feldwegdorf am Ufer des Thamalakane River, den Überschusswasser aus dem Okavango-Delta speist, doch immerhin ›Hauptstadt‹ der Batawana. Ein Grenzort am Rand der Wildnis, wo sich Farmer, Buschpiloten, Glücksritter und Großwildjäger trafen. Auch schon mal Touristen, die von Safariführern ins Delta gebracht wurden. Allradfahrzeuge und verwegen aussehende Typen prägten das Bild der ewig staubigen Wege in Maun. Bisweilen schlichen Löwen zwischen den Lehmhütten umher oder Elefanten steckten ihre Rüssel in achtlos abgestellte Wassereimer. Schon wahr, Maun umgab mehr als ein Hauch von Abenteuer.

Das änderte sich schlagartig mit der Asphaltierung der Strecken nach Nata, Sehitwa und Kasane. Maun ist zum Knotenpunkt, damit zur botswanischen ›Safarizentrale‹ und zum Einfallstor fürs

Okavango-Delta geworden. Touristenströme brandeten an, schufen aus dem Örtchen eine Stadt von mittlerweile achtzigtausend Einwohnern, mit Einkaufszentren, Banken, Hotels, Souvenirshops, Supermärkten, einem enorm frequentierten nationalen und internationalen Flughafen. Overland-Trucks von Reiseunternehmen und Transafrika-Abenteurern und zebragestreifte Land Rover der verschiedensten Safariunternehmen verbreiten, trotz durchgestylter Organisation, immer noch etwas Wildwestatmosphäre.

Zufrieden schwenkt James sein Glas mit Gin und Eis.

»Schön, mal wieder hier zu sein«, meint er und blickt über den Thamalakane, der zurzeit eine Menge Wasser aus dem Delta abführt. Der Engländer erinnert sich an seine Zeit als Großwildjäger. Von Maun aus startete er so manche Safari. Echte Safaris, wie er meint, bei denen man nie wusste, ob es die letzte sei. Aber jetzt sei er nur noch als Naturkundler unterwegs, und das sei gut so, die Zeit der *white hunters* sei perdu. Als wir im Garten des Cresta Riley's Hotel sitzen und über die Großwildjagd schwadronieren, kommt mir Jim Cocrane in den Sinn, der sich als Einsiedler in die Adamaua-Berge Kameruns zurückgezogen hatte. Ich besuchte den spleenigen Kauz, sollte seine Lebensgeschichte schreiben: »Jumbo Jim – Abenteuer mein Leben.« Kaum hatte ich begonnen, erreichte ihn die Kunde, dass ein Elefantenbulle, ein Einzelgänger, das Nachbardorf verwüstet habe. Jim sollte den Bullen zur Strecke bringen. Also zogen wir los. Er als Jäger, ich als Chronist und Fotograf. Der Bulle hatte im Dorf und auf den Feldern gewütet wie ein Berserker und war für die Menschen eine ernste Bedrohung. Wir verfolgten den wild gewordenen Elefanten durch Busch und Steppe. Jim hatte eine alte Remington mit einem Schuss. »Der Jumbo soll eine faire Chance haben«, sagte er, alles andere sei abschlachten! Irgendwann, als uns wegen der Hitze die Zunge aus dem Mund hing, stand er uns gegenüber. Vorsorglich versteckte ich mich hinter einer stämmigen Akazie. Jim stand vielleicht zwanzig Meter vor dem Bullen auf freiem Feld, zielte – drückte ab. Seine

Büchse macht nicht bumm, sondern klack! Ladehemmung. Es folgte ein Trompetenstoß, dann stürmte der Bulle auf uns zu. Jim sprang in einen Graben. Ich machte mich hinter der Akazie dünn. Der alte Dickhäuter rannte vorbei, stampfte dann planlos durch die Savanne. Jim reinigte seinen Schießprügel. Wir nahmen die Verfolgung auf. Von einem Hügel aus sahen wir das große, graue Tier. Wie riesig es doch war! In der Ebene wirkte der Jumbo wie ein hochbeiniger Panzer, der da durch losen Sand zog. Jim Cocrane pirschte sich in leichtem Trab an das Tier heran, immer im Windschatten. Ich torkelte hinterher. Plötzlich stürmte der Jäger am Elefanten vorbei, riss die Remington hoch, zielte. Im irren Donner der Büchse stürzte der alte, mächtige Elefant wie ein Mammutbaum. Er lag auf der Seite, tot. Kein Zucken, kein Wimmern, nur ein verebbendes Stöhnen herausgepresster Luft. Aufgewirbelter Staub umhüllte seinen Körper. Der Tod des Elefanten war ein ergreifendes Erlebnis. Jim neigte sein Haupt vor dem Elefantenberg, als wollte er dem Tier die letzte Ehre erweisen. Dann beugte er sich nieder und drückte dem alten Dickhäuter liebevoll das leblose Auge zu. Es war ein trauriges Auge mit langen, borstigen Wimpern im Gesicht eines uralten Elefanten. Ich glaube, auch Jim war damals traurig über das gewaltsam ausgelöschte Leben, das noch im Tod so viel Würde barg. Ein Trost waren die Dörfler. Ihnen hatte die Dürre der letzten Monate schwer zugesetzt. Nun konnten sie sich endlich wieder richtig satt essen. In Jims Hütte war wieder Alltag eingekehrt. Ich schrieb an seinen Memoiren. Eines Tages fragte er, wo mich die Reise hinführe. Ich sagte: Nigeria. Er meinte: Kein Land für dich, auf der Suche nach dem wirklichen, alten Afrika. Geh in den Süden, in die Kalahari und ins Okavango-Delta! Viele Jahre später folge ich seinem Rat ...

»He, Alter, träumst du?«, fragt James in mein Sinnieren.

»Keineswegs!«

»Das hier ist geschichtsträchtiges Gebiet. 1824 machten die Batawana Toteng zu ihrem Herrschersitz.«

»Noch nie etwas von dem Ort gehört.«

»Toteng liegt heute an der A3, fünfzig Kilometer südöstlich von hier. Sechzig Jahre später folgte ein Überfall der kriegerischen Ndebele unter König Lobengula. Die Batawana drohten unterworfen und versklavt zu werden, konnten sich jedoch rechtzeitig ins Okavango-Delta zurückziehen. Von dort aus organisierten sie erfolgreiche Offensiven, die schließlich zur Vertreibung der Ndebele führten. Das Volk der Batawana verließ das unzugängliche Okavango-Gebiet wieder, um 1915 seine ›Hauptstadt‹ nach Maun zu verlegen, wo das Oberhaupt, der König oder *kgosi,* heute noch regiert. Quasi als lokaler Herrscher.«

»Sag mal, James, warum wolltest du unbedingt in diesen teuren Schuppen? Der reißt ein ziemliches Loch in meine Reisekasse.«

»Mit dem Cresta Riley's Hotel verbinden mich starke Erinnerungen. Wenn ich in Maun bin, muss ich hier einkehren. Es hat Geschichte. Um 1920 entwickelte sich Maun zum Zentrum des Safari- und Jagdtourismus. Angeführt durch Charles de Beauvoir Riley, Harry genannt. Harry war nicht nur ein Abenteurer und Großwildjäger, er war auch ein verflucht cleverer Geschäftsmann. Er betrieb nebenher eine Bar, in der es damals hoch herging. Aus der Bar entstand ein Hotel und später mit verschiedenen Partnern und Eigentümern ein Komplex mit Tankstelle, Autowerkstatt, Bars, Geschäften, Reisebüro, *bottlestore* und ebendiesem Hotel, dem Cresta Riley's. All diese Unternehmen tragen seinen Namen, der in Maun ein Markenzeichen ist. Harry's Bar und die Motswiri Pool Bar im Hotel sind ultimative Treffpunkte, wo einst berüchtigte Saufgelage stattfanden.«

»Und, wie ging's da zu?«

»Mein lieber Mann, das eine oder andere Gelage hab ich miterlebt. Da wurde aufs Dach gestiegen, Handstand gemacht oder kopfüber hängend Bier getrunken. Oder man zelebrierte den Upside-down Marguerita. Dabei wurde einer an den Beinen aufgehängt, und zwar über der Bar, mit dem Kopf nach unten. Dem so

Baumelnden wurde Schnaps eingeflößt. Der Barkeeper gebrauchte dessen vollen Mund als Shaker. Erst wenn alle in der Bar betrunken waren, wurde der Delinquent, mittlerweile auch besoffen, abgehängt. Es kam aber auch vor, dass er vergessen wurde, dann hing er bis zum nächsten Mittag von der Decke herab. Zu Harrys Zeiten waren das die Äquatortaufen für Großwildjäger.«

Gerade stolziert eine hochgewachsene Frau über den Rasen. Nicht nur auf dem Grün, auch auf Mauns Straßen bilden Herero-Frauen in viktorianischen Trachten auffallende Farbtupfer. Emma Hahn, eine Missionarsehefrau, war es, die vor über hundertfünfzig Jahren viele Herero-Frauen im heutigen Namibia das Nähen lehrte – ihre Kampfansage gegen die Nacktheit der Frauen des Hirtenvolks. Die Frauen fanden Gefallen am Schneidern. Sie kopierten die Kleider der Missionarsgattinnen und ergänzten sie mit eigenen Accessoires wie der quer sitzenden, länglichen Kopfhaube. Die soll die Hörner eines Rindes symbolisieren. Rinder haben bei den Herero eine nahezu kultische Bedeutung. Solche Trachten nähen und tragen die Frauen bis heute. Dabei verbrauchen sie allein für das Obergewand um die zehn Meter bunt batikten Stoff. Mehrere Unterröcke liegen unter einem weit ausladenden Plisseerock. Herero-Damen quälen sich in eine recht schweißtreibende Garderobe.

»Seit wann leben Herero in Botswana?«

»Seit 1904. Infolge des blutigen Herero-Aufstands gegen die deutschen Kolonialtruppen in Deutsch-Südwestafrika retteten sich einige Gruppen durch Flucht in den Nordwesten des britischen Protektorats. Als Vasallen der Batawana wurden sie geduldet. Die geborenen Viehzüchter legten sich im Lauf der Zeit stattliche Herden zu und konnten sich auf diese Weise aus der Bevormundung der Batawana befreien.«

Meine Gedanken schweifen ab. In eine Region im Norden Botswanas, die an Einmaligkeit nicht zu übertreffen ist: das Okavango-Delta. James und ich wollen Naturwunder erleben. Noch weiß ich nicht, wie wir es anstellen. Doch der alte Botswanafuchs Marden kennt das Delta und hat etwas arrangiert, ohne Absprache. Also lasse ich mich überraschen. Ich bin gespannt!

Ein Strom ohne Mündung

Starterlaubnis. Die kleine einmotorige Gippsland GA-8 von Mack Air prescht über die Rollbahn des internationalen Flughafens von Maun, hebt ab, wird in eine Linkskurve gezwungen und steigt allmählich auf achthundert Meter. Am Steuerknüppel: Dusty Aarde, Buschpilot. Den Knüppel hält er wie ein rohes Ei. Eine große, goldumrandete Ray-Ban-Pilotenbrille verdeckt seine Augen. Er steckt in einem weißen, kurzärmeligen Hemd und weißen Shorts. Dusty ist seit zwei Jahren Kurierflieger, transportiert Personen, Waren aller Art und Verpflegung in einen Teil der Camps im Delta. Der sechsundzwanzigjährige Pilot stammt aus Pretoria, Südafrika. Er fliege mit zwölf Kolleginnen und Kollegen, Weißen und Schwarzen, alles lizenzierte Flieger aus England, Australien, Namibia, Botswana und Südafrika, erzählt er uns noch vor dem Start. Mack Air verfüge über eine Flotte von mehreren Cessnas, Kodiaks und Gippslands, die Versorgung der Orte sei nur über den Luftweg möglich. Natürlich sei Mack Air nicht die einzige Linie. Da gebe es Kavango, Major Blue, Safari oder Wilderness Air. Der Landeanflug im Delta, egal wo, sei immer wieder etwas Neues. Warum? Weil häufig Löwen, Elefanten, Gazellen und Antilopen oder anderes Wild die Pisten blockierten, was die Fliegerei hier unberechenbar mache. Der strenge Tierschutz erlaube keine Umzäunung der Start- und Landestreifen. Nachts herrsche ohnehin Flugverbot. Dusty war seit seiner Schulzeit klar, dass er später mal abheben würde. Sein Vater, auch Buschpilot, hatte ihm die Leidenschaft in die Wiege gelegt. Dustys Traum: einmal Kapitän einer Boeing oder eines Airbus zu werden.

Hinter mir hocken, eingezwängt wie Ölsardinen in der Dose, James Marden, mit dem ich nun schon einige Zeit unterwegs bin, der Ornithologe Thomas Otema mit seiner Frau Rachel, eine Wissenschaftsjournalistin, und David Scott, seines Zeichens Biologe. Alles Bekannte von James, mit denen er sich in Maun verabredet hatte. Mal sehen, wie wir miteinander auskommen. Rachel erscheint mir recht extrovertiert, fast vorlaut. Da ich die drei erst auf dem Flughafen kennengelernt habe, weiß ich lediglich, dass Rachel und Thomas aus New York angereist sind. David stammt aus Hastings in England. Wir wollen zusammen einen Teil des Deltas vom neuen Moriri Camp aus erkunden, das hat James so arrangiert. Ich kenne das Delta nicht, also hab ich dem Experten freie Hand bei der Standortwahl gelassen. Pilot Dusty kündigt einen fünfundvierzigminütigen Flug bis zur nordwestlich gelegenen Piste Jao an. Von dort wird es dann irgendwie weiter zum Camp gehen.

Wir sind jetzt zehn Minuten in der Luft. Propellerlärm und besonders die faszinierende Landschaft unter uns gestatten keinen Smalltalk. Mit einem Fernglas vor den Augen tauche ich ein, in eines der verwirrendsten Geheimnisse Afrikas, in eine Welt aus Wasser und Sand, die aller Vernunft widerspricht. Okavango: Land im

Wasser oder Wasser im Land? Wie eine geöffnete Hand liegt das Flussdelta im trockenen Nordwesten Botswanas. Gespeist wird es von einem Fluss länger als der Rhein, dem Okavango, der tausendsechshundert Kilometer misst. Von der Quelle im angolanischen Hochland, wo er noch Cubango heißt, bis zur Mündung, die es gar nicht gibt, schickt der Strom am Ende fast neunzehn Milliarden Kubikmeter Wasser in ein Geflecht von Adern und Inseln. Dieses Geflecht ist ein Delta, genauer ein Schwemmkegel, in der südlichen Fortsetzung des Afrikanischen Grabens, dem Rift Valley. Es ist ein pulsierendes Netzwerk, das je nach Jahreszeit mehr oder weniger Wasser aufnimmt oder Inseln flutet, doch im Mittel etwa fünfzehntausend Quadratkilometer oder die Fläche Schleswig-Holsteins einnimmt. Für Botswana ein Reservoir, das rund neunzig Prozent des gesamten Wasserhaushalts bestreitet. Sechstausend Quadratkilometer stehen permanent unter Wasser. Im

Ein kleiner Ausschnitt des Okavango-Deltas aus der Luft

Juni und Juli kann sich die Wasserfläche rasch um das Dreifache ausdehnen. Und wo bleibt all das kostbare Nass? Diese Besonderheit ist eines der Wunder unserer Erde! Haben doch große Flüsse das Bestreben, in Binnenmeeren oder Ozeanen zu münden, hat der Okavango ein anderes Ziel: Er mündet im Himmel. Das Phänomen, beziehungsweise das, was daraus entstanden ist, veranlasste die UNESCO 2014, das Delta zum Weltnaturerbe zu erklären. Noch rechtzeitig, denn Industrie und Wirtschaft hegten Pläne, das Naturparadies trockenzulegen. Wasserpipelines sollten die Kalahari bewässern und Wasser für die Minengesellschaften sogar bis nach Transvaal in Südafrika liefern. Den Herren der Minengesellschaft Anglo American und dem Oppenheimer-Clan schien das Okavango-Wunder gleichgültig zu sein.

Lediglich fünf Prozent der einströmenden Wassermassen fließen am unteren Ende des Deltas ab und erreichen den Ngami- und den südlicheren Xau-See. Die Diamantenmine von Orapa speist sich mit einer Pipeline vom Xau-See. Lange Zeit wurde gerätselt, wo die Wassermassen bleiben könnten. Nimmt sie der sandige Grund unter den Sümpfen auf und lässt sie unterirdisch in der Kalahari-Wüste versickern? Mittlerweile haben Hydrologen herausgefunden, dass die rund fünfzehn Milliarden Kubikmeter Wasser zu Dampf verdunsten, der Fluss also im wahrsten Sinne des Wortes im Himmel endet. Dafür gibt es eine Erklärung: Flüsse mit normaler Fließgeschwindigkeit entziehen sich der Verdunstung, insbesondere in gemäßigten Klimazonen. Der Okavango ergießt sich in ein ehemaliges Trockengebiet, in dem sein Wasser praktisch zum Stillstand kommt, somit der Verdunstung ausgeliefert ist. Das war nicht immer so. In der Vorzeit hatte der Okavango eine Verbindung zum Limpopo und mündete im Indischen Ozean. Später schob sich eine Erdkruste auf, die dem Fluss den Lauf nach Osten versperrte, er ›hing fest‹, ein Sumpfareal entstand. Nach wie vor wirken enorme Erdkräfte auf dem afrikanischen Kontinent. Seit 1950 wurden in der Deltaregion etwa vierzig Beben der Stärke fünf auf der Richterskala registriert. Bisher gab es weder Tote noch Zerstörungen. Einer natürlichen Knautschzone gleich, fing der Sumpf die Erdstöße auf. Geologen gehen davon aus, dass unter dem Okavango-Delta eine riesige Magmablase besteht, die kontinuierlich an die Oberfläche drückt. Nicht auszuschließen, dass eines fernen Tages neue Verwerfungen dem Fluss einen anderen Weg schaffen. Vorerst verharrt der Welt größtes Binnendelta als geheimnisvolles Naturwunder und verdunstet Tag für Tag durchschnittlich vierzig Millionen Kubikmeter Wasser. Süßwasser in Trinkqualität, von dem es heißt, es sei schon bald kostbarer als Öl. In Botswana ist Wasser äußerst rar. Doch hier im Sumpfgebiet konzentriert es sich im Überfluss. Ein Widerspruch, der reizt, die Verhältnisse zu ändern und Wasser in andere Gebiete abzuleiten. Noch sind es die Einnahmen aus dem Tourismus, die verhindern, dass Afrikas einmaliges Biotop trockenfällt.

Unter uns winden sich Wasserarme zwischen baumumsäumten Inseln hindurch und bilden versteckte Buchten, Pfannen, Lagunen, Sandbänke, Tümpel ... Alles eingebettet in ein gigantisches Labyrinth, das je nach Wassertiefe oder Inselbewuchs in einer anderen Farbe des Regenbogens leuchtet. Natur vor dem Sündenfall! Eine Herde Litschi-Moorantilopen spurtet durch seichtes Gewässer und über eine rote Insel, die aus einem zusammengefallenen Termitenhügel entstanden sein könnte. An einer anderen Stelle stehen Elefanten bauchtief im Wasser. In einem Puzzle schwarzer, brauner und gelber Erde entdecke ich eine Herde Kaffernbüffel, die unschlüssig vor einem Kanal steht. Ich reiche das Fernglas weiter, beobachte nun das Wild als kleine, unscheinbare Punkte, die nur durch Bewegungen auffallen. Wir verlieren an Höhe. Irgendwo da unten, auf festem Grund, muss sich die Piste Jao befinden. Noch ist nichts zu erkennen bis auf Gras, Schilf, Papyrus, ein paar Bäume und Wild. Antilopen, Zebras, Elefanten sind bei dieser Höhe auf Spielzeuggröße geschrumpft. Plötzlich wird sie sichtbar, die Piste, als schmale, graue Schneise. Dusty will zur Landung ansetzen. Von rechts tauchen Giraffen auf, schreiten auf die Piste. Verharren, drehen ihre Köpfe empört in Richtung Flugobjekt. Der Pilot zieht die Gippsland wieder hoch und dreht noch mal eine Runde.

In einer mächtigen Staubwolke rumpelt die Maschine neben einen offenen, extrem hochbeinigen Land Rover, der auf uns wartet. Rasch ist das Gepäck umgeladen, sogar die voluminösen Hutschachteln von Mam Otema kommen mit. Noch ein paar Instruktionen von Sam, dem Fahrer und Ranger, dann holpern wir über eine naturbelassene Piste mit beeindruckenden Schlaglöchern. Es heißt, wir durchqueren eine größere Insel, kommen durch den Ort Yakuhuma. Nach etwa einer Stunde geht's dann auf dem Landweg nicht mehr weiter.

»Was bedeutet das?«, fragt Rachel.

»Schwimmen!«, murmelt Thomas, ihr Mann

»Eine Barke bringt uns zum Camp«, erklärt Sam.

Die Deltainsel im Gebiet Kavongana vermittelt uns eine gänzlich andere Okavango-Welt: Auf saftigen Wiesen weiden braune Kühe. Hirten, eine vorsintflutliche Steinschlossflinte geschultert, treiben eine Herde Ziegen vor sich her. Aus einer Gruppe Akazien schauen Giraffenhälse hervor. Ein Schwarm Reiher zieht seine Bahn. In einem Hain wilder Feigenbäume, von Doumpalmen durchsetzt, beschimpfen uns Meerkatzen und werfen mit dürrem Geäst. Der sandige Boden ist unerwartet trocken. Selten durchzieht ein wasserführender Priel das Land. Rundhütten, von Reisigbäumen umgeben, bilden die Ausläufer von Yakukuna. In der Ortsmitte stehen gemauerte Häuser mit roten Wellblechdächern. Auf einem Schulhof tollen Kinder in blauer Schulkleidung umher. Ein windschiefes Hospital ist von Kranken umlagert. Esel ziehen Karren, die turmhoch mit Säcken beladen sind. Ab und zu kurven Geländewagen oder Motorräder aus Seitenwegen. Staub nimmt die Sicht wie dichter Novembernebel ... Zivilisation im Okavango-Biotop, wer hätte das vermutet?

»Fluss-Buschleute, Banoka genannt, sind die ursprüngliche Bevölkerung des Deltagebiets. Sie sind meist in Bantu-Ethnien, die das Gebiet später besiedelten, auf- und untergegangen«, sagt James.

»Also ist die Okavango-Mündung nicht nur Rückzugsgebiet für Flora und Fauna, sondern auch für Menschen?«, frage ich.

»In gewisser Weise, ja. Denk an die Batawana, die einst von den Ndebele bedroht wurden.«

Als ich etwas über die Bevölkerung des Okavango-Deltas erfahren möchte, rücken Rachel und ihr Mann heran.

James erzählt:

»Rund einhunderttausend Afrikaner verschiedener Ethnien bevölkern das Delta und siedeln unterschiedlich tief im Wasserlabyrinth. Die Banoka fischten und jagten vor vielen Jahrtausenden in der Sumpflandschaft. Im 18. Jahrhundert tauchten die ersten Bayei auf. Sie waren auf der Flucht vor der Tyrannei der Lozi am nördlichen Sambesi. Ihnen folgten die Hambukushu ins Delta. Die Bayei widmeten sich der Landwirtschaft, dem Fischfang sowie der Flusspferdjagd. Die Hambukushu trieben in den Randgebieten des fruchtbaren Schwemmlands Ackerbau.«

»Was bauten sie an?«, will Rachel wissen.

»Nun, wie noch heute: hauptsächlich Hirse, Mais, Zuckerrohr, auch etwas Reis. *Molapo farming* wird der Anbau in periodisch überfluteten Feldern genannt. Den beiden eingewanderten Völkern ist übrigens eine merkwürdige Herrscherfolge eigen. Den Thron erhält jeweils der Sohn der ältesten Schwester des Königs. Im 19. Jahrhundert trafen die Batawana, selbst vertrieben worden, ein. Batawana, die nach abgewehrter Bedrohung im Delta blieben, zwangen Bayei und Hambukushu in die Leibeigenschaft – die heute so nicht mehr existiert. Anders ist es mit den Fluss-Buschleuten, den Banoka, die von allen Bantu-Ethnien nur noch als Sklaven geduldet werden und ...«

»Das ist ja furchtbar!«, bemerkt Rachel.

»Nach Charles Darwin: ›*Survival of the fittest*‹, das ist ein Naturgesetz!«, antwortet James.

Thomas mischt sich ein:

»Der Ausspruch stammt von Herbert Spencer, einem britischen Sozialphilosophen, Darwin übernahm ihn lediglich. Das nur am Rande.«

»Sei's drum. Entscheidend ist, dass die Urvölker, ob San, ob sogenannte Pygmäen oder die Aborigines Australiens, dem Druck der Zivilisation nicht gewachsen sind. Ihre Gesellschaftsformen sind für den Überlebenskampf ungeeignet«, meint James.

»Das macht mich wütend und traurig zugleich«, entgegnet Rachel. »Immer wird der Schwächere ausgebeutet und unterdrückt. Wir sind inhuman. Die natürliche Auslese ist schlimm!«

»Nenn es, wie du willst, meine Liebe, eines Tages könnte auch unsere Zeit gekommen sein«, sagt Thomas.

Längst liegt Yakukuna hinter uns. Auf einsamer Piste durchfahren wir die Natur und vorbei an Wild, das uns neugierig hinter Buschwerk verfolgt.

»Festhalten und Beine hoch!«, ruft Sam nach hinten.

Der Motor röhrt in höchsten Tönen, dann preschen wir durch einen Wasserarm, einen tiefen und breiten. Wasser schwappt wie eine Flutwelle gegen die Windschutzscheibe. Wasser dringt ins Wageninnere. Reifen wühlen sich durch schlammigen Untergrund. Sam steht auf dem Gaspedal.

Rachel schreit: »Mein Hintern ist nass!«

In der Mitte des Wasserarms verschluckt sich der Motor, bockt und steht. Sam grinst entschuldigend.

»Mit so viel Wasser war nicht zu rechnen. Eigentlich hätten wir durchkommen müssen.«

»Und jetzt?«, lamentiert Rachel.

»Schwimmen, sagte ich doch«, meint ihr Mann.

David Scott, der Biologe, wird auch nervös, weil er meint, der Land Rover würde im Schlamm versinken.

»Keine Panik!«, mahnt Sam, springt in den Fluss, der ihn bis über die Hüften aufnimmt, und sucht an der vorderen Stoßstange den Haken der Seilwinde.

»Kann mal jemand helfen?«, ruft der Ranger von unten. James und David springen ins Wasser. Am Armaturenbrett suche ich den Hebel für die Winde. Mit vereinten Kräften wird die Winde abgespult und in Richtung Ufer gezerrt, dort um den kräftigen Stamm eines Leberwurstbaums geschlungen. Aus seinem Hartholz werden die *mokoro,* Einbäume, kleine Transportboote, die im Delta verkehren, hergestellt. Also, wenn dieser Baum bricht, holt uns nichts mehr aus dem Fluss heraus. Sam arbeitet sich mit den anderen durchs Wasser zum Fahrzeug zurück. Hinterm Steuer betätigt er die Winde. Das Stahlseil spannt sich.

»Geht in Deckung! Sollte das Seil reißen, peitscht es zurück und wirkt wie eine Sense.«

Wir kauern uns in die Sitze. Trotz des Wasserstands springt der Motor an, seine Lage und der wie ein Schornstein senkrecht stehende Auspuff wurden für Situationen wie diese ausgelegt. Unten mahlen die Räder, vorn zieht die Seilwinde. Nach anfänglichem Ruckeln werden wir langsam, aber stetig ans Ufer gezogen. Als die Räder festen Boden greifen, fällt auch Sams Anspannung. Es wäre nicht das erste Fahrzeug, das in einem Wasserarm hätte aufgegeben werden müssen, verrät er nach einer Weile. Die Weiterfahrt führt durch Feucht- und Moorgebiet, schließlich muss ein ähnlich tiefer Kanal passiert werden. Diesmal preschen wir mit Vollgas problemlos hindurch, Sams Fahrtechnik sei Dank. Jäh endet der Pfad an einem Wasserarm, mindestens dreihundert Meter breit, umrandet von hohen Papyrusgalerien und auf dem Wasser verschlungenen, schaukelnden Wasserlilien. Ein Flussgarten, der von einer Furt durchbrochen wird. Die Furt mündet in einen Holzsteg, an dem eine Barke dümpelt, ähnlich jenen, die auch auf dem Chobe verkehren: unförmige Aluminium-Kähne, bestückt mit Yamaha-Außenbordmotoren. Die Besatzung, ein Bantu, sicher der Skipper, und zwei kleine, braunhäutige Banoka, winken freudig zur Begrüßung. Jetzt ist die Barke unser Transportmittel. Sie trägt uns in die Mitte des Stromes. Es kommt mir vor, als glitten wir über einen riesigen See, der zwar seitlich begrenzt ist, aber nicht vor oder hinter uns. Ein mächtiger Strom ohne Strömung.

Gerade überfliegt ein Fischadler die Barke, in den Fängen trägt er einen Wels. Und vor uns starten blütenweiße Pelikane. Um sich in die Luft begeben zu können, rennen sie mit ihren rosa Schwimmfüßen über die Wasseroberfläche. Wie stumme, scheele Wächter stehen Marabus in einer seichten Bucht. Ihre Hässlichkeit erinnert an den Tod. Ganz anders wirken die Flamingos. Sie haben Grazie, gleichgültig, ob sie in Tümpeln schreiten, auf einem Bein verharren oder elfengleich übers Wasser gleiten.

»Na, Rachel, wie findest du das Delta?«, fragt James.

»Großartig! Aber mein nasser Hintern stört mich.«

»Von den fünfzehntausend Quadratkilometern des Biotops durchfahren wir gerade einmal einen winzigen Teil des Westens, bekannt für seine ausgedehnten Papyrussümpfe, die ganzjährig mit Wasser versorgt werden.«

»Was bietet der östliche Teil?«, mische ich mich ein.

»Nun, das Schwemm- und Sumpfland dort trocknet schon mal periodisch aus. So im Dezember und Januar. Gut ein Drittel des Deltas wird durch strengen Naturschutz abgeschirmt. Es ist das nach dem Batawana-Oberhaupt Moremi III. genannte Moremi Wildlife Reserve. In ihm dürfen selbst die Einheimischen weder fischen noch jagen.«

Am nördlichen Ufer wird die grüne Silhouette jetzt von einem Anlegesteg und Zeltdächern, die durchs Blattgewirr lugen, unterbrochen. Der Skipper steuert den Steg an. Aus dem höher gelegenen Buschland rennen Frauen und Männer an die Anlegestelle, nehmen Aufstellung, singen, tanzen und winken. Welch einen herzlichen Empfang wird uns das Mopiri Camp bieten? Der Weg hinauf zur mit Zeltplanen überdachten Terrasse ist steil und schlüpfrig. David stolpert und rutscht bäuchlings einige Meter abwärts, oben angekommen, ist sein Designer-Safarianzug zweifarbig: vorn schwarz, hinten khakifarben. Das Personal des Camps umringt uns und amüsiert sich köstlich. Mit unseren nassen Pos sehen wir aus, als hätten wir kollektiv in die Hosen gemacht. Das Camp, mit einem herrlichen Blick über den Strom, steht auf einer hölzernen Plattform ein bis zwei Meter über dem Boden, der jetzt trocken, in der Regenzeit sicher überschwemmt ist. Sitzgruppe, Bar, Küche stehen unter Palmen. Sogar ein Pool ist in die Plattform eingelassen. Wir sind die einzigen Gäste. Zwei junge Männer stellen sich als Manager der Anlage vor. Mikel aus England und Herman aus Kapstadt lassen zur Begrüßung Cocktails bringen. Rachel will wissen, wo genau wir uns in diesem Deltalabyrinth befinden.

Mikel: »Unser Standort ist eine Erhöhung der Weboro-Lagune am Ende des westlichen Pfannenstiels zwischen Ikoga und Tubu. Das Delta ist in Konzessionsgebiete, auch *wildlife management areas,* aufgeteilt, deren Nutzung versteigert wird. Ein Buchstaben- und Zahlencode kennzeichnet die Gebiete. Wir liegen in NG/24, was Ngamiland, Konzessionsgebiet 24, bedeutet. Konzessionsvergaben an Betreiber von Safaricamps und Lodges oder Reiseveranstalter sind zeitlich limitiert. Ihre Nutzung ist an strenge Auflagen gebunden. Wir dürfen zum Beispiel hier nur Holz verwenden. Wände und Dächer aller Baulichkeiten sind aus Zeltplanen, die eine Holzrahmenkonstruktion umspannen. Zeltdächer dürfen das Buschland nicht überragen.«

»Dann müssen wir in Zelte voller Ungeziefer kriechen«, jammert Rachel, »und das für sechshundert Euro pro Nacht?«

»Jetzt wart's halt mal ab«, mahnt Thomas seine Frau.

»Nachts kommen handtellergroße Affenspinnen in die Zelte und fressen Insekten und Ungeziefer weg«, erwidert Mikel todernst.

Meine Zelthütte im Mopiri Camp

»Oh Gott, nein! Ich schlaf draußen.«
»Davon würde ich abraten. Das Camp befindet sich in Hippo-Gebiet.«

Ich erhalte Zelt Nummer drei. Ein Steg mit Geländer führt in einen Hain Fächerpalmen, durchsetzt mit Feigenbäumen. Ganz verwunschen, eingebettet in Laubwerk, stoße ich auf die Unterkunft mit Terrasse, Sitzgruppe und freiem Blick über das Wasser. Das Zelt besitzt ein höchst komfortables Interieur: Doppelbett mit gerafftem Moskitonetz. Auf poliertem Holzfußboden steht ein Sessel. Hinter dem Bett befindet sich eine Schrankwand. Im Nebenraum, unter demselben Zeltdach, befindet sich das Bad mit zwei Handwaschbecken, stilvoll aus Granitquadern ausgefräst, und Dusche. Alles picobello sauber. Luxus in der Wildnis! Schwer vorstellbar, dass Affenspinnen hier Nahrung finden.

Pirschfahrten

Fröstelnd besteigen wir im Morgengrauen ein schnittiges Motorboot. Brausen mit mächtiger Bugwelle und gehörigem Krach auf dem Okavango-Hauptarm vor unserer Lagune gen Norden. Zehn Minuten später zieht Winston, der auch die Barke von gestern steuerte, das Boot nach links. Augenblicklich verschwinden wir in einem engen Wasserweg, in dem Papyrus das Boot und unsere Schultern peitscht. Der Bantu entwickelt sich zum tollkühnen Seefahrer. Ein Irrgarten mäandernder Kanälchen tut sich auf, in dem Winston Kurven schneidet, das Boot schräg legt. Wir klammern uns an die Bordwand. Rachel kreischt, als säße sie in der Achterbahn, die gerade einen Looping dreht. Im Heck steht breitbeinig der Afrikaner, dreht am Gasgriff und amüsiert sich. Ich nehme Deckung vor einer grünen Wand aus Riedgras, Papyrus und Wasserlilien. Es ist keine Wand, sondern ein Wasserärmchen, durch das wir wie durch einen Tunnel brausen. Was Winston mit uns veranstaltet, ist keine Pirschfahrt, das ist eine Wasserrallye, die jedes Lebewesen meilenweit vor uns flüchten lässt.

Der Tunnel öffnet sich. Wärmende Sonne ist aus dem Schilf gestiegen, schickt Licht auf einen seichten Tümpel. Winston drosselt den Motor zu einem monotonen Tuckern. Leichte Brisen lassen die Kronen der Papyrusköpfe wie ein Kornfeld wogen. Die pinselartigen Kronen sind mit Tautropfen bestückt, im Sonnenlicht wie Edelsteine funkelnd. Wir gleiten an Stängeln vorbei, die durch ein dichtes, zähes Spinnengewebe miteinander verstrickt sind.

Winston, nun ganz Ranger und Naturfreund, flüstert:

»Eine alte Sage im Delta lautet: Nyambi, der Wassergott, war früher ein gewöhnlicher Sterblicher, der, verärgert wegen der ständigen Unzufriedenheit seines Volkes, der Hambushuku, einst aus Angola eingewandert, zur Spinne Duiwiwi ging und diese bat, ihm ein bis zum Himmel reichendes Netz zu spinnen. Als er mit Frau und Sohn sicher dort oben angekommen war, zerriss Nyambi das Netz und trennte sich auf diese Weise für immer von der Erde.«

Einander umschlingende Wasserlilien stehen in Reichweite. Ihre Kelche sind im Begriff sich zu öffnen. Im Sonnenlicht entfalten sie sich. Bei einbrechender Dunkelheit schließen sie sich wieder. Viele Pflanzen des Deltas bilden wie die Seerose eine Verbindung zwischen Himmel und Wasser.

»Nicht alle Wunder des Okavango-Deltas findet ihr über Wasser. Unter uns bewegt sich ein Wassergarten aus Gräsern, Dolden und Farnen, gleich einem Vorhang, in dem der Wind spielt«, sagt Winston, der das Boot treiben lässt. Den Motor hat er ausgemacht. Mit dem Bug schieben wir uns ins Wirrwarr von Wasserpflanzen. Die Augen des Rangers suchen den Grund ab. Plötzlich schnellt seine Hand ins Wasser. Heraus zieht er sie mit einem zappelnden Tier, das an eine besonders große Eidechse erinnert. Allerdings eine mit einem Maul, besetzt mit vielen kleinen Zähnen, die sich in Winstons Daumen verbissen haben.

»Wie süß, ein Schnappi!«, ruft Rachel.

»Das ist ein kleines Nilkrokodil, etwas über ein Jahr alt. Nach intensiver Brutpflege der Mutter ist es jetzt auf sich gestellt. Es gibt viele Krokodile hier. Auch besonders große«, erklärt Winston.

»Herrje, ist das nicht gefährlich?«, fragt David.

Rachel sitzt bleich im Boot.

»Ich geh mal davon aus, dass wir die angriffslustigen Kroks durch unseren Lärm vertrieben haben. Sie sind geräusch- und erschütterungsempfindlich. Neulich wurde ein sechs Meter langes Krok gesichtet, das ein Zebra packte. Die Riesenechse schoss aus dem Wasser, biss sich in der Flanke der Beute fest. Für den Sprung nutzen die Krokodile ihren muskulösen Schwanz wie eine Stahlfeder. In Sekundenschnelle ist bei so einer Attacke alles vorbei. Das Zebra wird unter Wasser gezogen, damit es ertrinkt. Manchmal zerrt der Jäger die Beute in seine Höhle, um sie verwesen zu lassen. Oder er reißt an Ort und Stelle Fleischportionen mittels Todesrolle heraus.«

»Todesrolle? Was ist das, um alles in der Welt?«, zetert Rachel.

»Weil Kroks nicht abbeißen können, müssen sie sich aus frischer Beute Stücke herausreißen, indem sie zupacken und sich ruckartig um die Längsachse drehen.«

David beguckt sich das kleine Reptil von allen Seiten und fotografiert. Als es zurück ins Wasser gesetzt wird, treten Blutstropfen aus kleinen Löchern in Winstons Daumen.

»Liegt die Bruttemperatur bei dreißig Grad, schlüpfen aus den Eiern Weibchen. Über dreißig Grad werden es Männchen«, erklärt der Ranger. »Aus Gelegen von sechzig Eiern erreichen nur sehr wenige das wehrhafte Alter. Über die Eier machen sich Mungos, Hyänen, Schakale her. Kleinechsen werden von Störchen, Reihern, Waranen, großen Fischen oder Fischadlern verspeist.«

Wir gleiten in einen anderen Kanal, als die Sonne fast senkrecht steht und heiße Strahlen schickt. Myriaden von Wasserläufern huschen über die klare Oberfläche, lassen glauben, es würde regnen. Wir werden mit Informationen zu Pflanzen und Vögeln eingedeckt, dass uns der Kopf brummt. Doch Thomas, der Ornithologe, gerät angesichts eines Kronenreihers, Fischadlers, von Nashornvögeln regelrecht in Verzückung, ist das Federvieh auch noch so weit weg. Während wir in der Hitze so allmählich dahindämmern, fragt er Winston ein Loch in den Bauch oder streitet mit ihm über unterschiedliche Lehrmeinungen. In lähmender Mittagshitze fährt der Ranger zur Hochform auf. Sein Talent als Tierstimmenimitator befreit uns aus der Lethargie.

Einen anderen Wasserarm säumt festes Ufer, auf dem Dattelpalmen, Maulbeerfeigen und Schirmakazien dicht beieinander als stämmige Bäume gedeihen.

»Schaut, da oben in der Akazie, der Bau eines Hammerkopfs, auch Schattenvogel genannt!«, ruft Thomas.

»Richtig, Hammerköpfe werden fast sechzig Zentimeter groß und vierhundertsiebzig Gramm schwer. Sie bauen keine Nester, sondern stattliche Burgen aus Abertausend Ästchen und Hölzern, die erst geschichtet, dann mit Schlamm verklebt werden. Von einer Bodenplatte aus werden die Wände und am Ende das Dach über das Nest gebaut. An der Unterseite gibt es einen tunnelartigen Zugang, der in eine Nistkammer führt. So eine Burg beherbergt mehrere Untermieter: Singvögel, Ginsterkatzen, Schlangen, Gänse, Falken, Tauben oder auch wilde Bienen, die meist an der Peripherie siedeln.«

Unser Boot steht direkt unter dem Bau.

Winston trällert: »Aah, aa, aa, aaha!«

Eine ähnliche Stimme antwortet. Etwas später schwebt ein mächtiger Vogel ein, lässt sich auf einem Ast neben dem Nest nieder. Kein schönes, aber ein interessantes Tier: lange Beine, ein gedrungener Körper mit rotbraunem Gefieder, einem dicken, klobigen Schnabel, einem ausgelatschten Schuh ähnlich, und schwarzen Knopfaugen. Das Bezeichnende ist der Kopf mit einer nach hinten gerichteten Federhaube, die wie ein Hammer aussieht. Neugierig werden wir von oben beäugt, während Vogelstimmen hin- und hergeschickt werden. Konversation zwischen Mensch und Hammerkopf.

Wir stoßen ab und tuckern in ein Kanalsystem, das von Papyrus nahezu gänzlich überwuchert ist. Unser Ranger erklärt, dass ohne die Wanderwege der Flusspferde viele Kanäle längst unpassierbar seien. Angeregt von Winstons enormem Stimmenrepertoire, begleitet uns das Gezwitscher, Krächzen, Rufen, Schreien und Pfeifen unzähliger Vogelarten durch den Nachmittag.

Der Tag verabschiedet sich mit einem fantastischen Sonnenuntergang, in dem der Feuerball wie eine flammende Orange im Röhricht entschwindet, Wasser und Himmel in mystisches Violett taucht. Später im Camp am prasselnden Lagerfeuer weiß uns Winston die Okavango-Fauna so erschreckend echt nachzuahmen, dass uns wahre Angstschauer über den Rücken laufen. Brüllen, Fauchen, das Kreischen der Paviane, das Trompeten der Ele-

Auf Pirschfahrt durch das Delta-Labyrinth

fanten, das Gelächter der Hyänen, Löwengeheul werden in die Nacht gesandt, lassen uns herumfahren, als wäre das afrikanische Wild leibhaftig aufmarschiert.

Plötzlich kommt aus Richtung Pool ein Geräusch, dem sich wütendes Schnauben anschließt. Mikel und Herman springen auf, leuchten ins Schwimmbecken, in dem ein kolossales schwarzes Fass tanzt. Nicht zu fassen, im Pool strampelt ein Flusspferd, füllt ihn fast gänzlich aus. Strampelt wie besessen, weil es in der Falle sitzt. Die beiden Manager schieben eine Rampe mit Sprossen ins Wasser, dann eilen sie davon. Das Hippo bekommt die Rampe unter die Füße, stürmt hinauf und entschwindet mit einem lauten Grunzer in den Busch. Wir atmen auf.

Herman erklärt, es sei schon einige Male vorgekommen, dass ein Flusspferd ins Becken gefallen oder gesprungen sei. Und weil die Bergung des ersten Burschen ein ziemliches Problem gewesen sei, habe man die Rampe gebaut. Der Barkeeper freut sich, als wir uns für den Weg zu den Zelten erst einmal mit Bier und Schnaps Mut antrinken.

In einem originalen *mokoro,* einem ausgesprochen kippeligen Einbaum aus Holz, nicht wie für Touristen üblich aus Fiberglas, lassen wir die Zivilisation mit ihren Regeln und Zwängen, mit Dörfern und Lärm hinter uns. Die unermessliche Seenlandschaft mit dem wogenden Grün ist unser Raum. So lautlos durch Schilf und Papyrus gleitend, komme ich mir vor wie ein Entdecker, der hinter jeder Wasserarmbiegung etwas Besonderes, etwas Unbekanntes erwartet. Es hat etwas Archaisches, so wie die Banoka das Delta zu erkunden. Man fühlt sich auf eine sonderbar beruhigende Art eins mit der Natur. Und es wird erfahrbar, dass in jedem von uns mehr von einem Steinzeitmenschen steckt, als für möglich gehalten wird. Abenteuerreisen sind heute gefragter denn je zuvor. Warum? Mag sein, dahinter verbergen sich der Wunsch und die Sehnsucht, auf unser frühes Menschsein zurückzuschauen. Wir möchten erfahren, vielleicht auch erleben, wie es war, mit der Bedrohung fertig zu werden, welche Chancen ein Mensch hatte in jener fernen Zeit, in der Naturkräfte eine ungleich mächtigere Gefahr darstellten. So erkennen wir, dass in einem kleinen verbliebenen Rest Urnatur die Gefahr ein wichtiger Lehrmeister ist. Der Urnatur ausgeliefert zu sein und in ihrer Welt überlebt zu haben, macht demütig und stolz zugleich. Weckt längst verschüttete Instinkte, die wir nicht mehr zu besitzen glaubte. Überleben können setzt bestimmte Eigenschaften voraus, solche wie Durchhaltevermögen, Disziplin, Geduld, Geschicklichkeit, Reaktionsvermögen, Genügsamkeit. Gemeisterte Gefahren bereichern das Leben, machen dankbar und nachdenklich. Reduzieren unser Dasein auf das Wesentliche. Losgelöst von Besitz, Stand, Prestige ...

David Livingstone erkundete vor einhundertachtzig Jahren auf strapaziösem Marsch lediglich die Ausläufer des Deltas. Für ihn war es unvorstellbar, dass der wasserreiche Okavango mir nichts, dir nichts im Nichts verschwindet. Mit dem Glauben war er nicht allein, denn niemand hatte sich bisher ins Zentrum der Sümpfe gewagt. Mehr als ein halbes Jahrhundert musste vergehen, bis ein deutscher Offizier, Hauptmann Streitwolf, Vorstöße bis ins amphibische Herz riskierte. Und es als erster Weißer durchquerte. Um 1923 wurden die Sümpfe kartografiert. Bald danach erschienen professionelle Großwildjäger, um kostbare Beute zu machen. Den nachhaltigsten Eindruck hinterließ die Abenteurersippe Wilmot. Cronje Wilmot schrieb ein Buch, gespickt mit Jägerlatein und Okavango-Jagdstorys, mit denen sich heute kein Mensch mehr brüsten mag. Sohn Bobby prahlte im Delta als legendärer Krokodiljäger. Er brachte es in einer Nacht auf eine Strecke von vierunddreißig Echsen – bis ihn eine Schwarze Mamba biss und in die ewigen Jagdgründe beförderte.

Selbstverständlich ist die Krokodiljagd seit 1975 in Botswana verboten. Farmen befriedigen die Nachfrage nach Fleisch und Leder. Reptilienfarmen, von denen es recht viele im Land gibt. Ist da Telepathie im Spiel? Just beim Gedanken an Krokodile mahnt Winston vom Heck des *mokoro:*

»Watch for Kroks and Hippos!«

Ein Hinweis, der für Unruhe im Boot sorgt. Verständlicherweise, schließlich ist unsere Gruppe bei einem Angriff mehr als gefährdet in diesem Einbaum, der im Augenblick beängstigend hin- und herkippelt. Ich sehe uns schon alle über Bord fallen, mit Echsen um die Wette schwimmen. Als handelte es sich um das Nebensächlichste der Welt, berichtet der Ranger, etwa an dieser Stelle sei einst ein Boot umgeworfen, dabei eine Frau von einem Hippo zerfleischt worden. Es war eine einheimische Familie, der Vater wurde schwer verletzt, ein Baby ertrank.

»Halt endlich still, Rachel!«, ruft ihr Mann.

Dann beruhigt sich das Gleiten durchs Schilf. Die Poler, vorn ein Banoka, hinten Skipper und Ranger Winston, staken mit langen Stangen und bewundernswerter Gelassenheit durch engste Kanälchen. Bis auf zarte Geräusche vorbeiziehender Gräser umgibt uns heilige Stille. Am Ufer der nächsten Biegung stehen Regenbäume, ein Mimosengewächs.

»Was bedeutet der seltsame Name?«, frage ich.

»Nachts scheint es unter den Bäumen zu regnen«, sagt Winston. »Dafür gibt es zwei Erklärungen. Zum einen bevölkern den Baum viele Singzikaden, deren Ausscheidungen wie Regen wirken. Zum anderen schließen sich die gefiederten Blättchen bei Berührung, auch bei Regen. So lassen sie Wassertropfen fast ungehindert zu Boden fallen ...«

»Was Mimosengewächsen eigen ist«, sagt David, »empfindlich wie eine Mimose! Bei Singzikaden handelt es sich um *Cicadidae* der Familie Rundkopfzikaden, *Cicada cicala*. Das nur nebenbei.«

»Schade«, meint Rachel, »ich nahm an, es wäre der Zauberbaum des Regenmachers.«

Ich staune über die Orientierungsgabe der Afrikaner, dringen wir doch tiefer und tiefer ins verwunschene Wasserlabyrinth vor – und wollen wieder herausfinden. Winston besinnt sich seiner Kunst der Stimmimitation. Der Schrei eines Falken ertönt, gefolgt von Papageiengekrächze, Taubengurren, Truthahngekoller ... Schon bald antwortet eine Vogelschar aus allen Richtungen des Sumpfes. James muss der Hafer stechen, als er sagt:

»He, Skipper, mach uns ein Nilpferd!«

»Oh, bitte, bitte nicht«, ruft Rachel erschrocken.

Winston: »Hippo-Grunzen nur gegen Extrabonus, als Gefahrenzulage.«

Gegenverkehr. Wie aus dem Nichts schiebt sich ein *mokoro* aus dem Papyrus, gesteuert von einem halbnackten Fluss-San, der im Boot sitzt und paddelt. Ein Treibnetzbündel liegt im Steven. Zwei Welten begegnen sich, grüßen kurz, verschwinden im Papyrusgewirr. Ein fetter Stängel samt Kopf klemmt an meiner Bordwandseite und wird mitgezogen. Winston beobachtet, wie ich die Pflanze ins Boot ziehe, und fragt:

»Papyruspflanzen schauen gut einen Meter aus dem Wasser. Steigt nun der Wasserspiegel um einen Meter, wie weit gucken die Pflanzen dann noch heraus?«

»Um gut einen Meter«, antworte ich.

Damit hat er nicht gerechnet. Scheint nicht jeder zu wissen, dass Papyrus schwimmend im Wasser hängt.

Im *mokoro* wird es ungemütlich. Der Rücken schmerzt. Hosen werden nass, weil der Einbaum Wasser zieht. Zur Ausstattung der hölzernen *mekoro* (Plural von *mokoro*) gehören für seichtes Wasser lange Stangen, die *ngashi,* für tiefes das Paddel. Fürs Schöpfen sind Blechdosen vorteilhaft. Poler heißen die Einbaumführer, die wie Gondolieri hinten oder in langen Booten hinten und vorne mit den *ngashi* staken. Ein altes Poler-Sprichwort sagt: »Stake langsam, damit du schnell fährst.« Wer die *ngashi* tief sticht, kommt nicht vom Fleck.

Gerade gleiten wir an einer Insel vorbei, die weniger von Wasserpflanzen umbordet ist. Sie ist höher gelegen, sandig und gestattet den Blick auf alten Baumbestand. Das dominierende Gewächs ist ein Baobab, auch Afrikanischer Affenbrotbaum genannt, mit einem extrem dicken Stamm, der sich in einem Gestrüpp knorriger Äste verliert. Das ist die Stunde unseres Biologen David Scott: »Der wissenschaftliche Name *Adansonia digitata* ehrt den Naturforscher Michel Adanson. Ein Franzose, der sich im 18. Jahrhundert dem Baum widmete. Afrikaner sagen auch *upside down tree*, weil die blattlose Krone wie Wurzelwerk wirkt. In Wut habe der Teufel den Baobab verkehrt herum gepflanzt. Die Einheimischen nutzen den Baum auf vielfältige Weise. Fruchtfleisch und Samen werden, wegen ihres Vitamin-C- und Fettgehalts, gern verzehrt. Aus der Rinde werden widerstandsfähige Seile, Netze und Taue gedreht. Rote Farbe liefern die Wurzeln. Seife und Klebstoff gewinnt man aus anderen Baumteilen. Unter einer harten Außenschicht befindet sich Weichholz, das in Zeiten der Dürre als Wasserspeicher dient. Übrigens wurde das Alter der mächtigen Stämme lange überschätzt. Dr. Livingstone meinte, dass ein von ihm untersuchter Baum mindestens viertausend Jahre alt sein müsste. Heute können wir ein Baumalter recht genau bestimmen und wissen, der Affenbrotbaum erreicht ein Alter von maximal zweitausend bis zweitausendfünfhundert Jahren.«

Winston nickt eifrig. Er scheint die Ausführungen Davids gutzuheißen.

»Lasst mich etwas zum symbolträchtigen Baum ergänzen«, sagt der Ranger.

»Einst wurden voluminöse, hohe Stämme als Gefängnisse oder Toiletten, in einigen Gebieten sogar als Friedhöfe verwendet. Aus dem Bereich der Mythologie gefällt mir die Geschichte mit der Hyäne am besten: Zu Beginn, als Pflanzen und Tiere erschaffen wurden, erkannte eine Hyäne ihre Hässlichkeit, als sie ihr Spiegelbild im Wasser sah. Darüber sehr erbost, riss sie einen jungen Affenbrot-

Mächtige Baobabstämme werden ausgehöhlt, bisweilen als Toiletten, Gefängnisse oder Friedhöfe verwendet.

baum aus und schleuderte ihn zum Himmel empor, in der Absicht, den Schöpfer zu treffen. Natürlich traf sie ihn nicht. Das Bäumchen fiel zurück und landete verkehrt herum auf der Erde, wo es seit jener Zeit wächst, und zwar mit den Wurzeln himmelwärts.«

Rachel, die vor Winston sitzt, klebt an seinen Lippen mit einem Blick, der mehr als reines Interesse zeigt. Ihr Mann, Thomas, lässt sich nichts anmerken. Seine Augen wandern über die Insel. Ich nehme das herbe Aroma wilden Basilikums wahr, das sich mit dem modrigen Geruch von Wasserpflanzen eines Tümpels mischt. Aus der Ferne dringt ein Geräusch an unsere Ohren, als würde Holz geschlagen. Die Poler staken ans andere Ende der Insel. Was wir da zu Gesicht bekommen, hat Seltenheitswert: Auf einer Lichtung liegt der Stamm eines Leberwurstbaums, den zwei Männer mit Krummäxten bearbeiten.

»Die Zeit, dass *mekoro* aus Marula- oder Leberwurstbäumen hergestellt werden, ist eigentlich vorbei«, sagt der Ranger. »Hundert Jahre alte Riesen dafür zu opfern ist streng genommen Baumfrevel, wenn die Boote günstig aus Fiberglas geliefert werden können. Der Touristenansturm hat die schlanken Kanus zum Massentransportmittel gemacht. Es hätte das Delta alle Edelholzstämme gekostet, gäbe es die Kunststoffboote nicht. Zumal die Holzboote lediglich sechs, sieben Jahre halten, außerdem ziehen sie ständig Wasser.«

»Aber hier wird wieder eins gebaut!«, echauffiert sich David.

»Den Hambukushu wird der Bau des einen oder anderen *mokoro* gestattet. Schließlich soll das Handwerk nicht in Vergessenheit geraten.«

In mühevoller Kleinarbeit versuchen die Männer, den Stamm auszuhöhlen, um einen Bootskörper zu formen. Unsere neugierigen Blicke halten sie nicht von der Arbeit ab. Das einzige Arbeitsgerät ist die Dechsel, eine Krummaxt mit scharf geschliffener Klinge.

»Früher war der Einbaum das einzige universell einsetzbare Transportmittel: Taxi, Fischerboot, Lastkahn zur Beförderung von Schilf, Haushaltswaren, Kleinvieh. Mit dem Fällen eines großen Holzbaums beginnt seine Entstehung. Makelloses Holz und gerader Wuchs sind Voraussetzung. Zwei bis drei Wochen wird der Stamm bearbeitet, bis ein Boot aus ihm geworden ist. Die Idealgröße beträgt acht Meter, die fünf Personen Platz bietet. Dem Stamm werden zuerst Scheiben im Abstand von zwanzig Zentimetern entnommen, danach wird der Bootskörper herausgearbeitet. Der Bau ist reine Männersache. Doch schon die Kinder beiderlei Geschlechts lernen, mit *mekoro* umzugehen, um später auch durch engste Passagen manövrieren zu können«, erklärt Winston.

Wir setzen uns ab. In einer Bucht mit blühenden Seerosen können wir Frauen beim Fischen mit Reusen beobachten. Sie stehen hüfttief im Wasser und hantieren mit Körben, die sich nach unten hin schließen. Die Körbe werden durchs Wasser gezogen, der Fang, kleine Brassen, Barben, Welse und Tigerfische, wird in den *mokoro* gekippt, der in ihrer Nähe dümpelt.

»Schaut mal, wie süß. Zwei Frauen haben ihr Baby auf dem Rücken«, bemerkt Rachel. »Können wir hinfahren, ich möchte die Babys streicheln.«

»Quatsch!«, sagt Thomas. »Spiel kein Theater. Kinderliebe ist dir fremd. Sonst hätten wir längst eigene.«

Beleidigt lehnt sich Mrs. Otema zurück. Mir kommt es vor, als flirte sie mit Winston. Was mich natürlich nichts angeht. Dass die Ehe etwas aus dem Takt geraten ist, hatte mir James angedeutet. Die Botswanareise soll das Verhältnis kitten. Ich hoffe, die Angelegenheit führt nicht zum Eklat. Ehestreit zu Hause lässt sich im kleinen Kreis austragen. Hier in Afrika sitzen alle drum herum und schauen zu.

Die Fahrt zurück ist wie die Fahrt durch ein Diorama. Wir schweben durch eine Traumwelt. Alles ist an seinem Platz, einem Museum für Naturgeschichte gleich: Alles gehört zusammen: die Gräser, die Vögel in den Zweigen, die Wasserböcke im Steppengras, der Waran in seinem Revier am Fluss, der Kaffernhornrabe, der Töne von sich gibt, die an verhaltenes Trommeln erinnern. Im letzten Büchsenlicht kommt Thomas voll auf seine Kosten. An einer Kanalschlinge stoßen wir an eine Sandbank, auf der sich Vogelschwärme versammelt haben. Rosa Pelikane, Reiher, Löffler, Ibisse ... Als sie zum kollektiven Start ansetzen, gerät der Ornithologe mal wieder in Verzückung. Eine Akazie ist von einem Schwarm Blutschnabelweber heimgesucht worden. Wegen ihres massenhaften Auftretens werden sie auch Heuschreckenvögel genannt.

»Federleichte Vögel zu Tausenden im Baum lassen selbst dicke Äste brechen«, sagt der Ranger. »Sie können Kolonien aus bis zu zwei Millionen Tieren bilden und Kornfelder in kürzester Zeit kahlfressen.«

Das zwitschernde Gewusel ist ungeheuerlich. Wie ein monströser Bienenschwarm gebärden sich die Vögel in der Akazie. Ein Teil der Krone hat sich regelrecht verselbstständigt.

Ein neuer Gast hat sich zu uns ans Lagerfeuer gesellt. Er stellt sich als Charles Taggart vor, Professor aus Melbourne mit dem Hobby Insektenkunde, Spezialgebiet Myrmekologie. Da er schon die ersten Castle-Biere intus hat, ist er ziemlich aufgekratzt. Aber nicht nur aus diesem Grund. Glücklich legt er sein Tagebuch mit neuen Aufzeichnungen zur Seite. Es sei eine interessante Pirsch gewesen, die ihn zu einem drei Meter hohen Termitenhügel geführt habe. Im Okavango-Gebiet gebe es über zwanzig Termitenarten, doch nur eine davon baue diese großartigen und komplizierten Gebilde, bis zu acht Meter hoch. Gute Geister bringen nicht nur Bier, sondern auch Gin Tonic und Cocktails. Der Abend verspricht ein feuchtfröhlicher zu werden. Charles ist ein uriger Typ in seinem weißen Leinenanzug, Panama auf dem Kopf, gezwirbelter Bart. Ein Gentleman-Abenteurer wie aus dem 19. Jahrhundert, den Geschichten Somerset Maughams entsprungen. Er verrät schon bald, dass er eigentlich Engländer sei, lange in Liverpool lebte, bis ihn seine Frau verlassen habe. Der Schlag veranlasste ihn, so weit wie möglich zu entschwinden. Mit Australien hatte er den richtigen Abstand. Von James auf sein Outfit angesprochen, sagt er:

»Zu albern, wenn sich die Touristen schon zu Hause in die khakifarbene Kluft zwängen, nach dem Motto: Man weiß ja nie, ob auf dem Weg zum Flughafen nicht schon Löwen lauern.«

Die Beschäftigung mit Insekten habe ihm sein seelisches Gleichgewicht zurückgegeben. Und ganz nebenbei vermittelt uns der Entomologe Einblicke in die Welt der Termiten, während in nächster Nähe Ochsenfrösche quakend dicke Backen machen, dazu Zikaden wild in einem Laubbaum wie ungestimmte Geigen krächzen.

Charles: »Am Termitenhügel stehen Soldaten Wache, wenn Arbeiter Schlamm aus dem Bauminneren herausschaffen, um Löcher zu flicken. Geschlüpfte Termiten verweilen in Säuglingsstationen, bis sie ausgewachsen sind. Dort wurden auch die Eier ausgebrütet. Das Innere ihres Baus reichern die Termiten mit ihren Exkrementen an, einem schwammigen Material, das von den Arbeitern zu Stockwerken verbaut wird. Gleichzeitig werden auf der Substanz kleine Pilze gezüchtet, die dem Volk als Nahrung dienen. Vorsichtig konnte ich eine Königszelle öffnen und fotografieren. Die acht Zentimeter lange, blassgelbe Königin lag in ihrer Zelle, wie eine dicke Raupe, an der Arbeiter ständig leckten oder sie umsorgten. Arbeiterinnen versorgen die Königin mit vorverdauter Nahrung. Während das Hinterteil der Königin schwillt, behält der König seine Größe und liegt verschämt hinter seiner Gemahlin. Arbeiter bringen von der Königin gelegte Eier in Säuglingsstationen, wo diese und später die geschlüpften Tiere versorgt werden. Bisweilen Monate später schwärmen dann nachts geflügelte Termiten zum Brautflug aus. Für afrikanische Völker die Zeit des Schmausens: Termiten werden mit Licht angelockt, gefangen und genüsslich verzehrt.«

»Züchten alle Termiten Pilze?«, fragt James.

»Nein, nur eine Unterfamilie der Isoptera, die Macrotermitinae. Die übrigen Arten ernähren sich von Holz, Humus, Gras«, sagt Charles. »Viele meinen auch, dass Termiten zu den Ameisen gehören. Das stimmt nicht. Sie gehören zu den Fangschrecken und Schaben. Ameisen, Formicidae, dagegen zur Ordnung der Hautflügler.«

Guide Winston, auf dem Gebiet der Kleintiere nicht so sehr bewandert:

»Ich wollte immer schon mal wissen, was an Termiten oder Ameisen so interessant ist.«

Nun legt Mr. Taggart richtig los:

»Beide Arten kommunizieren mit Duftstoffen, die sind bei Termiten so intensiv, dass ihnen ein Milligramm ausreicht, um einen Pfad rund um die Erde zu markieren.«

Der Professor schielt hinüber zu David, dem Biologen. Kann sich da ein Duell unter Wissenschaftlern ergeben?

»Ameisen sind allein deshalb spannend, weil sie genauso schwer wiegen wie die gesamte Menschheit«, behauptet Charles.

David runzelt die Stirn. Rachel fixiert Winston, schüttelt ungläubig den Kopf.

»Wie kommst du auf die Behauptung?«, heißt es im Chor.

»Gehen wir von sieben Milliarden Menschen aus und, so wird geschätzt, zehn Billiarden Ameisen, dann hat ein Mensch das Gewicht von einer bis zwei Millionen Ameisen. Also wiegen Menschen und Ameisen etwa gleich viel.«

Andächtige Ruhe.

»Ameisen sind altruistisch. Ein Großteil von ihnen verzichtet auf Sex und Nachkommenschaft, arbeitet für das Gemeinwohl, die Kolonie, wie ein einziger großer Organismus, ohne persönlich zu profitieren. Da ihre Gehirne winzig sind, bündelt sich ihre Intelligenz in der Gesamtheit des Staates. Gesteuert durch Gerüche und Berührungen, weiß jede Ameise, was sie gerade zu tun hat ...«

»Auf die Ameisen!«, ruft Thomas und hebt sein Glas. »Die sind nicht als Individuum schlau, sondern als Staatswesen. Umgekehrt wie bei uns Menschen, oder etwa nicht?«

Nachdenklich lauschen wir dem Schreien der Nachtvögel im Busch und dem penetranten Sägen der Zikaden. Nach einem langen Blick auf Winston stehen Rachel und Thomas auf, um in Richtung ihres Zeltes zu verschwinden. James und ich verweilen als Letzte am Lagerfeuer.

»Nicht gut, wie sich Rachel benimmt«, sagt James in die Nacht. »Blicke und Körperhaltung lassen ein neues Maß an Intimität erkennen, das zu Problemen führt.«

»Was geht das uns an?«

»Ich könnte mich für Rachel schämen. Wie heißt es so schön über die Versuchung? Sündhafte Gedanken sind wie ein Vogelschwarm. Im Kopf dürfen sie dir ruhig herumfliegen, aber du darfst ihnen nicht das Nisten erlauben.«

Als ich mich zu meinem Zelt aufmache, sind die Otemas im Nachbarzelt zu hören. Ein Streit muss vorausgegangen sein.

»Es tut mir leid wegen vorhin. Wirklich«, sagt Thomas, »warum provozierst du mich ...«

»Entschuldige dich nicht«, meint Rachel.

»Alles wird besser. Ich verspreche es.«

»Waren wir je glücklich? Hatten doch nur unsere Arbeit!«

»Wir sollten Kinder haben. Alles wird dann besser – bestimmt.«

»Ich will keine Kinder, Tom!«

»Was willst du dann?«

»Weiterfahren, durch Afrika. Zur Not auch allein.«

Ein Gegenstand fällt um. Thomas tritt auf die Terrasse. Ich sehe seinen Schatten, wende mich meinem Zelt zu.

Safari zu Fuß mit Betrachtungen zur Spezies Mensch

Vor Sonnenaufgang versammeln wir uns unter dem Zeltdach des Restaurants. Charles erscheint im Dress eines Expeditionsleiters wie Stewart Granger in »König Salomos Diamanten«. Winston hat ein Messer am Gürtel, außerdem die Flinte lässig über die Schulter gehängt. Bis auf James schauen die anderen drein, als hätten sie die Sehnsucht, aus der geplanten Fußsafari lieber eine Rundfahrt mit dem Auto zu machen. Winston gibt knapp einige Hinweise: *Walking safaris* seien etwas Spezielles und für Touristen erst seit einigen Jahren möglich. Nach einer kurzen Fahrt mit der Barke würden wir ein Camp erreichen, in dem ein *tracker*, ein Fährtenleser, zu uns stoßen werde. *Tracker* seien mit dem Netz von Pfaden vertraut und verstünden es, Spuren wie ein Buch zu lesen, um eine Gruppe ans Wild zu führen: »Erkundungen zu Fuß sind an Intensität und Ursprünglichkeit nicht zu überbieten. Es heißt, Autosafaris sind fertiges Kino, in *walking safaris* drehst du den Film selbst. Und merkt euch: Immer bei der Gruppe bleiben, keine Alleingänge! Nie weglaufen. Auch mit vollen Hosen: Stehen bleiben, bis Entwarnung gegeben wird!«

Rachel sieht heute dürr und zäh aus, wie eine Mumie. Auf der Barke fragt Charles:

»Winston, du hast ein Gewehr, wozu brauchst du denn das?«

»Besser, ich brauche es nicht. Aber sicher ist sicher. Wir werden in einer Gegend unterwegs sein, wo es Löwen gibt, auch Büffel oder Warzenschweinkeiler, die schnell mal ärgerlich werden.«

»Kommt das oft vor, ich meine, dass Wild ärgerlich wird?«

»Eigentlich nicht. Wenn aber ein Büffelbulle sich in der Richtung irrt, also nicht wegrennt, sondern auf dich zu, dann muss der Guide was unternehmen.«

»Verstehe.«

Wir erfahren, dass Fußsafaris eine delikate Gratwanderung sind. Einerseits will der Besucher große Tiere möglichst nah sehen, andererseits muss die Sicherheit gewahrt bleiben. Niemand darf von der Fauna ernstlich bedroht werden. James weiß, dass Fußsafaris erstmals 1990 in Sambia durchgeführt wurden, von den Safariunternehmern Norman Carr und Robin Pope. Aus Konkurrenzgründen mussten die übrigen Anbieter nachziehen, wohlwissend, dass ein Restrisiko auf Wanderungen unter den *Big Five* nicht auszuschließen ist. Ich sehe plötzlich Ernest Hemingway vor mir, depressiv, mit altersfleckigem Gesicht, von weißem Bart umrahmt. Er sitzt unter ausgestopften Löwen- und Büffelköpfen in seiner Finca, in der einen Hand das obligatorische Glas Mojito, in der anderen die Remington. »Cheers«, sagt er, »meine Zeit ist um.«

Die Barke legt an. Einige Meter landeinwärts stoßen wir auf ein Camp mit Zwei-Mann-Zelten. Aus einem schält sich *tracker* Norman, ein Bantu, heraus und kündigt einen spannenden Tag an. Er hat viele frische Spuren entdeckt. Hyänen seien heute früh auch schon um sein Zelt gestreunt. Ohne Umschweife setzt sich Norman an die Spitze, gefolgt von Winston. Wir ziehen im Gänsemarsch nach. Am Ende der Reihe sorgt ein Fluss-San für den Zusammenhalt. Forschen Schrittes nehmen wir Spuren einer Büffelherde auf. Buschwerk öffnet sich, vor uns grünes, sattes Grasland. Mittendrin eine Herde Kaffernbüffel. Sie hat uns gewindet und glotzt kauend, ziemlich missmutig, auf die Störenfriede. Dass wir verflucht nah dran sind, merke ich an der leichten Nervosität Winstons. Er hat das Gewehr von der Schulter genommen, trägt es entsichert in beiden Händen. James flüstert:

»Fußsafaris sind wie Beziehungen zu Frauen: ein Spiel aus Nähe und Distanz. Jetzt herrscht gerade viel Nähe!«

Norman drängt uns hinter dichtes Buschwerk. David tritt zur Seite, knickt um, fällt mit einem kurzen, aber heftigen Schrei der Länge nach hin. Nicht nur der Ranger erschrickt, auch der Leitbulle vor uns. Ich erkenne feuchte Nüstern unter blutunterlaufenen Augen. Die halbe Tonne Lebendgewicht mit mächtigen Hörnern und einer Kappe, die den Schädel bedeckt, setzt sich in Bewegung. Erst in unsere Richtung. Uns stockt der Atem. Winston feuert in die Luft. Der Bulle schwenkt nach rechts, die Herde, vielleicht hundertfünfzig Tiere, hinterher. Steppengras zittert, als bebte die Erde. Eine Stampede donnert vorüber, wirbelt Staub auf, getränkt mit beißendem Büffelduft. Niemals weglaufen, wurde uns eingebläut. Theorie, wenn das Herz in die Hose sackt!

Um große Tiere machen wir vorerst einen großen Bogen. Pirschen schweigsam durch die Savanne mit Akazienbestand. Norman sucht die Kronen ab. Nach Leoparden? Wir heften den Blick auf den Boden. Schlangen? Plötzlich stockt der Gänsemarsch. Winston zeigt auf ein trockenes Grasbüschel.

»Mamba!«, zischt er und weicht aus.

Ich sehe nur braunes Gras, in dem ein dicker Ast liegt. Erst als sich der Ast zusammenzieht, wird mir klar: Das könnte ein Lebewesen sein. Tatsächlich, eine Schlange, zu einer Schnecke aufgerollt: ein braunes Schuppenkleid, ein brauner Kopf mit schwarzen, weiß umringten Knopfaugen und starrem Blick. Die Schwarze Mamba, Afrikas längste und giftigste Schlange. Sie kann eine Länge von über vier Metern erreichen und ist nach der Königskobra die zweitlängste Giftschlange der Erde. Ihr Name rührt von der schwarzen Innenseite ihres weit aufklappbaren Mauls. Sie ist eine tagaktive Einzelgängerin, die, fühlt sie sich bedroht, urplötzlich angreift und beißt. Der alte Jäger Jim Cocrane steht vor meinem geistigen Auge. Seinen wichtigsten Finger, den Zeigefinger der rechten Hand, den Abzugsfinger, hatte er am Victoria-See verloren. Eine Schwarze Mamba hatte hineingebissen. Ihm blieb nichts anderes übrig, als den Finger mit dem Messer abzuschneiden. Eine verflixt mühsame Sache, erzählte er.

»Vor Mambas musst du dich in Acht nehmen«, meint Winston. »Sie suchen die Nähe menschlicher Behausungen, sind deutlich aggressiver als andere Giftschlangen.«

»Willst du meiner Frau Angst machen?«, fragt Thomas.

»Ganz im Gegenteil, nur informieren. Das Gift der Mamba ist Neurotoxin«, fährt der Ranger fort, »mit einem Biss kann sie vierhundert Milligramm injizieren, doch bereits zwanzig Milligramm führen bei erwachsenen Menschen durch Atemstillstand zum Exitus.«

»Wie schnell?«, will Charles wissen.

»In weniger als einer halben Stunde.«

Beim Weitermarschieren stieren wir nur noch auf den Boden. Nach so viel Aufregung am ersten Tag der Fußsafari käme eine Kobra oder eine andere Giftnatter höchst ungelegen. Da huscht ein Weißkehlwaran, auch Kapwaran genannt, durchs Untergestrüpp. Einige Schritte weiter beäugt ein Lappenchamäleon, grün getarnt, uns Störenfriede. Kennzeichnend ist seine lappenartige Aufwölbung im Nacken. Es hockt auf einer wasserliebenden *Syzygium cordatum*, mit Blättern wie die eines Gummibaums. Rachel tanzt wie auf glühenden Kohlen – vor Schreck oder Ekel? Faustgroße Afrikanische Ochsenfrösche kriechen zu ihren Füßen.

»Oh, das sind Prachtexemplare von Froschlurchen«, sagt David, »man nennt sie auch Gesprenkelte Grabfrösche.«

»Genau so sehen die Viecher auch aus!«, meint Frau Otema und wendet sich ab.

»Offensichtlich ein Tag mit Ochsen und Ochsenfröschen«, bemerkt Charles, »was wollen wir mehr?«

Ein Trupp Paviane hüpft begleitend vorneweg. Rachel kann sich an grazilen Blauduckern erfreuen, der kleinsten Antilopenart im südlichen Afrika. Ich staune über die Hauer eines Warzenschweins, das sich da in einer Suhle wälzt. Zebras sind immer dekorativ und lassen Kameras klicken und surren. Ein Hengst hat Witterung aufgenommen, aufgeregt wiehert er seine Herde zusammen.

Charles meint: »Pferde in Sträflingskleidung. Den Namen haben ihnen portugiesische Seefahrer im 15. Jahrhundert gegeben, weil sie an die iberischen Wildpferde erinnert wurden, die in ihrer Sprache *zebros* hießen und ebenfalls Streifen besaßen.«

Zwei Giraffen, denen wir so nahe kommen, dass sich Genickstarre einstellt, lassen den Tag der ersten *walking safari* nach zwölf Kilometern Pirsch ausklingen.

»Warum gehören Giraffen nicht zu den *Big Five*?«, will Rachel wissen.

Ex-Großwildjäger James: »Weil Jäger die Giraffen nicht zum wehrhaften Wild zählen.«

Biologe David gibt noch etwas zum Besten:

»Giraffen sind mit dem Okapi verwandt. Wir unterscheiden die Wald- und die Steppengiraffen. Letztere Bullen werden bis sechs Meter groß. Ihre Greifzunge ist fünfzig Zentimeter lang, das Fell stinkt ekelhaft und enthält Stoffe, die Bakterien, Pilze, Zecken oder andere Parasiten abhalten. Wie Kamele können Giraffen wochenlang ohne zu trinken überleben. Ihren Flüssigkeitsbedarf decken sie mit vegetarischer Nahrung. Nach altägyptischem Glauben waren Giraffen Orakelwesen, die Mensch und Tier rechtzeitig vor Ungemach warnen konnten, was ihrer Größe

Eine Giraffe verabschiedet sich in der Abendsonne

und ihren scharfen Sinnen, besonders dem guten Sehen, geschuldet ist. Die Ägypter nannten Giraffendarstellungen *ser(u)*, was erspähen, vorhersagen bedeutet. Julius Cäsar veranlasste um 46 vor Christus den ersten Giraffentransport nach Rom, wo das Tier *camelopardalis* hieß. Man sah in dem merkwürdigen Tier eine Kreuzung aus Kamel und Leopard. Das erklärt die wissenschaftliche Bezeichnung *Giraffa camelopardis*.«

»Woher rührt *Giraffa*?«, frage ich.

»Vom arabischen *zarafa*, die Liebliche.«

Nach dem Frischmachen unter einer Eimerdusche, einer *bucket shower*, trifft man sich am Lagerfeuer unter dem Kreuz des Südens. Das Bier oder ein Glas Gin Tonic steht im Sand, der Teller mit Salat, Süßkartoffeln, Soße, Avocado, einem Brocken Kudusteak ruht auf den Knien. Die linke Hand wedelt Mücken, Fliegen und Falter vom Dinner. Heia Safari!

Ich stoße James an: »Wer ist denn der Typ da rechts?«

»Soll ein Minenmanager sein, Südafrikaner, will sich auf Safari entspannen. Van der Veld heißt er. Mehr weiß ich auch nicht.«

Charles, der Entomologe, säbelt an seinem Steak herum, dabei erzählt er uns etwas über die Krabbeltiere:

»Wenngleich Insekten entwicklungsmäßig in der Sackgasse stecken, so sind sie doch ungeheuer weit verbreitet. Sie haben ein Außenskelett und damit ist ihr Wachstum von der Größe her begrenzt. Zur Weiterentwicklung des zentralen Nervensystems gehört eine Mindestgröße. Der Chitinpanzer beschränkt von der Statik her die Belastbarkeit der ungehaltenen, inneren Organe und lässt keinen Platz für Nervenzellen eines komplizierten Gehirns. Insekten gehören demzufolge zu den einfachen Lebewesen, trotz dieses Handicaps aber zu den erfolgreichsten und langlebigsten Tieren unseres Planeten. Ihr Alter liegt bei dreihundertzwanzig Millionen Jahren, damit sind sie etwas jünger als die Fische, gleichaltrig mit den Amphibien und älter als Reptilien, Vögel und Säugetiere. Insekten können sich an die ausgefallensten Umweltbedingungen anpassen. Außerdem bevölkern sie die Erde in unvorstellbarer Artenvielfalt.«

»Das kann man wohl sagen!«, zetert Rachel, kratzt sich, begibt sich zu den kleinen Zelten.

»Achtzig Prozent aller Organismenarten sind Insekten«, fährt Charles fort, »von fünf Tieren ist nur eines kein Insekt. Die Erdbevölkerung an Insekten wird auf zwölf hoch achtzehn geschätzt. Deren Gesamtmenge teilt sich auf in rund eine Million bekannter und eine Million bisher unentdeckter Arten ...«

»He, Charles, hör endlich auf, die Quälgeister fallen über uns her und du verdirbst uns mit deiner Laudatio den Abend!«, sagt James. »Widme dich lieber den bedrohten Tieren: Elefanten, Leoparden, Geparden, Wildhunden, Sumpfantilopen ...«

Winston seufzt: »Es hat sich selbst bei uns in Afrika herumgesprochen, dass die Erhaltung der natürlichen Umwelt nicht nur die Lebensbasis für Tiere und Pflanzen bildet, sondern auch für den Menschen.«

Thomas meldet sich: »Natürlich brauchen wir Naturschutz, müssen Biotope wie das Okavango-Delta vor der Umwandlung in Bau- oder Ackerland schützen. Doch habe ich Zweifel, ob uns dies über einen längeren Zeitraum hin gelingt. Der Mensch ist auf Wachstum und Entwicklung eingestellt. Grundmotivationen des menschlichen Geistes sind Wachstum und Fortschritt. Auch forschen, Unbekanntes entdecken sind angeborene Zwänge, die tief in uns verankert sind.«

»Das muss doch nicht zur Katastrophe führen!«, meint David.

Thomas: »Wir können in überschaubaren Bereichen vernünftige Einzelentscheidungen treffen, aber letztlich nicht das Zerstörerische unseres Intellekts überlisten.«

»Der Mensch muss lernen, schonend mit seiner Umwelt umzugehen, wird von Fortschritt und hemmungslosem Wachstum Abstand nehmen müssen. Und ich bin überzeugt, dass er es unter dem Druck der Ereignisse auch kann«, meint David.

Thomas will es nicht einsehen: »Wachsen oder weichen. Solange der Mensch denkt, wird es Entwicklung und Wachstum geben, als eine Art Urmotivation, die das Großhirn steuert. À la longue wirkt sich wirtschaftliches Wachstum auf Natur und Umwelt zerstörerisch aus.«

Rinus van der Veld möchte etwas ergänzen. Er schaut sich um, als wäre er unsicher, ob das, was er zu sagen hat, auch tatsächlich in diesem Kreis ausgesprochen werden darf. Doch er spricht es aus und es ist etwas Ungeheuerliches, das wie ein dumpfer Gong lange nachhallt:

»Am Ende, Freunde, helfen uns nur die Technologien, unsere Fähigkeiten in Wissenschaft, Industrie und Management. Naturschutz, künstliches Am-Leben-Halten irgendwelcher Arten, die eigentlich auf den Schrotthaufen für erfolglose Modelle gehören, also Fehlplanungen der Evolution sind, halten uns langfristig nur auf. Ich gebe zu, dass es traurig ist und zu Lasten unserer derzeitigen Vorstellung von Lebensqualität geht, wenn Industrie und

Technik den hintersten Winkel der Erde durchdringen. Aber nur durch Expansion auf Erden und in den Weltraum hinein, nur durch das Ausschöpfen alles technisch Machbaren lassen sich die Probleme lösen – Probleme und Chancen, verursacht durch nicht zu stoppende Globalisierung und die Informationstechnologie. Nur die Kombination von Fähigkeiten, Entwicklung und Expansion der menschlichen Art kann uns vielleicht eine winzige Möglichkeit des längerfristigen Überlebens bieten. Gute Nacht.«

Rinus steht auf, geht an sein Zelt und verschwindet darin. Zurück lässt er Verwirrung und ratlose Gesichter.

»Nicht zu fassen!«, stöhnt David. »Wie kann ein Mensch Natur und Umwelt so mit Füßen treten?«

Jeder ist mit seinen Gedanken beschäftigt. Als das Feuer heruntergebrannt ist, zieht man sich wortlos in die Zelte zurück.

Ich verweile, stehe auf, gehe an den Anlegesteg. Starre in die Unendlichkeit des sternenklaren Nachthimmels – bin zu aufgewühlt von dem, was gesagt wurde, zu bewegt, um in den Schlafsack zu kriechen. Rinus' provozierender Schlusssatz zwingt einen, die Rolle des Menschen auf dem blauen Planeten zu überdenken. Welcher Ort ist dafür geeigneter als das Okavango-Gebiet? Nirgends berührt uns das Ende der Arten mehr. Seit etwa siebzig Jahren, seit der Erfindung der Atombombe, liegt es in der Hand des Menschen, die Erde evolutions- oder explosionsartig zu verändern und zu zerstören. Und durch das Potenzial an Wasserstoffbomben kann praktisch auf Knopfdruck das gesamte irdische Leben vernichtet werden. Mit der Entwicklung dieser Ausrottungstechnik, haben wir damit nicht schon das Ende unserer Entwicklung erreicht? Tatsächlich ist die Zukunft doch nur durch den vorläufigen, selbst auferlegten Verzicht auf den Einsatz dieser Vernichtungswaffen gegeben.

Im erdgeschichtlichen Sinn ist die Existenz einer Art, die lediglich vier Millionen Jahre auf diesem Planeten weilt, eine absolute Fehlplanung der Evolution. So kurzlebig ist bisher noch keine Art gewesen, zumindest, wenn wir davon ausgehen, dass die Spezies Mensch bereits ihren Höhepunkt überschritten hat. Andererseits erscheint die Hochrechnung der Menschlichkeitsexistenz auf weitere vier Millionen Jahre umso unvorstellbarer, je mehr man sich im Klaren darüber ist, dass der Grundstein für die revolutionären Eingriffe, Entwicklungen, ›Errungenschaften‹ erst vor zehntausend Jahren gelegt wurde. Also buchstäblich in den letzten Minuten bei immer rasanter werdendem Tempo und den damit einhergehenden Problemen. Die Frage nach dem Morgen, also wie überstehen und gestalten wir die nächsten einhundert Jahre, gehört infolgedessen zur Kernfrage, die sich mittlerweile allen Disziplinen menschlichen Denkens stellt.

Nun, die Frage nach der Zukunft hat die Menschheit beschäftigt, solange sie denken kann, doch niemals vorher war sie von so existentieller Bedeutung wie heute, ausgelöst von bedrohlichen Faktoren wie Bevölkerungsexplosion, technologische Entwicklung und den daraus resultierenden Umweltbelastungen: Klimawandel und Energiehunger. Hinzu kommen das Missverhältnis zwischen Arm und Reich sowie die Möglichkeit einer sofortigen und totalen Zerstörung der Erde.

Faktoren, die die Futurologen in zwei Lager trennen, die sich bitter bekämpfen. Es ist die Auseinandersetzung zwischen den Pessimisten und den Optimisten unter den Futurologen. Die erste Gruppe, denen nachdenkliche Menschen wie Thomas Robert Malthus, Heinz Haber, Herbert Gruhl, Hoimar von Ditfurth oder Robert Jungk nahestehen, beurteilt die Lebensqualität nach natürlichen Gesichtspunkten. Übervölkerung und Supertechnik zerstören ihrer Meinung nach gutes, gesundes Leben. Die Entwicklung, wie sie in den letzten einhundert Jahren voranschritt, sei so atemberaubend, dass ein solches Tempo keine weiteren hundert Jahre vorstellbar sei. Der Mensch vergifte systematisch seine Umwelt, mache Wasser ungenießbar, die Luft zum Atmen ungeeignet, verwandele die Landschaften in Beton- und Asphalteinöden. Lärm, optische Reize, Informationsflut, Konzentrationsdefizite, Zeit- und Leistungsdruck verrohten den Menschen innerlich. Man könne also auch von einer psychologischen Verschmutzung sprechen. Das Grundübel, die Wachstumsphilosophie, sagen die Mahner, sei aus den Hirnen der Industriestaaten zu verdammen.

Im Ansatz falsch. Es hieße wider die Natur des menschlichen Geistes handeln, wollte man Wachstum und Entwicklung beschränken. Der *Homo sapiens* habe die Erde betreten, um sie zu verändern, und diese Veränderung, gefalle sie uns oder nicht, vollziehe er unaufhaltsam. Wie der Trieb, essen und trinken zu müssen, wie der Geschlechtstrieb, so tief seien im menschlichen Gehirn Forscherdrang, Wissensdurst, Neugierde verankert und ebendiese Eigenschaften führten zwangsläufig zu Wachstum und Entwicklung. Das sagen nicht nur ernst zu nehmende Futurologen, wie Krafft A. Ehricke, Herman Kahn, Karl Steinbruch, Alvin Toffler. Ist das nicht auch die Meinung Rinus van der Veldes? Man mag sie zu den Optimisten, besser Positivisten zählen. In ihrem Weltbild stehen sie im krassen Gegensatz zu den Mahnern. Für die Optimisten befinden wir uns erst am Anfang einer industriellen Revolution. Mikroelektronik, Robotik, Gen- und Nanotechnologie, autonomer Transport, künstliche Intelligenz, versetzt mit natürlicher, werden Superhirne schaffen, die Leistungen vollbringen, die wir uns im Traum nicht vorzustellen vermögen. Nur zwei Forschungsprojekte, die die nächste Menschheitsgeneration lösen wird: das Genome Editing, eine Methode, mit der die DNA aller Lebewesen verändert, also manipuliert werden kann. Oder Quantencomputer, die hundert Millionen Mal schneller Operationen verarbeiten als herkömmliche binäre Rechner. Nichts fordert eine stärkere Konzentration unserer Fähigkeiten in Wissenschaft, Technologie und Management als die Eroberung des Weltraums und die Einbeziehung anderer Planeten in den Wirkungsbereich des Menschen. Umweltbelastende Industrie produziere in absehbarer Zukunft auf dem Mond, Mondfabriken würden infolge des geringeren Schwerefelds des Trabanten ungleich billiger fertigen können, meint der eine oder andere.

1798 zeichnete Thomas Malthus das düstere Bild einer verhängnisvollen Überbevölkerung. Seiner Prognose nach stehe die Welt vor einer Katastrophe, falls die Menschheit ihre Wachstumsraten nicht kurzfristig mindere. Zu seiner Zeit lebten achthundert Millionen Menschen auf der Erde. Für Malthus war eine Milliarde Menschen das Äußerste, was der Planet im Verhältnis zum Nahrungsangebot verkraften könne. Der Skeptiker habe sich geirrt, sagen die Optimisten, die Erde verkrafte nur zweihundertneunzehn Jahre später sieben Milliarden Menschen. Und sie werde auch acht, zehn und zwanzig Milliarden verkraften. So wie Kunstdünger die jetzige Erdbevölkerung satt bekomme, damit Malthus Lügen strafe, so würden neue Technologien weitaus mehr Menschen satt bekommen. Hunger auf der Welt sei kein Ernährungs-, sondern ein politisches, ein Verteilungsproblem! Ja, die fortschrittsgläubigen Futurologen gehen noch weiter, sie sagen: Je mehr Menschen, umso rascher ließen sich die Probleme von heute lösen. Nur stetig steigende Nachfrage und expandierender Verbrauch erschüfen wachsende Märkte, gewährleisteten die notwendigen Investitionen zur Beseitigung der jeweiligen Schwierigkeiten. In einer expandierenden Welt wachsen, lautet das Schlagwort. Wir verhungern erst, wenn unsere Ziele den gegenwärtigen Begrenzungen angepasst werden.

Der Astrophysiker Stephen Hawking sagte in der Oxford-Universität, dass der Mensch so bald wie möglich einen neuen Planeten finden müsse, auf dem er sich ansiedeln könne. Ein reines Erdendasein könne er sich nur noch hundert Jahre vorstellen. Was bedeutet, der *Homo sapiens* spalte sich nun in einen terrestrischen, den erdgebundenen, und einen extraterrestrischen, den nicht erdgebundenen Menschen. Vom begrenzten Erdendasein losgelöst, werde dem Zukunftsmenschen alsbald die ungeheure Dimension seiner Entwicklungsmöglichkeiten voll bewusst ...

SAFARI ZU FUSS

Ein Schaudern geht mir durch und durch in dieser Nacht. Ich fühle die unvereinbaren Gegensätze wissenschaftlicher Anschauungen. Beide wollen das Beste, doch auf so verschiedene, so gegenläufige Weise, dass dem Nachdenkenden angst und bange werden kann, sollten den Vordenkern, den philosophischen Visionären, streitbare Führer folgen, die die blind vertrauende Masse aufeinander und ins Unglück hetzen. Ein Gedanke, der kaum zu Ende gedacht werden kann. Gedanken, die um Krieg, Weltdiktatur, Ressourcenkampf, Geburtenkontrolle, totale Überwachung kreisen, die selbst Orwells »1984« als harmonisches Miteinander erscheinen lassen.

Ich starre mit aufgerissenen Augen in die Dunkelheit. Wer hat recht? Wer um Gottes Willen kann den richtigen Weg weisen? Die Optimisten? Die Pessimisten? Gibt es überhaupt etwas Gegensätzlicheres auf dieser Welt?

Seit dem Zweiten Weltkrieg sind dreiundsiebzig Jahre vergangen. Schauen wir uns Flüsse, Weltmeere, Urwaldkahlschläge, Landschaften in der Dritten Welt an, gibt es Umweltzerstörung, welche die von Kriegen ausgelöste übertrifft. Ist die Menschheit verdammt selbstmörderisch dabei, den falschen Weg zu gehen?

In die schwarze Stille klagt jäh ein Vogel, der aufgeregt, so scheint es, davonflattert. Ich drehe mich in den Nachtwind. Der Vogel hat mich aus meinen Gedanken gerissen. War da etwas? Neugierde packt mich, aber Vorsicht ist wichtig. Um diese Zeit lauern Krokodile in Ufernähe. Wenn sie aus dem Wasser schießen, um Landbeute zu packen, erreichen sie Geschwindigkeiten von einhundertsiebzig Sachen. Im Nu wirst du unter Wasser gezerrt.

Nach einer Weile höre ich Getuschel. Eine weibliche und eine gutturale männliche Stimme. Die Stimmen erkenne ich sofort. Als das Licht einer Taschenlampe aufleuchtet, kauert ein Mann nackt neben einer Frau, die sich gerade ein Handtuch um die Hüften schlingt.

»What's the matter?«, fragt die Frau leise.

»There wasn't a soul to be seen!«, flüstert die tiefe Stimme.

Die Lampe wird ausgeknipst. Lautlos ziehe ich mich zurück. Mein Gott, wie nebensächlich, wie lächerlich ist doch diese kleine zwischenmenschliche Entgleisung. Eine Lappalie im Vergleich zu den Problemen, die mir durch den Kopf gingen. Natürlich werde ich die zufällige Beobachtung für mich behalten. Ob Thomas von dem Verhältnis weiß?

Im Zelt erinnere ich mich an ein Ereignis, das im berühmten Safarihotel Norfolk in Nairobi einst die Runde machte: Ein schwarzer Spurensucher hatte sich auf Safari an die gelangweilte Lady eines Unternehmers herangemacht. Wahrscheinlich war es eher umgekehrt. Kurzum, wenn sich der Gatte abends nach strapaziösem Marsch todmüde auf sein Feldbett warf, verschwand die Lady mit dem Scout im Busch. Zum Ende der Safari musste einer der übrigen Afrikaner dem Unternehmer das Verhältnis gesteckt haben. Der legte sich auf die Lauer, folgte den beiden und erwischte sie in flagranti. Der Unternehmer zog sein Jagdmesser und packte den *tracker*, der seitdem kein ganzer Mann mehr ist.

Heute nehmen sich Winston und Norman vor, uns eine Lektion im Spurenlesen zu erteilen. Sie wollen den Greenhorns allmählich die Sinne für den afrikanischen Busch schärfen. Und wenn es nur ein bisschen ist, damit wir wenigstens den Abdruck einer Löwenpfote von der eines Kuduhufs unterscheiden können. James amüsiert sich. Als allzu grün darf man uns nun auch nicht einschätzen.

Was so ein richtiger Buschmann ist, der liest in Spuren und Losungen wie in einem offenen Buch, nicht nur welches Tier den Weg kreuzte, sondern auch wann und ob männlich, weiblich, erwachsen oder Jungtier. Während vor jedem Abdruck verharrt wird, komme ich mit Rinus van der Veld ins Gespräch. Der Südafrikaner ist in der Namdeb-Onshore-Diamantenmine in Namibia beschäftigt. Diamanten im Wüstensand – ein spannendes Thema. Ich erzähle ihm von meinem Besuch im Diamantengebiet der Namib 1962 und von der Zeit als Goldsucher in Alaska, oben am Strand von Nome. Nicht, um mich damit interessant zu machen. Nein, ich möchte ihm signalisieren, mehr über das Minengeschäft erfahren zu wollen. Er ist aufgeschlossen, verspricht, später darüber zu reden. Jetzt, über dem Scheißhaufen eines Elefanten, sei es unangebracht. *Tracker* Norman erklärt, wie reich an Informationen Losungen von Dickhäutern sind.

»Die Haufen sagen uns, was die Jumbos fressen, ob es Kühe, Bullen, junge oder alte sind, doch vor allem, wann sie vorbeigezogen sind. Das Alter der Losung erkennst du an der Kruste und an der Temperatur.«

Er steckt seinen Zeigefinger tief in die Scheiße, zieht ihn heraus und steckt ihn in den Mund.

»Also, dieser Elefant ist vor einer Stunde vorbeimarschiert. Der Kot ist noch warm, prüft es nach.«

Bis auf David wenden wir uns angeekelt ab. Der Biologe will es wissen; als er den braunen Finger auch noch zum Mund führt, rät Norman:

»Nimm den anderen Finger, so wie ich. Schmecken kannst du das Alter nicht.«

James dreht sich wieder um, prustet vor Lachen. Der Spaß mit Elefantenhaufen ist ihm wohlbekannt.

Allmählich erlahmt unser Wissensdurst bezüglich Fußabdrücken und Scheißhaufen. Wir wollen wilde Tiere sehen, möglichst Vertreter aus der *Big-Five*-Riege. Doch die lassen sich einfach nicht blicken. Als Ausgleich liefert Winston neue Kostproben seines Repertoires an Tierstimmen, so echt, dass wir uns ängstlich nach allen Seiten umschauen, ob da nicht doch ein Löwe brüllt, ein Elefant trompetet, eine Hyäne keckert.

Am Ende treffen wir doch noch auf eine Herde Elefanten. Der Bulle hat imposant lange Stoßzähne. Ein kecker, neugieriger Halbstarker hat Witterung aufgenommen, tänzelt heran und macht auf dicke Hose.

»Ganz ruhig. Stehen bleiben. Der tut nichts. Gefährlich ist die Mutter dahinter«, flüstert Norman.

Richtig, die Kuh hat uns auch bereits in der Nase. Schüttelt den schweren Schädel, lässt dabei die Ohren wie graue Segel schlackern. Dickhäuter können nicht gut gucken, aber umso besser riechen. Ihre Nase ist sieben Mal feiner als die eines Hundes. Vor Hitze und Angst schwitzende Menschen müssen den Jumbos wie Stinkbomben in die Nase dringen. Und sie aggressiv machen. Nichts passiert. Der Halbstarke verliert das Interesse, die Mutter sieht von einem Angriff ab. Aus fünfzig Metern Entfernung beobachten wir die Kolosse mit ihrem Nachwuchs, friedlich, als seien wir schon immer gemeinsam durch den Busch gewandert. Wow! Fußsafaris können auch beschaulich sein.

Dann, zum Ausklang unserer Wanderung, dürfen wir noch etwas Besonderes erleben: Eine äußerst scheue Sitatunga- oder Sumpfantilope wagt sich, wie nur selten, aus den treibenden Papyrusinseln hervor, die ihre natürliche Heimat bilden.

»Diese Antilope ist im Wasser zu Hause«, erklärt Norman, von dem Ereignis entzückt. »Sie schwimmt ausgezeichnet und taucht bei Gefahr bis zu den Nüstern unter. Mit ihren langen, elastischen Hufen kann sie den treibenden Papyrus leichtfüßig überqueren, was für den Menschen unmöglich ist. Mit viel Glück kann man sie auf abgeschiedenen Inseln in der Sonne liegen sehen, dort wartet sie auf den Einbruch der Dunkelheit, bevor sie sich zum Äsen in die Sümpfe begibt.«

Und nur einen Kilometer weiter, am Rand des Sumpfes, streichen rastlos Löwenrudel hin und her, erschrecken die Antilopen und halten sie beim Weiden in ständiger Bewegung. Voller Hoffnung kreisen Geier am Himmel. Am Boden wittern Hyänen und Schakale einen gedeckten Tisch.

Auf der Barke, die uns zurück zum Mopiri Camp bringt, steht James neben mir. Seine Miene ist sorgenvoll.

»Muss ich mich für Rachel schämen?«

Ich spiele den Erstaunten: »Wie soll ich das verstehen?«

»Tom ist deprimiert. Seine Frau war nicht im Zelt. Du warst der Letzte am Feuer.«

»Dazu kann ich nichts sagen.«

Auf das Thema möchte ich nicht weiter eingehen und suche das Gespräch mit Rinus. Er berichtet über die großen Diamantenvorkommen in Botswana und die Minen Namibias.

»Im südlichen Afrika ist immer noch Diamantensuchzeit. Wer etwas anderes behauptet, kennt weder die Kalahari noch die Namib«, sagt er, dabei funkeln seine Augen wie geschliffene Steine.

Rinus, der Mineur, lässt die Zeit der ersten Diamantenfunde aufleben. Die Geschichten von Hoffnung, Verzweiflung, Glück, Reichtum und Niedergang. Wir reden nur noch über Diamanten. Der magische Zauber, der seit Jahrtausenden von diesen Steinen ausgeht, zieht mich langsam, aber sicher in den Bann. Ich berausche mich an der Geschichte der Stadt Lüderitz, die Diamanten geprägt haben. Und weil mich mit diesem Ort frühe, starke Erlebnisse verbinden. Ich sehe die Frauen und Männer, die den heißen Wüstensand nach Steinen durchwühlten, bis sie krank und verzweifelt aufgaben. Ich sehe die Besessenheit, die Familienvätern, Angestellten, Gangstern, Vagabunden und Abenteurern den Verstand raubte ... Dann packt es auch mich, das Diamantenfieber. Ich will nach Namibia, sehen, wie heute die Steine geborgen werden. Dabei soll mir Rinus helfen. Das sage ich ihm und er will sehen, was er tun kann. Vorher jedoch folgen wir unseren Plänen: James fährt mit Thomas und Rachel zu Freunden nach Francistown – so seine Absicht. Rinus will an die Victoria-Fälle, weil er noch Urlaub hat, und ich suche San, in der Hoffnung, autark lebende Buschleute zu finden. Auf der Terrasse meines komfortablen Zeltes kommt melancholische Stimmung auf. Abschiedsstimmung für immer? James und Rinus drehen verlegen ihr Gin-Tonic-Glas, trinken. Wir hängen unseren Erlebnissen nach. Ich denen mit dem alten Überredungskünstler James. Ohne ihn hätte ich die Sambesi-Stromschnellen nicht erlebt. Und Rinus hat mir, mit einer Anschauung, die ich zwar nicht teile, eine gedankenschwere Nacht beschert. Nun sitzen wir in der Dunkelheit, schweigend trinkend, genießen die herrliche, die letzte Nacht im Okavango-Delta, bis Nachtvögel schreien und uns animieren zu antworten: James mit »Spirit of Africa«. Rinus mit »Silent Savannah«. Ich brumme eine Strophe von »Botswana-Blues«, mit eigener Melodie:

> »Einen Fluss gibt's im Norden
> der Wüste, der findet den Weg nicht
> zum Meer, der versiegt, ein riesiges Delta,
> zigtausende Quadratkilometer, Seerosen, Reiher
> und Fischadler, natürlich mit weißem
> und mit schwarzem Gefieder ...«

Die letzte Generation einer Naturgesellschaft

Alex Buks heißt nun mein Begleiter und Dolmetscher, er stammt aus Maun. Dort habe ich mir einen Toyota geliehen, um dahin zu gelangen, wo San, Buschleute, leben. Alex kennt sich aus mit der Situation der einstigen Herren Südafrikas. Mit einem Teil seiner Vorfahren hat er sich intensiv befasst. Er ist zur Hälfte Bantu, zur anderen Hälfte San und lebte lange auf einer Missionsstation. Der Weg nach Kaore ist nicht besonders weit. Eine Asphaltstraße führt uns bis an den Ngami-See, von dort geht's nordwestlich in Richtung Tsau. Auf der öden, direkt westwärts verlaufenden Piste erzählt Alex die wahre Geschichte eines San-Jägers und seiner Mission. Ein Bericht, der nachdenklich stimmt:

»Okutuwa ist ein kleines Dorf in der Kalahari. Dort lebte der sehr geachtete Jäger !Guge mit seiner Tochter Tsaura, die er sehr liebte. !Guge war ein !Ku und schon seit einiger Zeit in Okutuwa sesshaft. Es hatte seit Jahren nicht mehr geregnet. Die Dürre hatte die Menschen erschöpft, die Wasserlöcher versiegen lassen, Gras und Bäume verdorrten. Selbst Bienen, Käfer, Heuschrecken waren verschwunden und das Wild in den Norden ins Okavango-Delta oder an den Chobe gezogen. !Guge, der berühmte Jäger, war nur einhundertfünfundfünfzig Zentimeter groß. Es hieß, er sei um die fünfunddreißig Jahre alt. Doch sein Gesicht und sein Körper waren schon faltig, wie die aufgesprungene Erde der Kalahari. Auch seine Haut hatte die rotbraune Farbe des Kalahari-Sands. Seine Kleidung war nichts weiter als ein kurzer Kudulendenschurz, hergestellt nach der *noro*-Methode: in Wasser eingeweichtes, mit Sand und Fett geschmeidig geriebenes Leder. Stets lief er barfuß, selbst des Nachmittags durch glühend heißen Sand. In der Zeit der großen Dürre hatte sich !Guge, bewaffnet mit Pfeil und Bogen, Köcher, einem Messer, einem Beutel aus Straußenleder und einem mit Wasser gefüllten Straußenei allein aufgemacht und war nun schon sechs Tage unterwegs. Er musste ein Tier jagen. Eines, das ihm genug Geld einbringen würde, damit seine Tochter die Schule würde besuchen können. Sie sollte es einmal besser haben als die übrigen Leute im Dorf. Für Tsaura musste er jagen, auch wenn es die letzte Jagd wäre. Entschlossen folgte er der Spur des Wildes nach Norden. Von Sonnenuntergang bis zur Morgendämmerung lief er. Tagsüber schlief er im Schatten von Buschwerk oder großen Steinen. Er hatte weder frische Spuren noch Tiere erspäht. Wehmütig dachte er zurück. Seit Urzeiten bildete das Jagen und Sammeln die Existenzgrundlage seines Volkes. Einst hatte es reichlich Wild und große Jagdgründe gegeben. Das war längst nicht mehr so.

Am siebten Tag war es wohl, als !Guge einen prächtigen Gemsbock (von Afrikaans *gemsbok*), das ist eine Oryxantilope, auch Südafrikanischer Spießbock genannt, entdeckte und ihn zäh verfolgte. Der Bock war schlau, er ließ den Jäger nie auf Schussweite herankommen. Die Verfolgung kostete !Guge Wasser, von dem er nicht viel hatte. Ohne Nahrung konnte der !Ku gut drei Wochen auskommen. Ohne Wasser war es kaum länger als vier Tage auszuhalten. Aus dem mitgebrachten Straußenei trank er nur nachts, wenn er nicht schwitzte, kleine Schlückchen, damit das Wasser länger im Körper blieb. !Guge liebte den Sternenhimmel. Bevor er einschlief, schaute er hinauf und dachte an seine Frau, die bei der Geburt seiner Tochter gestorben war. Man hatte ihr die Nabelschnur mit einem rostigen Messer durchtrennt. Der Jäger war überzeugt, dass die Sterne am Himmel die Augen all der Verstorbenen seien. Also schaute seine Frau herab, auf ihn und seine Tochter. Sie würde ihm gutes Gelingen wünschen, weil der Jäger stets für sie gesorgt hatte. In dieser Nacht betete !Guge zum Kreuz des Südens. Beim Jagen war das Sternbild sein Freund, Begleiter und Wegweiser. Dann wurde es eisigkalt, !Guge vergrub sich im Sand. Den Bogen und den Köcher mit vergifteten Pfeilen legte er, bereit zum Schießen, neben sich.«

Aufmerksam lausche ich der Geschichte. Als er von vergifteten Pfeilen spricht, unterbreche ich Alex, möchte Näheres über das Gift erfahren.

»Gift, das Buschleute auf ihre Pfeile streichen, ist ein Geheimnis ihrer Väter und Vorväter. Bei einigen Sippen eine Mixtur aus Wurzeln und Insekten, gemischt mit Schimmel von Leguanzähnen, andere verwenden bestimmte Käferlarven, oder es wird die Raupe eines Diamphidia-Käfers auf den Schaft, direkt hinter die Pfeilspitze, gequetscht. Die Gifte wirken langsam, aber mit tödlicher Sicherheit. Selbst bei Elefanten, wenn der Pfeil einmal die Haut durchdrungen hat«, erklärt Alex und fährt fort:

»Eines Nachts hörte !Guge Hufgeklapper. Es war der prächtige Gemsbock, der ganz nah an den Jäger herankam. Wollte er sich für ihn opfern? Der San nahm einen Pfeil zwischen die Zähne, einen anderen legte er auf die Sehne. Er wollte schießen. Doch das Licht war so schlecht, dass er sich nicht traute. Furchtlos stand der majestätische Bock im Halbdunkel und schnaubte so vernehmlich, als wollte er dem Jäger etwas Wichtiges mitteilen. Einst kannten die Buschleute die Stimmen der großen und kleinen Tiere, konnten sie nachahmen und wussten sogar, in welcher Stimmung das Tier gerade war. Seit die Männer nicht mehr jagen, ist die innige Kommunikation verloren gegangen. Selbst !Guge, der große Jäger, verstand an jenem Morgen nicht, was der Bock ihm sagen wollte. Wieder drangen Schnauben und Hufescharren an sein Ohr. Endlich verstand !Guge, was das Tier meinte: Die Herde hat mich ausgestoßen. Ich bin alt und schwach, habe einen ganzen Mond lang kein Wasser getrunken. Jetzt bin ich auf dem Weg zu einer Quelle, die ganz in der Nähe ist! Der Jäger dachte an sein fast leeres Straußenei. Ja, auch er brauchte Wasser. Er senkte Pfeil und Bogen, beschloss, dem Bock zum Wasserloch zu folgen und ihn dann zu töten. Mit dem Fleisch würde er seinen Hunger stillen. Große Stücke würde er mit ins Dorf nehmen, damit sich Tsaura und seine Sippe würden satt essen können und er würde die unglaublich schöne Trophäe den Weißen verkaufen, um Schulgeld für seine Tochter zu haben.

Als !Guge aufschaute, war die große Antilope verschwunden. Mit dem Restwasser und süßen Wurzeln gestärkt, nahm er die Verfolgung auf. Und schon bald sah er das Tier vor sich am Horizont. Welch königlicher Gemsbock! Er bewunderte ihn, bedauerte, das stolze Tier töten zu müssen. Doch hatte er eine andere Wahl? Tochter Tsaura würde am Rand des Dorfes auf ihn warten. Er durfte sie nicht enttäuschen. Der kolossale Gemsbock war in Schussweite und drehte den Kopf. !Guge wertete die Haltung als Einverständnis, zielte und schoss einen giftigen Pfeil ab. Der traf das Tier. Es sprang auf und rannte einem roten Dünenhang entgegen. Unterdessen kniete der Jäger nieder, bat die Götter um Vergebung, wie immer nach einem erfolgreichen Schuss hoffte er, dass dem Bock Todesqualen erspart bleiben würden. Nach einer Weile stand er auf, suchte die Umgebung ab, weil er vermutete, dass das Tier dort auf den Tod wartete, wo die Quelle war. !Guge fand sie auch, als feuchten Fleck. Sie war versiegt. Das Gesicht in seine Hände vergraben, schien der Tod nun auch bei ihm anzuklopfen. Wenn er auf den toten Bock stieß, müsste er von dessen vergiftetem Blut trinken. Das überlebten nur sehr wenige Buschleute. Seit zwei Tagen schon verfolgte er die Oryxantilope. Sie fiel nicht und strauchelte nicht. Zum Glück lief sie nicht nach Osten, sondern in Richtung des Dorfes Okatuwa, als wollte sich das Tier Tsaura bringen, weil es fühlte, dass die Kräfte des Jägers allmählich schwanden. Schließlich stolperte der Bock, torkelte und stürzte – er kam nicht wieder hoch. Sein Kopf mit dem prächtigen Gehörn fiel zur Seite. So verendete der stolze Gemsbock und !Guge war zufrieden und dennoch sehr traurig, als er vor dem leblosen Tier stand. Trotz des brennenden Durstes trank der Jäger das Blut noch nicht. Er wartete bis zum nächsten Tag. Dann würde er dem Tier den Kopf streicheln und es um Vergebung bitten, weil er ein Lebewesen hatte töten müssen. Und er würde nur einen kleinen Schluck seines Blutes trinken, in der Hoffnung, sich nicht zu vergiften.

Die nächsten Tage verlangten dem Jäger das Äußerste ab. Er musste sein Wildbret gegen einen hungrigen Leoparden verteidigen und gegen ein Rudel gieriger Hyänen. Mit Tücke, seinem Jagdmesser und dem Rest der Giftpfeile gelang es ihm, sich zu wehren, wie es nur ein erfahrener San vermochte. Aber wie konnte es weitergehen? Sein Dorf war mindestens eine Woche Fußmarsch entfernt. Er allein konnte den Gemsbock nicht transportieren. Erst einmal füllte er sein Straußenei mit Blut. Dann halbierte er den Balg und schnitt zwei lange Streifen Fell mit Haut aus der Decke, um starke Riemen daraus zu drehen. Schweren Herzens musste er den hinteren Körperteil zurücklassen, den vorderen mit Kopf und Gehörn zog er an den Riemen hinter sich her. Der Marsch in Richtung seines Dorfes war der grausamste, den !Guge je gemacht hatte. Ständig war er von Hyänen umlauert, die schauderhaft kicherten oder diabolisch lachten. Er wunderte sich, warum sie nicht angriffen, ihn zerfleischten, seine Beute verschlangen. Bis er merkte, dass die falschen Viecher nur mit ihm spielten, sich irgendwann aber auf ihn stürzen würden.

Eines Morgens waren die Hyänen verschwunden. Unglaublich, doch er war allein, kein hässliches Lachen war zu hören. Hatten sie einen anderen Kadaver gefunden? !Guge aß von dem Antilopenfleisch, trank etwas Blut. Die ganze Zeit dachte er an seine Tochter. Er war sich sicher, Fleisch und Trophäe ins Dorf bringen zu können. Und er freute sich schon, den Erlös für das prachtvolle Gehörn der Schule seiner Tochter zu übergeben. Ganz bestimmt würde der weiße Mann ihm die Oryxtrophäe gut bezahlen.

Unterdessen war Tsaura im Dorf unruhig geworden. Zu lange schon war ihr Vater unterwegs. Eines Morgens schlich sie mit einem Topf Brei, *biltong*, das ist eine Art Dörrfleisch, und der Wasserhaut aus der Hütte, um den Vater zu suchen. Sie war dreizehn Jahre alt. Durch das Sammeln von Früchten, Beeren, Knollen und Wurzeln mit anderen Frauen kannte sie die Kalahari der Umgebung recht gut. Sie wusste auch, wo ihr Vater vermutlich jagen würde. Leichten Schrittes verschwand sie in östlicher Richtung.

!Guges Kräfte schwanden Stunde um Stunde. Er fühlte sich schlapp. Sein Körper zitterte. Krämpfe durchzuckten seinen Magen. Er fühlte, dass er krank wurde. Die Last des halben Gemsbocks zerrte an ihm wie ein Felsbrocken. Nachmittags konnte er nicht mehr, die Beine versagten. Das Gewicht musste reduziert werden. In seinen Lederbeutel wickelte er Fleisch für zwei Tage. Den Kopf mit dem Gehörn trennte er vom restlichen Teil des Oryxkörpers. Ihm blutete das Herz, das viele Fleisch im Sand zurücklassen zu müssen. Nun zwang er sich zu laufen, so schnell er konnte, denn von Okatuwa trennten ihn bestimmt noch vier Tage.

Plötzlich waren die Aasfresser wieder hinter ihm her. Der Jäger hoffte, dass sie ordentlich von dem Antilopenfleisch gefressen und sich vergiftet hätten. Hyänen wissen nicht, welche Innereien auf keinen Fall genießbar sind. Solange er lebte oder bewegungsfähig war, würden die Hyänen nicht näher kommen. Sie würden warten, bis seine Kraft schwände, dann würden sie ihn zerfleischen. Wie lange vermochte !Guge durchzuhalten?

Tsaura war zwei Tage allein in der Wüste unterwegs, ohne Angst marschierte sie gen Osten. Doch vom Vater keine Spur. Sie sah alte Spuren von Hyänen, von Gazellen und Antilopen, solche von Leoparden und Geparden. Keine jedoch von ihrem Vater ...«

»Wie konnte Tsaura die Fährte eines Leoparden von der eines Geparden unterscheiden?«, will ich wissen.

»Ganz einfach, der Vater hatte ihr das Spurenlesen beigebracht. Der Gepard zieht seine Krallen, anders als der Leopard, nicht ein. Du kannst es an den schmalen Linien vor jedem Zeh erkennen. – Angst befiel Tsaura, als sie Hyänen kichern hörte. Und des Nachts bei Mondlicht blickte sie in deren gierige Augen. Schauderhaft! Tsaura musste sich beherrschen, um nicht in Panik zu geraten. Sie weinte, bis sie das tröstende Gesicht ihres Vaters vor sich sah. Der sprach ihr Mut zu und machte sie zuversichtlich. Die Angst wich. Sie suchte weiter, vom Kreuz des Südens begleitet.

In einiger Entfernung kämpfte sich !Guge in Richtung Dorf. Er war von einer Mattheit geschwächt, wie er sie noch nie erlebt hatte. Alle Kraft war aus seinem zähen Körper gewichen. Er stürzte, kroch auf allen vieren weiter, bis er liegen blieb und fühlte, dass er sein Bewusstsein verlor. Am Himmel kreisten die Aasgeier. Am Boden drehten Hyänen immer engere Kreise. Wie tot lag der Jäger da, mit dem Gesicht im Sand, die kapitalen Oryxhörner wie zur Abwehr über sich aufgestellt.

Ein irrer Schmerz durchfuhr seinen Körper. Zurück ins Bewusstsein gerissen, merkte er, dass eine Hyäne ein Stück Fleisch aus seiner Wade gebissen, sich jedoch wieder zurückgezogen hatte. Irgendwie rappelte er sich auf, versuchte die blutende Wunde mit Tropfen seines Urins zu desinfizieren. Mit einem Lederriemen verband er sie – wankte weiter, als seien seine Lebensgeister zurückgekehrt. Es war wie ein letztes Aufbäumen, weil er glaubte, vertraute Dünenformationen erkannt zu haben.

Blutstropfen markierten seinen Weg. Trotz höllischer Schmerzen schleppte er das Gehörn hinter sich her ..., bis er zusammenbrach. Seine Sinne schwanden. Wie aus dem Jenseits hörte er flehende Rufe: ›Vater, Vater, wach auf. Ich bin's, Tsaura!‹ Die Tochter hatte ihn gefunden. Mit einem glücklichen Lächeln kam !Guge noch einmal zu sich. Beide weinten vor Dankbarkeit. Aus verdorrtem Mund, mit trockener Zunge vernahm Tsaura bruchstückhaft das Jagderlebnis ihres Vaters und die Anweisung, das Horn an Weiße zu verkaufen, um mit dem Geld die Schule zu bezahlen. Die letzten Worte des Jägers waren nur noch ein Hauch. Dann fiel sein Kopf in Tsauras Schoß zur Seite. Seine Augen blickten leer in Himmel und Wüste. Wenig später fanden San aus dem Dorf die beiden eng umschlungen. Der große Jäger wurde in Okatuwa beerdigt. Das war ein besonderes Ereignis. Ein großes Feuer loderte. Man sang Lieder über heldenhafte Jäger, besonders vom Ruhm !Guges. Am nächsten Morgen erschienen die Totengräber. Sie führten mit Getrommel den Trauerzug an. Dahinter folgten die Jäger in ihrer Jagdausrüstung. Sie trugen !Guges Leichnam auf ihren Schultern. Nun folgte Tsaura mit ihrer Sippe. Ihr hatten sich viele andere San der Umgebung zu einem sehr langen Trauerzug angeschlossen. Der Dorfschamane hob, hoch über alle Köpfe hinweg, den Gemsbockschädel mit dem großartigen Gehörn als Erinnerung an den berühmten Jäger. !Guge wurde, in Kudufelle eingewickelt, neben dem Grab seines Vaters beigesetzt.

Das Leben in Okatuwa nahm nun wieder seinen beschwerlichen Lauf. Anhaltende Trockenheit ließ Menschen, Tiere und Pflanzen darben. Tsaura begab sich mit ihrer Großmutter und der Trophäe auf den langen Weg nach Gobabis. Dort fanden sie einen weißen Geschäftsmann, der ihnen das Horn zu einem guten Preis abkaufen wollte. Der Mann konnte aber nur eine kleine Anzahlung leisten, da er nicht genug Geld bei sich hatte. Er vertröstete die alte Frau und das Mädchen für den Rest auf den nächsten Tag. Doch der Mann verschwand und war nicht mehr auffindbar. Mit dem bisschen Geld, das die beiden bekommen hatten, konnte Tsaura nur wenige Wochen zur Schule gehen. Dann wurde sie nach Hause geschickt. Unterricht blieb ihr verwehrt. Niedergeschlagen und voller Hass auf die Schule und die Niedertracht des Kaufmanns verließ sie ihr Dorf. Sie wurde nie wieder gesehen. Im Dorf munkelten die Menschen, Tsaura sei in die Wüste gegangen, ihrem Vater gefolgt – als Jägerin.«

Am Horizont tauchen die ersten Hütten von Kaore auf. Ich bin noch mit dem Erzählten beschäftigt.

»Und die Geschichte ist wahr?«

»Sie ist nicht nur wahr. Sie schildert den Leidensweg der San. Du wirst es erleben«, sagt Alex.

Wir erreichen das Örtchen Kaore am Nachmittag. Es ist die Zeit, zu der Mensch und Tier Wasser holen, an die Tränke ziehen, sich erfrischen von der Hitze des Tages. Überall lodern Buschfeuer, deren Rauch in dünnen, grauen Wolken die Luft würzt, die tief stehende Sonne in einen schmutzig-gelben Ball verwandelt. Schon kriecht Kälte aus dem Wüstensand heran. Wir begeben uns an den Dorfbrunnen. An den Feuern hocken Männer, kleine Männer in Felle gewickelt. Räuspern sich aus verschleimten Bronchien, dem tuberkulösen Husten, der viele der kleinen Leute befallen hat. Frauen mit Eimern auf den Köpfen erscheinen. Sie schöpfen Wasser, palavern. Es sind große, schlanke Bantu-Frauen mit tiefschwarzem Teint. Männer, ebenfalls Bantu, waschen sich, trinken, ziehen des Weges. Vieh wird herangetrieben: Schafe, Ziegen, Rinder, Esel. Nacheinander dürfen sie ihren Durst löschen. Wächter, auch Bantu, mit langen Stöcken sorgen für das Einhalten der Reihenfolge. Dazu wird schon mal mit dem Stock dazwischengeschlagen. Nach und nach verwaist der Brunnen, alles verkriecht sich in seine Hütten, in Behausungen für die Nacht. Kaore kommt mir vor wie eine verlassene, leere Schattenwelt.

Nun endlich dürfen die San an die Wasserstelle von Kaore. Die kleinen Männer erheben sich von den Lagerfeuern, zerlumpte, verdreckte Gestalten nähern sich aus ärmlichen Hütten. Wie allabendlich betteln sie um Wasserrationen für den nächsten Tag. Beobachtet von Blicken der Wächter, die Verachtung und Arroganz ausdrücken. Zwei Bantu wachen bis zum Schluss. Den Buschleuten bleibt nur schmutziges Wasser, durchsetzt von toten Insekten. Wenigstens können sie ihren Durst löschen und etwas des kostbaren Nasses in ihre verbeulten Behälter füllen, das ist den kleinen Menschen mit der runzeligen Haut, mit dem fast asiatischen Aussehen wichtig.

Wir reichen den Frauen Seife, Reis, getrocknete Bananen. Dabei ernten wir feindselige Blicke der schwarzen Aufseher. Ein kesser Bantu-Junge entreißt einer Frau das Reispaket. Spannung liegt in der Luft. Unsere Art Menschenliebe ist unerwünscht. Verstört wenden sich die San-Frauen ab.

»Da siehst du den Niedergang!«, sagt Alex. »Das Lumpenproletariat von heute war vor vierhundert Jahren Herr über weite Gebiete des südlichen Afrika. Bis die Bantu, dann die Buren kamen und die San in Gebiete verdrängten, in denen kein anderes Volk existieren konnte. Selbst da durften sie nicht leben, sammeln und jagen, weil sie der Regierung ein Ärgernis waren. Weil die Viehzüchter und Bauern der Kalahari die ›Plage Buschleute‹ nicht duldeten.« Wir begleiten die San zu ihrem Lager außerhalb des Dorfes. Trampelpfade führen in ein Sandfeld der Trockensavanne. Ich erwarte Reisighütten, zumindest übliche Windschirme aus Astwerk und Gras.

Was wir vorfinden, ist ein Haufen Gestrüpp, sind Männer, Frauen und Kinder, die im Sand kauern. Ihre dürren Körper haben sie in Lumpen und verschlissene Decken gehüllt. Die Nächte sind bisweilen frostkalt. Töpfe, Schüsseln, Dosen, löchrige Kleidung, der gesamte Hausstand hängt im Buschwerk. Abgenagte Knochen liegen herum. Zwei Hühner gackern. Ein Hund kratzt sich seine offene Wunde. Im beißendem Rauch des Lagerfeuers sitzt eine Frau, die trocken hustet. Eine zweite, hochschwanger, watschelt dazu und lässt sich nieder. Beide stochern in einem rußschwarzen Topf Brei, der an einem Eisenhaken über dem Feuer baumelt. Kinder mit eitrigen Rotznasen äugen verstohlen. Alles ist dumpf, freudlos. Schreiend möchte ich dem Jammertal entfliehen. Sind das die fröhlichen Jäger und Sammler von einst? San, mit denen ich vor Jahren in der Kalahari unterwegs war, um Wild zu stellen, Jagdglück zu feiern, um die Feuer zu tanzen?

»Lass uns die Gastgeschenke übergeben und gehen«, sage ich, »meine tiefen und schönen Erinnerungen an die Menschen werden zerstört.«

»Du bleibst hier! Und sieh dir an, wie ein Teil von mir vor die Hunde gegangen ist.«

Bei den San von Kaore: ein scheues Lächeln der Verzweiflung?

Die Ersten sind jetzt die Letzten, die Underdogs, denke ich. Und niemand kann und will den Niedergang aufhalten.

Wir wenden uns einem Mann etwas abseits, in einer zerfetzten Jacke zu. Wahrscheinlich der Sippenchef. Ich schaue in sein Gesicht. Gelbbraun ist es wie zerknülltes Pergament mit traurigen Augen. Seine Hände haben sich in die Jacke verkrallt, als wollte sie ihm jemand wegnehmen. Sein Gebaren zeigt die unendliche Lethargie des Lagers. Geschenke werden verteilt, stoisch empfangen. Mühsam kann Alex ein Gespräch beginnen. Ich erfahre, dass die Sippe ihr nomadisches Leben schon vor langer Zeit aufgegeben hat. Den Umgang mit Speer, Pfeil und Bogen habe N/ono, so nennt sich der Mann, verlernt. In der Umgebung gebe es kaum noch Tiere. Schwarze und Weiße hätten mit Gewehren gejagt, das Wild dezimiert. Da könne er mit den kleinen Giftpfeilen nichts ausrichten. Aus einem vom Wüstensand patinierten Köcher zieht er einige Pfeile, lässt sie resigniert zurückfallen. Überall weideten die Viehherden der Bantu, was bedeutet, dass die Frauen kaum noch Früchte, Knollen, Wurzeln fänden. Tiefer in der Savanne herrsche Hunger und Durst. Im Dorf gebe es wenigstens Wasser und manchmal Arbeit bei den neuen Herren, also bleibe die Sippe hier.

»Welche Art von Arbeit bleibt euch?«, lasse ich fragen.

»Hilfsarbeiten als Hirten, Träger, Knechte, Feldarbeiter.« Und es kommt auch vor, dass hübsche Mädchen mit den Schwarzen schlafen müssen. Schwarze Zuhälter bieten San-Mädchen als *fresh girls,* als noch ›völlig wild‹ an.

Wir frösteln. Die San verkriechen sich, ziehen verschlissene Decken über ihre Köpfe. Ohne Hoffnung auf Besserung schlafen sie hinüber in den nächsten Tag.

»Wie in der Sandsteppe von Kaore vegetiert nahezu der gesamte Rest der San im südlichen Afrika seiner Vernichtung entgegen«, meint Alex.

Auf dem Weg zum Fahrzeug ruft er mir die komplizierte Sprache der Buschleute ins Gedächtnis zurück:

»!« wird ausgesprochen, indem man die Zungenoberfläche vom Gaumendach wegreißt, wobei ein harter Knall entsteht. Ein Klick, der häufig zu hören ist.

»☉« Den Klick erzeugt man, indem mit gespitzten Lippen Luft eingesogen wird, als küsse man auf Distanz. So werden kleine Tiere gelockt.

»/« Der Zahnklick entsteht, wenn die Zungenspitze schnell von der Innenseite der Schneidezähne weggezogen wird. Ein Klick, der Erstaunen ausdrückt.

»//« wird ausgesprochen, indem man die Zunge von den Seiten der Zahnreihe wegzieht, so wie ein Pferd ermuntert wird.

»╪« ein San-Klick, bei dem die Zungenspitze scharf von einem Punkt gerade hinter den oberen Schneidezähnen weggezogen wird.

Lange Zeit wurde die außergewöhnliche Sprache von den Eindringlingen nicht als menschliche Artikulation, sondern als Tierlaute eingeordnet, dem Bellen von Hunden, Gackern von Hühnern, Kollern von Truthähnen gleichzusetzen. Linguisten konnten die Fehleinschätzung jedoch widerlegen.

Seit Jahrtausenden zogen San als Jäger und Sammler durch das südliche Afrika. Ihre Hinterlassenschaft sind eindrucksvolle Felszeichnungen: Bilder aus einer spirituellen Welt, kraftvoll und geheimnisvoll, einige über fünfundzwanzigtausend Jahre alt. Es wird angenommen, dass Buschleute seit hunderttausend Jahren den südlichen Kontinent durchstreiften. Die heutigen San leben schon seit geraumer Zeit nicht mehr als autarke Jäger- und Sammlergesellschaft. Der Wandel wurde, neben anderen Einflüssen, mit der Brunnenbohrung in der Kalahari eingeleitet. Damit strömten Weiße und Bantu in die Trockengebiete, die bisher den San mit ihren einzigartigen Kenntnissen vorbehalten geblieben waren. Niemand, außer ein San, überlebte in der Wüste ohne offene Wasserstellen. Die San wussten, wo wasserspeichernde Melonen oder Knollengewächse zu finden waren, vergruben wassergefüllte Straußeneier, um diese in Dürrezeiten wieder hervorzuholen. Ja, sie konnten sogar aus Urin trinkbares Wasser herstellen. Sie tranken in Notzeiten das Blut von durch ihre Pfeile vergiftetem Wild, ohne zu sterben. Gewannen Trinkbares aus den Innereien ihrer Beute. Sie waren Überlebensmeister, bis die Viehzüchter sie verdrängten, weil Wasser aus Tiefbrunnen gefördert wurde. Brunnen, die die Eindringlinge allein für sich beanspruchten, es sei denn, die San-Sippen unterwarfen sich ihnen als Leibeigene. In Botswana leben heute noch fünfundvierzig- bis fünfzigtausend San. In der Kalahari bedrängt die San neben Viehwirtschaft der Diamantenabbau.

Verfolgung und Ausrottung der Naturgemeinschaften begannen sehr früh. Schon um 1652 organisierten die Holländer regelrechte Treibjagden. Mordlust aus Wut, weil die Buschleute ihr Vieh jagten wie das Wild. Aus der Sicht der San war alles, was lebt, frei jagdbar und Allgemeingut. Besitzstand war den Menschen fremd. Die Verfolgungen nahmen kein Ende. Im Gegenteil, als die Bantu erschienen, nahmen sie an Grausamkeit zu. Selbst die Briten – sie übernahmen Betschuanaland 1885 als Protektorat – waren nicht in der Lage, der Menschenjagd Einhalt zu gebieten. Wohl mangelte es auch an Einsicht. Schließlich bezeichnete man im London des Jahres 1847 die Buschleute, auf Afrikaans: *bosjesmans,* ›Leute hinter den Windschirmen‹, als Untermenschen, als Missing Link, das fehlende Glied zwischen Tier und Mensch. Zu spät war es, als 1923 der Völkerbund eine Untersuchung zur Versklavung der San in Betschuanaland anstrengte. Heraus kam, dass einem Volk zu großen Teilen die Lebenskraft genommen worden sei. Ihm bleibe nur das Leben als Bodensatz der Gesellschaft.

Hilfsvorhaben finden in Botswana taube Ohren. Die Regierung will die San nicht als eigenständige Ethnie sehen, der Extraleistungen zustehen. Schon merkwürdig, dass sich für die Belange dieses Volkes nur Ausländer einsetzen: Entwicklungshelfer, Ärzte, Missionare, die Gesellschaft für bedrohte Völker, Ethnologen.

San stehen an der Schwelle zur Auflösung ihrer Kultur und gehören dennoch zur am intensivsten untersuchten Bevölkerungsgruppe der Erde. Warum? Das besondere Interesse resultiert aus der Annahme, sie seien quasi die letzte Verbindung zur Epoche der Jäger und Sammler, also einer Lebensweise, die vor rund zehntausend Jahren bei unseren Vorfahren üblich war. Das Überleben in unmittelbarer Abhängigkeit von der Natur, vor der Zeit gezähmter Tiere und bestellter Felder. Ohne die San diskriminieren zu wollen, sehen einige Wissenschaftler sie auf der Stufe der Steinzeitmenschen. Andere sagen, dass San weder Naturpflanzen noch Tiere domestizierten, liege nicht an mangelnder Intelligenz und geschehe nicht aus Desinteresse. In der Zentralkalahari sei das Vorkommen an Naturpflanzen und Jagdwild so gering, dass die San gezwungen seien, ihre Lagerplätze häufig zu wechseln. Es bleibe keine Zeit für Anpflanzungen. Die G!wi der Kalahari leben in ungleich lebensfeindlicherem Umfeld als unsere neolithischen Vorfahren, die den Sprung vom Sammeln zum Feldbau verhältnismäßig rasch vollzogen. Am Rand der Kalahari löste sich eine !Ko-Gruppe erfolgreich aus der Abhängigkeit des Jäger- und Sammlerglücks, da man ihr erlaubte, Ziegen, Hühner, Esel, Rinder zu halten. Für den Ackerbau fehlte ihnen anfangs lediglich das Know-how.

San in den Tsodilo Hills

Auf Alex' Rat fahren wir noch nördlicher in das Gebiet der Tsodilo-Hügel. Westlich von Sepupa empfängt uns schwieriges Gelände, das nur mit einem Fahrzeug mit Vierradantrieb zu durchfahren ist. Der Toyota wühlt sich durch Sand und Buschwerk. Eine Herero-Ansiedlung kommt in Sicht. Über gelb verdorrtes Gras ziehen einige Rinder: Vieh, das frisches Gras sucht, unter der Dürre leidet. Die Schwarzen stammen aus Namibia. Sie sind 1904 vor den deutschen Schutztruppen geflohen. Je weiter wir uns nach Westen arbeiten, desto stärker befällt mich ein ungutes Gefühl, was dort lebende San angeht. Vegetieren da auch traurige, entwurzelte Arbeitssklaven der Bantu?

Endlich tauchen vor uns die Tsodilo-Hügel wie monströse Elefantenrücken über der Savanne auf. Mopane-Buschland wird durchquert, kurz darauf passieren wir eine Hambukushu-Siedlung, wo sich Bantu aus dem Okavango-Gebiet niedergelassen haben. Schließlich stoppen wir vor einem Gebäude.

»Wir müssen uns registrieren lassen«, sagt Alex.

Im Gebäude, das Besucherzentrum und Museum in einem ist, entrichten wir einen kleinen Obolus, kehren mit einem San-Guide vom Volk der !Kung zum Wagen zurück. Na//alo, so nennt sich der San, dirigiert uns auf die Matsiareng Camp Site. Da der Abend naht, verabreden wir uns für den nächsten Morgen.

Bei einem Abendschmaus mit *biltong,* Zwieback und Schokolade, Wasser am Lagerfeuer weiht Alex mich in die Geheimnisse der Tsodilo Hills ein:

»Sie sind ein Geheimtipp für Botswanabesucher. Der Mbukushu-Name Tsodilo bedeutet ›steil‹, also ›Steile Hügel‹.«

»Mbukushu? Sind das Bantu?«

»Ja, eine Kavango-Volksgruppe, deren Siedlungsgebiet im nordöstlichen Namibia und im Süden des Caprivi-Zipfels liegt. Dieses Gebiet hier erlangte durch den Bestseller ›Die verlorene Welt der Kalahari‹ von Laurens van der Post internationale Aufmerksamkeit. Van der Post tauchte hier um 1955 mit einer Expedition auf. Es hieß, die Eindringlinge störten mit ihrem Krach die Ruhe der Geister von Tsodilo. Die Geister rächten sich, indem sie Kameras und Fotoapparate außer Betrieb setzten, einen Schwarm wilder Bienen schickten, um die Weißen zu vertreiben. Was tatsächlich gelang: Van der Post und seine Mannschaft flüchteten Hals über Kopf. Später beschrieb er in seinem Buch die Hügel als Landschaft voller Magie, Mystik und Faszination. Ich bin drei Mal hier gewesen«, erzählt Alex, »hier fühlt sich die andere Hälfte meiner Herkunft ganz nah. So, als stamme meine Mutter aus den Tsodilo-Hügeln und ich wäre hier geboren.«

»Ich sah Hinweise auf Felszeichnungen. Gibt es viele in der Umgebung?«

»Felsbildnisse, eine andere Besonderheit des Gebiets! Es sind um die fünfundvierzigtausend Zeichnungen an Felswänden und in

Höhlen erhalten. N//alo wird uns zu einigen führen. Van der Post hat die Hügellandschaft als großes Bollwerk einer einst lebendigen San-Kultur und als ›Louvre der Wüste‹ beschrieben. Viele Fundstücke deuten darauf hin, dass das Gebiet bereits vor hunderttausend Jahren von San besiedelt wurde. Deren Zeichnungen sind teils zwanzigtausend Jahre alt. Erst die jüngeren, etwa tausendjährigen, stammen von Bantu-Völkern. Interessant sind auch die bei Ausgrabungen zutage geförderten Muscheln und Fischskelette. Diese Funde bedeuten, dass es hier vor Jahrtausenden einen See gab, in dem wohl Vorfahren der San fischten. Der See ist längst ausgetrocknet. Reste von Minen lassen ferner darauf schließen, dass die San zwischen 1000 vor und 500 nach Christus, bevor Bantu in ihr Gebiet eindrangen, Hämatit und Glimmer abbauten.«

»Erstaunlich. Woher weißt du das?«

»Es gibt eine Beschreibung der Tsodilo Hills von dem deutschen Geologen Siegfried Passarge aus dem Jahr 1907. Er bereiste schon in den Neunzigerjahren des 19. Jahrhunderts diese Region.«

Ich erinnere mich: Otto Karl Siegfried Passarge lebte von 1866 bis 1958, war Geograf und Paläontologe. Er gilt als Begründer der Landschaftsgeografie. Von 1896 bis 1899 bereiste er das südliche Afrika. Unter anderem untersuchte er die Möglichkeit, in der Kalahari Gold und Diamanten zu fördern.

Auch Sir Laurens Jan van der Post nimmt Gestalt an. Der südafrikanische Schriftsteller setzte sich gegen die Apartheid ein, begann seine Laufbahn als Reporter, diente während des Zweiten Weltkriegs in der britischen Armee, absolvierte Einsätze in Abessinien und Indonesien, bis er in japanische Kriegsgefangenschaft geriet. Später machte er sich mit Expeditionen in unbekannte Regionen Afrikas einen Namen. In der Kalahari ging es ihm um die Erkundung der San-Kultur. 1980 wurde der Schriftsteller, Forscher und Abenteurer zum Ritter Sir Laurens geschlagen. Kurz danach wurde er Taufpate von Prinz William, dann Commander des Order of the British Empire. Er starb 1996 in London.

N//alo erscheint. Ohne Umschweife begeben wir uns auf einen steinigen Pfad, den Lion Trail, zu den Male Hills. Die um die 400 m hohen Felshügel der Umgebung sind erdgeschichtlich jung. Sie bestehen aus glimmerhaltigem Quarzitschiefer und decken eine Fläche von fast zehn Quadratkilometern ab.

»Abseits, nördlich, liegt ein Hügel ohne Namen«, sagt N//alo. »Unserer Legende nach symbolisiert er die erste Frau des Bergvaters, sie wurde wegen einer jüngeren verlassen und muss nun in Kummer und Verlassenheit einsam verharren.«

Stolz verkündet der !Kung, dass die UNESCO die Tsodilo Hills 2001 als erste afrikanische Stätte mit Felszeichnungen als Weltkulturerbe gelistet habe. Wir stehen vor San-Kunst, die einen Löwen – daher der Name Lion Trail – und viele andere Figuren zeigt. Tierdarstellungen von ungeheurer Aussagekraft. Da wird eine Herde Antilopen von einer Jagdgemeinschaft getrieben. Giraffen überragen das niedere Volk. Nashörner scheinen durch die Savanne zu stampfen. An anderer Stelle zeigt sich ein Gewirr aus Gazellen und Strichfiguren. Manche Abbildungen wirken surreal, lassen auf einen veränderten Seinszustand schließen.

»Wenn unsere Vorfahren, wahrscheinlich die Schamanen, ein Tier malten, zum Beispiel eine Elenantilope, huldigten sie damit nicht nur einem Lebewesen, sie fingen sein Wesen ein. Mit der Farbgebung öffneten sie sich ein Tor zu einer anderen Welt. Zu einer, die sie sich in Trance erschlossen«, berichtet N//alo.

Ich gewinne einen intensiven Einblick in die spirituelle Welt der San. Es kommt mir vor, als dürfte ich in einen anderen, einen unbekannten, geheimnisvollen Kosmos blicken. Forscher beginnen erst, die Symbolik der abstrakten Zeichnungen zu entschlüsseln. Das von den !Kung am häufigsten gezeichnete Tier ist die Elenantilope. Wir ziehen von Felsbildgruppe zu Felsbildgruppe, bis wir auf dem Rhino Trail an einen speziellen Ort gelangen. Dort zeigen die Wände gut erhaltene Zeichnungen von männlichen Figuren mit erigierten männlichen Geschlechtsteilen. Später erfahre ich, dass der ehemalige Direktor des Botswana National Museum in Gaborone, Alec Campbell, die Zeichnungen »Dancing Penises« nannte. Zweifellos handelt es sich um Fruchtbarkeitssymbolik, die im kurzen Leben der San einen besonderen Stellenwert besaß. Das Klima und das Leben im entbehrungsreichen Umfeld ließ die San ein Alter von durchschnittlich fünfundvierzig Jahren erreichen. In dieser Zeit waren die Frauen nur etwa zehn Jahre fruchtbar, von achtzehn bis achtundzwanzig. In Zeiten der Hungersnot durfte bei einer Zwillingsgeburt nur das stärkste Baby überleben. Konnte die Mutter ihr Kind nicht stillen, wurde es einer Amme übergeben, war diese auch nicht in der Lage, Milch zu produzieren, starb das Kleinkind. Naturgesetze sind erbarmungslos.

»Wie wurden die Felsbilder gemalt?«, frage ich N//alo.

»Auf den Fels wurden rötliche, ockerfarbene, auch bräunliche Töne aufgetragen. Anfangs glaubte man, die Farben bestünden aus Eiern, Blut und Pflanzen. Untersuchungen ergaben aber, dass es

Felszeichnung der San – wie eine Open-Air-Galerie

sich um zerkleinerte Eisenoxide, vermengt mit einer Tierfettpaste handelt. Die hellen Farben enthalten Quarz, Kreide oder Tonerde. Mit den Fingern, Stöcken und Ästen, die für einen Pinsel mehrfach gespalten wurden, brachten die frühen Menschen die Farbe an möglichst geschützten Wänden oder Felsüberhängen auf. Bestimmte Zeichnungen wie Abstraktionen oder die ›Tanzenden Penisse‹ könnten im Drogenrausch, auch nach Trancetänzen entstanden sein. Realistische Darstellungen von Tieren und Jagdszenen stammen sicherlich von begabten Jägern, die sich und ihre Beute verewigten.«

»Gibt es Gründe für die Malereien? Was bedeuteten die Bilder für die Menschen?«

Alex erklärt: »Felswände mit Abbildungen waren stets auch Kommunikations- und Informationsplätze. Hier wurden Versammlungen abgehalten. Und die Bilder vom Wild, so die Vermutung, bargen heimliche Mitteilungen für nachziehende Jäger.«

Die jüngeren Felszeichnungen verlieren an Dynamik und Kraft, haben Experten wie Geoffrey Blundell und Sven Ouzman festgestellt. Die beiden haben sich ein halbes Jahrhundert mit der San-Kunst befasst und führen ihre Beobachtung auf die allmähliche Abwendung vom Lebensstil der Jäger und Sammler als elementarem Daseinsinhalt zurück. Geblieben ist ein einzigartiges Open-Air-Museum im langsamen Zerfall.

In der Tat hinterlassen die Tsodilo Hills bei mir einen nachhaltigen, tiefen Einblick. Doch wo sind die Nachfahren der Künstler und wie leben sie?

Alex fragt: »Möchtest du das wirklich wissen?«

»Wenn du so fragst, schwant mir Böses.«

Heute fahre ich mit Alex und N//alo wenige Kilometer südlich, biege hinter einer Flugpiste ab in Richtung Westen. Es geht durch eine tief versandete Steppe. Endloses Niemandsland? Das kann man nicht sagen. Eine Zebraherde schaut dem Toyota mit seiner mächtigen Staubfahne am Heck nach. Zierliche Kalahari-Springböcke suchen mit mächtigen Sätzen das Weite. Wildbestand vermittelt: Die Trockensteppe ist nicht tot.

Unvermittelt stehen sie vor uns, wie gerade aus dem Busch gesprungen. Kleine Leute, etwa einen Meter fünfzig groß, von Gestalt hager, asketisch. Einige nackt bis auf einen Lendenschurz aus Fell oder Leder, andere in kurzer Hose mit T-Shirt. Sie winken fröhlich und strecken die Daumen hoch. Ostentativ, wie Donald Trump im Wahlkampf. Langsam fahre ich weiter, bis Hütten auftauchen, während die Buschleute nebenher rennen. Ausgelassen rufen sie uns Willkommensgrüße zu, garniert mit Schnalz- und Klicklauten. Es kann nur willkommen heißen, würden sie sonst so fröhlich sein? Alles hatte ich erwartet: Lethargie, Missmut, Abgestumpftheit, nur keinen Frohsinn!

Etwas abseits des San-Lagers parke ich den Wagen. Kaum wird die Tür geöffnet, umringt uns aufgeregt schnatternd die Großsippe. N//alo stammt aus der Gemeinschaft und Alex wird sofort wiedererkannt. So empfängt man nur angenehme Besucher. Selbst Alte und Gebrechliche wollen sehen, wer da eingetroffen ist. Frauen tragen Schmuckketten aus Scherben von Straußeneiern, Nussschalen, Schneckenhäusern und roten Kunststoffperlen. Natürlich sind mehrere Dorfbewohner auch europäisch gekleidet. Verschlissene, dreckige Hosen, Röcke, Hemden beherrschen das Erscheinungsbild dieses Mal aber nicht. Und der Fettsteiß, Steatopygie, einiger Frauen zeugt von guter Ernährung.

Nach der Verteilung unserer Gastgeschenke richten wir ein provisorisches Lager ein. Ich freue mich, endlich eine Gemeinschaft von San zu treffen, die nicht den Untergang ihrer Generation verkündet. Diesen !Kung geht es nicht gut, doch auffallend besser im Vergleich zu Sippen andernorts. Unterdrückung und Ausbeutung schlägt auf die Psyche. Freude, jegliches Lächeln verkümmern. Diese Menschen können lächeln und noch etwas heiter sein. Ich frage Alex nach den Gründen.

»Die !Kung leben in einem Gebiet, das Wild beherbergt. Sie dürfen immerhin mit herkömmlichen Waffen jagen, Feuerwaffen sind hingegen verboten. Das Verhältnis zu den Bantu, also Ovambo und Tswana, ist weniger von Unterdrückung geprägt. Die !Kung-Sippen haben kein Oberhaupt. Erfolgreiche, auch alte Jäger genießen jedoch Achtung und Anerkennung. Ihr Rat wird befolgt. Die Kultur der !Kung weckt nicht nur das Interesse der Völkerkundler, es entwickelt sich ein Ethnotourismus, der den Menschen zugutekommt.«

»Ethnotourismus wird nicht von allen befürwortet«, gebe ich zu bedenken, »er wird auch als eine Art Zirkusbesuch betrachtet.«

»Das darf man so nicht sehen. Ich bin sicher, diese Art von Tourismus, mit Respekt und Feingefühl durchgeführt, bietet die Chance, Reste der San-Kultur zu bewahren, den Menschen außerdem ein gewisses Einkommen zu sichern ...«

»Wenn er verantwortungsvoll gehandhabt wird, mag stimmen, was du sagst. Doch es gibt Fälle von Ausbeutung durch die Reiseunternehmer. Sie lassen Naturvölker bis zum Umfallen tanzen und bestimmen, dass und wie sie sich exotischer präsentieren müssen, um besucht zu werden.«

N//alo tritt heran und meint, wir sollten uns zu den Dörflern begeben, es gebe wohl ein Fest. Vor einer Grashütte bemüht sich ein Mann, Feuer zu entfachen. Zwischen seinen Händen dreht er einen Holzstab in der Versenkung eines Weichholzbretts, die mit zartem, dürrem Gras umgeben ist. Nun weiß ich nicht, ob ihm die Streichhölzer ausgegangen sind oder der San mir das Feuermachen seiner Vorfahren zeigen möchte. Die Demonstration zeigt die Mühe, die das Feuermachen bereitet. Endlich beginnt es im Holzquirl zu rauchen. Damit brennt das Gras noch lange nicht. Erst zehn Minuten später, nach unentwegtem Quirlen und Blasen, entwickelt sich ein Flämmchen, das der San an Holz für ein Lagerfeuer trägt. Der Feuermacher heißt Midum und ist ein freundlicher, aufgeschlossener Mann. Wegen seiner geringen Körpergröße kann ich ihm auf den Kopf schauen und betrachte sein Spiralen bildendes Kraushaar, Pfefferkornhaar genannt. Durch das Haar schimmern tiefe, zackige Narben. N//alo sagt, Midum sei früher ein mutiger und erfolgreicher Jäger gewesen. Ein Leopard habe ihn beinah skalpiert.

Midum drückt mir die Zündapparatur in die Hand und ermuntert mich, Feuer zu machen. Also quirle ich, bis mir die Handflächen schmerzen. Ich habe nicht die geringste Chance, auch nur ein Rauchwölkchen zu erzeugen. Zwei Jäger nähern sich den Hütten mit Fleisch eines Gnus, auch *wildebeest* genannt. Jagd auf Großwild kostet viel Zeit, Wild, das wie vor Urzeiten mit vergifteten Pfeilen zur Strecke gebracht wird. Allerdings ernähren sich die Buschleute, was Fleisch anbelangt, großteils von Insekten, Schildkröten, Vögeln, Ratten oder Hasen. Sie verdienen unsere Bewunderung für ihre Anpassungsfähigkeit an ein extrem unergiebiges Biotop. Bei ihrer Pirsch auf Antilopen zum Beispiel werden auf dornenreichem Pfad barfuß bis zu dreißig Kilometer im Laufschritt zurückgelegt. Mit sich führt der Jäger Pfeil und Bogen, Köcher, Sammelbeutel, bisweilen einen Speer. Die gefährlichen Riedpfeilspitzen sind mit einer Flüssigkeit vergiftet, die von *Diamphidia-simplex*-Larven gewonnen wird. Gegen das Nervengift, wesentlich wirksamer als das südamerikanische Curare, gibt es bisher kein Gegenmittel. Der Jäger muss sich nach dem Präparieren der Pfeile sorgsam die Hände waschen. Ist kein Wasser vorhanden, uriniert er in die Hände. Am liebsten schießen Buschleute Antilopen in der Dämmerung. Dann flüchten sie nicht, sondern bleiben nach einigen Fluchtsprüngen stehen und verenden im Wundbett.

»Die !Kung benutzen auch den Löwen als Fleischlieferanten«, sagt N//alo, »indem sie einen günstigen Augenblick wählen, um ihn von seiner Beute durch Angriff und Geschrei zu vertreiben. Die Verwertung des Wildes ist gründlich. Abfall ist lediglich etwas

Fleisch in der Umgebung der Giftpfeilwunde. Blut, Pansen, Fruchtwasser trächtiger Kühe, alles wird verwertet. Natürlich auch das Fell und die Knochen.«

Frauen und Kinder sind für das Sammeln pflanzlicher Nahrung zuständig. Ihre ›Beute‹ sind Melonen, Nüsse, Wurzeln und Beeren. Der Stellenwert ihres Beitrags zur Ernährung ist zwar ungleich geringer als jener der Jäger, doch tragen sie ungleich größere Verantwortung: San-Frauen können über zweihundert Pflanzenarten, von denen vielleicht die Hälfte essbar ist, exakt unterscheiden. Würden sie nur eines der vielen giftigen oder ungenießbaren Gewächse falsch einordnen, könnten sie die Gesundheit der gesamten Sippe gefährden. Einen Besitzstand wie wir kennen die Buschleute nicht. Alles ist Gemeinschaftseigentum: Feuerholz, Fleisch, das Wild, Pflanzen. Ausgenommen sind Kleidung, Jagdwaffen und Schmuck. Teilung ist das Gebot des Alltags. Wer am bereitwilligsten teilt, rangiert hoch in der Achtung der Gesellschaft. Sonnenuntergang. Wir erleben das kurze Zwielicht vor dem Einbruch der Nacht. Lagerfeuer flackern. Im Busch keckern Hyänen. Sie wittern das Fleisch, das zu den Hütten geschleppt wurde. Von irgendwoher ist heiseres Löwengebrüll vernehmbar.

Vor der Hütte des erfolgreichen Schützen wird das Gnu aufgeteilt. Dem Schützen gehört die größte Portion. Hat er sich seine Waffe geliehen, erhält der Bogenbesitzer einen Tribut. Anteile erhalten auch die Jagdgefährten und die Helfer, die das Tier ins Camp geschleppt haben. Die Verteilung wird von lauten, aufgeregten Diskussionen begleitet, die ich fälschlich als Streit einschätze.

»Das gehört zum Verteilungsritual«, sagt N//alo, »und hat nichts mit Missgunst zu tun. Alle, die jetzt Fleisch empfangen haben, teilen ihre Portionen im Kreis ihrer Verwandten und Freunde weiter auf. Auf diese Weise erhält jeder etwas zu essen.«

»Wir erleben einen besonderen Tag. Es ist das Fest der vollen Bäuche. Das wird sicher noch gefeiert. !Kung lieben Geselligkeit bei endlosem Palaver. Müssen sie nicht zum Jagen und Sammeln ausschwärmen, verbringen sie ihre Zeit mit ihren Kindern oder dem Besuch von Verwandten und Freunden. Gäste sind stets willkommen. Die !Kung haben Glück. Auf ihrem Gebiet wächst die proteinhaltige Mongongo-Nuss. Wenn sie pro Tag dreihundert Nüsse essen, erhalten sie damit rund eintausenddreihundert Kilokalorien und sechzig Gramm Protein, was fast einem Fünfhundert-Gramm-Steak entspricht. Die Leute können es sich leisten, zum Jagen und Sammeln ein, zwei Mal in der Woche unterwegs zu sein, haben sie doch noch ihre Einkünfte als Helfer bei den Bantu und von den Touristen«, erklärt Alex.

Vor einer Grashütte werfen sich Mädchen und Kinder reihum eine Melone zu und amüsieren sich dabei köstlich.

»Frauen und Kinder lieben kooperative Spiele wie das Melonenspiel«, sagt Alex, »Männer und Knaben kennen auch Geschicklichkeits- und Kampfspiele, wie das Honigdachs- und das Gemsbockspiel, beide stellen einen Kampf zwischen Jäger und Wild dar.«

Bei anderen Gelegenheiten erfahre ich, dass Buschleute zwar keine Pazifisten im Umgang mit Nachbarsippen sind, aber dennoch ein friedliches Mit- und Nebeneinander bevorzugen. Fühlt sich ein Individuum gekränkt, kann es sich abends am Lagerfeuer lautstark darüber beschweren. Dabei wird kein Name genannt. Das ist nicht nötig, der Gruppendruck ist so stark, dass am nächsten Morgen der indirekt Angesprochene in den meisten Fällen erscheinen und um Versöhnung bitten wird. In gravierenden Fällen zieht sich der Gemaßregelte mit seiner Familie in die Steppe zurück, bis der Ärger verraucht ist. Oder man gibt vor, eine rachewürdige Untat einfach nicht bemerkt zu haben. Kurzum, wie in allen Gesellschaften, so gibt es auch bei den San Aggressionen. Sie sind allerdings unerwünscht, stören die Gruppenharmonie. Also werden Wege gesucht, Konflikte diplomatisch zu vermeiden.

SAN IN DEN TSODILO HILLS

Auf einmal kommt eine sonderbare Unruhe ins Lager. Frauen hocken sich um das Hauptfeuer, beginnen zu klatschen. Dann singen sie und stoßen schrille Schreie aus. Einige Laute erinnern an das Trällern von Vogelstimmen. Die Männer erscheinen, bilden einen Kreis, tanzen um die Frauen herum. Es ist ein Stampftanz, hart, mechanisch, roboterhaft. Auch sie stoßen schwermütige, monotone Laute aus, unterbrochen von spitzen Schreien. Klatschende Frauen, fast nackte Männer gespenstisch im flackernden Licht ums Feuer tanzend – ein zwingendes, ein magisches Bild. Der Tanz gewinnt an Dynamik. Schemenhaft zucken die Gestalten im Kreis, bäumen sich auf, schütteln sich, werfen sich in den Sand, kriechen auf allen vieren, springen hoch, reißen die Arme über ihre Köpfe. Die geöffneten Hände bilden einen Schutz über den Häuptern. Was wird da imitiert? Ein Vogel Strauß? Eine Antilope? Rhythmus, gellende Schreie steigern sich, schwellen an zu einem überbordenden Beschwörungszauber. Da werden Geister

Magischer Tanz der San ums nächtliche Lagerfeuer

besänftigt, Dämonen vertrieben. Die weißen Rasseln an den Fesseln der Männer klingen frenetisch. Schmuckketten kreisen um die Hälse. In den Händen einiger Männer schreiben abgenagte Knochen und Straußenfederbüschel kryptische Figuren in den Nachthimmel.

»Das ist der Giraffentanz«, flüstert Alex, »der wichtigste der vielen symbolischen Tänze. Er soll Jagdglück bringen und erhalten, drückt auch Dankbarkeit aus. Für jedes bedeutende Tier kennen die San besondere Tänze. Übrigens auch gegen Krankheiten, Untreue, Streit. Tänze mit starker, mystischer Kraft sind Schamanen vorbehalten, dadurch kommunizieren sie mit den Verstorbenen. Wichtig ist den San, dass die Seelen der Toten versöhnlich gestimmt werden. Anderenfalls droht Unheil.«

»Als wäre nicht schon genug Unheil über die San hereingebrochen! – Sind alle !Kung Animisten?«

»Eigentlich nicht. Von Christus und unserem Gott haben sie von Missionaren längst gehört. Doch noch sind ihre Götter stark. Oder sie glauben von allem etwas, je nach Ereignis.«

»Was ist das Besondere an der San-Mythologie und Religion?«, flüstere ich Alex ins Ohr.

Gellende Schreie, Geklatsche und Stampftanz haben anhaltende Intensität.

»Einmal spielen Sonne, Mond und der Sternenhimmel in ihrer Vorstellung eine wichtige Rolle, wie du aus der Geschichte des Jägers !Guge weißt. Dann kennen sie eine große Anzahl von Jagd- und Buschgöttern, die ihnen ›sagen‹, welches Tier getötet werden darf oder geschützt werden muss. Interessant ist, dass die Gottesanbeterin ein Insekt ist, das eine wichtige, ja verehrenswerte Rolle spielt und nicht gegessen wird. – In der Mythologie heißt es: Früher war die Sonne ein San. Licht schien aus seiner Achselhöhle. Hob er seinen Arm, wurde es Tag, also hell und warm. Hing der Arm herab, war Nacht. Und es war kalt. Doch es gab noch einen San in Gestalt des Mondes. Obwohl die Menschen den Mondmann anbeteten, mochten sie ihn nicht, weil der wandelbar, kalt war und manchmal hämisch auf die Erde herabblickte. Vor ihm hatten die San Angst.«

Nach Stunden am Feuer stoßen verzerrte Gesichter gellende Schreie aus. Aus dem Gesang entwickeln sich gurgelnde und schluchzende Laute. Einige Männer beginnen zu zittern, aus ihrem Tanz wird ein Taumeln in Richtung Feuer. Fast über den Flammen reißen sie die Arme hoch, stürzen in den Sand. Ihre verdrehten Augen zeigen nur weiße Augäpfel, vor den Mündern steht Schaum. Einem der Männer dringt Blut aus der Nase. Eine schaurige Szene am lodernden Lagerfeuer!

»Die Männer sind in Trance gefallen«, sagt N//alo. »Sie sind bei ihren Vorfahren und glücklich. Der Giraffentanz endet für manche Jäger in Trance. Das ist nicht ungewöhnlich. Die Touristen, sollten sie den Tanz erleben, überkommt immer ein gruseliger Schauer. Manche weiße Frau kann das Ende nicht ertragen und läuft weg.«

Im Sand am Rand des Feuers wälzen sich die kleinen Männer, zucken noch einmal, dann bleiben sie schweißüberströmt liegen, als hätte sie der Tod ereilt. Es ist nicht der erste Trancetanz, den ich erlebe. Derwische tanzen sich in diesen Rauschzustand, und auch bei meinem Besuch vor nun fast fünfzig Jahren tanzten sich die Kalahari-Jäger ins Jenseits. Doch jedes Mal hat das Ereignis etwas ergreifend Beklemmendes.

Auf dem Weg zu unseren Zelten erzählt Alex, weiße Farmer ließen sich in Dürreperioden von San den Regentanz präsentieren. Aus der Trance Erwachte sollen tatsächlich schon für einen bestimmten Zeitpunkt Regen vorhergesagt haben.

In der Nacht träume ich vom Leid der !Kung. In zwei kriegerischen Auseinandersetzungen wurden sie von den Weißen missbraucht, weil es keine besseren Spurenleser gab als sie. Das erste Mal wurden sie von den Portugiesen gegen die aufständischen Schwarzen in Angola eingesetzt. Dann rekrutierte das südafrikanische Militär San als SWAPO-Jäger. Jedes Mal halfen sie der falschen Seite und mussten ihre Naivität mit Verfolgungen und Mord durch die Bantu bezahlen.

Während Alex und N//alo in den Tag schlafen, schließe ich mich einer Gruppe von Frauen an, die zum Sammeln ausschwärmen. Ich will ehrlich sein: Ich glaube, sie machen sich mit mir auf den Weg, um dem Ethnotouristen zu zeigen, was die Wüstensteppe so bietet. Die !Kung haben sich in Umhänge aus Antilopenleder gewickelt, die mit Glasperlen bestickt sind. Ihre Babys hängen in Ledertüchern auf den Rücken und schlafen noch. Mit erstaunlich schnellen, federnden Schritten eilen sie durch den dornenreichen Busch. Die Füße stecken in Flip-Flops, groben Sandalen aus alten Autoreifen, die meisten gehen barfuß. Ältere, überaus faltenreiche Gesichter lassen eine kunstvolle Tätowierung erkennen, sie besteht aus langen, blauen Linien, die fächerartig von ihren Augen aus verlaufen. Die jüngeren Frauen haben eine glatte, rotbraune, unverzierte Gesichtshaut. N!oasi, von anmutigem Aussehen, schwebt fast durch das wogende Grasmeer, das hellgelb, wie ein reifes Kornfeld, im Licht der Morgensonne leuchtet. Erst jetzt fällt mir auf, dass alle Frauen einen Grabstock und den ledernen Sammelbeutel mit sich führen. Schon bald stochern sie in trockener Erde, wühlen in Blättern und zaubern allerlei Knollen, Wurzeln, Zwiebeln zutage. N!oasi hält sich in meiner Nähe auf, da sie einige Brocken Englisch kennt. Sie versucht mir zu erklären, welche Pflanzen da in ihrem Beutel verschwinden. Gerade hat sie eine Wurzel gefunden, die Blutungen stillen soll. Eine Knolle senke angeblich Fieber. Wieder eine sei gesund und wohlschmeckend. So suchen und kriechen wir durch die Steppe, die allmählich auf mich wirkt wie ein Gemüsegarten mit Heilkräutern. Allerdings einer mit Tücken. Was N!oasi gerade aufhebt, sei gefährlich, verursache Bauchkrämpfe, Durchfall und könne bei Wassermangel zum Tod führen. Sie wirft die ingwerähnliche Wurzel weg. Beim nächsten Fund lächelt sie verschmitzt: »Dieses

Kraut ist eine Liebespflanze. Sie beschert Mann und Frau schöne Gefühle.« Wie alle Naturvölker kennen die San Aphrodisiaken, die alle möglichen Kräfte und Triebe stimulieren.

Beim Insektensammeln geht's ziemlich brutal zu. Von einem Ast zupft sie einen prächtigen Käfer. Bevor er im Beutel landet, werden ihm die Beine ausgerupft. Das Gleiche passiert mit Heuschrecken, aufgelesenen Dungkäfern und Faltern, die ihre Flügel einbüßen.

Wir haben einen Mongongo- oder Manketti-Hain erreicht. Hier wächst die proteinhaltige Wundernuss. Ihre Schale ist so hart, dass selbst Elefanten sie nicht knacken können. Eifrig füllen die Frauen ihre Taschen mit den braunen, kastaniengroßen Früchten. Zurück im Dorf werden die Schalen zwischen zwei Steinen aufgeschlagen.

N!oasi ist kräftig mit dem Aufschlagen beschäftigt und reicht mir vom Fruchtfleisch. Es ist weich, der Geschmack erinnert an Datteln. Am Feuer wird nun auch die Insektenernte zubereitet. N!oasi röstet das Getier einige Sekunden lang an einem Stock über der Flamme. Unsereins bereitet Stockbrot oder Marshmallows so ähnlich zu. Die San schüttet mir eine Handvoll der gerösteten Insekten in die Hand. Alex und N//alo wünschen mir gehässig guten Appetit. Die Fürsorge N!oasis geht mir eindeutig zu weit, als sie mich hartnäckig auffordert, die Leckerbissen zu kosten. Den ganzen Tag sammelnd unterwegs gewesen, müsse ich doch hungrig sein. Was ich auch bin. Allerdings auf etwas anderes. Natürlich darf ich nicht kneifen. Einen der kleineren Käfer schiebe ich mir in den Mund, beiße hinein. Als es knackt, läuft warme, gallertartige Masse über meine Zunge. Bevor ich würgen muss, wird der Käfer hinuntergeschluckt. Schon steckt die kleine !Kung mir eine Heuschrecke in den Mund. Jetzt muss ich protestieren.

An einem Feuer nebenan hat eine Frau ein Straußenei im Panzer einer Schildkröte angerührt. Das flüssige Ei gießt sie gerade in eine Mulde zuvor erhitzten Sandes. Da wird ein Omelett gebacken. Rasch stockt das Ei zu einem Fladen, den sie uns anbietet. Dazu wird eine Knolle gereicht, die mir keiner richtig erklären kann. Ich esse sie mit einem Stück Omelett als Bauernfrühstück, dem nur Salz und Pfeffer fehlt, ansonsten gar nicht übel schmeckt. Ich bin gespannt, wie mein Magen die San-Küche verkraftet.

Heute Abend sitzen wir palavernd am Feuer. Einige Männer hatten bei Bantu in der Nachbarschaft gearbeitet. Sie sind müde, haben sich zum Schlafen in ihre Hütten begeben. Ich nicke laufend ein. Der Sammelausflug mit den Frauen war ziemlich anstrengend.

Der Jagdausflug am Folgetag mit zwei Jägern, die nichts Besseres vorhaben, als mit mir eine imaginäre Antilope zu erpirschen, führt südlich in recht unübersichtliches Gelände. In geduckter Haltung sprinten die beiden vor mir durch die Wildnis. Ich laufe ihnen mit hängender Zunge hinterher, darf sie nicht aus den Augen verlieren. Als die Jäger plötzlich verharren, sich klein machen wie eine Wüstenspringmaus, schließe ich auf. Sie haben etwas erspäht. Machen verständlich, ich möge mich flach auf den Boden legen. Autsch, irgendwas sticht oder beißt mich. Ein Skorpion? Eine Spinne? Eine Mamba gar? Ich springe auf. Die Jäger sind sauer, denken sicher: Mit dem Tölpel sollen wir jagen? Gänzlich unmöglich! Ich zucke entschuldigend die Schultern. Gestochen hatten Dornen eines abgebrochenen Akazienasts. Ein Jäger legt einen Pfeil auf die Sehne. Ob es tatsächlich ein vergifteter ist? Einer mit tödlichem Larvengift präpariert? Und worauf zielt der !Kung? Ich sehe überhaupt nichts außer Gras und Buschwerk. Der Pfeil schwirrt davon. Fünfundzwanzig, dreißig Meter vor uns raschelt etwas im Laub. Ein Stachelschwein rennt davon. Der längste Stachel in seinem Rücken ist der Pfeil. Nun muss es verfolgt werden. Das kann dauern. Der Laufschritt in der Mittagshitze, ohne Wasser, macht mir zu schaffen. Gruchei, der ältere Jäger, hager mit zerfurchtem Gesicht, vielleicht vierzig Jahre alt, was einem achtzigjährigen Mitteleuropäer entspricht, beobachtet mich und beschließt, seinen Kameraden das Stachel-

Auf einem Jagdausflug mit Pfeil und Bogen

schwein allein verfolgen zu lassen. Ich bin dankbar. Die Sonne sticht erbarmungslos. Mit einem Hitzschlag möchte ich dem !Kung nicht zur Last fallen. Auf dem Weg zurück suchen Grucheis Augen stets Umgebung und Boden ab. Nichts entgeht ihm, weder der dreizehn Zentimeter lange Tsodilo-Felsengecko in den Tsodilo-Hügeln endemisch, noch ein fast anderthalb Meter langer Felswaran, der gerade in seinem Bau verschwinden will.

Im Dorf höre ich, dass ein Fahrzeug mit mehreren Touristen im Anmarsch sei. Welches Programm für sie geplant ist, lässt sich nicht erfahren. Alex und N//alo dränge ich zum Aufbruch. Ich bin von der Gastfreundschaft der !Kung und ihrer Bereitschaft, mich an ihrer untergehenden Kultur teilhaben zu lassen, berührt. Sitten und Gebräuche eines so alten Volkes dürfen nicht untergehen! Der dänische Schriftsteller, Filmemacher und Abenteurer Jens Bjerre lebte um 1950 einige Zeit bei den !Kung und übersetzte einige Verse ihrer feinfühligen Poesie:

»Das Gras weint um Wind, der den Regen bringen soll.
Wie der Jäger um das Wild, das so weit in der Steppe steht.
Die Erde weint unter der Sonne, ›ich bin dürr‹,
mein Herz weint am Feuer, ›ich bin allein‹...«

Verse, Lieder und Sagen über den Regen, die Jäger, ihre Beute und das Wild, das nur getötet werden darf, um den Hunger zu stillen. Es ist die älteste Dichtkunst Afrikas, wenn nicht überhaupt. Sicher dreißigtausend Jahre alt, gar noch viel älter, mündlich an den Lagerfeuern von Generation zu Generation übermittelt worden. Lyrik, die jetzt für immer verloren gehen soll?

Noch ein letzter Blick aus dem Wagenfenster. Vor den armseligen Hütten des Dorfes am Rand der Tsodilo Hills stehen die !Kung und winken. Einige der Männer heben den Daumen wie bei der Begrüßung. Ich wünsche ihnen den Gruß, der Hoffnung verheißt. Die Fahrt nach Maun legen wir in einer merkwürdig schweigsamen Nachdenklichkeit zurück. Bilder von vor fünfzig Jahren erscheinen vor meinem geistigen Auge, als wäre es gestern gewesen. In der Zentralkalahari verbrachte ich einige Wochen bei San, einer !Ko-Gruppe. Es war das Eintauchen in eine Welt vor zehntausend Jahren. Die !Ko hatten damals so gut wie keinen Kontakt zu Weißen, waren Nomaden, die dem Wild nachzogen. Ich erlebte sie in einem tierreichen Gebiet, bis zu jener Nacht ohne Gesang und einem Morgen, der alles veränderte. Die Sippe brach auf. Voran Mogo, ein geachteter Jäger. Im Arm hielt er ein Straußenei, mit Wasser gefüllt. Im Gänsemarsch folgten ihm junge Jäger mit kurzen Speeren und Pfeil und Bogen, Frauen mit runden Kalebassen auf den Köpfen, die Babys umgehängt. Dann folgten die Halbwüchsigen. Zuvor waren zwei alte, gebrechliche Männer zum Sterben in die Wüste gegangen, sie wollten ihrer Sippe nicht zur Last fallen. Der Trupp zählte sechzehn Menschen. Ich blieb zurück, schaute ihnen nach, den letzten Steinzeitmenschen Afrikas, wie sie leichtfüßig den Weg in ein neues Jagdgebiet suchten, im Vertrauen auf ihren Instinkt und die Zeit, die für sie stillstand. Wehmut schwang mit, als sie schließlich als kleine Punkte am flimmernden Horizont verschwanden. Und ich fragte mich, ob frei gemäß ihren Traditionen lebende San das 21. Jahrhundert erleben würden. Längst weiß ich es, in den letzten Tagen wurde es mir vor Augen geführt: Sie haben es ›als Freie‹ nicht erlebt. Sie sind zwischen den Hammer der Weißen und den Amboss der Bantu geraten. Ohne es zu ahnen, zogen damals die letzten ihrer Generation durchs Land ihrer Ahnen …

Seit geraumer Zeit führt die Straße an einem Steppengebiet entlang, das kilometerweit umzäunt ist. In Grüppchen stehen Kühe jenseits des Zauns, glotzen kauend den Fahrzeugen nach. Einige drehen uns die Hinterteile zu. Merkwürdig, denke ich, Kühe mit Augen auf den Hintern? Ist das eine besondere Züchtung?

»He, Alex, was ist mit dem Rindvieh los?«

»Oh ja, das ist ein interessanter Test. Auf die Hintern gemalte Augenpaare sollen vor Löwenangriffen schützen. Es wurde festgestellt, dass von hinten anpirschende Löwen vom Jagen ablassen, wenn sie vermuten, sie seien bereits gesehen worden. Löwen, musst du wissen, sind eigentlich lauffaul. Sie schleichen sich ans Beutetier heran und starten ihren Angriff erst, wenn sie unbemerkt möglichst nah herangekommen sind. Sind sie von der Beute entdeckt worden, lassen sie sich selten auf ein Wettrennen ein. Lieber verzichten sie auf die Attacke.«

»Also malten Farmer einigen Kühen Augenkonturen auf die Arschbacken. Eine tolle Idee!«

»Sie scheint auch Erfolg zu haben. Aus einer Testherde wurden mehrere Rinder von Löwen geschlagen, jedoch keines mit vier Augen.«

»An der Sache ist was dran, Alex. Ich hab gehört, dass in bestimmten Gebieten Indiens Waldarbeiter Masken mit Gesichtern am Hinterkopf tragen, um Tiger fernzuhalten.«

NAMIBIA

Buntes Windhoek, ein Wiedersehen

Nun bin ich wieder in der Zivilisation. Und in was für einer! Sie weckt heimatliche Gefühle und ist doch rund achttausendfünfhundert Kilometer entfernt von Hamburg. Kaum wiederzuerkennen, der Ort zwischen Eros-, Auersbergen und dem Khomas-Hochland. Baukräne drehen sich. Straßennamen haben sich geändert. Aus dreißigtausend Einwohnern sind vierhundertvierzigtausend geworden, in nur fünfzig Jahren! Dennoch erinnert im Zentrum noch vieles an eine mittelgroße deutsche Stadt, allerdings eine aus der Vergangenheit: Christuskirche, Turnhalle, Tintenpalast, Alte Feste, Gathemann-, Erkrath-, Kronprinzen-Haus ... alles deutsche Bauten.

Wie in meiner Erinnerung gibt's die Warnschilder vor Kuduwechseln, dann die frechen Paviane, die sich über Mülltonnen hermachen, um Essbares aus dem Unrat zu klauben. In der Independence Avenue, früher Kaiserstraße, stehen sie noch, die Häuser mit den roten Dächern, so steil, dass sie bayerischen Vorschriften fürs Abrutschen der Schneelasten entsprechen. Allerdings schneit es in Namibia nicht, und in Windhoek schon gar nicht. Als ich das letzte Mal in der Stadt war, gab es noch die Apartheid, wenn auch nicht so rigoros wie in Südafrika.

Ich befinde mich auf einem Stadtrundgang. Das Zentrum Windhoeks lässt sich bequem zu Fuß erkunden. Die Leutweinstraße heißt heute Robert Mugabe Avenue. Dort steht die evangelisch-lutherische Christuskirche – immer noch ein Wahrzeichen der Stadt, 1907 bis 1910 einst als Symbol des Friedens erbaut. Kaiser Wilhelm II. stiftete, ebenso wie in den Kirchen von Swakopmund und Lüderitz, die bunten Glasfenster im Rücken des Altars. In der Kirche suche ich etwas Ruhe, allerdings bin ich nicht der Einzige. Menschen aller Hautfarben sitzen auf den Bänken, gönnen sich etwas Besinnung, suchen in der Kühle Schutz vor der Tageshitze. Vorn neben dem Altar steht ein Bäumchen, behängt mit vielen kleinen Kärtchen. Ich lese in Englisch, Deutsch und Afrikaans: »Clara und Heinz freuen sich über die Geburt ihrer Tochter Johanna.« »Gerry und Sue haben geheiratet.« »Wir nehmen Abschied von Kurt Hansen« ... Ein Informationsbaum mit Neuigkeiten aus der Gemeinde.

Wieder im gleißenden Sonnenlicht, stehe ich nur wenige Schritte weiter andächtig vor dem bombastisch geratenen Unabhängigkeitsmuseum. »*Dr. Sam Nujoma founding president and father of the Namibian nation*« steht unter seinem überlebensgroßen Bronzestandbild. Dahinter erhebt sich ein Hochhaus, mehr ein Palast mit zwei gläsernen Außenfahrstühlen: das Independence Memorial Museum, erbaut von Nordkoreanern, vom Unternehmen Mansudae Overseas Projects. Diese Firma hat übrigens auch das neue State House, weiter südöstlich im Villenvorort Auasblick, errichtet. Mit Büros für den Präsidenten und Mitarbeiter sowie

Räumen für die Kabinettsmitglieder. Auf dem Gelände, in einem repräsentativen Wohnhaus, residiert der dritte Präsident Namibias, Hage Gottfried Geingob, und im Bedarfsfall logieren hier auch Staatsbesucher. Geingob lässt sich durch einen hohen Zaun mit Wachtürmen sichern.

Aber zurück zum Museum. Unweigerlich wird man an Mugabes Heldenacker in Harare erinnert, den ebenfalls nordkoreanische Architekten planten. Doch bei aller Nähe zu Mugabe und den Nordkoreanern ist es bemerkenswert, dass Namibia Erinnerungen an die deutsche Kolonialherrschaft nicht gänzlich getilgt hat. Im Gegenteil: Die Statue des Curt von François, Offizier der Schutztruppe, angeblicher Gründer Windhoeks und erster Reichskommissar Deutsch-Südwestafrikas, steht noch. Allerdings nicht an ihrem ursprünglichen Standort, auch nicht mehr vor der Alten Feste, sondern nun in ihrem Innern. Ihren Platz vor der weißen Alten Feste neben dem Unabhängigkeitsmuseum hat inzwischen ein Mahnmal eingenommen, an dessen Sockel eine Inschrift verkündet: »*Their blood waters our freedom.*« Darunter: Weiße, deutsche Soldaten mit Gewehren, und neben ihnen an Stricken hängende Frauen und Männer. Auf dem Sockel: ein stolzes afrikanisches Paar mit gesprengten Fesseln. An die Alte Feste, das älteste Bauwerk der Stadt, mit den Kanonen davor, haben Herero, Nama, Damara, Orlam, Ovambo weiß Gott keine guten Erinnerungen. Doch Namibias Führung sinnt nicht auf Vergeltung und Rache, viel mehr auf Verständigung und Konsens. Ist damit auch gut gefahren.

Ich stehe auf dem Hügel der Alten Feste und blicke über Windhoek. Curt von François gründete, wie es heißt, die Stadt, doch der Ort mit seinen warmen Quellen ist viel älter. Nama hatten hier gelebt und den Platz Aigams, ›Heißes Wasser‹ genannt. Die Herero nannten ihn Otjimuise, ›Ort des Dampfes‹. Schließlich traf hier Jan Jonker Afrikaner, Oberhaupt der Orlam, ein. Er war vor den Weißen nach Norden ausgewichen und vertrieb mit seinen Leuten die hier Viehzucht treibenden Herero. Er nannte die Eroberung nach seinem Geburtsort in der Kapprovinz Winterhoek und baute sogar eine Kirche, um Geistliche der Rheinischen Missionsgesellschaft zu empfangen. Doch die ständigen Kämpfe mit den Herero zermürbten ihn und sein Volk. Er gab Winterhoek auf. Im 19. Jahrhundert erschienen die Deutschen, Curt von François ließ die Alte Feste bauen, gründete Windhuk, ›Windige Ecke‹, nach dem Ersten Weltkrieg dann Windhoek geschrieben. Nördlich, jenseits von Parkanlagen, steht auch noch der Tintenpalast, der frühere Sitz der Kolonialregierung, wo der Verwaltungsapparat Unmengen Tinte verbrauchte. Heute tritt hier das namibische Parlament zusammen.

Ich gehe hinunter zur quirligen Independence Avenue, sehe Menschen aus allen Teilen des Globus: Inder, Chinesen, Europäer, Amerikaner, ... und natürlich Namibier aller Hautfarben. Im Vergleich zu früher ist Windhoek bunter, offener, freier, großzügig

Die moderne und quirlige City von Windhoek

und selbstbewusst geworden. Die gedrückte Stimmung der Schwarzen und Farbigen von einst ist Gott sei Dank dahin. Auffallend ist das farbenfrohe Treiben der Afrikaner mit ihrer Freude an Mode und bunten Kopfbedeckungen. Hochgewachsene Herero-Frauen, früher kaum wahrnehmbar in der City, tragen stolz lange, farbige Röcke, auf ihren Häuptern die ausladend gebundenen Hüte, dem Rinderhorn nachempfunden. Noch häufiger ist westliche Kleidung zu sehen: Die afrikanische Mittelschicht ist hip. Mädchen tragen Balmain-, einige gar Apokalypse-Jeans, dazu schulterfreie Bardot-Schlabber-T-Shirts. Die männliche Jeunesse hat knallrote Schuhe an den Füßen. Natürlich nicht jeder, doch das Modebewusstsein fällt auf in Windhoek, das stets als verschlafen und ausgesprochen konservativ galt. Des Afrikaners liebstes Spielzeug ist das iPhone, immer in der Hand, stets am Ohr. Ob man es will oder nicht, Windhoeks Innenstadt vermittelt heimatliche Gefühle. Um diesen die Krone aufzusetzen, begebe ich mich zum Gathemann-Haus, 175 Independence Avenue. Dort im ersten Stock befindet sich ein Restaurant. Vom Balkon aus könnte ich einen Blick auf den Zoopark, die Christuskirche bis hinüber zum Tintenpalast werfen. Leider sind dort alle Plätze besetzt und ich muss mich an einen Tisch im Inneren des Lokals quetschen, an dem weiße Namibier sitzen, die gern etwas zusammenrücken.

»Guten Appetit!«, sage ich.

»Danke.«

»Darf ich fragen, was Sie Leckeres essen?«

»Austern aus Lüderitz, grünen Spargel aus Swakopmund, Steak vom Gemsbock und der Wein kommt aus Stellenbosch, Südafrika.«

Ich habe nach all dem Wild der vergangenen Tage Hunger auf eine Bratwurst mit Sauerkraut und Brot. Urdeutsch. Familie Hartmann amüsiert sich. Und rasch kommt ein interessantes Gespräch zustande. Das Ehepaar bewirtschaftet mit zwei Kindern eine Farm am Rand des Naukluft-Parks. Klaus' Urgroßvater war als Marinesoldat ins Land gekommen, hatte gegen Herero und Nama gekämpft, sich dann als Farmer niedergelassen und eine Familie gegründet. Er blieb. Sein Urenkel Klaus hat dann auf einem Deutschland-Urlaub seine Frau Hilde kennengelernt, deren heimliche Liebe Afrika galt. Also folgte sie ihm gern. Doch was sie am Rand der Namibwüste erwartete, hätte sie fast umgehauen: harte Arbeit auf einer Farm, die kurz vor der Pleite stand. Die einst lukrative Karakulschaf-Zucht lag darnieder. Persianermäntel waren aus der Mode gekommen. Wer als Farmer überleben wollte, musste seinen Betrieb umstellen. In unsicheren Zeiten investieren. Etwas Landwirtschaft betreiben, Rindvieh halten, doch dazu bedurfte es in ariden Gebieten besonderen Agrarwissens. Schafe sind nun mal genügsamer als Rinder. Dann die Ungewissheit: Was wird künftig aus den Weißen in Südwest? Der bewaffnete Kampf der SWAPO, der Südwestafrikanischen Volksbewegung, bereitete große Sorgen.

»Bisher läuft alles in geordneten Bahnen. Dennoch, der Druck der schwarzen Massen rund um Windhoek wird bedrohlicher. Enteignungen, wie in Simbabwe, sind künftig nicht auszuschließen. Bis zum Jahr 2020 sollen fünfzehn Millionen Hektar kommerzielles, meist in weißer Hand befindliches Farmland umverteilt werden.«

»Befand sich nicht das gesamte Farmland im Besitz der weißen Minderheit, als Namibia 1990 unabhängig wurde?«

»Schon richtig. Den Schwarzen muss Land zur Verfügung gestellt werden. Der schleppende Verlauf der Landreform führte in den letzten Jahren zu radikalen Forderungen an die Adresse der Regierung, die Umverteilung zu beschleunigen. Aber bitte nicht durch Enteignungen. Das würde zum Kollaps Namibias führen, wie in Simbabwe. Das Problem ist, dass von Schwarzen gemanagte Farmen bei Weitem nicht den früheren Betrag erwirtschaften.«

»Okay, nur muss sich das meines Erachtens ändern. Anderenfalls wird die Regierung die radikalen Scharfmacher nicht ruhigstellen können. Gibt's denn keine Schulungsprogramme in Agrarwirtschaft?«

»Doch, doch. Die GIZ, die Deutsche Gesellschaft für Internationale Zusammenarbeit, unterstützt Namibia bei der Landreform und fördert ein Programm, das die einheimischen Bauern in die Lage versetzen soll, ihr Land produktiv zu bewirtschaften. Die sogenannte Mentorenhilfe, von den Bauernverbänden ins Leben gerufen, vermittelt Wissen erfahrener weißer Farmer an Afrikaner. Nur ist es heute mit Agrarwissen allein nicht getan. Ein erfolgreicher Farmer braucht betriebswirtschaftliche, Finanz-, Markt- und Vertriebskenntnisse. Das alles zu vermitteln braucht Jahre. Hinzu kommt, dass viele Afrikaner von dem Wissens- und Technologietransfer nichts halten. Sie meinen, es nach überlieferter Methode besser zu können.«

»In der Tat eine große Aufgabe, die gelöst werden muss, um den sozialen Frieden zu erhalten.«

»Wir haben einen Bereich unseres Betriebs auf *guest farming* umgestellt. Ein gutes Standbein, das jedoch viel Optimismus erfordert – sitzen wir doch auf einem Pulverfass, in der Hoffnung, dass niemand die Lunte dranhält«, meint Hilde.

»Wie verlief denn der Übergang von Südwestafrika auf Namibia?«

»Oh, wir Weißen hatten größte Bedenken und viele unserer Freunde und Bekannten hegten Auswanderungspläne«, sagt Klaus und berichtet etwas aus Sam Nujomas Leben, der den offiziellen Titel Gründungsvater der namibischen Nation trägt. »Hinter der häufig lächelnden, vollbärtigen Maske verbarg sich ein eisenharter Machtpolitiker, der mit geballter Faust wetterte – anfangs als führendes Mitglied der OPO, Ovamboland People's Organisation. Er war 1959 die treibende Kraft beim Aufstand gegen die Umsiedlung der Schwarzen nach Katutura im Nordosten Windhoeks. Eine blutige Aktion, bei der Nujoma verhaftet wurde.«

»Namibia stand doch zwischen 1919 und 1946 als Mandatsgebiet unter südafrikanischer Verwaltung.«

»Genau. Und so sollte es nach dem Willen Südafrikas bleiben, weil Südwestafrika als fünfte Provinz geplant war. 1946 aber wurde das heutige Namibia Treuhandgebiet der Vereinten Nationen, was beim großen südlichen Nachbarn keine Akzeptanz fand. Der Konflikt war geboren. Nujoma ging 1960 ins Exil nach Betschuanaland, ins heutige Botswana, und organisierte mit seiner in SWAPO, South West African People's Organisation, umbenannten Partei den bewaffneten Kampf. Eine schlimme Zeit, besonders für die weißen Farmer oben im Grenzgebiet zu Angola. Im Guerillakrieg, der von 1966 bis 1989 dauerte, spielte Nujoma die Rolle eines brutalen Führers, der in Morde an Konkurrenten, Abweichlern und tatsächlichen oder vermeintlichen Verrätern verwickelt war. Um seine Macht als Parteivorsitzender zu festigen, war ihm kein Mittel grausam genug. Hinzu kam, dass sich die SWAPO im angolanischen Bürgerkrieg immer stärker mit der kommunistischen MPLA, der Volksbewegung zur Befreiung Angolas, verstrickte. Uns graute vor der Zukunft, falls Nujoma die Macht in Namibia übernehmen sollte.«

»Er ist dann ja Staatsoberhaupt geworden«, bemerke ich.

»Ja«, sagt Klaus, »aber beileibe kein gutes. Er litt an Verschwendungssucht, klebte an der Macht, die er nach dem Vorbild Fidel Castros, Mugabes oder Kim Jong-ils in Nordkorea auszurichten gedachte. Zum Ende seiner Amtszeit gab er das neue State House, diesen Wahnsinnsbau, an der heimischen Bauwirtschaft vorbei seinen Freunden aus Nordkorea in Auftrag. Über Wahlfälschung und Korruptionsvorwürfe setzte er sich mit seinem Stab an Anhängern und Profiteuren kühn hinweg. Nach der dritten Amtsperiode wuchs der Druck von außen, seitens der Weltöffentlichkeit, so sehr, dass Nujoma nicht mehr kandidierte. Sein Nachfolger wurde Hifikepunye Pohamba. Nein, Nujoma war kein würdiger Präsident. Und es grenzt an ein Wunder, dass Namibia nicht an die Wand gefahren wurde. Nujoma blieb nämlich Parteivorsitzender und polemisierte ständig gegen die Weißen, die er am liebsten vertrieben hätte. Unverständlich, dass die Lincoln University in den USA dem Mann die Ehrendoktorwürde der Rechtswissenschaften verlieh und die Uni Bremen ihn zum Ehrensenator berief.«

»Hat sein Nachfolger sich anders verhalten?«

»Pohamba war zwar einer der engsten Parteifreunde, Wahlkampfmanager, Minister, SWAPO-Vizepräsident Nujomas, dennoch verlieh er dem Amt ein menschlicheres Bild. Er bemühte sich, die ›Politik der Versöhnung‹, wie sie die SWAPO nach der Unabhängigkeit propagierte, tatsächlich umzusetzen«, erklärt Klaus.

»Seit März 2015 habt ihr Hage Geingob als Präsidenten ...«

»Sein bulliges Äußeres täuscht. Er führt Namibia besonnen, lässt die Infrastruktur ausbauen, setzt auf Koexistenz. Natürlich ist auch er ein alter SWAPO-Parteisoldat, aber einer, der für eine Politik der demokratischen Glaubwürdigkeit steht. Der damarstämmige Afrikaner hat eine Ausbildung als Pädagoge und studierte in den USA, wo er auch promovierte, Politikwissenschaften. Wir können mit ihm zufrieden sein.«

»Was hat es mit dem Projekt Noah's Ark II auf sich?«, frage ich.

Hilde ergreift das Wort: »Man hatte den Eindruck, Namibias Regierung handhabe die Nationalparks als Selbstbedienungsladen. Da wurden hundertvierzig Wildtiere, darunter zehn Nashörner, fünf Elefanten, auch Löwen per Luftfracht als Geschenk nach Kuba versandt. Kurz darauf wurden fast fünfhundert Kudus, Springböcke und andere Antilopen abgeschossen, um mit deren Fleisch hungernde Namibier zu verköstigen.«

»Verstehe, das karge Land kann seine stark wachsende Bevölkerung in Dürrezeiten kaum ernähren.«

Nachdem so ausgiebig über Namibia berichtet wurde, wollen Hartmanns etwas über Deutschland erfahren. Was aus ihrer ehemaligen Heimat interessiert deutschstämmige Namibier? Probleme mit dem Brexit, Deutschlands Rolle in der europäischen Gemeinschaft, die Einwanderungspolitik, die Stabilität des Euro, der Kampf gegen den IS-Terror? Alles weit weg und komplex. Es entpuppte sich als zu mühsam, die Zusammenhänge bei der zweiten Flasche Goedgenoegen Chenin Blanc vom Westkap (Western Cape) zu erklären. Gerade prosten wir uns wieder einmal zu, da sagt Hilde:

»In Namibia wird auch guter Wein angebaut. Unser ältestes Anbaugebiet heißt Omaruru, dort wurde 1990 die erste Kellerei, Kristall, gegründet. Sie keltert zum Beispiel die Rebsorten Tinta Barroca und Colombard. Nicht weit von uns, bei Maltahöhe, werden auf dem Neuras Wine & Wildlife Estate seit 1997 Shiraz und Merlot geherbstet.«

Klaus winkt die Serviererin heran, spricht Afrikaans mit ihr. Nach einigen Minuten erscheint sie mit einer Flasche Ruby Cabernet, Jahrgang 2007, aus dem Gebiet am Omaruru-Fluss, wo sich auch der Ort gleichen Namens befindet.

»Familie Kluge hatte den Mut, die Wingerte anzulegen und die Kristall Kellerei zu gründen. Heute gehört die Kellerei Weders. – Dann woll'n wir mal den Tropfen verköstigen«, sagt Klaus, als er den Roten in frische Gläser gießt.

Der bräunlich rote Wein duftet etwas nach Vanille. Wir lassen ihn über die Zunge rollen. Frischer Geschmack, angenehme Entfaltung, etwas zu trocken und kurz im Abgang. Ein angenehmer Tafelwein. Ob er bei uns die Goldene Kammerpreismünze bekäme, ist allerdings fraglich.

Der Abend naht. Es bleibt mir nur, Hilde und Klaus für die unterhaltsame Zeit zu danken, mit dem vagen Versprechen, sie auf ihrer Farm zu besuchen. Für meine Kreuz- und Querreise durch Namibia gibt's noch eine Menge zu organisieren. Ich werde mir einen geländegängigen Wagen leihen, mich für Überlandfahrten ausrüsten, gutes Kartenmaterial besorgen, Kontakt zur Wüstenforschungsstation Gobabeb herstellen. Hoffentlich kann ich Rinus van der Veld treffen, bevor ich Windhoek verlasse. Als Höhepunkt der Reise habe ich mir die Skelettküste und das Volk der Himba im Kaokoveld vorgenommen. Das Gebiet ist kaum erschlossen. Die Himba, beziehungsweise in ihrer Sprache im Plural Ovahimba, leben dort in der Tradition ihrer Ahnen.

Ohne Genehmigung darf die Namib nicht überall bereist werden, was das Einholen von Permits erfordert. Eine Fahrt in den Norden hinauf bis an den Kunene gehört zu den letzten Abenteuern im südlichen Afrika. Noch ist ungewiss, wie und ob ich dorthin gelangen kann, doch allein der Gedanke daran beflügelt.

Katutura, das afrikanische Windhoek

»In Windhoeks Township schlägt das afrikanische Herz«, erklärt Bill. Er hat dort eine Freundin, die er besuchen möchte. Bill ist Handelsvertreter für chemische Produkte. Ich traf ihn in der Lobby des Kalahari Sands Hotel, wo ich aus nostalgischen Gründen wenigstens einmal übernachten wollte. Für mehrere Nächte ist mein Budget nicht ausgelegt. Kurzum, wer die deutsch anmutende City Windhoeks durchstreift, sollte auch Katutura erleben. Frei übersetzt aus dem Oshivambo, der Sprache der Ovambo: ›Ort, an dem wir nicht wohnen wollen‹. Also schloss ich mich Bill an, der die Township, sieben Kilometer vom Zentrum entfernt, gut kennt.

Wir sind mit einem Pkw unterwegs, befinden uns auf der autobahnähnlichen Schnellstraße B1 in Richtung Okahandja. Gerade glitt Khomasdal, Vorort und einstiges Wohnviertel der Coloureds, vorbei. Vor uns taucht jetzt, am lang gezogenen Hügelhang, eine unübersehbare Wellblechhütten-Ansammlung auf und erstreckt sich über angrenzende Bergrücken. Beim Näherkommen glitzern die Blechdächer im Sonnenlicht wie Diamanten. Pure Ironie, wurden hier nicht einst Schwarze und Farbige gewaltsam angesiedelt? Und ist Katutura nicht noch immer das Auffanglager für Arbeitssuchende und Arbeitslose? Eine riesige Township, von der man glaubt, hier wäre der Großteil der Menschen des gesamten Landes versammelt. Ein Vorort wie ein Geschwür, das ständig wächst. Überall werden Kinder geboren und überall sind sie präsent: auf den Straßen, Hinterhöfen, in den Häusern, auf den Fußballplätzen, auf den Müllhalden. Geburtenkontrolle stößt bei den Schwarzen auf Widerstand. Sie wissen: Die Macht der Afrikaner steigt nicht zuletzt mit ihrer Zahl. Wir rollen durch staubige, unbefestigte Straßen, vorbei an Bars, Straßenverkäufern, Obst- und Gemüseständen, und sprechen über den Kindersegen.

»Die Angst der Weißen ist die Hoffnung der Schwarzen«, sagt Bill und ergänzt: »Jedes weiße Zentrum hat eine schwarze Satellitenstadt. Das kenne ich aus Südafrika.«

An einem großen Markt halten wir. Bill hält Ausschau nach geeigneten Wächtern, denen er einige Scheine in die Hand drückt.

»Wenn der Wagen später noch da ist, ich meine unbeschädigt, gibt's die andere Hälfte.«

»Ist doch klar, Mann!«, sagt der Anführer und tänzelt um den Ford.

Bill marschiert an einem Sportplatz vorbei, die Attie Potgieter Street entlang. Im Rinnstein liegen drei abgetrennte Rinderköpfe. Im Sand stehen Autowracks, an denen sich Männer zu schaffen machen. Es sieht aus wie eine improvisierte Reparaturwerkstatt unter freiem Himmel. In einem Drahtverhau bietet ein Farmer lebende Hühner für achtzig, große Eier für achtundvierzig und schmutzige für fünfunddreißig Namibia-Dollar an.

Mit der bunt mit lachenden Gesichtern bemalten Fassade einer windschiefen Wellblechhütte macht ein Kindergarten auf sich aufmerksam. Überall pendelt Wäsche im staubschwangeren Wind. Auf einem Markt umschwirren Fliegen Innereien von Schlachtvieh. Die Auslage wird von Frauen ganz unterschiedlicher Ethnien kritisch begutachtet. Frauen wirken wie augenfreundliche Farbtupfer in der grauen Mittagshitze. In einem *cuca shop,* das ist ein kleiner Lebensmittelladen, zählt ein Mädchen mit lustiger Antennenfrisur ihre Einnahmen.

»Katutura umarmst du nicht, selbst wenn du monatelang weg warst. Es wird unpersönlich, weil es zu schnell wächst«, sagt Bill.

»Wie viele Menschen leben denn hier?«

»Genau weiß es niemand. Es heißt, um die zweihunderttausend. Wahrscheinlich sind es viel mehr. Aus dem Norden, dem Ovamboland und dem Caprivi-Gebiet, strömen täglich Menschen herein.«

Im Schatten einer *shebeen,* einer typischen Township-Kneipe, sitzen Männer mit Windhoek-Bier in den Händen. Eine Frau in Jeans und T-Shirt, mit dem Schriftzug Coca-Cola unterm Busen, fällt vor Lachen fast vom Stuhl. Bill kennt zwei der Burschen. Man begrüßt sich, indem die Handflächen aneinanderklatschen. Ein Plausch beginnt in Afrikaans und Englisch. Es geht um Arbeit in Windhoek, Verdienstchancen, Familiengeschichten und wer mit wem zurzeit ein Verhältnis hat. Bill fragt in die Runde, ob neue *plaasmeisie,* Mädchen vom Land, eingetroffen seien, was die Männer amüsiert. Schließlich bekomme ich noch etwas von einem *street sukkel* mit. Da scheinen sich Straßengangs einen Kampf geliefert zu haben. Als Schnee-Bantu, Deutscher aus Übersee, versteht es sich von selbst, dass ich eine Runde Bier schmeiße, 'ne Runde Feigenschnaps kommt auch gut an.

»Bella will dir was Gutes tun und fragt, ob sie für dich *biltong* oder *walkie-talkie* bestellen kann«, sagt Bill.

Biltong, das zähe, harte Trockenfleisch, kenne ich und fürchte, mir damit die Zähne auszubeißen. Zu *walkie-talkie* sage ich nicht nein. Das Gericht interessiert mich.

»Prima. Unter den schwarzen Namibiern gilt *walkie-talkie* als Delikatesse.«

Es wird noch etwas über angesagte Partys geplaudert, die momentan bei dem oder jenem stattfänden. Dann erscheint Bella, bringt einen Topf mit dampfendem Inhalt und schöpft etwas auf einen Teller. Ich traue meinen Augen nicht: In einer braunen Brühe schwimmen Hühnerköpfe und Hühnerfüße. Nichts weiter. Während ich noch entgeistert auf meine Portion starre, nagen, saugen, schlürfen, knabbern Bella, Bill und die Burschen genüsslich an Köpfen mit Hahnenkamm und Beinen mit imposanten Krallen. Nach ein paar weiteren Feigenschnäpsen, die bei der Hitze wie Raketen in den Kopf steigen, habe ich den nötigen Gleichmut, mich an die ›Delikatesse‹ zu wagen.

Schließlich heißt es: »Hamba kahle!«, ›Macht's gut, Freunde.‹

Wir kommen an soliden, gemauerten Häusern vorbei, von denen einige mit Buchstaben versehen sind.

»Was bedeutet N oder vorhin das D?«

Bill sagt: »Als die Schwarzen in den Jahren 1959 bis 1961 aus Windhoeks Old Location hierher nach Katutura zwangsumgesiedelt wurden, erhielt jede Volksgruppe ihren eigenen Bereich. Je nach ethnischer Zugehörigkeit wurde ihnen eine Wohneinheit zugewiesen. N für Nama, H für Herero, D für Dama, O für Ovambo.«

»Gibt es die unterschiedlichen Wohnbezirke noch?«

»Nein, seit der Unabhängigkeit wohnt jeder, wo es ihm beliebt, beziehungsweise da, wo er es sich leisten kann. Die Zwangsumsiedlung mit der Volksgruppentrennung hatte Südafrika mit seiner Apartheidpolitik eingeführt. Aber die Buchstaben an den Hauswänden sind heute noch zu erkennen.«

Ein quirliges Katutura hält uns in Atem. In der Troas Street nimmt man ein Bad in der Menge, taucht ein in eine fremde Lebensart von verwirrender Farb- und Klangpracht. Schöne und besonders hässliche Menschen schieben sich leichten, fast tänzelnden Schrittes an mir vorbei oder strömen mir entgegen. Knatternde Motorräder und scheppernde Autos jagen uns von der Straße. Gettoblaster dröhnen von den Schultern einiger Halbwüchsiger. Spätestens jetzt wird klar: Nicht in Windhoek schlägt die afrikanische Trommel der Stadt, sie pocht in Katutura. Und die schwarze Trommel schlägt unüberhörbar laut, stetig immer fordernder. Ja, selbst ich kann sie hören, die Trommeln, sie rufen: Gebt acht, wir kommen, wir sind hungrig!

Irgendwie gelangen wir an den Old Cemetery, den ältesten Friedhof der Umgebung. Obgleich er nicht gerade ein Aushängeschild für gute Grabpflege ist, gehört er zum Besichtigungsprogramm des Viertels. Wie verfaulte Zahnstummel stehen da Betonfragmente herum, ragen aus der roten Erde mit eingravierten Zahlen ohne Aussage.

Bill bemerkt: »In einem Massengrab liegen hier die elf Aufständischen begraben. Sie wurden bei den Protesten vom 10. Dezember 1959 von der Polizei erschossen. Vordergründig ging es um die Zwangsumsiedlung der Schwarzen aus ihren angestammten *pondok,* Rundhütten, in der Old Location, von den Weißen übrigens ›Eingeborenen-Werft‹ genannt. Tatsächlich war der Aufstand Ausdruck des Widerstands gegen die Politik der Rassentrennung. Neben den elf Toten waren über hundert Verletzte zu beklagen.«

Die Vertreibung der Schwarzen aus Windhoeks gepflegter Innenstadt, die ungehindert wachsen sollte, und zwar ohne mit dem Leben, dem Elend der Einheimischen konfrontiert zu werden. Solche Umsiedlungsaktionen gab es schon seit 1890. Deutsche Kolonisatoren bestanden von Beginn an auf Rassentrennung. Afrikanische Arbeiter wurden weit weg von der deutschen Siedlung Windhoek untergebracht. Als Curt von François Windhoek für seine Kolonialsoldaten zum Hauptquartier erklärte, prosperierte der Ort dermaßen, dass die Schwarzen fünf Mal umsiedeln mussten, bis sie endlich in ihrer Old Location für rund fünfzig Jahre sesshaft werden durften – bis 1960. Heute befindet sich auf dem geräumten Gebiet ein Parkgelände mit schönen Anwesen und teuren Wohnungen. Die *pondok* waren zuvor kurzerhand von Bulldozern zusammengeschoben worden.

»Die Township Katutura, musst du wissen, war anfangs als reine Schlafstadt konzipiert. Arbeiter aus dem Norden durften ihre Familien nicht kommen lassen, das war nur Männern aus südlichen und mittleren Landesteilen gestattet. Wer seine Anstellung verlor, musste in sein Herkunftsgebiet zurück oder wurde in ein Reservat abgeschoben. Doch das ist Geschichte. Aus dem einstigen Elendsviertel ist ein Ort mit stellenweise recht schmucken Häuschen geworden. Seit Präsident Sam Nujoma sich nach seiner Rückkehr aus dem Exil hier für kurze Zeit ansiedelte, sind soziale und kulturelle Einrichtungen entstanden und die schwarze Mittelschicht investierte etwas in Infrastruktur und Wohnraum. Schön zu erfahren, dass aus Katutura, dem ›Ort, an dem wir nicht wohnen wollen‹, ein Ort werden könnte, in dem sich Menschen heimisch fühlen, also *matutura*, ›Wir wollen bleiben‹, sagen.«

Bill schaut auf die Uhr und hat es auf einmal eilig. Wir streben auf der Andrew Mogalie Street dem Zentrum zu, vorbei an einem Sportplatz, auf dem in Staubschwaden auf hartem Grund gebolzt wird.

»Fußballstar werden, in Europa unter Vertrag kommen, das ist der heiße Wunsch aller sportlich interessierten Jungs von Katutura. Dafür wird auf allen freien Plätzen inbrünstig trainiert. Und an den Wochenenden strömen die Enthusiasten ins Sam Nujoma Stadium, gleich rechter Hand«, erzählt Bill.

»Während unten um Ball und Tore gekämpft wird, toben oben die Massen mit Gebrüll und wilder Gestik. Die Vuvuzela, ein langes, dem Kuduhorn ähnliches Blasinstrument, heizt die Stimmung durch Fanfarenstöße bis zum Äußersten an. Fallen Tore, betäuben Schallwellen die ganze Township und lassen Wellblechbuden erzittern. Bei Fußballspielen gerät Katutura außer Rand und Band«, weiß Bill zu berichten.

Auf gleicher Höhe mit einem Frisiersalon bleibt er plötzlich stehen, sagt:

»Moment mal. Bin gleich wieder da.«

Schon ist er in dem ›Salon‹ verschwunden. Ein Verschlag mit dem plakativen Hinweis: »Hendrik's Barbershop« und fünf gemalten Köpfen mit den jeweils angesagten Frisuren. So als Befähigungsnachweis für den kreativen Haarstylisten. Ich gehe um die Ecke, wo sich ein Mann mit allerlei Flaschen, Dosen und Tuben niedergelassen hat. Kaum hat mich der Mann mit Pudelmütze und rollenden Augen erspäht, schießt er mit einem Arm voll Fläschchen auf mich los. Er ist ein *witchdoctor*, ein Hexenmeister, der mir Zaubermedizin für alles Mögliche, besonders für die Steigerung der Potenz andrehen will. Spontan findet sich eine Gruppe Musiker mit Trommel, Trompete und Xylophon ein. Bildet einen Halbkreis und spielt einen Jazzverschnitt. Passanten bleiben stehen, hören zu, klatschen rhythmisch, tanzen. Ich bin nicht lange nur Gaffer. Eine Frau mit rotem Stirnband, wahrscheinlich eine Ovambo, nicht gerade die hübscheste der Runde, packt mich am Arm und zerrt mich ins Getümmel. Der Spring- und Schütteltanz ist für die Völkerverständigung, sage ich mir und lege einen Rock and Roll aufs Trottoir wie in den frühen Sechzigerjahren. Damit hat die Ovambo nicht gerechnet. Gott sei Dank erscheint Bill, bevor ich womöglich dehydriert zusammengebrochen wäre.

Bill präsentiert sich frisiert, rasiert, pomadisiert, sogar duftend, wie ein farbiger Casanova auf Freiersfüßen.

»Wir müssen noch 'nen Strauß Blumen besorgen. Übrigens, Neshani mag gern Parfüm, Dune von Dior.«

Ich schlucke. So ein Fläschchen kostet gut und gerne einhundert Euro.

»Gibt's das hier?«

»Na klar, komm, Neshani wartet auf uns.«

Ausgerüstet mit frischen roten Rosen und einem teuren Fläschchen Dune, stehen wir, man glaubt es nicht, in der Hans

Friedrich Genscher Street, Ecke Titus Namueja Street vor einem soliden Haus, dessen Eingang von Bougainvilleen umrankt ist. Bill klopft an die Tür. Gardinen eines Fensters werden einen Spalt zur Seite gezogen. Ein hübsches, dunkles Gesicht zeigt sich, dann wird die Tür geöffnet. Bill und Neshani liegen sich in den Armen. Ich war wohl als Gast angekündigt worden. Sie begrüßt mich wie einen alten Bekannten. Als ich ihr das Päckchen mit dem Parfüm überreiche, bekomme ich einen so dicken, fetten Kuss auf die Wange wie selten zuvor. Die Haustür führt direkt in ein gemütliches Wohnzimmer, geprägt von etwas genialer Unordnung, nach meiner Auffassung. Einen Kissenberg, herumliegende Magazine, einen Stoß Wäsche kann man auch schöpferische Einrichtung nennen. An einem niedrigen Tisch lassen wir uns in bequeme Sessel fallen. Zwei Katzen schleichen uns miauend um die Beine. Auf einer Vitrine stehen Fotos von Kindern, Freunden und Verwandten. Bilder mit afrikanischen Motiven und Musikinstrumente hängen an den Wänden. Neshani sitzt lässig mit übereinandergeschlagenen, langen Beinen im Sessel und plaudert mit Bill auf Afrikaans. Sie trägt Ohrringe, ist leicht geschminkt. Lidschatten betont die großen, ausdrucksstarken Augen. Ich schätze die Frau auf Ende zwanzig. Wahrscheinlich ist sie Herero. Lange, schwarze Locken lassen auf eine Perücke schließen, die ihr gut steht. Aus einem anderen Raum vernehme ich Geschirrklappern. Schließlich erscheint eine etwas ältere Frau mit einem Tablett. Zu einer guten Tasse Kaffee gibt es Schmalzgebäck. Rasch stellt sich heraus, dass die Ältere Tabea heißt und eine von Neshanis Schwestern ist. Sie ist nach europäischen Maßstäben nicht unbedingt als exotische Schönheit zu bezeichnen, doch so zurechtgemacht recht einnehmend und hübsch. Vielleicht etwas sehr blasiert. Sie legt die Beine auf den Tisch und lässt ihre Flip-Flops mit Bommeln an den Füßen wippen. Tabea, eine emanzipierte Frau, oder will sie einfach ein wenig provozieren? An ihrer Stirn erkenne ich eine kleine Narbe.

Ein Stammeszeichen? Spricht Bill sie an, neigt sie ihren Kopf in seine Richtung. Im Verlauf des Gesprächs kommen wir auf die Rolle der Frau in Namibia. Tabea nennt sich Künstlerin. Es sind ihre Malereien, die an der Wand hängen, einige sind auch in einer Galerie nahe der Post ausgestellt, erfahre ich. Und Sängerin ist sie auch:

»In der Musik und mit meinen Liedern kann ich die soziale Ungerechtigkeit zum Ausdruck bringen. Unsere Eltern kommen aus der Trockensteppe des Nordens, waren Viehzüchter. Unseren Vorfahren hatten die Eindringlinge erst das Vieh gestohlen, dann wollten sie uns ausrotten. Das ist vorbei, wir lassen uns nicht mehr herumschubsen.«

Tabea ist dabei, leidenschaftlich ihren Standpunkt zu vertreten: nicht nur die Putzfrau, die Gebärmaschine, die gefügige Hausfrau sein zu müssen. Klar, immer noch ist für Frauen der Zugang zu Beruf und Bildung ungleich schwerer als bei uns. Sie tragen die gesamte Last für Familie, Kinder, die Alten. Frauen in den Dörfern kennen keine Verschnaufpausen.

Neshami schildert den Tagesablauf einer Dörflerin:

»Aufstehen drei Uhr morgens, Hirse stampfen. Von weit her wird Wasser und Holz herangeschleppt, damit gekocht werden kann. Das Kochen über dem offenen Feuer oder auf einem uralten Herd dauert drei Stunden. In der Zwischenzeit wird sich um die Kinder und das Vieh gekümmert. Feldarbeit muss auch nebenher erledigt werden. Ihr Mann arbeitet irgendwo in einer abgelegenen Stadt, hütet das Rindvieh oder liegt noch faul im Bett. Für etwas Bargeld stellt sich die Frau an die nächste Hauptstraße, um Obst und Gemüse aus ihrem Garten zu verkaufen. Wieder im Haus, wird gewaschen, aufgeräumt, die Kinder müssen versorgt werden. Zur Ruhe kommen sie selten vor Mitternacht.«

»So läuft bei uns ein geordneter Haushalt ab«, eifert sich Tabea, »häufig müssen sich Frauen mit Kindern allein durchschlagen, weil die Männer abgehauen sind. Schlimm ist die zunehmende Gewalt gegen Frauen. Häufiger als früher werden junge Mädchen, Schülerinnen oder Studentinnen, sexuell belästigt, weil die Männer nicht einsehen wollen, dass Frauen ihnen nicht mehr uneingeschränkt zur Verfügung stehen. Schluss mit der überlieferten Vorstellung, die Herren zeugen Kinder als Beweis für ihre Männlichkeit, die Frauen müssen ständig ihre Fruchtbarkeit durch Geburten demonstrieren. Wobei Verantwortung und Sorge für die Nachkommen obendrein an uns, den Frauen, hängen bleiben!«

Bill hört sich die Diskussion schweigend an. Temperamentvolle Frauen lässt man am besten gewähren. Nein, er schweigt aus einem anderen Grund, wie ich noch erfahren werde: Nach einigen Kanonaden gegen die ›bösen‹ Männer, die nur Ärger machen, gibt Tabea freimütig zu, bis vor Kurzem mit einem verheirateten Mann zusammengelebt und drei Kinder von verschiedenen Partnern zu haben. Süße Kinder, wie sie meint, die bei der Großmutter gut aufgehoben seien.

»Drei Kinder von drei Männern? Ist das typisch für aufgeklärte Frauen?«, frage ich scheinheilig.

»So ist das mit euch. Jedes Mal, wenn ich schwanger war, verschwand der Mann. Mit den Kindern alleingelassen, suchst du dir einen neuen Familienvater, gibst dich ihm hin, und zu spät merkst du, dass auch er nur ein Playboy ist. Also suchst du konsequent weiter.«

Bei dem Wort konsequent grinst Bill in sich hinein.

Tabea weiter: »Einmal hatte ich einen, der sah aus wie Denzel Washington, ein toller Typ. Wir verstanden uns prima. Alle Frauen beneideten mich ...«

»Ja, das stimmt. Kamburona war unser aller Schwarm!«, pflichtet Neshani bei.

»Er geriet in schlechte Gesellschaft und fing an zu trinken. Betrunken war er wie ein wildes Tier, fiel über mich her und schlug mich. Eines Nachts erschien er mit vier Saufkumpanen, wir hatten drüben in der Sigar Street 'ne Wohnung. Also, er zerrte mich mitten in der Nacht an den Haaren aus dem Bett und in die Küche. Ich sollte der Meute etwas Ordentliches zu essen machen, mit Fleisch und so. Ich hatte nur Maisbrei, Erdnüsse und 'n paar Bananen, weil Kamburona seit geraumer Zeit nicht arbeitete. Uns ging's damals finanziell sehr dreckig. Mein Freund wurde wütend, schlug mich blutig und trat mir ins Gesicht. Seitdem höre ich auf dem rechten Ohr so gut wie nichts.«

»Das ist schrecklich!«, sage ich ehrlich berührt.

»Was dann kam, war schrecklicher. Ich rappelte mich auf, schlug Kamburona einen Terrakottakrug über den Schädel. Er brach zusammen und regte sich nicht mehr. Ich nahm an, er wäre tot. Seine Kumpane rannten weg. Im Krankenhaus wurde bei ihm ein Schädelbruch festgestellt. Jetzt lebt er mit 'nem Dachschaden bei seiner Familie oben in Otjiwarongo. Und ich wäre um ein Haar lebenslang im Gefängnis gelandet, weil seine Saufkumpane aussagten, ich hätte ihm grundlos den Krug auf den Schädel gehauen. Die Rettung war mein Sohn, der hatte das Drama miterlebt. Außerdem gab's genug Zeugen für die vielen Misshandlungen vorher ...«

Tabea unterbricht sich. Die Schilderung hat sie aufgewühlt.

»Laut Verfassung sind Frauen den Männern gleichgestellt«, sagt Neshani, »in der Praxis herrscht aber immer noch die reine Männergesellschaft. Noch bis 1955 durfte eine verheiratete Frau ohne Ehemann keine Verträge abschließen, kein Konto eröffnen und ohne ihn nicht vor Gericht erscheinen. Auf dem Land gelten noch die alten, frauenfeindlichen Sitten. Doch Organisationen wie Sister Namibia oder Legal Assistance Centre klären mittlerweile auch die Landbevölkerung auf und regen zu Demonstrationen an. Mit Erfolg starten Frauen Kleinunternehmen, um sich unabhängig zu machen, oder gründen Kooperativen mit dem Slogan: ›Pendula!‹, in der Sprache der Herero heißt das ›Wacht auf!‹«

»Jetzt macht mal Schluss mit den Frauenproblemen. Ihr verderbt uns noch den Abend und bringt den Jerry, den Deutschen, ganz durcheinander«, sagt Bill.

»Genau, das wollen wir auch! Da kommen die Touristen hierher, sehen lachende Gesichter, wilde Tiere in herrlicher Landschaft, übernachten in teuren Lodges – verschwinden und sagen toll, herrlich, alles bestens in Afrika. Und zu Hause wundern sie sich, dass so viele abhauen. Nee, nee, Bill, dieser Stippvisiten-Tourismus gefällt uns nicht. Der macht den Schnee-Bantus nur was vor ...«, keift Tabea.

Jetzt fühle ich mich angesprochen und gehe dazwischen:

»So pauschal stimmt das nicht, wäre ich sonst hier?«

Bei Tabea haben die Schicksalsschläge nicht nur innere Narben hinterlassen. Um sie zu beruhigen, spreche ich ihre Bilder an, die mir gefallen.

»Malen Sie in Wasserfarben?«

»Auch, aber hauptsächlich in Acryl und Kohle. Die beiden Motive mit den Antilopen entstanden im Naukluft-Park.«

»Den Elefanten da in der Ecke finde ich besonders gut.«

»Ja, wirklich?«

»Verkaufen Sie das Bild?«

»Na klar, gern. Sechshundert Namibia-Dollar.«

Das sind etwas mehr als vierzig Euro. Ich gebe ihr den Betrag und bilde mir ein, die Stimmung damit verbessert zu haben.

Nach einer Weile sagt sie: »Danke, Schnee-Bantu«, und das Wort klingt nicht mehr abfällig. Sie steht auf, erscheint mit einer Djembe, einer kraftvollen afrikanischen Trommel. Ein südafrikanischer Trommler hat mir einst das besondere Musikinstrument erklärt, sogar das Trommeln darauf beigebracht. Tabea zeigt eine Afroton-Djembe. Sie ist mit Ziegenfell bespannt. Der Körper der aus Stammholz, meist ist es *Tsuinidua,* gearbeitet ist, hat die Form eines Mörsers. Sie wird auch ›Heilende Trommel‹ genannt. Ursprünglich stammt sie als Trommel des Mandingo-

Volks aus dem Mali-Reich des 12. Jahrhunderts und hat sich über ganz Schwarzafrika verbreitet.

»Eine schöne Djembe haben Sie da. Darf ich sie mal sehen?«

Sie reicht sie herüber. Ich klemme sie zwischen die Knie; den Kopf nach außen gerichtet, schlage ich mit der offenen linken Hand aufs Zentrum der Trommel, für den Bass. Für den Rhythmus wird kräftig mit der Linken auf den Rand der Bespannung geklopft. Ein gestrichener Ton wird erzeugt, indem man mit der offenen Hand den Rand anschlägt, wobei die Finger anschließend das Fell wischen. Die drei sind verblüfft, als der letzte Ton nachhallt.

»Du kannst ja trommeln!«, sagt Tabea.

»Nur ein wenig.«

»Lasst uns in den Thriller Club fahren«, meint Bill, »der ist Disco und Restaurant in einem. Da gibt's leckere Mopane-Raupen, werden dir schmecken, Jerry.«

In Tabeas Augen erkenne ich Ablehnung.

»Fahrt ihr ins Thriller. Ich bleibe hier. Du auch?«, fragt sie mit dem Blick einer Raubkatze in meine Richtung. Mir wird heiß unterm Kragen. Was soll das werden?

Bill und Neshani überlegen nicht lange, stehen auf und schlüpfen durch die Tür. Tabea holt zwei Flaschen Windhoek aus dem Eisschrank. Wir prosten uns zu, dann schiebt sie sich die Djembe zwischen die Oberschenkel. Sie trommelt und singt melancholische Weisen in Englisch. Einfach schön mit ihrer rauchigen Stimme. Unvermittelt bricht sie ab, wechselt in heftigen Beat und singt in einer anderen Sprache: Otjiherero, ihrer Muttersprache, wie sie erklärt. Hot Jazz und Blues gehen ineinander über. Eine tolle Mischung, die Beine und Seele berührt. Tabea hat Talent, kein Zweifel. Auch die Kombination mit der Trommel ist mehr als eindrucksvoll. Ich sehe Herero-Hirten mit ihren Rindern durch die karge Steppe ziehen. Den Löwen durchs Savannengras schleichen. Geparden im Spurt hinter der Gazelle herjagen. Ich höre die Frauen beim Getreidestampfen ein Lied singen und den Refrain summen. Doch ich sehe auch, wie Menschen gequält werden, leiden, flüchten, missbraucht und geschunden werden. Auch Freude ist zu spüren. Vielleicht bei ersehntem Regen, bei der Geburt eines Kindes, der Heilung eines Kranken. Ich habe die Augen geschlossen, sehe das schwarze Herz pochen und Afrikas wilde Seele in Aufruhr. Abrupt ist es still.

»Wie findest du meine Musik?«, fragt sie.

Ich kann nicht gleich antworten.

»Sehr, sehr beeindruckend, Tabea.«

»Ein Teil ist *shemyetu*, bei uns eine Variante des Reggae. Dabei kann ich meine Gefühle am besten zum Ausdruck bringen. Und meinen Schmerz und meine Freude beschreiben. Ich möchte meine Lieder als Botschaft verstanden wissen. Die Trommel ist das Ausrufezeichen. Zuhörer sollen entspannt und aufgerüttelt werden. Verstehst du das?«

»Sehr gut sogar. Durch die Erlebnisse gibst du deiner Musik die Kraft.«

»Schön, wie du das erkannt hast.«

Sie denkt nach.

»Mein Leben war kompliziert, oft war ich ganz unten. Besonders als mich ein Freund, eine große Liebe, verließ und ich Mutter und Vater für meine Kinder sein musste. Mutter und Schwester sind meine Stütze. Oft dachte ich zu zerbrechen, bis mir die Kunst Glauben und Vertrauen gab. Ich habe einen Traum und lass mich nicht aufhalten. Verschlossene Türen werde ich auftreten und kämpfen, bis nach oben!«

»Du wirst es schaffen, da bin ich sicher.«

Tabea ergreift die Trommel, bearbeitet furios das Ziegenfell. Und singt mit ihrer unnachahmlich röhrenden, kehligen Stimme, die Gänsehaut erzeugt. Wenn sie nicht aufgibt, kann sie es schaffen, bestimmt. Die Djembe dröhnt bis in den späten Abend und ihre Lieder schreien es hinaus: Ich, Tabea, die Frau aus dem kleinen Dorf in der sandigen Steppe, schaffe es. Ich werde der Star des *shemyetu* ... Ihr Sound verzerrt die Sinne. Von überall schallt Musik. Ich befinde mich wie in einem Bad im Fluss der Klänge. Musik, der Schlüssel für die afrikanischen Probleme? Ist das nicht absurd?

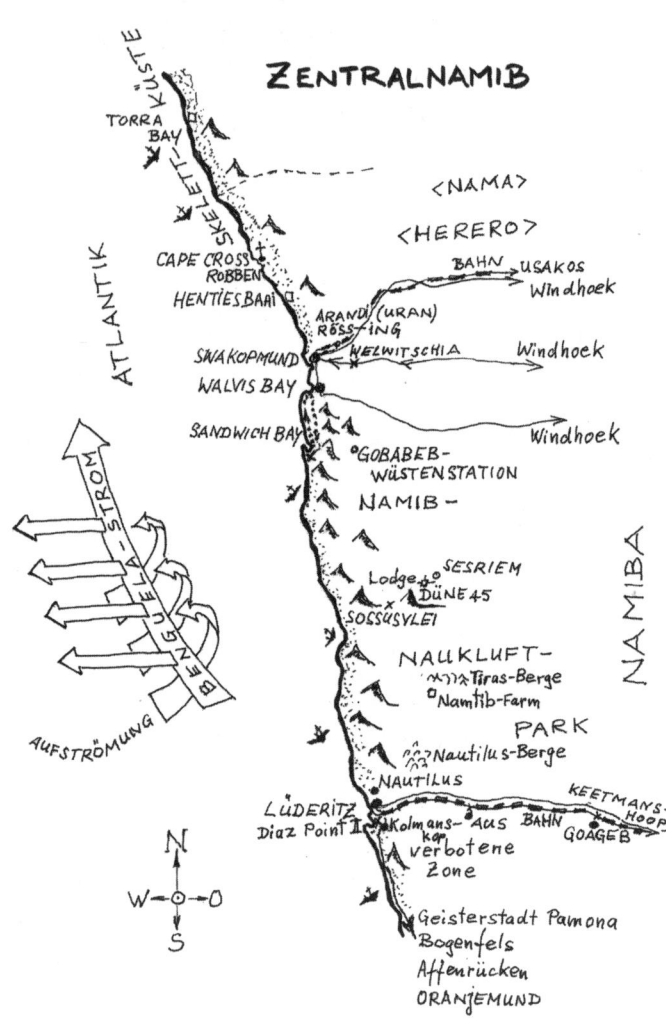

Die Story der magischen Steine

Lüderitz, Januar 1962

Gerade in Kapstadt mit der HM Athlone Castle eingelaufen, zog es mich hinauf nach Südwestafrika, in die Wüste Namibias. Während der Überfahrt hatte ich die ganze Zeit davon geträumt, einmal den Fuß in den Sand der wohl ältesten Wüste der Erde zu setzen. Nun stand ich kurz davor und war schon mächtig aufgeregt. Seit ich ein Jahr zuvor in der Sahara Südmarokkos unterwegs gewesen war, bin ich ein glühender Wüstenfan. Es ist das vermeintliche Nichts, das mich seither fasziniert. Am übernächsten Tag saß ich in einer Propellermaschine im Anflug auf Keetmanshoop. Ein Örtchen, heiß, trocken, von Sand und etwas Vegetation umgeben, benannt nach dem deutschen Bankier und Kaufmann Johann Keetman. Er sorgte als Vorsitzender der Rheinischen Missionsgesellschaft 1866 für den

Bau einer Missionsstation. Allmählich wurden aus der Station eine Siedlung und ein Militärposten. In der Nähe des Kaiserlichen Postamts, heute Touristeninformation, fand ich einen Gasthof. Der Fußweg von der Flugpiste in den Ort war weit. Recht ausgelaugt warf ich mich aufs Feldbett, das seit unendlicher Zeit keinen Gast gesehen hatte. Sand lag auf den Laken, Sand knirschte unter den Schuhen. Kaum eingeschlafen, weckte mich lautes Rascheln, als würde Laub unterm Bett bewegt. Ich feuerte einen Schuh unter die Schlafstätte. Ein fataler Fehler. Das Laub waren Kakerlaken, die, jetzt aufgescheucht, Wand und Decke hinaufflitzten, dann auf mein Gesicht und meinen Körper fielen. Es wuselte über mir und um mich herum, als läge ich in einem Ameisenhaufen. Nur raus und weg war mein Trachten. Ab in die reine, saubere Wüste.

Mit dem Desert Express, einer Schmalspurbahn, stampfte ich nach Westen, nach Lüderitz. Am Bahnhof hieß es, die Strecke Keetmanshoop–Lüderitz, dreihundert Kilometer, würde in sechsundzwanzig Stunden zurückgelegt. Das konnte doch nur ein Irrtum sein! Als Weißer musste ich erster Klasse reisen, hatte ein Abteil für mich mit Bett, Dusche, Tisch und Stuhl. Ein Menü wurde im Abteil serviert. Öffnete ich das Fenster, flogen Sand und Ruß in den Salonwagen. Also drückte ich mir die Nase an der Scheibe platt. Vorbei glitten Köcherbäume, die Besonderheit dieser Landschaft. *Kokerboom* nennen ihn die Südafrikaner, weil früher San ihre Pfeilköcher aus seinen Ästen schnitzten. Die eigentümlichen Bäume mit kugeliger Krone werden bis zu neun Meter hoch. Streng genommen handelt es sich nicht um Bäume, sondern um eine Aloenart, die Simon van der Stel 1685 als erster Weißer am Unterlauf des Oranje sichtete und beschrieb. ›Mein‹ Express wurde von einer *pad* begleitet, auf der von Zeit zu Zeit eine Oryxantilope oder ein Schakal standen, die das Zugungetüm neugierig beäugten. Die Zeit rieselte dahin wie durch eine Sanduhr. Mir wurde es in meinem Komfortabteil langweilig. In der Bar des Zuges hatten sich Reisende aus Südafrika eingefunden, die im Küstenort

Verwandte, Freunde besuchen oder Geschäfte machen wollten. Man trank südafrikanischen Wein und prostete sich eifrig zu. Genoss den Luxusbummelzug als rollendes Hotel, nicht um Zeit zu sparen, die brachten die Zugpassagiere mit: Farmer Glenn Koch aus Upington, Heinrich Forster, der Kaufmann aus Kimberley, oder Mary Grand, die endlich ihre Eltern in Lüderitz wiedersehen wollte. Der Zug stampfte ins Örtchen Aus ein, zischte, spuckte und pfiff. Dann hielt er an einem pittoresken Bahnhof. An den vorderen Wagen herrschte Bewegung, Menschen stiegen ein und aus, es waren schwarze und farbige Passagiere. An den hinteren Waggons blieb alles ruhig.

»Hier beginnt die Namib«, sagte Glenn, »die Strecke führt durchs Diamantensperrgebiet. Die Warnschilder sind ernst zu nehmen. Anderenfalls bist du schneller im Knast, als du denkst.«

Der Express setzte sich in Gang. Nach einer Weile stieß mich Heinrich an, zeigte in die karge Landschaft mit Dünen, die nah an die Gleise gerückt waren. In der flimmernden Hitze standen Tiere, die da eigentlich nicht hingehörten.

»Sind das etwa Pferde?«, fragte ich.

»Und ob! Wüstenpferde, Meister der Anpassung. Die Deutschen haben sie vor über hundert Jahren eingeführt.«

Ich erinnerte mich, von Pferden in der Namib gehört zu haben. Über deren Herkunft gab es wilde Spekulationen. Die einen behaupteten, es handele sich um Pferde der deutschen Schutztruppe, die beim Rückzug vor den südafrikanischen Truppen entlaufen seien. Andere sagen, es müsse sich um Tiere vom Gestüt Duwisb des Hansheinrich von Wolf, eines ehemaligen Schutztruppenoffiziers, handeln. Eine dritte Version führte die Herkunft der Warmblüter auf einen deutschen Baron zurück, der sie Anfang des 20. Jahrhunderts nach Südwestafrika brachte, wo ihm die Pferde in den Kriegswirren entlaufen seien und an einem Wasserloch in der Wüste überlebt hätten. Auf jeden Fall handelt es sich um Pferde, die Europäer ins Land brachten und die auf irgendeine

Weise verwilderten. Reine Wildpferde hat es in Südwest nie gegeben. Jahre später erfuhr ich, dass die entlaufenen Wüstenpferde aus dem Stall eines Lüderitzer Bürgermeisters stammen sollten, die sich mit schon verwilderten Tieren der südafrikanischen Armee gekreuzt hätten. Interessant sind die Erkenntnisse der Herren Manfred Goldbeck, eines Hobby-Historikers, und Walter Rusch. Sie stießen auf Fotos und Berichte, die besagen, dass ein deutscher Pilot im Ersten Weltkrieg bei Garub, wo südafrikanische Kavallerie lag, eine Bombe abgeworfen hätte. Ein großes Kontingent an Pferden sei in Panik auf und davon gestoben.

Die deutsche Kolonialverwaltung hatte in der Namib zwei riesige Sperrzonen geschaffen, hatte man doch 1908 bei Kolmannskuppe Diamanten gefunden. Die Sperrgebiete waren unzugänglich, somit für die versprengten Pferde eine Ruhezone, in der sich ihre Population entwickeln und über Generationen an die aride Umgebung anpassen konnte.

Der Zug ratterte durch die Wüste. Längst waren die Pferde verschwunden. In der rollenden Bar wurde angeregt in Englisch und Afrikaans diskutiert. Es ging um Sinn und Unsinn der Apartheid, die Einflussnahme des und Abhängigkeit vom großen Nachbarn im Süden, die wirtschaftliche Entwicklung von Südwest, allein oder mit Südafrika ...

Währenddessen strebte der Zug schnurgerade gen Westen durch die Wüste, der scheidenden Sonne, an der Bar den nächsten Sundownern entgegen. Ein Bure aus Bloemfontein namens Pit van Wyk, mit Vollbart und flammenden Augen, hatte sich zu uns gesellt. Er musterte mich streng, meinte plötzlich:

»Was sagt der Jerry zur Apartheid?«

Oh je, was soll ein Gast, der das Gesetz für einen Irrweg hält, dazu sagen? Maßregelungen in Kapstadt wurden wieder gegenwärtig, als ein farbiger Ordnungshüter mir mit einem Stock auf die Schulter geklopft, mich unfreundlich aufgefordert hatte, die Parkbank zu verlassen, sie sei nur für Schwarze. Oder die Szene im

Doppeldeckerbus, bei der ich, diesmal von einem Weißen, von unten nach oben getrieben worden war.

Ich antwortete Pit: »Bin gerade erst angekommen, über die Apartheid weiß ich zu wenig ...«, wollte noch hinzufügen: ein falscher Weg.

Da fiel er mir ins Wort: »Das hat nichts mit Wissen zu tun, sondern mit dem Glauben. Gott hat unterschiedliche Rassen geschaffen, damit sie unter sich bleiben und sich gemäß ihren Fähigkeiten entwickeln!«

Nach dem Statement verstummte die Diskussion. Ein jeder suchte sein Abteil auf.

Stockdunkle Nacht. Ich wachte auf, weil monotones Rattern fehlte. Der Zug stand. Ein Bahnhof in der Wüste? Die versandete Station Garub? Weder noch. Ich zog den Vorhang auf. Hörte Stimmen, sah Laternen und schaufelnde Arbeiter. Vor der Lok hatte sich eine mächtige Flugsanddüne niedergelassen, die nun mit vereinten Kräften beseitigt werden musste.

Es könne Stunden dauern, bis die Schienen freigeschaufelt seien, informierte der Zugbegleiter. Unser Standort sei nahe Grasplatz. Das Depot heißt so, weil dort Gras und Klee für die Versorgung der Frachtochsen gelagert wurden. Grasplatz, welch ein Zufall! Und welch eine Story, die sich um diesen Fleck in der Namib rankt. Ich schaute in die Nacht, zu den schippenden Afrikanern.

Ein Bild wie damals am 10. April 1908. So musste es gewesen sein, als eine kleine Expedition in der Wüste von Deutsch-Südwest abgekämpft im Sand wühlte, um die von Deutschen gebaute Bahnlinie sandfrei zu halten. Den Trupp führte Bahnmeister Stauch. Begleitet wurde er von einigen Nama, die damals Hottentotten genannt wurden, und dem Arbeiter Zacharias Lewala aus Südafrika. Wegen seiner angeschlagenen Gesundheit war August Stauch vor über einem Jahr in die Wüste entsandt worden. Seine

Aufgabe war es, mit zwanzig Schwarzen etwa dreißig Kilometer Bahngleise sandfrei zu halten, und zwar so, dass der Betrieb reibungslos funktionierte. Das Namibklima bekam Stauch bestens. Neben seiner Aufgabe, Schienen freischaufeln zu lassen, frönte er seinem Hobby, dem Sammeln schöner Steine. Bald besaß er eine ansehnliche Kollektion Kupferkiesel, Quarze, Turmaline, Granate. Er hatte sich nicht ohne Hintergedanken Zacharias als Helfer ausgesucht. Der Bursche hatte nämlich zuvor in einer südafrikanischen Diamantenmine gearbeitet und besaß mineralogische Kenntnisse. Stauch schärfte ihm ein, auf besondere Steine zu achten – was Zacharias pflichtgemäß tat. Am 10. April zeigte er Stauch einen Stein, der wie ein polierter Kiesel aussah. Er hatte ihn beim Entsanden des Schienenstrangs entdeckt. Stauch kratzte auf dem Stein herum, konnte ihn jedoch nicht beschädigen, weil er ungeheuer hart war. In der Baracke zog er seine Taschenuhr aus dem Etui, versuchte das Uhrenglas mit dem Stein zu ritzen – das gelang! Ein Diamant, war seine Vermutung. Doch er wollte sicher sein. In Lüderitz ließ er den Stein von seinem Freund, dem Bergwerksingenieur Sönke Nissen, prüfen. Es war tatsächlich ein Diamant. Doch wie war dieser an die Oberfläche des Wüstensands gelangt? Weder in Lüderitz noch in Swakopmund konnte man sich damals den Fund erklären.

Der sensationelle Fund blieb vorerst Geheimsache zwischen Staub und Nissen. Beide scheuten kein Risiko, kündigten ihre Arbeitsverhältnisse und erwarben Schürfrechte für einen fünfundsiebzig Quadratkilometer großen Claim bei Kolmannskuppe, auch Kolmanskop genannt, mitten in der Namib. Der Ort erhielt seinen Namen nach John Coleman, einem Lkw-Fahrer. Der Nama wurde hier aus einem verheerenden Sandsturm gerettet.

Ironie des Schicksals: Mindestens zwei Mal zuvor hatten andere Diamanten der Namib in ihren Händen gehalten. Was war damit geschehen? Der Missionar Heinrich Kreft hatte 1855 von Bethanien aus seinen Kollegen van Reenen besucht und auf der

DIE STORY DER MAGISCHEN STEINE

Rückreise merkwürdige Kristalle entdeckt. Kreft hob die Steine auf, ließ sie in der Sonne glitzern – und warf sie weg, im Glauben, es wäre wertloses Silikat.

Drei Jahre später gab es einen Zweiten, der eine wundersame Entdeckung machte. Die Begleiter teilten seine Vermutung, es seien Diamanten, nicht, verspotteten ihn gar. Also ließ auch er die Kostbarkeit in den Wüstensand zurückfallen. Da es sich diesmal um bekannte Männer handelte, fand sich diese Geschichte im Mai 1973 im Mitteilungsblatt der S.W.A. Wissenschaftlichen Gesellschaft in einem Artikel von H. E. Lenssen wieder, in dem zu erfahren ist: Reichskommissar Dr. Gustav Nachtigal war im Oktober 1884 in Begleitung von Konsulatssekretär Möbius, dem späteren Flottenadmiral Leutnant zur See Graf Spee und dem Kaufmann Heinrich Vogelsang zu Pferd und Ochsenwagen unterwegs zum Versorgungsstützpunkt Bethanien. Eine Reise, die zur Sternstunde hätte werden können, wie Violet Vogelsang nach Aufzeichnungen ihres Vaters erzählte. In etwa soll sich die Episode so zugetragen haben: Dr. Nachtigal und Vogelsang gingen ins Gespräch vertieft im Sand auf und ab. Auf einmal eilte Graf Spee aufgeregt zu ihnen.

»Sehen Sie mal, was ich hier im Sand gefunden habe!«, rief er.

In der Hand hielt er zwei Steine.

»Das müssen Diamanten sein! Mein Gott, sehen Sie doch – Diamanten.«

Dr. Nachtigal und Vogelsang schauten, prüften und lachten, lachten den Grafen aus.

»Aber nein«, sagte Vogelsang, »es ist Quarz. Wie sollen Diamanten hierherkommen? Wenn es sie hier gäbe, hätten die von Herrn Lüderitz zur Untersuchung von Bodenschätzen ausgesandten Geologen sie längst gefunden. Werfen Sie die Steine ruhig wieder fort.«

»Wenn es nun doch Diamanten sind?«

»Dann wären wir Millionäre. Aber es ist Quarz.«

»Nun, wenn Sie glauben, dann werfe ich sie fort. So, da können sie liegen bleiben.«

Damit ließ Graf Spee die Steine in den Sand fallen, wo sie weitere vierundzwanzig Jahre unbeachtet schlummerten. Ein echtes Drama, in dem innerhalb von Sekunden über das Schicksal des Kaufmanns Adolf Lüderitz entschieden wurde. Der Bremer Tabakhändler Lüderitz war 1883 in der Angra Pequeña, der Kleinen Bucht, übrigens mein Ziel dieser Eisenbahnfahrt, gelandet. Er erwarb das als wertlos angesehene Land um die Bucht in der Hoffnung, dort Bodenschätze zu finden. Sein Teilhaber war Heinrich Vogelsang. Über diesen Landerwerb, verbunden mit einem derben Meilenschwindel, will ich jedoch erst in Lüderitz berichten.

Lüderitz glaubte fest an Bodenschätze in der Wüste, investierte sein ganzes Vermögen, dazu noch geliehenes Geld in die Suche. Es war eine verzweifelte Suche, bei der er im Jahr 1886 gar sein Leben aufs Spiel setzte. Letzte Mittel wurden in die Ausrüstung einer Expedition gesteckt, die er selbst begleitete. Es ging um die Erkundung des Oranje-Unterlaufs. Seine Teilnehmer gaben die Suche nach Bodenschätzen nach einiger Zeit auf und schlugen sich quer durchs Land zurück an die Bucht. Der ungeduldige Lüderitz entschloss sich, mit dem Essener Steuermann Steingröver im mitgeführten Boot einen Oranje-Abschnitt zu inspizieren und dann dem Fluss bis zur Mündung zu folgen. Zum Basislager Angra Pequeña, so wird vermutet, wollte er über das Meer zurückkehren. Doch seit dem 23. Oktober 1886 fehlt von Lüderitz und Steingröver jede Spur. Weder Leichen noch Boot wurden angeschwemmt. Der Bure Reynier Coetzee war der letzte Weiße, der die beiden lebend sah. Er vermutete später, das kleine Boot sei in der wilden Brandung zerschellt. Vielleicht aber seien sie auch als Schiffbrüchige an den Wüstenstrand gespült worden, hätten Diamanten gefunden, seien dann mit funkelnden Steinen in den Händen, so wie Unzählige nach ihnen, verdurstet und von wandernden Dünen begraben worden.

Adolf Lüderitz, der Tabakhändler aus Bremen, »erwarb« das Gebiet um Angra Pequena. Auf der Suche nach Bodenschätzen wurde er Opfer des Atlantiks.

Heute befindet sich dort, wo Lüderitz' Tod vermutet wird, die Diamantenstadt Oranjemund. Sie entstand, weil der deutsche Geologe Hans Merensky vierzig Jahre später bei ersten Schürfversuchen zwölftausend Karat Diamanten fand, die ihn über Nacht zum Multimillionär machten.

Adolf Lüderitz geriet dennoch nicht in Vergessenheit. Die Kolonialgesellschaft taufte die Angra Pequeña in Lüderitzbucht um. Dort begann die deutsche Geschichte Namibias. Dort entstand das Städtchen, das seinen Namen, Lüderitz, trägt.

Vor unserem Wüstenexpress wurde immer noch geschaufelt. Ich hatte den Eindruck, was die Arbeiter an Sand wegräumten, blies der Wind zurück. Gedanklich kehrte ich zu August Stauch zurück, dem asthmakranken Bauernsohn aus Thüringen und Glückspilz vom Grasplatz. Mit Schürflizenzen in der Tasche ging's an die Arbeit. Zuvor hatte Zacharias Lewala das versprochene Geschenk erhalten: ein Pferd. Lewalas Liebe galt nicht Diamanten, sondern den edlen Vierbeinern. Stauch und Nissen wurden erfolgreiche Schürfer. Es war nicht zu verheimlichen: Der Diamantenrausch brach aus, als beobachtet wurde, dass ein Waggon mit Schürftafeln nach Kolmannskuppe rollte. Diamanten in der Wüste! Der Ruf war in aller Munde und verbreitete sich wie ein Lauffeuer. Abenteurer, Prospektoren, Angestellte, Farmer – alles, was Beine hatte, folgte der Verheißung. Sie kamen zu Pferd, zu Fuß, bald per Schiff, per Bahn, Ochsenkarren, nur um rechtzeitig in der Wüste zu sein, wo die Schätze ja offenbar herumliegen mussten. In Lüderitz stürmte man das Postamt, um Schürflizenzen telegrafisch zu ordern. Im Diamantenfieber verwaisten Läden, Geschäfte, Werkstätten, Fischerboote. Alles strömte hinaus in die Namib. Die Gier auf schnellen Reichtum glich, allerdings nur anfangs, der des Goldrauschs im Wilden Westen der USA. Schürfer rammten Pfähle ein, um die Claims zu markieren, und lagen suchend auf den Bäuchen. In glühender Hitze buddelten sie mit bloßen Händen im

Sand, schwitzend, hungrig, durstig, wie im Rausch. Das Schürfzentrum Kolmannskuppe wurde vorübergehend ein Ort mit fünfhundert Einwohnern und gemessen am Pro-Kopf-Einkommen die reichste Stadt Afrikas. An der Peripherie siedelten sich weit über tausend schwarze und weiße Schürfer an. War aus der Streusandbüchse Deutsch-Südwest nun doch noch ein Schmuckkästchen geworden? Um Ordnung in das sich anbahnende Chaos zu bekommen, erklärte das Deutsche Reich den Wüstenabschnitt zum Diamantensperrgebiet.

Stauch, der anfangs kaum Geld für den Erwerb der Claims hatte zusammenkratzen können, war jetzt reich und gründete mit deutschen Investoren die Koloniale Bergbaugesellschaft m. b. H. Auf diese Weise vervielfachte er sein Vermögen – was ihm nicht reichte. Er setzte sein Geld in diversen Branchen, sowohl in der Kolonie als auch in Deutschland, ein. Doch in der Weltwirtschaftskrise 1939 ging er pleite und starb als armer Mann in seinem Geburtsort, dem thüringischen Ettenhausen, an Magenkrebs. Seine Enkel bewirtschaften heute in Namibia eine Farm und betreiben eine Weberei. Wie so vielen, haben die Diamanten auch Stauch kein Glück gebracht ...

Unser Zug setzte sich in Bewegung, nur um an der nächsten Düne zu verweilen. So verstrichen die Nacht und der nächste Vormittag mit Stop-and-go.

Endlich dampften wir am Nachmittag in Lüderitz ein. Ein auf nackten Fels gebautes, beschauliches Städtchen, umgeben von Wasser und Wüste. Über allem thront die evangelisch-lutherische Felsenkirche. Ja, auch Lüderitz-Zentrum erinnerte an eine deutsche Kleinstadt: das Magistratsgebäude, das alte Postamt von 1908, die Turnhalle, nach Entwürfen von Otto Braune errichtet, das Museum oder die Lüderitzer Buchhandlung. Ich schlenderte durch die Stadt, bis mir einfiel, dass mal nach einer Unterkunft Ausschau zu halten wäre. Nach der dritten Absage, »Leider kein

Zimmer frei«, marschierte ich den Diamantenberg hinauf zum Goerke-Haus. Ein repräsentativer Bau aus der Zeit des Diamantenrauschs. Otto Ertl war der Architekt des Wohnhauses von Leutnant Hans Goerke. Der Offizier wurde nach seiner Dienstzeit Leiter der Emiliental-Diamantengesellschaft. Als Goerke sich 1912 heim ins Reich begab, wurde das Gebäude der Regierung übereignet. Es besitzt viele Gästezimmer. Vielleicht auch eines für einen Obdachlosen? Dem war nicht so. Die Villa blieb für mich verschlossen. Gott sei Dank reise ich stets mit wenig Gepäck, so konnte ich leichten Fußes aus der Stadt hinaus in die felsige Umgebung südöstlich von Ostend, einem Vorort, wandern. Stetiger Atlantikwind hatte das Gestein zerschiefert. Jeder Schritt klang hohl, als schritte man über einen Knochenberg. Weit und breit keine Menschenseele. Tiere hielten sich versteckt. Sicherlich gab es in dieser Steinwüste gar keine. Schon etwas gruselig, allein in dieser furztrockenen Felslandschaft herumzumarschieren. Bevor die Nacht hereinbrach, suchte ich ein Plätzchen auf einem Felsrücken, kroch in den Schlafsack, ließ mich von heulendem Wind in unruhigen Schlaf tragen.

Albtraum oder Wirklichkeit? Kalter Wind strich über die Bergwüste. Meine Zähne klapperten wie Kastagnetten. Nach einem schmerzhaften Streich riss ich die Augen auf. Über mir ein Gesicht, ein über und über Behaartes, mit einem Gebiss aus langen Eckzähnen in langer Schnauze, mit platter Nase und tückischen Augen unter niederer Stirn. Ich schrie, schoss hoch. Gleichfalls vom Schreck gepackt, wischte mir das Viech noch mal übers Gesicht und stob mit einem furchtbaren Grunzgebrüll davon. Etwas zur Ruhe gekommen, sah ich ihn, vielleicht zwanzig Meter weiter unten, in Gesellschaft mit anderen, interessiert beobachtend. Ein Bärenpavian oder Tschakma, heute kenne ich den wissenschaftlichen Namen: *Papio ursinus,* mit bis zu fünfunddreißig Kilogramm die größte Pavianart. Und der Pascha der Gruppe hatte mich an diesem Morgen nicht gerade liebevoll geweckt. Seine

Streicheleinheit erinnert mich noch heute, morgens beim Rasieren, an das Ereignis.

Eine Weile belauerten wir uns, bis die Affengruppe plötzlich davonsprang. Verwundert schaute ich ihr nach, bis die Erklärung am Himmel auftauchte. Zwei Hubschrauber knatterten heran, kreisten über mir. Der Copilot der ersten Maschine hatte ein Megafon vor dem Mund, brüllte etwas hinein, was nur bruchstückhaft zu verstehen war: »... Restricted area ... warning ... diamonds ...«

Sollte ich mich schon im Diamantensperrgebiet befinden? Unglaublich! Ich nahm die Warnung ernst, schnappte mein Bündel und stieg hinab zu einer felsigen Bucht, der Radford Bay, badete im kalten Atlantikwasser, dann wurde der Rucksack in einer Grotte versteckt, vor die ich einen Stein rollte. Die Bucht mit dem Blick hinüber zur Griffith Bay gefiel mir sehr. Ich beobachtete noch eine Zeit lang Krebse, Seesterne, auch Schwärme von Wasservögeln, genoss Ruhe und Einsamkeit. Der Wind hatte sich gelegt, feuchter Nebel zerrann. Schließlich machte sich Durst bemerkbar, auch Hunger. Also kletterte ich an der Küste entlang nach Lüderitz, vorbei an Lüderitz Harbour. Portugiesische Hafenarbeiter und Fischer weckten meine Aufmerksamkeit. Was hatte sie nach Lüderitz verschlagen? Nun folgte ich der Diaz Street, bog in die Nachtigall Street ein mit lauter alten, aber schmucken, rot, blau oder gelb gestrichenen Giebelhäusern. Oben vom Berg grüßte die Felsenkirche. Eines der gepflegten Gebäude barg ein Lokal mit Bar und angeschlossenem Gästehaus. Es hieß Kratzplatz. Neugierig betrat ich das Restaurant mit gemütlich eingerichteter Bar. Ich steuerte den einzigen freien Tisch an. Rasch schwebte eine Kellnerin mit weißer Schürze herbei, sprach Deutsch, da sie mich sofort als Deutschen einstufte.

»Eisbein mit Sauerkraut und Kartoffeln oder Felshummer, dazu Soße, Salat, Brot. Wiener Schnitzel oder Fish & Chips haben wir auch auf der Karte«, sagte sie, sah mich dabei an, als sei ich irgendwo entsprungen.

»Ist was?«

»Nein, nein. Nur Ihr Gesicht.«

Ein Griff an die Wange färbte meine Finger rot.

»Ach ja, bin in den Felsen hingeschlagen.«

»Oh je, ich hol Ihnen ein Pflaster.«

Dann wurde ich von zarter Hand mit Jod und Leukoplast verarztet. Und der Hummer schmeckte vorzüglich. Zur Abrundung gab's eisgekühlten Jägermeister. Helene, die Kellnerin, erzählte, dass sie mit ihrem Mann aus Frankfurt stamme, in Lüderitz eine neue Heimat gefunden habe. Auch wenn die Blütezeit des Ortes längst vorbei sei: Diamanten würden noch immer am Oranje geschürft, doch der Handel werde über den besser zugänglichen Hafen Walvis Bay abgewickelt.

»Uns bleibt nur noch etwas Fischindustrie, Kabeljau und Hummer«, erklärt sie.

»Dafür ist der Hummer ganz besonders gut. Nebenbei, eine Frage. Haben Sie noch ein freies Zimmer?«

»Leider nein, wir sind nur ein kleines Gästehaus mit fünf Räumen.«

Damit widmete sie sich den anderen Kunden. Schräg vor mir beobachtete mich ein Gast, Ende fünfzig. Für mich Jungspund von einundzwanzig Jahren ein respektables Alter. Weißer Leinenanzug, Krawatte – der alte Knabe kam mir vor wie Somerset Maugham auf Weltreise. Ein Typ, aber irgendwie merkwürdig. Mit seinem Bier in der Hand stand er auf einmal an meinem Tisch.

»Gestatten, Graham Greene. Darf ich mich zu Ihnen setzen?«

Sein Englisch war das eines Oxfordabsolventen. Ich war total verblüfft.

»Der Graham Greene?« Dabei kamen mir »Schlachtfeld des Lebens« und »Das Attentat« in den Sinn.

Er lächelte charmant.

»Nein, nur eine Namensgleichheit. Aber ich bin auch Brite, arbeite in Durban und reise allein. Sie auch?«

Wir plauderten eine Weile über Werke von Greene, die er wohl gern las. Ich saß einem gebildeten, distinguierten Herrn gegenüber, der mir dennoch höchst merkwürdig vorkam. Ich wollte zahlen und mich verdrücken, da machte Mr. Greene den Vorschlag, gemeinsam durch Lüderitz zu spazieren. Ich willigte ein in der Hoffnung, etwas über Land und Leute zu erfahren. Er schien nämlich eine Menge über Südwest zu wissen. Als wir am Robert Harbour den portugiesischen Fischern zuschauten, berichtete er:

»Erstmals urkundlich erwähnt wurde dieser Ort 1488 als Angra das Voltas, ›Bucht der Wende‹, von Bartholomeu Dias. Später wurde die Bucht in Angra Pequeña, ›Kleine Bucht‹, umbenannt. David Radford, ein Engländer, war der erste Europäer, der sich hier um 1860 dauerhaft niederließ. Radford hatte sich in der Bucht eine Hütte gebaut und handelte mit Öl und Robbenfellen, falls Segelschiffe in die Bucht kamen. Die Bucht spielte übrigens eine Rolle im Amerikanischen Bürgerkrieg. Wissen Sie das?«

»Nein, nie davon gehört.«

»Also, während des Amerikanischen Bürgerkriegs in der Zeit von 1861 bis 1865 benutzte das Schiff CSS Alabama der Konföderierten Angra Pequeña als Basis. Die Nordstaaten-Fregatte USS Vanderbilt entdeckte sie dort. Es kam zur Seeschlacht. Nachdem die Vanderbilt ein weiteres in der Radford-Bucht vor Anker liegendes Schiff, die Saxon, gekapert hatte, verließ der Erste Offizier der Saxon, ein Mr. Griffith, heimlich sein Schiff und schlüpfte bei David Radford unter. Beide freundeten sich an. Dem Ersten Offizier der Vanderbilt missfiel das Verhalten des feigen Seemanns Griffith. Er ließ ihn suchen und wegen Meuterei erschießen. Freund Radford begrub Griffith in einer Bucht, die später Griffith Bay genannt wurde.«

»Fahnenflucht wurde als Meuterei bestraft?«, fragte ich.

»Nehmen wir die Story mal so hin. In Wirklichkeit ist sie komplizierter. Was nun tatsächlich in Angra Pequeña passierte, bleibt wohl ein Geheimnis – auch nach intensiven Recherchen von Gordon McGregor, einem gebürtigen Südafrikaner mit profundem Geschichtswissen. Wie es dann weiterging, wissen Sie so gut wie ich.«

»Nun ja. Adolf Lüderitz ließ durch Heinrich Vogelsang in zwei Transaktionen ein insgesamt vierzig Meilen langes und zwanzig Meilen tiefes Stück wüstenhaftes Land kaufen. Der Verkäufer war das Nama-Oberhaupt von Bethanien, Josef Frederiks. Er ging von einem Gebiet von siebzig Mal fünfunddreißig Kilometern aus, kannte nur die englische Meile und erhielt dafür sechshundert Pfund Sterling, gleich sechzigtausend Reichsmark, und zweihundertsechzig Gewehre. Kaum hatte Frederiks den Vertrag unterschrieben, wurde ihm erklärt, es handele sich selbstverständlich um preußische Meilen zu sieben Komma fünf Kilometern und nicht um englische zu eins Komma sechs Kilometern. Der Nama-*kaptein* machte ein langes Gesicht, hatte er doch soeben den Großteil seines Gebiets verschleudert, rund fünfundvierzigtausend Quadratkilometer. Der Deal ist als ›Meilenschwindel‹ in die Geschichte eingegangen«, fuhr ich fort.

»Josef Frederiks blieb ein kleiner Trost«, meinte Graham, »in Südafrika reklamierten Kapstädter Kaufleute von De Pass, Spence & Co. beim britischen Kolonialamt in London, dass Frederiks ihnen bereits im September 1883 das Land verkauft hätte. Als Lüderitz zum ersten Mal nach Angra Pequeña kam, relativierte der Nama-Chef das Geschäft mit den Kapkaufleuten: Es wäre dabei lediglich um Minenrechte gegangen, die jetzt erloschen seien.«

»Dann ging alles ruck, zuck«, sagte ich. »Lüderitz bat die deutsche Reichsregierung, seinen Erwerb vor britischen Ansprüchen zu schützen: Was auch geschah, denn am 7. August 1884 wurde in der Angra Pequeña die deutsche Flagge gehisst und das Land, von Korvetten bewacht, unter den Schutz des Deutschen Reichs gestellt. Der Akt bedeutete die Geburtsstunde der Kolonie Deutsch-Südwestafrika.«

Wie erwähnt, endete Adolf Lüderitz' verzweifelte Suche nach Bodenschätzen zwei Jahre später mit seinem Tod. Das Camp in der Angra-Bucht, nun Lüderitzbucht, entwickelte sich zu einem Warenumschlagplatz, der an Bedeutung gewann, als 1904 stetig mehr Marinesoldaten anlandeten, um von hier aus in Kämpfe gegen aufständische Nama einzugreifen. Der Bau der Eisenbahnlinie nach Keetmanshoop sollte den Truppen-, Waffen- und Munitionstransport beschleunigen.

Starker Wind kam auf. Wir schlenderten zurück ins Kratzplatz. An der Bar, die mit allerlei Postkarten, Souvenirs und maritimem Schnickschnack dekoriert war, erzählte mir Graham aus seinem Junggesellenleben, das ihn als Zeitungsmacher um die halbe Welt gebracht hatte. Er lud mich zu Windhoek Lager und Jägermeister ein. Schließlich fragte er nach meiner Verletzung und wollte wissen, wo ich untergekommen sei. Ich erzählte ihm vom Pavianbesuch und von meinem Lager an der Küste. Das fand er spannend, meinte jedoch gleich, er habe das Kapps Hotel gebucht.

»Wenn Sie wollen, können Sie bei mir schlafen. Das Zimmer hat zwei getrennte Betten.«

»Ach, wissen Sie, ich ziehe die frische Luft und das Rauschen des Atlantiks vor. Aber besten Dank für Ihr Angebot.«

Wir aßen noch etwas zusammen, dann wollte ich mich verabschieden.

Spontan sagte Graham: »Ihr Lager interessiert mich, darf ich Sie begleiten?«

Damit hatte ich nun gar nicht gerechnet.

»Es ist weit. Bei Dunkelheit werden Sie nicht zurückfinden.«

»Ich hab eine gute Taschenlampe dabei.«

Wieder kroch das komische Gefühl in mir hoch. Was bezweckte Graham Greene? Angst hatte ich vor ihm nicht, doch scheute ich eine Auseinandersetzung gleich welcher Art. Andererseits, warum sollte ich den freundlichen Mann brüskieren?

So stolperten wir eine ganze Weile über loses Felsgestein an der Küste entlang. Wieder heulte der Abendwind. Er trieb Wolkenfetzen vor eine schaurige Mondfratze, die nichts Gutes verhieß. Ich kam mir vor wie in einem Alfred-Hitchcock-Film, in dem in jeder Sekunde etwas Furchtbares passieren konnte. Graham ging hinter mir, schwieg wie ein Grab. Ab und zu knipste er seine Taschenlampe an. Ich legte ein strammes Tempo vor, in der Hoffnung, er geriete aus der Puste und bräche seine Begleitung ab. Nein, er blieb mir auf den Fersen. Zwei Felsvorsprünge mussten noch umrundet werden – ich hatte das Lager erreicht, vielmehr die Grotte, in der mein Rucksack lag. Ich zog den Stein weg und zerrte das Gepäckstück hervor. War auf alles Mögliche vorbereitet.

»Das ist Ihr Lager? Ist ja toll! Erinnert mich an meine Jugend, als ich durch Australien trampte«, sagt er überrascht. »Wie lange bleiben Sie?«

»Ja, hier schlafe ich, mal sehen, wie lange.«

Er reichte mir die Hand. »Gute Nacht. Und passen Sie auf Hyänen auf, die schleichen auch hier herum. Übrigens fahre ich morgen rüber nach Kolmanskop. Wenn Sie wollen, können Sie mitkommen.«

»Ja, gern.«

»Okay, um acht Uhr im Kratzplatz. *So long.*«

Damit machte er kehrt und suchte den Weg zurück. Was für ein Typ, der alte Greene!

Überpünktlich fand ich mich im Kratzplatz ein. Helene, die süße Bedienung, klebte mir ein neues Pflaster auf die Wange und bereitete ein deftiges Frühstück mit Eiern und Schinken zu. Greene erschien im Look eines Großwildjägers mit Halstuch und Hackberry-Westernhut in Schwarz mit Reiherfeder. Aus der Art, wie er Helene grüßte, schloss ich, dass sie sich schon länger kannten. Mr. Greene kam mir vor wie ein Schauspieler, der über Nacht seine Rolle wechselte: vom Historienstreifen in einen Abenteuerfilm schlüpfte.

»*Ready?* Dann woll'n wir mal.«

Draußen parkte sein Land Rover. Er schwang sich hinein und steuerte in die Diaz Street.

»Wir brauchen einen Erlaubnisschein von CDM. Hast du deinen Pass dabei?«

»Habe ich.«

CDM steht für die Consolidated Diamond Mines. Sie übernahmen nach dem Ersten Weltkrieg die deutschen Minen in Südwestafrika. Im Büro der Firma war Graham ebenfalls kein Unbekannter. Rasch war der Passierschein ausgestellt. Lediglich Passnummer und Heimatwohnadresse wurden festgehalten. Mit mächtiger Staubfahne am Heck brausten wir nördlich der Bahngleise etwa siebzehn Kilometer Richtung Südosten, um dann an der nächsten Kreuzung nach Süden direkt zu den Ruinen von Kolmannskuppe zu gelangen. Graham hielt an einer Düne und stieg aus.

»Hier war das Eldorado der ersten Diamantensucher, die Sandkiste der vielen herbeigeeilten Glücksritter. Ihr Suchen und Schürfen war von kurzer Dauer. Investoren in der Gestalt von Firmen lösten sie ab und schufen diesen Ort, an dem um die fünfhundert Menschen für sie tätig waren. Trotz des ewigen Wüstenwinds, der sich abends häufig zum Sturm auswächst«, erklärte Greene.

Sand war überall. Ich hatte ihn in den Augen, Ohren, zwischen den Zähnen. Sand wurde bisweilen in einer Heftigkeit geblasen, dass hundert Kilometer genügten, um glänzenden Autolack trüb und matt zu sandstrahlen. Am Rover von Greene konnte ich sehen, was es heißt, wenn die Außenhaut stahlgebürstet wurde.

»In Kolmanskop wurde eine Menge in Komfort investiert. Du musst wissen, dass der unkontrollierte Run auf die Fundstellen von den deutschen Behörden bald durch strenge Gesetze unterbunden wurde. Bereits im September 1908 wurde ein etwa einhundert Kilometer breiter Streifen bis hinunter zum Oranje-Fluss zum Sperrgebiet erklärt und unter die Obhut der Deutschen Diamantengesellschaft gestellt. An Privatpersonen erteilte Schürfkonzessionen wurden nicht verlängert, neue nicht erteilt. Damit hatte nur das Großkapital die Möglichkeit, Diamanten zu fördern. Andererseits konnten die Schätze kontrolliert geborgen werden. Gesetzloses Handeln, Mord und Totschlag wie zu amerikanischen Goldrauschzeiten gab es nicht. Die Minengesellschaft versuchte, es den Arbeitern, Managern und Ingenieuren von Kolmanskop angenehm zu machen. Für die Unterhaltung sorgten Theater, Kasino, Kegelbahnen. Trinkwasser musste von weit her geholt werden. Mit Meerwasser speiste man einen Swimmingpool. Es gab auch eine Bibliothek, Bars, Restaurants. Die Angestellten brachte man in schönen Häusern unter. Und was ist es heute? Eine Geisterstadt!«

Wir stiefelten durch Ruinen, die der Sand vereinnahmt hatte. Da halfen auch keine Metallwände, die Vorgärten oder Eingänge vor Wanderdünen schützen sollten. Wir entdeckten Fragmente eines Saales, einer Bäckerei, einer ach so beliebten Kegelbahn. Die Schule soll in den letzten Tagen fünfundvierzig Kinder unterrichtet haben.

»Damals war der Ort elektrifiziert. Auch wenn keine Palmen wuchsen, war Kolmanskop eine künstlich angelegte Oase für Weiße. Die Schürfarbeit verrichteten über tausend Schwarze, die außerhalb in provisorischen Unterkünften lebten. Bis 1914 wurden über eine Tonne Diamanten, das entspricht fünf Millionen Karat, gefördert. Damit war der Sand um Kolmanskop ausgebeutet. Der letzte Bewohner verließ 1956 den sterbenden Ort. Und peu à peu schlachteten Lüderitzer die verlassenen Häuser aus. Wer in Lüderitz baute, schaffte Fenster, Türen, Bohlen, alles, was irgend brauchbar war, aus dem gespenstischen Ort heraus. Was nicht anderswo wieder eingebaut wurde, fiel Vandalismus oder Souvenirjägern zum Opfer«, erklärte Graham und ergänzte: »Vor zwei Jahren fingen Schrotthändler an, den Ort auszuschlachten. Nahezu das gesamte Eisen, auch das der Loreschienen und der Kieswaschanlage, wurde in transportable Stücke geschweißt und nach Japan verkauft.«

Einige der übrig gebliebenen Blechteile schlugen in konstanter Eindringlichkeit aneinander. Der schaurige Lärm verschmolz mit dem Klagen des Windes zu einem Requiem auf einen trostlosen Ort. Wir schauten noch in ein paar versandete Zimmer, Keller und Flure, schließlich gingen wir Richtung Wagen.

Diamanten, die im Sand einfach so herumlagen – eine faszinierende Vorstellung. Sie lagen da wie Kieselsteine, weil keiner ihren Wert erkannte. Und der Erste, der ihn erahnte, wurde verspottet. Je mehr ich über Diamanten nachdachte, desto magischer wirkte der Stein. Ich hatte noch nie einen Rohdiamanten gesehen oder in der Hand gehalten. Dennoch glaubte ich, den Zauber zu spüren, der von ihm ausgeht. Ich wollte mehr über Diamanten wissen, alles, was mir die Namib über die geheimnisvollen Steine berichten konnte. In mir wuchs ein unerklärliches Verlangen, einen solchen Stein zu finden, zu befühlen, zu besitzen. Irre, weil es doch verboten ist und schwer bestraft wird. War das der Diamantenrausch, dem man nicht widerstehen kann? Ich bräuchte mich nur in den Sand zu werfen, etwas zu buddeln. Sicher lägen da oder dort ein, zwei Karat, die der Wind inzwischen zutage gebracht hatte oder die von anderen Suchern übersehen worden waren. Eine wahnwitzige und doch realistische Chance, an ein geheimnisvolles Steinchen zu gelangen. Einfach nur niederknien und suchen …

»Kennst du die Story von Charly Banauer?«, rief Graham gegen den Wind und riss mich aus gefährlichen Gedanken.

»Nein, keine Ahnung.«

»Nun, in der atlantiknahen Namib wurde ja mächtig geschürft. Aber keiner wusste, wie man das richtig anstellt. Der Einzige, der das Know-how hatte, war Charly Banauer. Er lebte als Hausdiener in einem kleinen Hotel oben in Swakopmund und verzehrte sein Gnadenbrot. Der alte Abenteurer und Seebär hatte einst die Weltmeere durchpflügt, bis er von Diamantenfunden in Kimberley hörte. Er verdingte sich bei der Minengesellschaft als Schürfer, brachte es schon bald zu profunden Kenntnissen und wurde Aufseher.

Als der Goldrausch in Johannisburg ausbrach, kaufte er beizeiten einen Claim, wurde tatsächlich reich. Falsche Freunde, Alkohol, Spiel, Frauen, dann die Wirren des Burenkriegs aber machten ihn zum armen Schlucker, der durchs südliche Afrika zog, bis es ihn nach Deutsch-Südwest verschlug. Dort hörte er von den Diamantenfunden in der Wüste und von den Schürfern. Der alte schlesische Seemann hatte einen Plan. Er schwor sich: Wenn ich noch einmal eine Chance bekomme, werde ich sie sinnvoll nutzen. Kapital, um sich an dem neu geschaffenen Diamantensyndikat zu beteiligen, hatte er natürlich nicht, wohl aber einige Kumpane, die ihm wenigstens die Fahrt nach Lüderitz spendierten. Dort angekommen, bot er dem Chef des Syndikats sein Schürferwissen an. Für eine Beteiligung von fünf Prozent. Der Boss ließ sich auf den Handel ein. Und Charly Banauer kam wieder zu viel Geld. Ging besonnen damit um, kaufte Land, heiratete eine tüchtige Frau und verbrachte im sicheren Hafen seinen Lebensabend.«

»Eine nette Geschichte, doch mit welchem Wissen konnte Banauer den Geschäftsführer überzeugen?«

Graham grinste und erklärte:

»Um Diamanten zu waschen, werden eine Schaufel, ein Sieb, ein Waschfass oder ein großer Eimer Wasser und eine Holzkiste benötigt. Man siebt Wüstensand, sodass nur größere Sandkörner zurückbleiben. Nun wird das Sieb in das Wasserfass getaucht und unter Wasser geschüttelt. Befinden sich Diamanten in dem Gut, wandern diese bei jetzt kreisenden Bewegungen allmählich zur Mitte. Nach etwa fünf Minuten wird das Sieb aus dem Wasser genommen, der Inhalt auf die Holzkiste geklappt. Dazu gehört etwas Geschicklichkeit. Gut zu erkennen ist, dass sich körniges Material nach seinem spezifischen Gewicht sortiert hat. Im Waschgutzentrum, dem Herzen, befinden sich die Diamanten.«

Ich war verblüfft, wie genau der Zeitungsmann Greene das Diamantengeschäft kannte. Er führte noch aus, dass dieses Verfahren schon bald von einer Maschinenfabrik in der Lüderitzbucht aufgegriffen wurde, die das Verfahren mechanisierte, ein entsprechendes Gerät baute. Der deutsche Ingenieur Schiechel überarbeitete diese Apparatur, die als Schiechel-Anlage bekannt wurde. Weiter modernisiert soll sie in der einen oder anderen Diamantenmine heute noch im Einsatz sein – fußend auf Beobachtungen und Erfahrungen des Abenteurers, Seemanns und Schatzgräbers Charly Banauer.

Graham steuerte den Rover zurück nach Lüderitz, bog vor dem Ort links in die verbotene Diamantenzone ab.

«So, pass auf, an den Schildern hast du gesehen, wir sind im Sperrgebiet. Da darf kein Reisender hinein, es sei denn, er besitzt ein spezielles Permit. Wichtig ist, dass du nichts anfasst, aufhebst oder einsteckst, falls wir mal Halt machen. Die Diamantenpolizei ist erbarmungslos, vermutet sofort Schmuggel und buchtet dich auf der Stelle ein. Verstanden?«

»Alles klar!«

Ich wollte noch fragen, was mit einem Erwischten geschieht. Und wieso er das Gebiet befahren darf. Ließ es sein. Ich war zu sehr mit Diamanten beschäftigt und der einmaligen Chance, in das abgeriegelte Gebiet zu gelangen.

»Diese *pad*«, sagte Graham, »führt geradewegs in die Diamantenstadt Oranjemund, rund einhundertsechzig Meilen südlich. Die Stadt mit ihrer Umgebung hat als Diamantenzentrum alle anderen Schürfstätten in Südwest abgelöst. Zwar ist klar, dass vereinzelt überall im Sand Diamanten herumliegen. Sie zu bergen lohnt einen industriellen Abbau aber nicht. Unten, wo der Oranje in den Atlantik fließt, werden die größten, härtesten und wertvollsten Schmuckdiamanten der Welt aus dem Sand geholt. Da herrscht Diamantenrausch wie zu Zeiten eines Ernest Oppenheimer, dank der von ihm gegründeten und bis heute weltweit operierenden Anglo American Corporation. Über die 1888 von Rhodes gegründete Firma De Beers, die er übernommen hatte, erwarb Oppenheimer nach dem Ersten Weltkrieg die deutschen Minen in Südwest.« (Später, nach der Unabhängigkeit Namibias, kam es zu einem Deal zwischen Familie Oppenheimer und dem namibischen Präsidenten Sam Nujoma, seitdem kooperieren beide Parteien unter dem Namen Namdeb, Namibia/De Beers im Diamantengeschäft.)

»Wie gelangten die Diamanten in die Wüste? Ich hörte mal, dass sie durch Eruption aus dem Erdinnern nach oben, dann durch den Oranje ins Meer gespült worden seien.«

Greene musste sich auf die *pad* konzentrieren und ständig Verwehungen und Dünen umfahren oder andere mit Vollgas überwinden.

»Schon richtig. Vor etwa hundert Millionen Jahren sind Diamanten im Inneren Afrikas durch Vulkanschlote an die Erdoberfläche gepresst und in Flussläufe geschwemmt worden. Flusswasser schob die Steine vor sich her bis in die Ozeane. In unserem Fall konzentrierten sie sich an der Mündung des Oranje. Mit der Eiszeit zog sich das Meer zurück. Die Diamanten lagen am Strand. Ewiger Wind und nach der Eiszeit Meeresströmung transportierten mittlere und kleine Steine nach Norden und zurück ins Landesinnere, dorthin, wo heute der Küstensaum verläuft.«

In absoluter Einsamkeit fraßen wir uns durch den Sand. Hier und da tauchten Sträucher auf, etwa einen Meter hoch mit verdorrtem Blattwerk. Graham stoppte, eine Staubfahne hüllte uns für Minuten ein. Schließlich stiegen wir aus und betrachteten einen Strauch aus der Nähe.

»Das ist eine Buschmannkerze, *Sarcocaulon heritieri*. Nach Regenfällen blüht sie üppig mit großen rosa Blüten. Herrlich anzuschauen. Ihre wachsartige Rinde schützt die Pflanze vor der Austrocknung. Und sie brennt wie Zunder. San zünden abgestorbene Pflanzen an, benutzen sie als Kerze, Fackel oder machen Feuer damit.«

Greene zeigte auf die knorrigen Äste, die mit feinen Stacheln versehen sind, und meinte:

»Lokomotivführer heizten damit sogar ihre Kessel, weil während des Diamantenbooms Kohlen knapp wurden.«

Interessant, aber im Moment hatte ich nur Augen und Ohren für Diamanten. Ich war gespannt, wie und wo die Fahrt enden würde. Gerade steuerte Greene einen Hang an, der den Wagen in eine Schräglage brachte, die ihn seitwärts umzuschlagen drohte. Ich klammerte mich wie ein Gibbon an Tür und Armaturenbrett. Greene amüsierte sich, als er meine Angst spürte. Ein Zeitungsmann, der mir von Stunde zu Stunde geheimnisvoller vorkam. Heil auf dem Dünengrat angekommen, bot sich ein imposanter Blick über das Sandmeer und den Atlantik, der seine Brecher als weißes, schäumendes Band an die Küste warf. Am Horizont wurden Fragmente der Geisterstadt Elizabeth Bay erkennbar. Sie grüßten aus dem Dunst wie Ruinen eines Horrorfilms. Kurz darauf fuhren wir durch die *ghost town* mit ihren eingestürzten Mauern, in sich zusammengefallenen Gebäuden ... Nur raus aus dieser Endzeitkulisse.

»Dieser Küstenabschnitt mit den vorgelagerten Inseln barg einst das weiße oder auch stinkende Gold. Guano, der als Düngemittel begehrte Vogeldreck, hatte eine Mächtigkeit um die sechzehn Meter. Jährlich wurden achthunderttausend Tonnen abgebaut und auf Großsegler für Europa verladen. Oft dümpelte ein Mastenwald vor der Küste. Viele Schiffe sanken am wilden Gestade«, erzählte Graham.

»Wie lange blühte der Guanohandel?«

»Etwa bis 1850. Chile und Peru waren auch große Lieferanten des Vogelmists.«

Im Chemieunterricht hatte ich mitbekommen, dass Guano an Attraktivität verlor, als der deutsche Chemiker Fritz Haber 1908 aus Wasserstoff und Stickstoff synthetisches Ammoniak herstellte. Zwei Jahre später erhielt er für das Haber-Bosch-Verfahren den Nobelpreis in Chemie. Wir näherten uns Überresten eines alten Wasserwerks, das den heutigen Geisterort Poma versorgte. Trinkwasser war Mangelware, für die Schürfer jedoch von existenziel-

ler Bedeutung. Geologen waren hier auf Süßwasser gestoßen, das durch eine Pipeline sieben Kilometer bis in den Schürfort gepumpt wurde. Graham fuhr mit einem schier unglaublichen Bericht fort:
»August Stauch, der Entdecker der Diamanten am Grasplatz, war höchst verbittert. Der Grund war Staatssekretär Dernburg aus Deutschland. Der nämlich erwirkte die Sperrverfügung für Schürfer in der Namib. Eine Tochtergesellschaft der Deutschen Kolonialgesellschaft, die Deutsche Diamanten-Gesellschaft, wurde gegründet, die exklusiv die Bodenschätze ausbeuten durfte. Zwar trat die Sperrverfügung erst im September 1908 in Kraft, doch Stauch hatte schon zuvor davon gehört und ahnte, dass in der Folge nur das Großkapital der Herren Carl Fürstenberg, ein Berliner Bankier, oder später Ernst Oppenheimer davon profitieren würde. Stauch, mittlerweile selbst Minenunternehmer geworden, wollte sich durch die Sperrverfügung, die astronomisch hohe Auflagen und Abgaben beinhaltete, nicht in den Ruin treiben lassen. Er musste rasch neue, diamantenhaltige Areale finden, möglichst auch erschließen. Mit der Suche verbindet sich eine der unglaublichsten Storys der Diamantengeschichte von Deutsch-Südwest.

Stauch glaubte, dass Diamanten, je südlicher gefunden, desto größer und wertvoller seien. Der deutsche Geologe Professor Robert Scheibe aus Berlin befand sich zu dieser Zeit in Südwest, hatte ergebnislos in der Region von Gibeon und Berseba nach den Edelsteinen gesucht, war gerade im Begriff, das Land einigermaßen frustriert zu verlassen, als er von Stauchs Theorie hörte – die sein Interesse weckte. Gemeinsam zogen die beiden mit Eseln, Schürfgerät, Zelten und Wasservorräten in den Süden. Eifrig wurde gesucht und Sand gewaschen, jedoch kein Karat gefunden. Die Trinkwasservorräte gingen zur Neige. Stauchs fanatische Suche nahm lebensbedrohliche Formen an, waren sie doch weit in den Süden geraten, ohne ihren Standort zu kennen. Sie würden aufgeben müssen, wollten sie nicht verdursten. Professor Scheibe wühlte sich ein letztes Mal in verzweifelter Hoffnung durch den Sand – und fand Diamanten, die er Stauch zeigte. Der wies Jakob, einen Herero-Jungen mit geübtem Auge, an, die Umgebung abzusuchen. Jakob war schon früher auf Diamantenfeldern ein treuer Begleiter Stauchs gewesen. Es dauerte nicht lange, schon rief und gestikulierte der Herero: ›Diamanten, Mister, Diamanten!‹ Er hatte beide Hände voll mit Steinen, mangels Taschen sogar Klunker im Mund. Die herbeigeeilten Prospektoren konnten es nicht glauben: ›Ein Märchen!‹, soll Scheibe gestaunt haben. Es heißt, Diamanten lagen auf dem Sand herum wie überreife Pflaumen unter einem Pflaumenbaum. Die Nacht senkte sich herab, der Mond erhob sich aus dem Wüstensand, und in dieser selten klaren, fast windstillen Nacht leuchteten die Diamanten, sodass sie wie Pilze gesammelt werden konnten. Ursprünglich wollte Stauch den Fundort Märchental nennen, dann aber dachte er an seine mit den Kindern in Deutschland zurückgebliebene Frau Ida und nannte das Gebiet Idatal. Später ging der Fund als Schatz von Pomona in die Geschichte ein. Er machte Stauch zwar sehr reich, aber weder glücklich noch zufrieden. Jahrelang musste er sich in Prozessen mit Personen und Firmen herumschlagen, die Ansprüche geltend machten. Besonders hartnäckig war das Unternehmen De Pass, Spence & Co. aus Kapstadt. Nach zähem Ringen wurde ein Vergleich ausgehandelt, der mit der Gründung der Firma Pomona Diamantengesellschaft, an der alle rivalisierenden Parteien beteiligt waren, die Interessen einigermaßen befriedigte. Dass Stauch am Ende bettelarm und krank verstarb, ist dir sicher bekannt«, sagte Graham, parkte den Rover neben einem glaslosen Fensterkreuz, das wie ein Galgen in die tote Landschaft ragte. Der Ort mit Wohn- und Verwaltungsgebäuden lag auf einer Hügelkuppe.

Von der Diamantengeschichte auf seltsame Weise gepackt, durchschritt ich die *ghost town* Pomona. Ihren Namen trägt sie nach der lange vor ihr bekannten Guano-Insel, die hier der Küste vorgelagert ist. Ich werde an Kolmannskuppe erinnert, alles nur

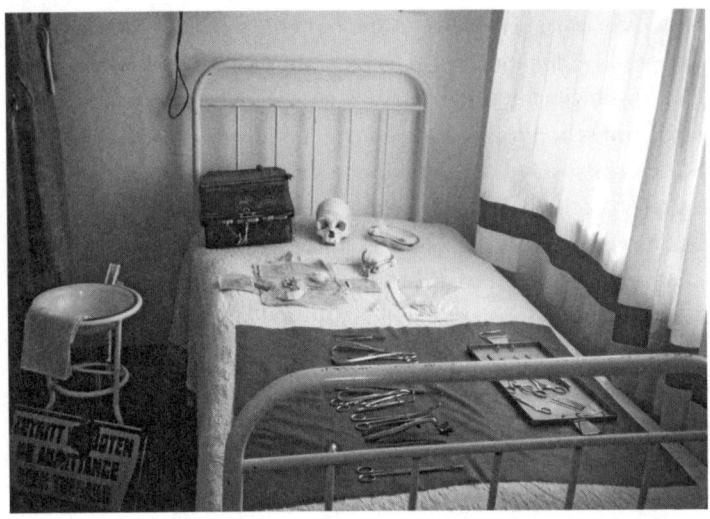

Im Diamantensperrgebiet: ein Bettgestell mit Skelett in der Geisterstadt Pomona

größer, mit einem erstaunlichen Maschinenpark ausgestattet, den der Flugsand im Begriff stand, komplett zu begraben.

»Du kannst dir vorstellen, bei den Funden und Gewinnerwartungen wurde mit moderner Technik nicht gekleckert, sondern geklotzt! Die Investitionen in Abraumgerät übertrafen die der berühmten Kimberley-Mine in Südafrika.«

»Weißt du, wie hoch die Ausbeute in Pomona war?«

»Zwischen 1908 und 1914 sind fast sechs Millionen Karat geschürft worden.«

»Überschlagen ein Wert von jetzt zwanzig Milliarden Euro«, sagte ich.

»Das kann hinkommen. Mit der Mine sollen pro Jahr etwa zwei Milliarden Dollar umgesetzt worden sein.«

Gerade besichtigten wir noch erstaunlich gut erhaltene Häuser. Man hätte meinen können, die Räume wären erst kürzlich verlassen worden. Ich schaute mich um, entdeckte eine

Box mit Mineralien, Gesteinsproben, die wohl ein Geologe gesammelt haben mochte, um Schürfarbeiten in Gewinn versprechende Areale dirigieren zu können. Sogar alte Zeitungen lagen in einer Ecke. Plötzlich schreckte mich lautes Knattern auf. Ich eilte aus dem Haus und sah Graham, wie er zwei Hubschraubern zuwinkte. Einer der Piloten winkte zurück. Die Maschinen legten sich zur Seite, gewannen an Höhe und flogen landeinwärts davon.

»Was war das?«, fragte ich.

»Hubschrauber der Security, einer Art Diamantenpolizei. Die Sperrzone wird aus der Luft mit Helikoptern und Flugzeugen, am Boden durch Patrouillen kontrolliert. Unentdeckt hält sich hier niemand auf.«

»Und? Du kommst mir allmählich immer geheimnisvoller vor. Wie der Agent in ›Der dritte Mann‹, von Greene.«

Graham zeigte sein charmantestes Lächeln, als würde er sich sehr geehrt fühlen.

»Nur so viel: Jungen, interessierten Menschen zeige ich schon Mal gern den Bereich der Namib, den sie normalerweise nicht betreten dürfen. – Fahr'n wir noch kurz hinunter zum Bogenfels. Das ist ein vom Atlantik umtostes Naturviadukt.«

Ein Nachmittagssturm setzte ein, der Sand peitschte und verursachte in den gespenstisch verlassenen Gebäuden schaurige Geräusche. Mit gesenkten Köpfen eilten wir zum Wagen, vorbei an herumliegenden Gegenständen, die als aus Berlin oder Dresden stammend zu identifizieren waren. Auf dem Friedhof standen verwitterte Holzkreuze neben angenagten Grabsteinen wie schiefe Zähne im Sand. Augen suchten deutsche Namen. Bis auf Buchstabenfragmente konnte ich keine finden. Greene mahnte zur Eile. An einer Felsnase tauchte der fünfundfünfzig Meter hohe Bogenfels auf, ein Brückenbogen aus braunem Gestein. Mit einem Fuß war der Bogen mit der Küste verbunden, mit dem anderen stand er im Ozean und trotzte Gischt und Brandung.

»Für die Schmalspurbahn, die am Ufer entlangführte und einzelne Minen mit Verpflegung, Maschinenteilen und Material versorgte, bedeutete der Bogenfels: Endstation. Bis zum Ersten Weltkrieg war die Bahnlinie intakt«, so Graham.

Die Rückfahrt war ein Höllenritt. Greene schien sich als Outdoor-Pilot beweisen zu wollen. Vor dem Kratzplatz setzte er mich ab.

»Übrigens, mein Angebot gilt noch, falls dir der Fels unterm Lager zu hart wird«, sagte Graham.

»Danke, danke, ich mag das Plätzchen.«

Er gab Gas. Ich verschwand im Gasthaus. Helene stillte Heißhunger, löschte Durst mit Eisbein, Sauerkraut und Windhoek Lager. Als ich mich gestärkt hatte, gab ich mir einen Ruck und versuchte, Helene über den rätselhaften Mr. Greene auszufragen. Sie war recht zugeknöpft.

»Ein komischer Vogel ist das. War auch schon mal unser Hotelgast. Soll aus Pretoria kommen und etwas mit dem Syndikat zu tun haben. Mehr weiß ich nicht.«

»Syndikat?«

»Ja, das Diamantensyndikat – noch nie etwas davon gehört?«

An der Bar trank ich den angepriesenen Jägermeister zur Verdauung und begab mich dann zu meinem Lager im Felsgestein. Am Versteck hatte sich jemand zu schaffen gemacht. Der Stein vor der Grotte war verrückt. Am Rucksack war herumgekratzt worden. Ich war nicht sonderlich beunruhigt. Stehlen konnte man aus meinem Gepäck nichts Besonderes. Gedanken an Diamanten kreisten wie Planeten und Abertausend Sterne um die Sonne.

Am nächsten Morgen nahm ich ein erfrischendes Bad im Atlantik. Unweit des Lagers saß die Bärenpaviangruppe, kratzte sich, beobachtete jede meiner Handlungen, stieß grunzende Laute aus, als ich eine Banane schälte. Pavianpascha, mein unsanfter Wecker von neulich, saß inmitten seiner Berater wie Karl der Große und machte einen auf dicke Hose. Ab und zu hob er den Kopf, gähnte, wobei er sein Gebiss mit den gefährlichen Eckzähnen entblößte – wohl als Warnung an mich. Ich warf meine letzte Banane hinüber. Ein jüngerer Pavian wollte sich draufstürzen. Pascha ließ einen schaurigen Laut ab. Der unbotmäßige Youngster hüpfte zur Seite, der Boss schnappte sich die Banane, schälte und verspeiste sie unter den gierigen Blicken seiner Gesellen.

Natürlich kam mir die Erkenntnis, dass die Fütterung falsch war. Es waren sicherlich die Affen, die meinen Rucksack auf Essbares hatten untersuchen wollen.

Den ganzen Tag lungerte ich unten am Hafen herum. Sah die Fischerboote ein- und ausfahren. Am Kai kam ich in Kontakt mit den Hummerfischern, die ihr begehrtes Gut in Reusen fangen, die an Felsen in drei, vier Metern Tiefe angebracht werden. Die meisten Fischer sind eingewanderte Portugiesen, die irgendwann mal ihren großen Seefahrern Diogo Cão, Bartolomeu Dias, Vasco da Gama gefolgt waren. Für eine Küstenfahrt mit Motorboot verabredete ich mich für den nächsten Tag mit Miguel, einem *snoek*-Fischer, der auch Austernbänke in der Second Lagoon besaß. Dann ging ich erst einmal an der durch Shark Island geschützten Küste entlang nach Nautilus, einem Örtchen am Eingang des Robert-Naturhafens. Wie aufgereihte Perlen schlossen sich Pinguin-, Robben-, Flamingo- und viele, viele weitere Felsen und Inseln an, bis hinauf zur Hottentotsbaai. Eine Küste zum Abschalten, Nachdenken und Reflektieren. Angler standen mit langen Ruten im Brandungsschaum. Was sie fingen, wollte ich wissen. Sie nannten Afrikanischen Adlerfisch (er ähnelt dem Kabeljau), Galjoen, Katzen-Kreuzwels oder auch *steenbras,* eine Brassenart. Die meisten Angler waren aus Südafrika in Campervans heraufgefahren. Pit zog einen mächtigen Adlerfisch aus dem Meer. Im Nu umkreisten ihn Pelikane, Möwen und Kormorane.

Ich traute meinen Augen nicht, als sich im Sand ein Albatros niederließ. Seeleute haben ein besonderes Verhältnis zu Albatrossen. In ihnen sollen die Seelen der verstorbenen Teernacken und Salzbuckel weiterleben. Ich setzte mich in den Sand, ganz nah zu ihm. Wir beäugten uns wie Lebewesen aus anderen Hemisphären. Dort der Extremflieger, der die Erde gleich mehrmals zu umrunden vermochte. Oder fünfzehntausend Kilometer ohne Zwischenlandung bezwang. Hier der Erdgebundene, der von der Freiheit der Lüfte nur träumen konnte. Reisen wie ein Albatros war schon immer mein Traum. *Diomedeidae,* hieß es im Biologieunterricht, gehören zur Ordnung der Röhrennasen. Sie haben schmale Flügel, deren Spannweiten über drei Meter fünfzig messen. Ihr Schnabel ähnelt dem einer Möwe. Über zwei kleine Röhren auf der Schnabeloberseite können sie Meersalz ausscheiden. Um die zwölf Kilogramm schwere Albatrosse sind zwar hervorragende Flieger, haben aber beim Start oder bei der Landung Probleme. Bei Windgeschwindigkeiten unter zwölf Kilometern pro Stunde können sie nicht abheben. Haben sie bei ihrer langen Gleitlandung zu wenig Auslauffläche, überschlagen sie sich, wobei Flügel oder Beine brechen können.

Oh je, hatte sich vielleicht auch dieser bei der Landung, womöglich ermüdet nach einer Atlantiküberquerung, verletzt? Ich rückte noch etwas heran. Unruhig wiegte er seinen weißen Kopf mit dem blassrosa Schnabel. Erhob sich schließlich und watschelte auf Abstand. Dabei machte er einen ganz unversehrten Eindruck. In ihren Brutkolonien legen Albatrosse gemeinsam nutzbare Start- und Landebahnen an, die nicht mit Nestern verbaut werden dürfen. Ihre Flugkraft erstaunt Ornithologen immer aufs Neue. Auf der Suche nach Beute, Krebstieren und Tintenfischen, können sie Geschwindigkeiten von einhundertdreißig Kilometern pro Stunde locker acht Stunden durchhalten. Ich hörte von einem Langstreckenflieger, der die Erde in fünfundvierzig Tagen umrundet, dabei über zwanzigtausend Kilometer zurückgelegt hatte. Wie ist das möglich, mag man sich fragen? Sie nutzen den Gegenwind aus und bedienen sich einer energiesparenden Gleitflugtechnik, ähnlich der eines Segelflugzeugs. Hinzu kommt das Aufspüren und Ausnutzen der Thermik.

›Mein‹ Albatros schien sich erholt zu haben. Er nahm Startposition ein. Watschelte, rannte dann gegen den Wind, breitete die Schwingen aus und hob ab, entschwand über der Unendlichkeit des Ozeans.

Wieder an meinem Lager, machte ich eine unheimliche Entdeckung: Mein Rucksack war gründlich durchwühlt worden. Aber nichts fehlte. Müdigkeit und Dunkelheit hielten mich davon ab, eine andere Lagerstätte zu suchen. Also schlief ich wie ein Vogel, mit einem geschlossenen Auge. Der Sturm heulte wie in der Nacht des jüngsten Gerichts, ansonsten blieb ich unbelästigt.

Im Morgengrauen tuckerte die Gaivina, Seeschwalbe, aus dem Robert Harbour, umrundete Shark Island mit Kurs auf die Sturmvogelbucht. Mit einem Schwarm Möwen und Kormoranen im Tross steuerte Miguel sein Boot durch die Radford Bay, jene Bucht, in der sich David Radford als erster weißer Siedler niedergelassen hatte.

»In der Second Lagoon vor uns befinden sich die Austernbänke. Wir züchten Austern bester Qualität«, sagte der Skipper.

»Was fischt ihr so vor der Küste?«

»Sehr viel *snoek*. Das ist eine Hechtmakrele, ein schlanker Fisch, der bis zwei Meter lang wird. Hummer pflücken wir von den Felsen oder fangen sie in Reusen. Ein Teil wird nach Japan, Portugal und Spanien exportiert.«

Als Nächstes passierten wir die Sturmvogelbucht mit ihren Relikten aus der Walfängerzeit.

»Norweger unterhielten in der Bucht eine Walfangstation. Durchs Glas kannst du noch die verrosteten Kesselmonstren erkennen, in denen Waltran gekocht wurde.«

Es fegte immer noch ein kalter Wind an Bord, die Gaivina kämpfte gegen schaumköpfige Wellenberge. Der Küstennebel war hartnäckig, wollte einfach nicht weichen, als wir Diaz Point umrundeten.

»An dieser Spitze errichtete der Seefahrer und Entdecker Bartolomeu Dias 1488, ich glaube, es war der 25. Juli, einen Wappenpfeiler, in Form eines Kreuzes aus Kalkstein, *padrão* genannt. Was da jetzt steht, ist eine schlechte Nachbildung. Das Originalkreuz wurde dreihundertsiebenundsechzig Jahre später nach Kapstadt verfrachtet«, erzählte Miguel.

Ich suchte mit dem Fernglas den Felsen ab, erkannte das Kreuz, von Brandungsbrechern umtost, und kleine schwarze Punkte, die sich zu bewegen schienen.

»Das sind Robben«, sagte der Skipper, »und dahinter steht ein alter Leuchtturm. Viele Schiffe sind hier um 1900 havariert.«

Das einsame Steinkreuz ragte wie ein Mahnmal himmelwärts.

Bootsmann Tiago, der sich bisher nur in der Kajüte aufgehalten hatte, brachte einen Rumgrog – genau das Richtige auf See bei diesem Wetter. Miguel änderte den Kurs auf hart Süd und steuerte Halifax Island an. Wir passierten die felsige Küste von Guano Bay.

»Wird der organische Dünger immer noch abgebaut?«, möchte ich wissen.

»Das kommt schon noch vor. Kunstdünger ist zwar viel praktischer, billiger, auch wesentlich sauberer. Für eine Guanoschicht von einem Meter Stärke benötigen die Vögel rund fünfunddreißig Jahre. Das steht doch in keinem Verhältnis zu Stickstoffdünger in Säcken.«

Die Attraktion von Halifax Island sind Brillenpinguine, die dort in Ruinen kolonialzeitlicher Gebäude brüten. Etwa tausend dieser possierlichen Vögel lebten dort gemeinsam mit mindestens ebenso vielen Kormoranen im täglichen Kampf ums Futter. (Heute hat sich die Population auf Halifax verdoppelt, dennoch zählt der Brillenpinguin zu den gefährdeten Arten.) Wir dümpelten vor der Insel. An dem regen Treiben, ja Gewusel, der um die sechzig Zentimeter großen Pinguine konnte ich mich kaum sattsehen. Abordnungen stolzierten wie schwarz-weiß gekleidete Liliputaner am Ufer entlang, dabei stießen sie Laute aus, die dem Gebrüll von Eseln glichen. Ein Pärchen begab sich, scheinbar Hand in Hand, das heißt Flosse an Flosse, ans Wasser und verschwand mit einem kühnen Kopfsprung in den Fluten. Das Gedränge in der Halifax-Pinguinkolonie glich dem in einer vollgestopften U-Bahn. Noch auf der Rückfahrt hatte ich das klagende Iah der Tiere im Ohr, wurde aber abgelenkt von Delfinen und Robben, die mit unserer ›Seeschwalbe‹ um die Wette schwimmen wollten.

Zurück im Hafen lud ich Miguel und Tiago zu einem Abendessen ins Kratzplatz ein. Von Helene erfuhr ich so nebenbei, dass Mr. Greene abgereist sei. Da er sich nicht mehr bemerkbar gemacht hatte, war das zu vermuten.

»Hat er noch etwas gesagt?«, fragte ich.

»Eine gute Reise wünscht er Ihnen und Sie möchten an Ihr Versprechen denken.«

»Wie bitte?«

»Keine Ahnung, was er damit meinte.«

Bevor ich heute Morgen zum Hafen ging, hatte ich vorsichtshalber meinen Schlafplatz verlegt. Doch jetzt, nach dem plötzlichen Entschwinden von Mr. Greene und seiner rätselhaften Andeutung, entschloss ich mich, Lüderitz zu verlassen. Morgen würde ich zurück nach Keetmanshoop fahren, das stand fest. Ein längerer Aufenthalt war mir nicht geheuer. Ich fühlte, irgendetwas tat sich da im Hintergrund, aber ich wusste nicht, was. Äußerst merkwürdig!

Die Nacht verlief ohne Zwischenfall. Ich badete noch einmal im siebzehn Grad kalten Atlantik, rollte meinen Schlafsack zusammen, schnürte meinen Rucksack, drehte mich zum Gehen um. Ich erschrak, da plötzlich ein Afrikaner, ein Schwarzer, vor mir stand. Stämmige Figur, vielleicht fünfunddreißig. Er trug einen grauen Overall, um den Hals ein blaues Halstuch. Seinen Kopf bedeckte eine braune Pudelmütze. Graham hatte mir mal so einen Ovambo-Minenarbeiter geschildert.

Mit einem vieldeutigen Grinsen sagte der Schwarze:
»*Klippies, beautiful klippies, Mister!*«
»Klippies?«
»*Yes, yes,* Diamanten«, dabei öffnete er seine Hand, in der lagen drei Steine, groß wie Linsen. Etwas blanker, eine Idee leuchtender als Quarzsplitter. Ich starrte auf die Steine. Hatte noch nie Rohdiamanten gesehen. Mein Gott, dachte ich, Diamanten aus der Namibwüste. Einer schimmerte sogar bläulich. Ob die echt sind? Eine nie gekannte Erregung bemächtigte sich meiner. Ist das die süchtig machende Kraft dieser magischen Steine? Steine, die Männer und Frauen um den Verstand gebracht haben. Steine, an denen Blut klebt und die ach so viele Menschen mit ihrem Leben bezahlen mussten. So sieht es also aus, das Feuer, das Begierde entfacht.

»*Klippies,* echt, ganz billig«, sagte die Stimme des Schwarzen.

War das die Stimme der Versuchung? Sprach mit mir der Teufel in Menschengestalt? Warum gerade mit mir?

Er legte mir einen Rohdiamanten in die Hand. Dort lag das Steinchen wie heiße Glut.

»Nur zweihundert Dollar!«

Was war damit anzufangen? Dennoch, die Versuchung war ungeheuer, stark und unbeschreiblich. Vielleicht kann man sich so Spielsucht vorstellen?

Mit einem verlegenen Lächeln gab ich ihm das Steinchen zurück.

»I have no money«, bedauerte ich.

»Sorry, master«, sagte er und schlich, leise wie er gekommen war, über die Felsen von dannen.

Klopfenden Herzens stand ich noch einen Moment da, schulterte meinen Rucksack und eilte ins Kratzplatz. Andeutungsweise berichtete ich Helene, was sich in den Bergen ereignet hatte. Sie hielt die Luft an und fragte entsetzt:

»Und, haben Sie etwa so einen Stein gekauft?«

»Natürlich nicht!«

»Gut, gut«, sagte sie, »die Folgen wären furchtbar – Gefängnis, Zuchthaus, horrende Geldstrafe, alles Mögliche. Die Internationale Diamanten-Sicherheits-Organisation ahndet Diamantenschmuggel wie ein schweres Rauschgiftdelikt.«

Auf der langen Bahnfahrt zurück kreisten meine Gedanken um die Begegnung mit dem *klippie*-Händler. Was war der Schwarze: Dieb? Schmuggler? Mitarbeiter der Diamantenpolizei? Lockverkäufer, der sich eine Fangprämie verdienen wollte? Oder hatte ihn der geheimnisvolle Mr. Greene gesandt, um mich zu prüfen? Um mich reinzulegen? Aber warum? Wie ich das Ereignis auch drehen und wenden wollte, ich kam zu keiner Lösung. Bis heute ist mir der Vorfall ein Rätsel geblieben, in dem mein Schutzengel Regie führte.

Wieder in Keetmanshoop, begab ich mich nach Westen. In Betschuanaland hoffte ich auf Buschleute, die San, zu stoßen.

Das moderne Diamantengeschäft

indhoek, Juli 2016

Warum ich die Geschichte aus der Vergangenheit erzählt habe? Nun, es war meine erste Reise ins südliche Afrika. Der Abstecher in die Diamantenwüste hatte mich damals doch sehr beschäftigt. Bevor ich Kontakt mit Rinus van der Veld in Windhoek aufnehmen würde, musste ich mir das Erlebte einfach in Erinnerung rufen. Ich sehe es als eine Art Vorbereitung.

Rinus ist ein unkomplizierter Mensch, gerade so, wie ich ihn auf Safari kennengelernt habe. Ein kurzes Telefongespräch und wir verabreden uns nach seinem Dienstschluss vor dem imposanten Gebäude des Namdeb Centre. Der Hauptsitz des Unternehmens befindet sich in einem dunklen, quaderförmigen Kasten in der Independence Avenue. An dem geheimnisvollen Bauwerk war ich bereits vorbeigekommen, ohne zu ahnen, was sich hinter der Fassade verbirgt.

Den strahlend aus dem Eingangsportal stolzierenden Rinus erkannte ich so, als Geschäftsmann verkleidet, kaum wieder. Während wir zu seinem BMW gehen, schlägt er einen kleinen Imbiss im Leo's at the Castle vor, oben in der Heinitzburg Street. Ein Imbiss im Gourmetrestaurant von Windhoek, ›Diamanten-Rinus‹ hält mich wohl für einen aus der Oppenheimer Sippe?

»Hier kann man ganz gut essen«, meint er, »der Sternekoch ist Franzose, hat früher im Mount Nelson gewirkt.«

»Im renommierten Mount Nelson Hotel in Kapstadt? Auf einer Afrikareise habe ich dort mal 'ne Tasse Kaffee getrunken. Das Ambiente ist schon eindrucksvoll«, sage ich.

Rinus lacht trocken und schlägt vor:

»Lass uns auf die Terrasse gehen. Der Blick über Windhoek wird dir gefallen.«

Und wirklich, er versprach nicht zu viel. Die Sicht auf die Stadt bis zu den Bergen hinüber ist einmalig!

»Das Restaurant besitzt übrigens mit mehr als fünfzehntausend Flaschen den größten Weinkeller Namibias. Kannst ihn mit einem Moselwein, sagen wir mal Kröver Nacktarsch, auf die Probe stellen.«

Danach ist mir nun gar nicht. Wir reden noch etwas über unsere Eindrücke im Okavango-Delta. Der Touristenrummel in Victoria Falls war ihm mächtig auf die Nerven gegangen. Als in Windhoek die Lichter angehen, kommen wir endlich aufs Thema: Diamanten.

Rinus hat Geologie studiert, das Geschäft mit den magischen Steinen kennt er nicht zuletzt aus der Praxis als Schürfer.

»Diamanten, mein Lieber, das soll eine Warnung sein, haben dämonische Kräfte. Wird dieser härteste aller Edelsteine erst einmal ans Licht geholt und von Menschenhand zum unwiderstehlichen Leuchten gebracht, hat so mancher den Verstand verloren.

Heute, über hundert Jahre nach der Entdeckung der Namib-Diamanten, könnten viele Schürfer mit Schmerz und Fluch zugeben: Der Diamant, den die Hindus voll Ehrfurcht ›ein Stück Ewigkeit‹ nennen, die Griechen ›Adamas, den Unbezwingbaren‹, er hat uns bezwungen, den Seelenfrieden geraubt, alle Hoffnungen zerstört. Hinzukommt der Fluch, der manchem der großen, geschliffenen Steine innewohnt. Dem Blauen Hope wird nachgesagt, dass er, wo immer er auftaucht, Unheil verbreitet. Er saß im Auge einer Gottheit, wurde herausgebrochen. Das geschändete Heiligtum verfolgt die Steinbesitzer mit ewiger Rache. Ob er nun endlich, dreihundertfünfundsiebzig Jahre nach seinem ersten Auftauchen in Indien, im National Museum of Natural History in Washington D.C. Ruhe gefunden hat? Am Florentiner, erstmals erwähnt wurde der gelbe Diamant 1477, sollen ebenfalls Blut und Tränen kleben. Auf Umwegen gelangte er in den Besitz der Habsburger, die ihn nach dem Ersten Weltkrieg ins Schweizer Exil retteten, wo er geraubt wurde und seither als verschollen gilt. Der Violette Kaiser Maximilian hat seinem Besitzer Unglück beschert. Der Kaiser von Mexiko wurde nach kurzer Regentschaft erschossen. Kaum hatte Aga Khan den Golden Dawn für seine Frau in London ersteigert, starb sie unerwartet mit achtunddreißig Jahren.

Interessanterweise hat sich bisher kein südwestafrikanischer Diamant als Unglücksstein gezeigt. Im Gegenteil, ein äußerst seltener schwarzer Schatz soll bei einem entsetzlichen Sturm Schiff, Mannschaft und Passagiere vor dem Untergang gerettet haben, nachdem die Besitzerin den Stein dem wütenden Meer geopfert hatte.

»Der größte je gefundene Rohdiamant«, erzählt Rinus, »kommt aus Südafrika. Es ist der Cullian mit 3106,7 Karat. Er wurde 1905 gefunden, in einhundertfünf Steine gespalten und geschliffen. Neun der größten Stücke befinden sich unter den britischen Kronjuwelen. Im Jahr 2015 wurde der zweitgrößte Stein, der Lesidi La Roma, ein Lucara-Diamant mit 1111 Karat, in Botswana geborgen. Seine Versteigerung fand gerade erst statt.«

»Ist es nicht so, dass die ersten verbürgten Funde aus Indien stammen? Und Inder die Ersten waren, die aus den eher unscheinbaren Fundstücken durch stetiges Polieren leuchtende Steine schufen?«

»Das war vor über zweieinhalb Jahrtausenden. Die ungeheure Härte machte den Künstlern zu schaffen. Diamanten besitzen die Härte zehn, die höchste Stufe auf der Mohsschen Härteskala. Er vermag alles auf der Erde zu ritzen. Das ist erstaunlich, denn er besteht genauso aus reinem Kohlenstoff wie der weiche Grafit. Im Gegensatz zu diesem ist er unter gewaltigem Druck, bei hohen Temperaturen im Erdinneren kristallisiert. Die Herstellung synthetischer Diamanten lässt ahnen, welcher Druck auf die natürlichen wirkte. Seit 1955 können im Hochdruck-Hochtemperatur-Verfahren Industriediamanten hergestellt werden. Dabei wird Grafit in einer Presse bei Drücken um sechzigtausend Bar und Temperaturen von dreitausend Grad Celsius gepresst. Der Vorgang dauert mehrere Wochen. Dennoch haben auf diese Weise hergestellte Steine nicht annähernd die Güte von Naturdiamanten und sind im Schmuckhandel unbrauchbar.«

»Wann wird aus einem Diamanten ein Brillant?«, möchte ich wissen.

»Dazu muss man wissen, dass die Härte des Diamanten in verschiedenen Kristallrichtungen unterschiedlich wirkt. Diese Erkenntnis macht es möglich, Diamant mit Diamant zu schleifen. Im Schleifmaterial, dem Diamantpulver, liegen die Kristalle in allen Richtungen. Somit wirken auch die härteren Partikel auf den zu schleifenden Körper. Mit der Schleiftechnik entwickelte sich ein für Diamanten charakteristischer Schliff, dessen Merkmal sind mindestens zweiunddreißig Facetten mit einer Tafel im Oberteil. Der untere Bereich des Steines besteht aus einer Rundlinse mit minimal vierundzwanzig Facetten. Nur auf diese Weise geschliffene Diamanten dürfen Brillanten genannt werden. Die Qualität eines Brillanten wird nach den vier C ermittelt: *Carat, Color, Clarity und Cut.*«

»Wie viel ist ein Karat?«

»Genau null Komma zwei Gramm. Die Maßeinheit hat ihren Ursprung in Griechenland, sie geht auf die Bezeichnung für Samen des Johannisbrotbaums, *Ceratonia siliqua*, zurück. Im Altertum wurde deren gleichmäßige Körnung als Gewicht verwendet.«

Die Gier der Menschheit nach Diamanten und Gold geht mir durch den Kopf, als ich über das lichtglitzernde Windhoek schaue, dazu das Funkeln des teuren 2008er De Grendel Rubaiyat in unseren Gläsern sehe. Und an die *klippies* in der Hand des Afrikaners denke. Diamanten und Gold waren nur Fürsten, dem Klerus und Göttern vorbehalten. Um in ihren Besitz zu gelangen, wurden Kriege geführt und zahllose Morde begangen. Und dennoch gab es einen Diamanten als Friedensstifter. Shah Jahan war einer der bedeutendsten Großmoguln und berühmt für seine Prunksucht. Sein Pfauenthron genoss märchenhaften Nimbus, hing doch von seinem Baldachin ein länglich geschliffener Stein herab, der so herrlich war, dass er als König der Diamanten bezeichnet wurde. Als Schah-Diamant ging er in die Geschichte ein. Im Jahr 1739 überfiel der Perserschah Nadir, der Grausame, Delhi. Als Kriegsbeute requirierte er den Pfauenthron und ließ ihn nach Teheran transportieren, wo der märchenhafte Schah neunzig Jahre verweilte. Russland drohte mit Krieg, als sein Botschafter Gribojedow in Teheran ermordet wurde. Um diesen abzuwenden, schickte Persiens Herrscher seinen Sohn mit dem besagten Diamanten als Gastgeschenk nach Moskau. Der Zar konnte dem Schah nicht widerstehen: Es gab keinen Krieg. Heute befindet sich der einhundertsechzehn Karat schwere Stein in der Ausstellung des Staatlichen Diamantenfonds im Moskauer Kreml.

»Wann ging's eigentlich los mit dem Diamantengeschäft in Afrika?«

»Die Geschichten über den Beginn variieren ein bisschen. 1866 soll ein fünfzehnjähriger Junge, Erasmus Jacobs, am Ufer des Oranje bei Hopetown einen Stein gefunden haben, der als Eureka-

Diamant Geschichte machte. Seine Mutter soll ihn einem Nachbarn überlassen haben, der ihn schließlich dem Handelsreisenden O'Reilly übergeben habe, damit dieser prüfe, um was es sich handle. Der Stein wurde als Diamant identifiziert und 1867 auf der Pariser Weltausstellung gezeigt. Andere sagen, O'Reilly selbst habe den Stein entdeckt, als er mit ›Kieseln‹ spielenden Kindern zusah. Im Grunde ist es auch egal, auf jeden Fall lösten dieser und weitere Zufallsfunde einen Run aus. Südafrikanische Farmen wurden von Spekulanten erworben, in kleine Parzellen geteilt und als Claims an Schürfer verpachtet. 1869 brach das Diamantenfieber so richtig aus. Im Zuge dessen wurde die Vooruitzicht Farm der Brüder de Beers bedrängt. Das vor zehn Jahren für fünfzig Pfund erworbene Gehöft verkauften sie für sechstausend Pfund – dennoch ein schlechtes Geschäft, weil auf ihrem Land zwei Diamantenadern entdeckt wurden, von denen noch heute eine ausgebeutet wird. Rasch entstand Kimberley, eine Stadt mit um die zehntausend Bewohnern, in der es von Spielhöllen, Kneipen, Bordellen nur so wimmelte. Eine Stadt des Diamantenrauschs.«

»Wie gelangten die Diamanten in dieses Gebiet?«, will ich mir noch mal bestätigen lassen.

»Streng genommen befinden sich Diamanten in drei Lagerstätten. Primärstätte ist das Erdinnere in einhundertfünfzig Kilometern Tiefe. Vulkanschlote oder Durchschlagröhren sind sekundäre, ausgespülte Fundstellen in Flüssen oder an Küsten sind tertiäre Stätten. In der Kimberley-Mine gewannen die Mineure Diamanten aus der Durchschlagröhre, die Vulkanausbrüche vor rund achtzig Millionen Jahren geschaffen und dabei die Kostbarkeit an die Erdoberfläche geschleudert hatten. Die Mine wurde 1914 stillgelegt, nachdem vierhundert Meter tief gegraben und nahezu dreitausend Kilogramm Rohdiamanten gefördert worden waren.«

Ich nippe am Rotwein und frage mich, wie die Akteure Cecil Rhodes und Ernst Oppenheimer ins Spiel kamen.

»Die kleinen Schürfer hatten in dem Geschäft doch keine Chance. Wie kamen die Großen auf den Plan?«

»Das ist eine recht spannende Story, die uns dann bald zu den Diamanten Namibias führt: Rhodes tauchte 1871 in einem Ochsenkarren an den Diamantenminen von Kimberley auf. Bei sich hatte er Pakete voller Hustenpillen. Er litt an Tuberkulose. Südafrika sollte eine Art Sanatorium für ihn sein. Während Bruder Herbert sich um seine Baumwollplantage kümmerte, warf Cecil, mit seinem Kumpan Charles Rudd, ein Auge auf die Grubenaktivitäten. Doch schon bald verlagerte Cecil seine Energie auf politische Betätigungsfelder. Er strebte nach Macht und für Großbritannien wollte er den Einfluss im südlichen Afrika erweitern. Charles Rudd wurde im Minenbusiness sein Geschäftsführer. Gemeinsam kauften sie die De-Beers-Claims und gründeten mit einem Kapital von zweihunderttausend Pfund die De Beers Mining Company Ltd. Sozusagen als ungebetener Überraschungsgast erschien ein Barney Barnato auf der Bildfläche. Der Sohn eines Trödlers stammte aus Whitechapel, dem Londoner Elendsviertel. Ausgerüstet war er mit viel Bauernschläue, wenig Skrupel, dafür exorbitanten Diamantenkenntnissen. Niemand wusste, wo sich Isaac, wie der Bursche eigentlich hieß, dieses Wissen angeeignet hatte. Kaum im Diggergebiet Südafrikas angekommen, begann er, kleine Diamanten in Kommission zu übernehmen und zu verkaufen. Das Geschäft florierte. Mit dem Gewinn erwarb er Claims im Umfeld der Kimberley-Mine. Isaac stieß auf eine Diamanten führende Schicht und wurde innerhalb eines Jahres Millionär, aber auch zum gefährlichen Konkurrenten von Rhodes und Rudd. Nachdem sich die Unternehmer mehrere Jahre bekämpften, verständigte man sich auf die Gründung eines Diamantenmonopols, um die Preise stabil zu halten. Die Minenaktivitäten beider Firmen verschmolzen zu De Beers Consolidated Mines.«

»Damit waren Rhodes und Isaac, alias Barnato, die Diamantenkönige Afrikas«, bemerke ich.

»Ohne zu übertreiben, so war es. Der Emporkömmling aus dem Londoner Elendsviertel wurde bei der Konzerngründung Hauptaktionär und Direktor auf Lebenszeit. Cecil Rhodes kaufte ihm dann seine Aktivposten mit einem Scheck über 5.338.650 Pfund ab.«

Ein nettes Sümmchen. Ich überschlage den Betrag und komme auf rund fünfzig Millionen Euro. Die USA haben 1867 Alaska für sieben Komma zwei Millionen Dollar Russland abgekauft, das wären etwa achtzehn Millionen Euro. Damit hat sich Rhodes mit dem höchsten jemals ausgestellten Scheck die Konkurrenz vom Leib gekauft.

»Cecil Rhodes dachte weiter. Um die Diamantenpreise stabil zu halten, musste er neben der Produktion auch den Verkauf unter Kontrolle bringen. Daher garantierte er einem Syndikat aus führenden Diamantenhändlern die Preise. Unter den Händlern befanden sich drei Anteilseigner von De Beers sowie Anton Dunkelsbuehler. Der wiederum hievte seinen Neffen, Ernst Oppenheimer, den späteren Sir Ernest, auf die Bühne. Ernst war Deutscher, absolvierte in der Firma Dunkelsbuehler & Company, London, eine Lehre, in der er Wissen im Diamantengeschäft erwarb. Unterdessen festigte sich in Südafrika das Diamond Syndicate, die Central Selling Organisation, kurz CSO. Sie hatte bis 2001 Bestand. Cecil Rhodes starb, der zweite Burenkrieg ging zu Ende. 1902 wurde Ernest Oppenheimer dann als Repräsentant des Edelsteinhändlers Dunkelsbuehler nach Kimberley geschickt, wo er Karriere als Stadtrat und Bürgermeister machte. Außerdem festigte er seine Position im Syndikat. Dass Deutschland in der Namib 1908 Diamanten fand und diese zu besseren Konditionen über ihre Diamanten-Regie in Berlin verkaufte, erkannte Ernest als Bedrohung, konnte vorerst aber nichts dagegen unternehmen. Der Erste Weltkrieg machte Absprachen zunichte. Berlin umging damals den großen Londoner Diamantenmarkt, indem Schleifereien in Antwerpen direkt beliefert wurden. Im Ergebnis lösten Direktverkäufe der Deutschen im diamantenabhängigen Südafrika eine Wirtschaftskrise aus.«

»Und wie bekam man sie in den Griff?«

»Oppenheimer wäre nicht Oppenheimer, hätte er dem Treiben tatenlos zugesehen. Er kaufte, was er kriegen konnte: Diamantengebiete, Minengesellschaften, Lagerstätten verschiedener Bodenschätze. Herbert Hoover, der Finanzmakler und spätere amerikanische Präsident, vermittelte ihm die nötigen Kredite beim New Yorker Bankhaus Morgan. Auf diese Weise konnte Ernest die Anglo American Corporation of South Africa Limited gründen, deren Präsident er wurde. Mit Kapital gut ausgestattet, erwarb er nach dem Ersten Weltkrieg die Diamantenkonzession für Südwestafrika und formte aus der Deutschen Diamanten-Regie die Consolidated Diamond Mines of South West Africa.«

»Klar, Deutschland verlor nach 1918 all seine Kolonien, der Südafrikanischen Union wurde die Schutzherrschaft über ehemals Deutsch-Südwest übertragen, so erhielt Oppenheimer Zugang zu den Steinen an der Atlantikküste.«

»Damit war Ernest nicht zufrieden. Er wusste um den fragilen Diamantenmarkt, dessen Preise gefährlich ausschlugen und bei immer teureren Schürfkosten in einer Baisse existenzbedrohend werden konnten. Vorerst erwarb Oppenheimer weitere Claims in Rhodesien, Angola, im Kongo. Zusätzlich vergrößerte er zielstrebig sein Paket an De-Beers-Aktien. Was war aus dem tolpatschigen Lehrling Ernst, deutscher Abstammung, geworden, über den sein Lehrmeister frotzelte, besonders helle scheine er ihm nicht zu sein: Generaldirektor von Anglo American, Präsident von De Beers, Parlamentsabgeordneter der Südafrikanischen Union. Der König von England, Georg V., erhob ihn in den Adelsstand. Die große Wirtschaftskrise um 1930 zwang Sir Ernest, erneut zu handeln. Um einen Preissturz zu verhindern, drosselte er die Produktion, gleichzeitig kaufte er die Diamantenmärkte leer und gründete ein Monopol, die Central Selling Organisation. Sie bestand aus einem Club von einhundertachtzig Mitgliedern, die den weltweiten Diamantenhandel bestimmten. – Oppenheimers Liebe und Leidenschaft waren Diamanten. Seine Steine eroberten die Märkte weltweit. *A diamond forever*, jeder wollte einen besitzen. Wegen der Unvergänglichkeit? Wegen seiner funkelnden Kraft? Sir Ernest, ein zum Christentum übergetretener Jude, hinterließ 1957 seinem Sohn Harry ein weltumspannendes Syndikat, das alles überstand: Rezessionen, Kurseinbrüche, Streiks, Sanktionen aller Art ...«

»Sir Ernest«, unterbreche ich Rinus, »ein rücksichtsloser Monopolmanager, der durch feindliche Übernahmen, Horten, Verknappen, Hedgen den Rohstoffmarkt kontrollierte?«

»Ach, weißt du, es ist das Leid des Erfolgreichen, nicht nur bewundert zu werden. Er war ein früher Global Player mit außerordentlichem Geschick.«

»Wie ging es mit der Oppenheimer-Dynastie weiter?«

»Sohn Harry tritt 1931 ins Imperium seines Vaters ein, das durch ein Netz von Kapital- und Unternehmensbeteiligungen für Außenstehende undurchschaubar geworden war. Harry Frederick leitete bis 1982 den Bergbaukonzern Anglo American sowie De Beers Consolidated Mines. Mit Diamantenlieferungen nach Israel unterstützte er die dortigen Manufakturen, das Gros befindet beziehungsweise befand sich ja in Antwerpen, Amsterdam, Idar-Oberstein und anderen Orten. Mittlerweile werden fünfundneunzig Prozent der weltweit verkauften Diamanten im indischen Bundesstaat Surat geschliffen. Mit nicht ganz so glücklicher Hand stieg Harrys Sohn Nicholas, genannt Nicky, ins Bergbau- und Diamantengeschäft ein. 1983 wurde er Vizepräsident von Anglo American. Den Vorsitz bei De Beers musste er nach unternehmerischen Fehlentscheidungen abgeben. Bis auf einen Restposten verkaufte Nicky seine De-Beers-Anteile für fünf Komma eins Milliarden Dollar an Anglo American. Die Leitung von Anglo American musste er einem Amerikaner überlassen. Der Einfluss der Oppenheimer-Dynastie ist zwar geschmolzen, aber längst nicht dahin. Sie hält noch vierzig Prozent an Anglo American. An dem Unternehmen ist auch Botswana beteiligt. Die Central Selling Organisation, von Ernest gegründet, wurde aufgelöst. Das hängt unter anderem mit dem von den USA erhobenen Vorwurf der Kartellbildung zusammen.«

»Schon erstaunlich. Die Oppenheimers haben fast hundert Jahre den Welthandel mit Rohdiamanten beherrscht. Auch gibt es keine Branche, die dermaßen von einer Familie dominiert wurde und in der jeglicher Wettbewerb unterbunden war. De Beers diktierte bis in die Neunzigerjahre des 20. Jahrhunderts fast neunzig Prozent des Welt-Diamantenhandels, damit die Verteilung im und Preisgestaltung für den gesamten Markt. Die Central Selling Organisation war der Inbegriff eines Kartells mit Monopolfunktion. Kein Wunder, dass das Oppenheimer-Syndikat irgendwann mit den amerikanischen Anti-Trust-Gesetzen kollidierte.«

Rinus nimmt einen Schluck des edlen Roten, lässt ihn genüsslich über die Zunge gleiten und meint:

»Die Zeiten haben sich geändert. Der Diamantenmarkt wird von anderen Kräften bestimmt, seit Russland mit großen Vorkommen mitspielt.«

»Wie ging es in Südwest weiter?«

»Kimberleys Minen sind nahezu erschöpft. De Beers hat seine Aktivitäten nach Namibia, Botswana, in den Kongo und nach Australien verlagert. Noch vor dem Ersten Weltkrieg kam ein Geologe, Professor Robert Scheibe, auf die Idee, Diamanten auch auf dem Meeresgrund zu suchen. Einer, der die Theorie in die Tat umsetzte, war der texanische Ölmillionär Sam Collins. Er gründete die Marine Diamond Corporation, erwarb eine Meereskonzession vor der Küste Südwestafrikas und ließ Spezialschiffe bauen, um Meeresdiamanten zu fördern. Tatsächlich wusch er wohl tausend Karat pro Tag aus der tobenden Küstensee – bis das Drama geschah: Furchtbare Brandungsbrecher zerschlugen die Schiffe, es gab Tote und Verletzte. Das mit viel Optimismus gestartete Projekt wäre grandios gescheitert, hätte Harry Oppenheimer es nicht unter seine Fittiche genommen. Er legte es erst einmal auf Eis, suchte andere Wege, an den Schatz im Meer zu gelangen. Wiederum ein deutschstämmiger Geologe, Hans Merensky, fand 1926 Diamanten in der Alexander Bay, die bisher ertragreichste Ablagerung von Schwemmlanddiamanten. Das war die Stunde des Harry Oppenheimer, die Consolidated Diamond Mines of South West Africa gründeten die Siedlung Oranjemund. Bis 2011 war die Stadt, deren Bewohner ausschließlich mit der Diamantengewinnung beschäftigt sind, Eigentum des Unternehmens und für Unbefugte verbotene Zone. Zwischenzeitlich sind Ortsbesichtigungen nach vorheriger Anmeldung, mit Passierschein und strengen Kontrollen möglich.«

»Wie gestaltet sich der Ertrag heute?«

»Sehr gut. Zwischen Oranjemund und Pomona werden die hochwertigsten Diamanten der Welt gefunden. Das hängt mit der weiten Reise zusammen, die sie zurückgelegt haben, und der an den Steinen stetig modellierenden See. Nach der Unabhängigkeit Namibias 1994 wurde aus den Consolidated Diamond Mines die Namdeb gegründet, die zu gleichen Teilen dem Staat Namibia und De Beers gehört. Onshore- und Offshore-Aktivitäten wurden 2011 in der Namdeb Holding gebündelt. An deren Verwaltungsgebäude haben wir uns getroffen. Namdeb ist Namibias größter Steuerzahler, Exporteur und Arbeitgeber. Wir nehmen im Land eine Schlüsselposition ein. Neu ist, dass wir in Okahandja die Namgem betreiben, die erste Diamantenschleiferei Namibias, die Produkte internationalen Niveaus anbietet.«

»Wer führt die Namdeb eigentlich?«

»Seit 1999 Inge Zaamwani-Kamwi. Eine toughe Geschäftsfrau aus Namibia, die an bekannten Universitäten studiert und eine beeindruckende Karriere gemacht hat. Sie gehört zu den fünfzig einflussreichsten Persönlichkeiten Afrikas.«

»Wie muss ich mir die Produktion vor Ort vorstellen?«, frage ich.

»Ich verrate keine Geheimnisse, wenn ich sage, dass wir etwa eins Komma sieben Millionen Karat im Jahr abbauen, davon eine Million im Meer. An der Oranje-Mündung arbeitet die Namdeb mit rund achttausend weißen und schwarzen Angestellten, die in Oranjemund umsorgt, sozial betreut, wie in einem Diamantenkäfig untergebracht sind. Zur Gewinnung der Steine sind riesige Erdbewegungen notwendig. Die diamanthaltige Kiesschicht liegt etwa zwanzig Meter unter dem Meeresspiegel. Um Edelsteine im Brandungsbereich zu schürfen, wird seit einigen Jahren der Atlantik mit künstlichen Deichen auf Abstand gehalten. Den Sand über den Lagerstätten tragen gewaltige Schaufelradbagger ab, die pro Stunde achthundert Kubikmeter bewegen. Die Küste vor der Stadt musst du dir wie ein Industrieareal im Wüstensand vorstellen. Bagger rotieren, Schürfkübel von Caterpillar ziehen ihre Bahn, Förderbänder laufen, Siebe rütteln und schütteln, Halden werden abgetragen. Diamantenhaltiges Geröll läuft durch mehrere Sortiergänge. Man kann sagen, dass einhundert Tonnen Sand bearbeitet werden müssen, um ein Karat Diamanten zu gewinnen. Damit kein Diamantkörnchen verborgen bleibt, werden Ritzen und Spalten im Gestein mit Besen und Schaufel per Hand bearbeitet. Ja, da wird ein gigantischer Aufwand getrieben, um an die unscheinbaren Steine zu gelangen, die mal als funkelnde Klunker die Dekolletés der Damenwelt schmücken sollen. Du stehst wie ein verschüchterter Gnom zwischen all den monströsen Maschinen und Apparaten, die die Wüste durchwühlen, umschichten, filtern, und fragst dich, das ist es, was einst Glücksritter, heute nüchterne Rechner zu solchen Taten veranlasst? Sind es Gewinne, die eine Fiktion, einen Traum ermöglichen? Die Fiktion heißt Vertrauen. Vertrauen auf ewigen Wert, ewigen Bestand, das Diamanten und Gold nun einmal genießen. Oder ist es eine undefinierbare Macht? Ich bin nun so viele Jahre in dem Business, dennoch weiß ich es

Industrielles Diamantenschürfen im Tagebau bei Oranjemund

nicht. Harry Oppenheimer wurde häufig gefragt, was ihn im Diamantengeschäft antreibe. Seine Antwort: Ein großes Geschäft, wie andere große Geschäfte, vielleicht etwas romantischer. Und es sei das Feuer der Diamanten. Es sei auf eine Art lebendiger. – In der Mine laufen die Bänder weiter bis an die Endstation in einem hermetisch abgeriegelten Gebäude, wo im letzten Arbeitsgang von Vertrauenspersonen Rohdiamanten ausgelesen und vorsortiert werden.«

»Versucht niemand, Steine aus der Mine zu schmuggeln?«

»Natürlich – und was hat man nicht schon alles angestellt: Diamanten in Schuhen mit ausgehöhlten Absätzen versteckt. Bibeln mit präparierten Rücken wurden sichergestellt, Cola-Dosen mit doppeltem Boden. Oberschlaue Schmuggler schossen Pfeile mit Steinen über die Absperrungen. Röntgenbilder zeigten einzeln verschluckte Diamanten im Darm oder gleich ein halbes Dutzend verpackt in einem Kondom. Spektakulär war der Schmuggel mit einer Brieftaube. Diebe befrachteten den Vogel dermaßen mit Diamanten, dass er kaum abheben konnte. Die Security verfolgte die torkelnde Flugbahn und verhaftete die Diebesbande am Zielort. Der Überwachungsapparat ist perfekt, aus den Minen kommt keine Schmuggelware heraus. Im Übrigen können Zechenarbeiter zwar per Zufall in den Abbaufeldern Diamanten finden, doch ansonsten erfolgt die Produktion in einem geschlossenen System, die Karatausbeute ist jedem ungewollten Zugriff entzogen. Ein Radarstrahl ortet den Stein, Gebläse fegt ihn auf ein separates Band. Sichtbar wird er hinterm Panzerglas, wenn er am Vorsortierer vorbeigleitet, der mit Pinzette und Händen in fest montierten Handschuhen Feinarbeit leistet.«

»Du warst doch auch mal in der Produktion tätig. Wo war das?«

»Während eines Praktikums wollte ich das On- und Offshore-Geschäft kennenlernen. Mit modernstem Gerät wird ja wieder um Pomona geschürft. Glücksritter aus der Pionierzeit wurden ersetzt durch Geologen, Ingenieure und Kalkulatoren, die das diamanthaltige Gestein analysieren, um die Jahresproduktion zu bestimmen. Liegt sie unter einer bestimmten Karaterwartung, wird die Mine stillgelegt. Offshore sind Taucher auf Diamantenschiffen im Einsatz. Da gibt es die Shellow Water Concession. Dort wird in rund dreißig Metern Tiefe vor der Namibküste im kalten Wasser der Meeresboden abgesaugt. Wie mit einem Mordsstaubsauger. Ein verflucht harter Job. An Bord sortiert die Besatzung das geschürfte Material auf Schüttelsieben vor. An Land untersucht der Namdeb-Konzern das Geröll wie im Onshore-Geschäft akribisch auf Diamanten.«

»Spannend, die Diamantenstory«, bemerke ich, »doch jetzt muss ich alles erst mal verarbeiten.«

Wir prosten uns zu: »Cheers!«

Schweigend genießen wir die Nacht über den Dächern von Windhoek. Dann kommt mir eine Idee im Land der edlen Steine. Dort, wo allein in der Elizabeth Bay täglich etwa tausend Karat, also zweihundert Gramm, gefunden werden, wo in namibischem Hoheitsgewässer nach Expertenschätzung noch mindestens zwei Milliarden Karat lagern sollen: Aus diesem Land muss ich meiner Frau nach langer Reise etwas kleines Funkelndes mitbringen. Wäre das nicht ein angebrachtes Souvenir?

»Kannst du mich beim Kauf eines Ringes beraten?«, frage ich geradeheraus.

»Okay, warum nicht? Wir gehen ins The Diamond Works, gleich beim Namibia Craft Centre. Die Auswahl dort ist recht gut. Außerdem habe ich morgen noch eine Überraschung für dich.«

Das Craft Centre befindet sich in der Tal Street, Ecke Garten Street, in einer ehemaligen Bäckerei, dem The Old Breweries Building. The Diamond Works Institute ist am Emblem gut zu erkennen: ein Zahnrad, in dem sich auf weißem Feld ein Brillant befindet. Rinus ist in der Mittagspause rasch herbeigekommen. Eine Empfangsdame führt uns durch Werkstätten, in denen Rohdiamanten von Facharbeitern, den Cuttern, gespalten werden. Den finalen Schliff erhält der Stein an einer zweitausendfünfhundert Touren drehenden, mit Diamantgranulat beschichteten Scheibe. Alles geschieht hinter Glaswänden in hermetisch abgeschlossenen Räumen. Da arbeiten hochkonzentrierte Experten, die sich keine Fehler erlauben dürfen. Rinus ist im Haus bekannt. Er berichtet, dass das 2001 gegründete Institut mehrere Filialen unterhalte und die Zentrale in Kapstadt sei. Ich schaue einem Cutter interessiert über die Schulter.

Rinus: »Das Spalten ist eine hohe Kunst. Der Stein wird gekerbt, als Nächstes bekommt er mit einem Spezialmesser den entscheidenden Schlag. Heute wird statt Schlagens weitgehend die risikoärmere Sägetechnik eingesetzt.«

Wir werden an ein Ausstellungsstück geführt, das ins Staunen versetzt. Ja, ein schon fast riesiger polygonaler Diamant wird da ungesichert präsentiert.

»Das ist der sagenhafte Cullinan. Mit dreitausendeinhundertsechs Karat, der größte bisher gefundene Rohdiamant«, erklärt Sabina, die Empfangsdame.

Ich stutze. Den Cullinan gibt's doch nicht mehr als ganzen Stein. Sabina klärt auf: »Das ist ein Replikat aus Kristallglas.«

»Nach intensiven Studien zur Struktur des Steines wagte sich Joseph Asscher 1908 in Amsterdam an die Spaltung. Anwesend waren zwei Krankenschwestern und ein Arzt. Der Stress war extrem. Der berühmte Cutter lag nach getaner Arbeit monatelang mit einem Nervenzusammenbruch im Krankenhaus«, erzählt Rinus.

Allmählich gelangen wir an Vitrinen mit Verkaufsware. Die charmante Sabina zieht sich zurück, überlässt einem Verkäufer das Feld. Dem sprudeln die Kaufargumente – Anlage fürs Leben, Wertsteigerung, unvergängliche Schönheit, die jede Frau und so weiter und so fort – nur so über seine Lippen. Dabei zieht er Colliers, Armbänder, Broschen aus den Regalen, mit denen Donald Trump seiner Melania Freude bereiten könnte. Ganz langsam, eher verhalten, bietet der eloquente Verkäufer Schmuck an, der sich meinem Portemonnaie nähert. Als ich an einem Ring verweile mit einem kleinen Stein, in Weißgold gefasst, spüre ich seine Enttäuschung körperlich.

»Auch ein nettes Stück für das Fräulein Tochter«, sagt der Afrikaner fast mitleidig. Ich ignoriere die Herablassung. Rinus findet das Verkaufsgespräch sehr unpassend. Er holt eine Lupe aus der Jackentasche und inspiziert drei Ringe ähnlichen Entwurfs mit funkelnden Halbkarätern. Nach genauer Betrachtung bei zehnfacher Vergrößerung wiegt er den Kopf und meint:

»Nimm diesen. Die Reinheit liegt bei VS2, das heißt Einschlüsse sind erkennbar, allerdings nur kleine. Die Farbe ist W, also Wesselton, weiß. Nun zum Schliff, der das Feuer erzeugt: Der Brillantschliff ist gut, mit kleinen Proportionsabweichungen in Krone, Gürtel und Pavillon. Siebenundfünfzig Facetten sind vorhanden.«

Ich frage den Verkäufer nach dem Preis. Rinus nickt. Der Ring wird in einem Samtkästchen versenkt. Ich verlasse als stolzer Besitzer eines Brillantrings das Institut.

Draußen meint Rinus: »In The Diamond Works kann man nicht handeln. Doch mit dem Stück hast du nichts verkehrt gemacht. Die beiden anderen Ringe hatten größere Mängel.«

»Brillantkauf ist nichts für Laien. Danke für deine Hilfe!«

»Gern geschehen. Es wird immer vergessen, dass zwischen Wert und Preis eine Differenz von mindestens sechzig Prozent klafft. Also, wenn dein echter Schmuck mit einem Wert von zehntausend Dollar taxiert wird, erzielst du maximal einen Preis von viertausend Dollar. – So, nun werden wir gleich unser Allerheiligstes betreten«, antwortet Rinus und steuert seinen Wagen vor den schwarzen Klotz in der Independence Avenue. Das Foyer ist großzügig angelegt, angenehm klimatisiert. Mit dem Fahrstuhl schweben wir in eines der oberen Stockwerke und landen im Hochsicherheitstrakt. Nach diversen Sicherheitschecks kann ich einen Raum betreten, der mir staubfrei, ja antiseptisch vorkommt: ein

Reinraum wie bei der Chipproduktion. Nur fehlt den Angestellten der Mundschutz. Der Raum ist eine Halle mit langen Tischen, auf denen Häufchen mit Diamanten liegen. An den Tischen sitzen Männer und Frauen. Sie beugen sich über die Steinhäufchen, in der rechten Hand eine Lupe. Die Linke hält einen Stein, der wird gedreht, gewendet, von allen Seiten taxiert, schließlich einem anderen Häufchen zugeordnet. Deckenlampen tauchen die Arbeitsfläche in grelles Licht. Die Diamanten scheinen milchigweiß, wie trübes Kristall.

»Hier wird die Wochenproduktion aus dem Sperrgebiet geordnet. Die Sortierräume von De Beers zentraler Verkaufsorganisation befanden sich einst in London, wo Angestellte die Edelsteine in bestimmte Kategorien einordneten. Mehrere Male im Jahr trafen sich ausgewählte Kunden aus den Schleifzentren – New York, Bombay, Tel Aviv und Antwerpen –, um ihre Sortimente nach individuellen Wünschen zu erwerben. Heute ist der Diamantenmarkt komplizierter geworden«, erklärt Rinus.

Das Sortieren der Edelsteine in Windhoek

Gerade wird ein Häufchen gezählt. Ich werde auf einen größeren Stein aufmerksam gemacht. Einhundertneun Komma drei Karat soll er wiegen. Ich denke mal wieder an die Diamanten, die mir damals in Lüderitz der Schwarze angeboten hatte. Ich fühle die Erregung, die mich im Januar 1962 in den Bergen erfasste ... Und jetzt? Wo ist das Verlangen, nach dem großen Stein zu greifen, ihn zu entwenden oder besitzen zu wollen? Der Diamant ist nicht einmal schön. So matt, ohne Schliff liegt er auf dem Kunststofftisch, wie der Kopf eines verknoteten Champignons. Verflüchtigt haben sich Magie und Zauber.

»Der Stein wartet darauf, nach Gewicht, Farbe, Form und Reinheit in eine von über fünftausend Kategorien eingeteilt, gesägt, geschliffen, poliert zu werden, um am Hals einer Frau als Brillant zu funkeln. Achtundneunzig Prozent der namibischen Diamanten haben Schmuckqualität. Es sind die besten, die weltweit geborgen werden.«

»Granulat vom Feinsten!«, bemerke ich.

Als wir den Sortierraum verlassen, bleibt mir das Röntgen nicht erspart. In einer Nische des Korridors entdecke ich eine weibliche Holzfigur mit Krone, Grubenlampe und Kelch.

»Na, weißt du, was sie darstellt?«, fragt Rinus spitzbübisch.

»Die heilige Barbara, Schutzengel der Bergleute?«

»Richtig! Ein Überbleibsel aus Deutschland. Damit schließen wir mal die Diamantenstory ab.«

Nach Westen an die Küste

»**W**estward-ho!«, war der Schlachtruf der Kaphorniers. »West to the future«, riefen sich die Siedler und Goldsucher Nordamerikas zu. Nach Westen in die Küstenwüste, sage ich mir und habe Vorbereitungen dafür getroffen. Wenngleich Südwestafrika auf umgekehrtem Weg von den Weißen erschlossen wurde: Deutsche Kolonisten begaben sich von der Küste aus ins Landesinnere – nach Osten also.

Windhoek verlasse ich in bester Stimmung und gut ausgerüstet, wie ich meine. Es wird Zeit, der Stadt den Rücken zu kehren. Die Natur, Afrikas wilde Seele ruft ... Ich muss dem Ruf folgen. Rinus van der Veld geht seinem Job als Manager nach. Bill, der Handelsvertreter, fährt von Ort zu Ort, um seine Produkte zu verkaufen, und Tabea träumt in Katutura von einer Karriere als Künstlerin. Ich hatte mir in der Zwischenzeit die Füße auf den

Wegen zu Organisationen und Behörden plattgelaufen, um Permits für Parks und Gebiete zu ergattern, die nicht allgemein zugänglich sind, zumindest einer Anmeldebestätigung bedürfen. Namib Naukluft Park, Fish River Canyon, Skeleton Coast Park, Kaokoveld und andere Bereiche mehr sind ohne Gebühr und Passierschein längst nicht mehr zu besuchen. Von wegen: grenzenlose Weite Namibia! Für die Skelettküste und das Kaokoveld habe ich mich mit Spezialkarten eingedeckt. Man kann nie wissen, was einen erwartet. Der Nordwesten bis an den Kunene heran ist wie eh und je Namibias ›wilder‹ Garten.

Bei Caprivi Car Hire finde ich das richtige Fahrzeug: einen Toyota Land Cruiser mit permanentem Allradantrieb, zuschaltbarer Differenzialsperre, in äußerlich gutem Zustand, nicht zu mächtig, doch groß genug, um notfalls darin schlafen zu können. Vorsorglich befrachte ich den Wagen mit einer Ration unverderblicher Lebensmittel: Trockenfrüchten, Dauerwurst, ein paar Eintopfdosen. Wasser- und Dieselkanister befinden sich auch schon im Gepäckraum.

»Was verbraucht die Zwei-Komma-acht Liter-Maschine?«, frage ich den Schwarzen von Caprivi Car.

Werden die Tankstellen spärlich, ist der Verbrauch von Bedeutung.

»Das Werk gibt ihn mit sieben Komma zwei Litern Diesel an«, sagt er und muss selbst darüber lachen.

Die Schummelei bezüglich des Durstes der Fahrzeuge ist allseits bekannt. Das heißt, man rechnet sicherheitshalber mit knapp zehn Litern auf normalen Straßen und mit achtzehn in schwerem Gelände.

Nach Abschluss der Formalitäten schwinge ich mich hinters Steuer auf der rechten Seite. In Namibia herrscht wie überall im südlichen Afrika Linksverkehr.

»Gute *pad*!«, ruft der Namibier mir hinterher.

Mein Tagesziel ist Swakopmund. Zwei Straßen führen an die Küste: Die B1 stößt nach siebzig Kilometern bei Okahandja auf die B2, die in großen Zügen der Bahnlinie zweihundertachtzig Kilometer nach Westen bis Swakopmund folgt. Sie ist sehr gut ausgebaut. Ich entscheide mich für die andere, etwas längere Route über die C28. Sie ist nicht durchweg asphaltiert und führt durchs Khomas-Hochland, über den Bosua-Pass, am Witwatersberg vorbei an die Küste. Für die wirklich schwere *pad* kann ich die Fahreigenschaften des Toyota auf der Bergstraße schon mal etwas kennenlernen. Den Stadttrubel Windhoeks habe ich rasch hinter mir gelassen, ziehe oberhalb des eintausendsiebenundneunzig Meter hohen Kaiser-Wilhelm-Bergs vorbei am Geisterhaus Liebig. Das unbewohnte Herrenhaus steht seit fünfzig Jahren leer und passt in die hügelige Landschaft wie ein Toskanahaus an den Nordseestrand. Um 1912 war es als Wohnhaus für den Direktor der Deutschen Farmgesellschaft errichtet, bald aber dem Zerfall preisgegeben worden. Kaum sechzehn Kilometer weiter streife ich ein anderes Relikt aus vergangener Kolonialzeit: die 1890 erbaute Curt-von-François-Feste. Ein Minifort, zum Schutz der Ochsenwagentrecks erbaut. Soldaten der Schutztruppe hatten hier den Nachschubweg von der Küste ins Landesinnere zu sichern. Ein Standort, den sie nur im Suff ertragen konnten und scherzhaft »Trockenposten« nannten. Was ich vorfinde, sind verfallene Mauern, von Schießscharten unterbrochen. Die Khomas-Hochland-Straße schlängelt sich durch ein wild-romantisches Gebiet dem Bosua-Pass entgegen. Dann, den Scheitelpunkt erreicht, thront rechts der eintausendachthunderteinundsechzig Meter hohe Witwatersberg, während vor mir das Hochland abrupt abfällt, damit den Blick auf die Namib freigibt. Ich halte, setze mich an den Straßenrand und genieße den Blick in die Ebene. Kühler Westwind trägt feinen Sand wie Puderzucker heran. Nebel und Wolken wurden von der Sonne weggebrannt. Die Sicht ist klar und reicht weit über Dünen und unberührte Landschaft.

Mittagszeit. Die Sonne sticht aus azurblauem Himmel, es ist heiß, obwohl der Atlantik seine kühle Brise bis an den Pass schickt.

NACH WESTEN AN DIE KÜSTE

Ich muss gestehen, so am Rand des großen Sandmeers werden bei mir Emotionen geweckt. Die Namib, mit rund achtzig Millionen Jahren die älteste Wüste der Welt, ist meine Lieblingstrockenzone, zugleich einer der trockensten, unwirtlichsten Orte unseres Planeten und doch von erhabener Schönheit und großartigem Formenreichtum. In ihr können Tiere und Pflanzen überleben, weil sie sich über lange Zeit an die extremen Bedingungen angepasst haben. Als Aficionado bin ich in der Namib viele Meilen gewandert. Verglichen mit der Sahara ist die Küstenwüste klein: Zweitausend Kilometer lang, an der breitesten Stelle misst sie etwa einhundertfünfzig Kilometer. Ihre Fläche beträgt knapp einhunderttausend Quadratkilometer. Davon sind einunddreißigtausend Quadratkilometer UNESCO-Welterbe. In diesem Bereich haben sich auch die höchsten Wanderdünen aufgetürmt. Einige unter ihnen erreichen dreihundert Meter und mehr an Höhe.

Ich muss weiter, schließlich soll Swakopmund bei Tageslicht erreicht werden. Eine knappe Stunde später fahre ich unterhalb der bizarren Felsfomationen am Archer's Rock vorbei und passiere die Blutkuppe. Die Kuppe ist ein Granit-Inselberg, umgeben von Sandfeldern und Köcherbäumen. Der Name hat nichts mit Bluttaten zu tun, sondern mit der Sonne: Bei Sonnenuntergang nämlich leuchtet die Bergkuppe blutrot.

Gerade erreiche ich die D1903, eine *pad*, die nach Norden über das Swakop-Rivier ins Welwitschia-Gebiet führt. So nah an der Pflanzenwunderwelt der Namib werfe ich meinen ursprünglichen Plan über den Haufen, biege auf eine Piste ab, die in nördliche Richtung, in eine geheimnisvolle Ebene weist.

›Blühende Steine‹, uralte ›Pflanzenpolypen‹ und andere Sukkulenten der Namib

Die *pad* D1903 führt auf den Welwitschia Drive und direkt in die Welwitschia Moon Landscape. Eine Einöde von bizarrer Schönheit, die ich suchend durchschreite. Der Wagen steht verlassen weit hinter mir. Mein Blick ist auf eine Schotterfläche geheftet. Ich möchte eine Pflanze finden, die es nur in der Namib gibt, eine *Lithops*-Art. Ob sie noch vor Sonnenuntergang zu finden ist? ›Blühende‹ oder ›Lebende Steine‹ zu suchen ist etwa so schwierig, wie einen bestimmten weißen Kieselstein an einem Strand mit lauter hellen Steinchen zu entdecken.

Wenn sie blühen würden, könnte ich sie an ihren gelben, zart gefiederten Schälchen erkennen. Die Schotterhalde ist riesig ... Dann entdecke ich tatsächlich eine kleine Gruppe in voller Blüte. Hervorragend getarnt, stemmen sie sich zwischen gleich aussehenden Steinen hindurch ans Tageslicht. ›Blühende Steine‹ gehö ren zu den merkwürdigsten Pflanzen der Wüste. Hier wächst die Art *Lithops ruschiorum,* und die habe ich jetzt vor meinen Füßen. Der Volksmund nennt sie Hottentottenpopo. Die Pflanzen haben nur zwei dicke runde Blätter, die miteinander verwachsen sind. Die Verwachsung bildet eine Ritze, aus der jeweils nur eine Blüte treibt. Etwa siebzig *Lithops*-Arten sind bekannt, einige unter ihnen wachsen unterirdisch im Wüstensand. Sie besitzen am oberen Blattende ein ›Fenster‹, eine durchsichtige Stelle, durch die Licht einfällt. Ihre kleinen, herrlichen Blüten öffnen sich nur bei Sonnenschein.

Etwas westlich schieben sich erst zaghaft, dann bestimmt Ausläufer eines gelben Sandfelds über das taube, ausgeblasene Granitgeröll. Am Horizont raucht das Dünengebirge. Der Wind seufzt, reißt Flugsand über die Kämme, so als würden sie fortwährend rauchen. *Soo-oop-wa* nennen die Nama den Wüstenodem, der tonnenweise Sand von Luv über Lee fegt. Flugsand wird bis weit ins Land getragen. *Soo-oop-wa* – das ist das Lied der Namib.

Neben mir hat der Wind eine armdicke Wurzel freigelegt. Sie erinnert an einen Zopf, der sich aus dem Sand bohrt, aufbäumt und wieder darin verschwindet. Es ist eine Nara-Wurzel. Diese Saugvorrichtung muss tief in den Boden, bis ans Grundwasser reichen. Ich wende meine Schritte nach rechts, wo die dazugehörige Nara-Pflanze, *Acanthosicyos horridas,* wächst. Auch sie ist endemisch, also nur in der Namib anzutreffen. Es handelt sich um eine Gurkenart, die als verfilztes, stacheliges, fast blattloses Gestrüpp an Dünenhängen krallt. Ich greife in das trockene Gesträuch, ohne zu ahnen, dass mich die Pflanze schon bald aus einer höchst prekären Situation retten wird.

Dr. Friedrich Welwitsch hat sich dieser Wüstenpflanze als Erster wissenschaftlich genähert. Bei der Nara haben grüne, krüppelige Stämmchen die Photosynthese übernommen. Ihre bis auf Stacheln kahlen Äste reduzieren den Flüssigkeitsverlust. Das einzig Weiche an den Kratzbürsten sind junge Triebe, die von Straußen abgefressen werden, und die männlichen Blütenstände, an denen sich der Dünenkäfer, *Onymacris plana,* labt. Das Pendant der zweihäusigen Pflanze, die weibliche Blüte also, unterscheidet sich zu Beginn kaum von der männlichen. Später bilden sich jedoch unter den weiblichen Blütenkelchen Knoten, die einmal im Jahr zu kindskopfgroßen Melonen reifen. Im Spätsommer bieten die reifen Früchte Schakalen, Mäusen, Ziegen, Eseln, ja auch Menschen Nahrung. Damit das Melonenfleisch den Nama ein süßer Leckerbissen wird, kochen sie das entkernte Fruchtfleisch und gießen danach den gelben Brei in den Wüstensand. Die Sonne härtet die Masse und backt einen goldgelben, zuckrigen Kuchen, der in Walvis Bay oder Swakopmund als Delikatesse verkauft wird. Den Melonenkuchen hatte ich bereits bei den San kosten können.

Unglaublich anspruchslose Gräser lugen spärlich mal hier, mal dort aus dem Sand. An dem Halm der *Stipagrostis* kleben sogar Schildläuse, die emsig Saft aus dem Grashalm saugen. Ihre Ausscheidungen, ein süßes Sekret, liebt wiederum die Dünenameise, *Camponotus detritus,* und melkt die Schildlaus. In der Desert Ecological Research Unit Gobabeb hatte ich einst erfahren, dass der Läusenektar die Hauptnahrung dieses Insekts ist. Wahrscheinlich könnte die Ameise ohne die Schildlaus gar nicht in der Wüste leben. Ganz klar, dass ich die Wüstenforschungsstation, die heute Desert Research Foundation Namibia (DRFN) heißt, wieder einmal aufsuchen muss!

Im Geröllgebiet schweift mein Blick über nacktes Gestein, das an einigen Stellen grün und rot schimmert. Ich hebe einige Steine auf und erkenne, dass nicht die Steine bunt sind, sondern die Organismen, die auf ihnen sitzen. Wie Eiskristalle umgibt eine Gelbflechte den kleinen Doleritquader. Ein anderer Kiesel wird von einem spröden, trockenen Netzwerk in Grün umschlossen.

Flechten oder Lichen sind ein schönes Beispiel dafür, dass das Wunderbare nicht zuletzt im Schlichten, Unscheinbaren erkennbar wird. Man hat die Flechte als niedere Pflanze klassifiziert. Sie vegetiert jenseits der Grenzen normalen Daseins in den wüstesten Wüsten aus Sand, Fels oder Eis. Flechten existieren als Pioniere des Lebens, genügsamer kann kein Pflänzchen sein. Sie sind ein Naturwunder, möglich gemacht von den Namibnebeln. Ihr Alter? Lichen zählen zu den Lebewesen, die das höchste Alter erreichen, in Einzelfällen bis zu fünftausend Jahre. Der Organismus ist eine Verbindung, genauer das Ergebnis einer Symbiose, zwischen Algen und Pilzen. Das Schutz- und Stützkorsett bilden die Pilze. Für Nahrung und Kraft sorgen die Algen durch Photosynthese. In der Namib sind bisher über hundert Flechtenarten entdeckt worden. Viele davon sind endemisch und noch immer werden neue, unbekannte Organismen gefunden. Am stärksten ist in der Namib die flache Krustenflechte *Caloplaca* vertreten. Als Untergrund bevorzugt sie Steine. Andere Arten haben gröbere Profile, sind fransig und lassen kleine Antennen auswachsen. Ihre Farbpalette reicht von Weiß über Gelb, Rot, Grün, Braun bis Schwarz. Nach dem Nebel leuchten ihre Farben wie gelackt. Im Allgemeinen sind Flechten fest mit Steinen oder harten Gipsböden verwachsen. Die *Xanthomaculina convoluta* jedoch rollt als unstetes graues Knäuel auf dem Wüstenboden umher, immer vom Wind getrieben.

Teloschites capensis ist wohl die auffallendste Flechtenart. Sie reckt sich wie ein winziges rotes Korallenriff aus steinigem Untergrund. Hat sie Nebelfeuchte getankt, ist sie selten allein. Dann knabbern Schwarzkäfer, Grillen oder Ameisen an ihr. Trockenperioden allerdings machen Flechten einsam, kein noch so winziges Tier kümmert sich um sie. Monate, mitunter Jahre dämmern sie im Zustand der Trockenstarre scheintot dahin. Wird die Luft feucht, atmen sie auf, strecken sich und wachsen, aber kaum wahrnehmbar langsam, um weniger als einen Zehntel Millimeter pro Jahr. Mit einhundert oder zweihundert Jahren sind sie vielleicht handtellergroß. Doch immer sind sie auf dem toten Fels der Namib eine Augenweide. Flechten bilden das Glied zwischen einer toten und einer noch lebenden Wüste.

Angesichts der unscheinbaren Kleinode in der Mondlandschaft erinnere ich mich der Worte Mary Seelys, die viele Jahre Namibias Wüstenforschungsstation leitete:

»Die lebende Wüste mit ihren subtilen ökologischen Strukturen gilt es zu schützen und zu bewahren, dazu gehören Tiere, die höheren Pflanzen ebenso wie die Flechten.«

Mary Seely, eine Frau, die drei Viertel ihres Lebens in der Wüste geforscht und stets um die Erhaltung der ursprünglichen Landschaft mit allen Geschöpfen darin gekämpft hat, trat nach dem Tod von Dr. Charles Koch 1970 die Leitung der Forschungsstation an. Ich lernte Mary fünf Jahre später in Gobabeb am nördlichen Rand des Namib Naukluft Park kennen. Wir stapften manche Stunde durch den Sand, während sie mir die Komplexität der subtilen Wüstenökologie erklärte. Wie in einem Puzzle fügte sie Erkenntnis an Erkenntnis zu einem System, das beweist: Die Wüste lebt wirklich – als Extrembiotop. Ihre Worte klingen nach, als spräche sie gerade mit mir:

»Dem Menschen muss bewusst gemacht werden, wie empfindlich die Welt der Flechten ist. In Europa sind früher riesige Flechtenfelder zerstört worden, als man ihre Säuren für Parfüms und Antibiotika verwendete. Vielleicht ergeben neue Forschungen einmal, dass diese bescheidenen und doch so interessanten Pflanzen der Namib ein bislang unbekanntes, lebensrettendes Antibiotikum enthalten.«

Leichter zu finden, doch mindestens ebenso eindrucksvoll ist eine Pflanze, die einer vertrockneten, toten Krake gleicht, die da auf dem ariden Boden liegt. Ich bin geradezu umzingelt von diesen merkwürdigen ›Wesen‹. Bei näherer Betrachtung lebt es in ihrem Innersten.

Welwitschia mirabilis heißt diese urige Pflanze. Sie wächst in der Nebelzone und führt nicht nur unter Biologen und Botanikern die Liste der Namib-Sehenswürdigkeiten an. Seit ihrer Entdeckung 1859 durch den österreichischen Arzt und Naturforscher Dr.

In den Ausläufen der Namib: die *Welwitschia mirabilis*

Friedrich Martin Josef Welwitsch (1806 bis 1872) hat kein anderes Gewächs so viel Interesse geweckt und Rätselraten entfacht wie diese Pflanze.

»Ich hatte eine verbrannte, ausgedörrte Ebene vor mir, die hier und da von Pflanzen durchsetzt war, welche den Betrachter in eine ferne, urwelthafte Zeit versetzten. Ich kniete auf dem heißen Sand und starrte voller Verwunderung, denn ich glaubte, meine Phantasie betrügt mich. Ich sah eines der unfassbaren Gebilde Afrikas. Ich glaube, ich habe eine neue Art entdeckt«, lautet die Schilderung Welwitschs angesichts seines Fundes.

Das hatte er tatsächlich! Eine einzigartige Art sogar, die es auf der Erde nur in dem schmalen Streifen zwischen Swakopmund, dem Kaokoveld und Südangola in Küstennähe gibt. 1975 bekam die Entdeckung den offiziellen Beinamen *mirabilis:* ›wunderbar‹, ›erstaunlich‹. Einige der Pflanzen sind um eintausendfünfhundert Jahre alt und die großen mit einem Durchmesser von fünf Metern gar über zweitausend Jahre. Fünfzig Quadratmeter kann die Urpflanze an Fläche bedecken. Fast mit Ehrfurcht inspiziere ich die

Welwitschia. Die Blütenstände verraten, dass es sich um eine weibliche Pflanze handelt, ein mittelgroßes Exemplar von rund vier Metern. Ihr verkrüppelter, holziger Stamm mit Krone und Blütenständen ist nur dreißig Zentimeter hoch. Nachdenklich betrachte ich das Gebilde. Wie könnte es trefflich beschrieben werden? Vielleicht mit den Worten Professor Chris H. Bornmans. Bornman war Mitarbeiter des österreichischen Entomologen Dr. Charles (Carl) Koch, der 1962 die Forschungsstation Gobabeb gründete:

»Sie ist ein Gedicht, ein Drama, ein Gemälde, eine Skulptur und vor allem ein architektonisches Paradox. Die dauerhafte Welwitschia, die runzlige, alte Bewohnerin der Namib, zählt Jahre, wenn Menschen Tage zählen.«

Auf mich wirkt sie wie eine vertrocknete Riesenkrake, die vom Atlantik zufällig hierhergespült worden ist. Ganz recht, ein ›Pflanzenpolyp‹!

Ihre langen, steifen Blätter fühlen sich wie Leder an. Blattenden liegen im siebzig Grad Celsius heißen Sand und sind schwarzbraun verbrannt, während die Oberhaut im ersten Drittel dunkelgrün und von einer Wachsschicht überzogen ist. Die Blütenstände, etwa fünfzig lachsfarbene, aufrecht stehende Zapfen, werden von allerlei farbenfrohen Käfern und Wanzen umkrabbelt. Ich knie nieder und entdecke, dass sich vor mir eine kleine, farbige Wunderwelt auftut, die glauben macht, das Innere der Pflanze bewegte sich und lebte. Da existiert ein autarker Mikrokosmos, der im Detail noch lange nicht erforscht ist. Erst vor einigen Jahren ist das Gobabeb-Institut dem Geheimnis der Bestäubung auf die Spur gekommen. Die Welwitschia ist zweihäusig, männliche und weibliche Pflanzen stehen an einigen Standorten recht weit auseinander. So stellt sich die Frage, wie wohl die großen, klebrigen Blütenpollen weitergetragen werden. Der Wind kommt als Transporteur kaum in Betracht. Es sind Insekten, die diese Aufgabe übernehmen. Unter anderem wurde beobachtet, dass Blütenstaub an der haarigen Unterseite einer bestimmten Wespenart klebte, die somit für die Bestäubung der Welwitschia verantwortlich sein dürfte, aber auch Käfer oder Wanzen, etwa die Sechspunktwanze, kommen in Betracht. Eine männliche Pflanze produziert im Jahr zehntausend bis fünfzehntausend Samen, doch nur etwa zehn davon sind fruchtbar. Frühestens nach fünfzehn Jahren kann sich eine heranwachsende Welwitschia vermehren.

Trotz ihres langen und verzweigten Wurzelsystems bildet nicht das Grundwasser die Lebensader der Pflanze, sondern es sind die feuchten Nebelschwaden, die sich vom Atlantik her landeinwärts schieben. Die Nebelabhängigkeit der Welwitschia stellte man an den Blättern fest, die in schlechten Nebeljahren auffallende Altersrunzeln zeigten. Doch wie die dichte Blattoberfläche die Nebelfeuchte aufnimmt und verarbeitet, ist unbekannt. Die faserigen Blätter scheinen übrigens Säugetieren nicht besonders zu munden: Zebras knabbern zwar an ihnen herum, spucken die Stücke aber wieder aus. Nur in Zeiten großer Dürre ziehen manchmal Oryxantilopen und Nashörner aus dem Kaokoveld heran und fressen Blüten und Blätter so weit ab, dass nur noch etwas vom holzigen Stamm übrig bleibt ...

Nun hat mich die Nacht doch überrascht. Manch einer mag denken: Über den verdorrten Pflanzen ist ihm das Zeitgefühl abhandengekommen. Wohl wahr: Das Leben in der Todeszone hat für mich etwas Faszinierendes.

Ich beschließe, mein Lager neben den letzten Urpflanzen Afrikas aufzuschlagen. Zum Greifen nah funkeln die Sterne am Himmel. Ich habe Glück, diese Wüstennacht ist still, klar und herrlich, der Wind ein dezentes Säuseln. Das ist mehr als Romantik, das ist der Schöpfung ganz nah zu sein. Ich horche in die Dunkelheit. Leben sie? Atmen sie? Mir ist, als seien die ›Kraken‹ ringsum erwacht. Und auf einmal verstehe ich den Namen, den die Buren dem geheimnisvollen Wesen Welwitschia gegeben haben: *tweebaarkanniedood,* Zwei-Blatt-kann-nicht-sterben.

Ein Streifzug durch Swakopmund

Um auf die asphaltierte Fernstraße B2 zu gelangen, holpere ich auf steiniger Piste in nördlicher Richtung aus Mondlandschaft und Welwitschia-Ebene heraus. Eine gottverlassene Einöde, die vor vierhundertfünfzig Millionen Jahren in einer Feuchtperiode modelliert wurde, als sich der Swakop seinen Weg zum Atlantik bahnte, dann jedoch endgültig trockenfiel.

Erstaunlich, neben der *pad* sind noch alte Spuren der ersten Ochsenkarren zu erkennen. An der Bahnstation Rössing etwas südlich von Arandis stoße ich auf die B2. Die berühmt-berüchtigte Uranmine Rössing befindet sich unweit östlich. Sie hat den Abbau von Uranerz wieder aufgenommen und verstrahlt die Umwelt. Wäre Rössing eine x-beliebige Mine, würde sie mich nicht interessieren. Doch sie ist die größte Uran-Tagebau-Mine der Welt, für Namibia ein Wirtschaftsfaktor, also von Bedeutung. Ich muss an ihren Pforten stoppen. Der Betrieb ist weiträumig abgesperrt. Journalisten sind unerwünscht. Ich sehe endlos lange Förderbänder, Lkw-Kolonnen röhren auf dem Gelände oder verweilen vor himmelhohen Abraumhalden. Wachpersonal patrouilliert an hohen Zäunen. Wie und wo erhält man Informationen, die nicht nach umständlicher Anmeldung von gut geschulten PR-Hostessen gefiltert sind? Fünfzehn Kilometer trennen die Mine von der Bergbaustadt Arandis, ein Ort mit etwa siebentausend Einwohnern. Ich fahre an einem fahnengeschmückten Tor vorbei, auf dem in großen Lettern prangt: »Welcome to Arandis«. An einem Kreisel biege ich in die Stadt in der Wüste, übersichtlich angelegt, sauber, fast steril. Befestigte Straßen werden von künstlich bewässerten Palmen gesäumt. Irgendwo lese ich »*Rössing working for Namibia*«, dann etwas von Uran und Zukunft. Langsam rolle ich am Rathaus vorbei. In der Innenstadt steht ein abgewrackter Uran-Muldenkipper als museales Denkmal. Ich halte nach einem Bistro oder einer Bar Ausschau. Wie ausgestorben schmachtet Arandis in der Sonnenglut. Da baut ein Emblem mit dem Hinweis »Forward we survive – Arandis 1975« auch nicht auf. Immerhin, Rössing Uranium und dessen anglo-australischem Mutterkonzern Rio Tinto kann gute PR-Arbeit bescheinigt werden. Aber entspricht alles den Tatsachen?

Schließlich finde ich eine Bar. Argwöhnische Augen erkennen mich als neugierigen Fremden.

»Hi!«, rufe ich zum Nachbartisch mit zwei in die Jahre gekommenen Afrikanern. »Hier herrscht ja Grabesstimmung. Was ist los?«

Keine Antwort. Nach geraumer Zeit steht einer der beiden auf und verschwindet. Ich rücke zu dem Verbleibenden und erfahre mit viel Geduld und vorsichtiger Fragerei allerlei über den Konzern und seine Aktivitäten. Der Informant nennt sich Flip, was sicher nicht stimmt. Er klagt, krank zu sein: Muskelschwäche, Herzrasen, Anämie. Keiner wolle ihm sagen, was wirklich mit ihm los sei. Traurig sei, dass er Arandis irgendwann verlassen müsse.

Der Ort gehöre Rössing, sei Privateigentum und nur für Arbeiter gebaut worden, nicht für Rentner und Kranke.

Allmählich rundet sich ein Bild ab, das nicht so richtig ins schöne, heile Touristikimage des Landes passt: Alles in und um Arandis gehört Rössing. Selbst der Bürgermeister und die Stadtverwaltung der Vorzeige-*township* werden vom Konzern bezahlt. Andererseits wird den Bewohnern viel geboten: Kinderspielplatz, Sportplätze, Kindergärten, Gärten, ordentliche Unterkünfte mit ausreichend Strom und fließend Wasser. Doch wer als Beschäftigter bei Rössing ausscheidet, wird einer ungewissen Zukunft überlassen. Arandis ist eine besondere Stadt, ohne Kranke, ohne Alte und ohne Friedhof. Hier leben nur ungelernte, rasch für Hilfsdienste in der Mine angelernte schwarze Namibier mit ihren Familien. Facharbeiter, Meister, Ingenieure hat Rössing in Tamariskia, einem Vorort von Swakopmund, untergebracht. Manager und weiße Angestellte der Mine sollen sich in Vineta, einem Nobelviertel der Stadt am Atlantik, in frischer Luft wohlfühlen. Einerseits sind die sozialen Einrichtungen in Arandis beachtenswert, andererseits bestehen Abhängigkeiten und Bevormundungen. Der Konzern überwacht bis in die Privatsphäre hinein. Die Stadt wurde 1975 gegründet, die Anzahl ihrer Bewohner schwankt, abhängig von der gewünschten Produktionsmenge von Uranium 4108 tU, zwischen gut siebentausend und viertausend. Es gab Flauten und Massenentlassungen. In letzter Zeit jedoch ist die weltweite Uranerz-Nachfrage gestiegen. Rund eine Million Tonnen radioaktives Gestein werden Woche für Woche aus felsigem Boden gesprengt. Mit den Jahren entstand ein terrassenförmig angelegter Trichter, dreihundert Meter tief, über einen Kilometer breit und fast zweieinhalb Kilometer lang. Nach Consolidated Diamond Mines beziehungsweise Namdeb Diamond Corporation ist die Rössing-Mine der zweitgrößte Steuerzahler des Landes und für den Staat eine lukrative Firmenbeteiligung, aber eine umstrittene. Nie wurde geklärt, wie gesundheitsschädlich die Minenarbeit tatsächlich ist. Die Minenleitung wehrt bis heute alle Vorwürfe ab oder versucht, sie durch soziales Engagement zu kompensieren. Anfang der Neunzigerjahre allerdings tauchte der Medizinstudent Reinhard Zaire auf. Er wollte untersuchen, ob in der Rössing-Mine gesundheitsschädliche Strahlung freigesetzt wird. Der Zutritt zur Mine wurde ihm zwar verwehrt, doch gelang es ihm, von vielen Arbeitern Blut- und Urinproben zu nehmen, auch von Flip – mit positivem Ergebnis. Dessen Vorgesetzter wiegelte ab, behauptete, das habe nichts zu bedeuten. Flip jedoch weiß: Viele ehemalige Kollegen sind krank entlassen worden, zogen weit weg in ihr Heimatdorf und sind dann dort an Krebs gestorben. Es liege an dem radioaktiven Staub, der bei den Sprengungen entstehe, meint Flip. In Arandis, so heißt es, leben mehr Krebskranke als im Landesdurchschnitt. Und auf dem Minengelände sei die radioaktive Belastung vier Mal so hoch wie die natürliche. Doch Rio Tinto behauptet weiterhin, dass es bis heute noch keine bestätigten arbeitsbedingten Todesfälle gegeben hätte. Zaires Studie, die das Risiko erläutert, in und an der Mine an Krebs zu erkranken, wurde konfisziert. Das Management versuchte, mit einer Gegendarstellung zu entkräften, dass Arbeiten in der Mine die Gesundheit gefährden. Mittlerweile würden ehemalige Minenarbeiter stellvertretend für viele Kollegen in Windhoek klagen, um als Strahlengeschädigte Anerkennung zu erwirken, weiß Flip zu berichten.

Nachdenklich verlasse ich Arandis, die Stadt der Rössing-Mine mitten in der Wüste, stoße auf die B2 und treffe auf ein höchst merkwürdiges Vehikel: Linker Hand steht ein Lokomobil im Sand, ein Zwischending, das etwas von einer Lokomotive und einem Auto hat. Es steht eingemauert in einem Haus mit großen Fenstern. Der deutsche Offizier Edmund Troost hatte das eineinhalb Tonnen schwere Ungetüm 1896 aus Deutschland kommen lassen, um damit von Schienen und Ochsengespannen unabhängig zu werden. Sein Dampfross sollte regelmäßig drei Anhänger mit rund zwanzigtausend Kilo Fracht schnell und sicher nach Windhoek

Das Lokomobil *Martin Luther* wird heute von einem Haus geschützt

expedieren. Schon die ersten kurzen Fahrten zeigten, dass sich Troost gründlich verkalkuliert hatte: Das Lokomobil verbrauchte Unmengen an Wasser und Holz, alles knappe Güter in Deutsch-Südwest. Für die Strecke Walvis Bay–Swakopmund, gerade mal dreißig Kilometer, wurden drei Monate gebraucht, weil sich das eiserne Gefährt laufend festfuhr. Nach weiteren Fehlversuchen sah Troost ein, dass seine Investition gescheitert war. Er ließ das Dampfross stehen, wo es heute steht. Rasch bekam es seinen Spitznamen: Martin Luther, nach dessen Ausspruch: »Hier stehe ich, ich kann nicht anders.«

Wenig später biege ich in die Sam Nujoma Avenue, die Hauptstraße, die einst Kaiser-Wilhelm-Straße hieß, ein und fühle mich wie im Zentrum einer deutschen Kleinstadt um 1960. Es ist Swakopmund, grau, dunstig, ein frischer Seewind fegt durch die Straßen, alles wirkt aufgeräumt und so vertraut. Alles steht noch da, wie ich es in Erinnerung habe: Der 1901 erbaute Otavi-Bahnhof.

Das OMEG-Lagerhaus der einstigen Otavi Minen- und Eisenbahngesellschaft. Da, an der Ecke Otavi Street, das Juwel in viktorianischem Baustil: Hotel Eberwein. Immer noch der Hauptstraße folgend, steht rechts die Swakopmunder Buchhandlung. Sie gibt es seit 1900. Ihr Repertoire an Publikationen zur Geschichte Südwestafrikas begeisterte mich schon während meines ersten Besuchs. Voraus ist der Atlantik sichtbar. Die würzige Luft atmen, Wellenrauschen hören – eine Wohltat! Die Ritterburg, ein Gebäude für Angestellte der Woermann-Linie, steht noch da, hat mit einer Burg jedoch nichts gemein. Es heißt nach seinen ersten Bewohnern, einer Familie Ritter.

Nach der kurzen Rundfahrt beschließe ich, etwas über die Stränge zu schlagen: Ich werde im Hansa Hotel zwei Nächte verbringen, Swakopmund auf mich wirken lassen. Das Hotel mit plüschig-deutscher Einrichtung ist Namibias ältestes Gasthaus. »Ein stilvolles Haus aus alter Zeit«, heißt es im Prospekt. Über dem Eingang wiegt sich eine Galerie Fahnen im Wind. Im Foyer herrscht distinguierte Emsigkeit. Die gepflegte schwarze Erscheinung spricht Deutsch. Das Zimmer ist geräumig, geschmackvoll eingerichtet. Natürlich gibt es Minibar, Aircondition, Satellitenfernsehen mit deutschen Programmen. Auf dem Sideboard steht eine Schale mit bemalten Straußeneiern als Dekoration. Das Zimmermädchen bringt die Allgemeine Zeitung und einen Willkommenstrunk.

»Bitte, mein Herr. Ich wünsche Ihnen einen angenehmen Aufenthalt«, sagt die Afrikanerin auf Deutsch und zieht sich lächelnd zurück.

Der Blick durchs Fenster fällt auf einen blühenden Garten mit Rosen, Strelitzien, Bougainvilleen und großblättrigen Bananenstauden. Bepflanzte Amphoren säumen den Weg. Dezent plätschert ein Springbrunnen. Unter einem mächtigen Sonnenschirm speisen Gäste, Afrikaner mit Europäern. Hier ist der Geldadel unter sich. Mich reizt es, der Illusion zu erliegen, dazuzugehören.

Exklusives Reisen gehört auch zum Tourismus in Namibia ... und da, wie sympathisch, an der Seidentapete klebt ein winziger Gecko, der allen Desinfektionskeulen zum Trotz überlebt hat.

Ich klappe die Balkontür auf, lege mich aufs Bett und starre ins Leere. Swakopmund, Ort des Antagonismus? Ich muss gestehen, dass ich auf diesem satinbezogenen Bett, in diesem Nobelhaus eine gewisse Konsternation empfinde. War die paradiesische Vegetation des Gartens in Wirklichkeit nicht bedrohliche Wildnis? Wildnis, wie sie außerhalb der künstlichen Oasen herrscht? Ach, ich vergesse zu oft: In Afrika darf man weder Wahrheiten suchen noch Probleme lösen wollen ... Schließlich nicke ich ein auf dem Kingsize-Bett.

Im The Tug habe ich mich mit Daggi verabredet. Daggi heißt eigentlich Dagmar Neuhaus – eine Jugendfreundin meiner Frau aus Hamburg. Sie spielten in einer Mannschaft Hockey, bis Daggi als junge Lehrerin einen feschen studierten Landwirt kennenlernte. Es wurde geheiratet. Beide liebten die Natur und träumten von einem Leben als Farmer in Südwest. Jürgen, Daggis Mann, verwirklichte den Traum, erwarb bei Usakos eine Karakulfarm, zu einer Zeit, als viele Landwirte aufgaben, weil ihnen die politische Lage Sorgen bereitete und weil Persianermäntel aus der Mode kamen. Ehepaar Neuhaus krempelte die Ärmel hoch, stellte um auf Rinderzucht, war erfolgreich, sodass die Farm um ein wildreiches Gebiet für gut situierte Jäger aus Übersee erweitert werden konnte. Damals war das Land wildreich, waidgerechtes Jagen bereitete niemandem Skrupel, zumal Jürgen stets auf ausgeglichene Populationen der Arten achtete. Daggi züchtete nebenher Strauße, um Hotels mit bestem Geflügelfleisch zu beliefern. Ihre Briefe, die sie an ihre Familie, Verwandte, Freunde in Hamburg schickte, klangen stets enthusiastisch und lebensfroh. Ja, sie begeisterten Mutter und Schwester dermaßen, dass sie ihre heimatlichen Zelte abbrachen, um ebenfalls in Südwest neu zu starten. Daggis Vater, im Hotelgewerbe tätig gewesen, war überraschend gestorben. Was also hielt Mutter und Schwester in Hamburg? In Windhoek machten sich die beiden mit einem Kosmetiksalon selbstständig, von dem sie gut leben konnten. Auf der Farm schlug das Schicksal zu, hart und erbarmungslos. Jürgen war allein auf Pirsch. Er schlief am Lagerfeuer, wie so häufig, wenn er im Busch unterwegs war. In dieser Nacht ging das schützende Feuer aus. Jürgen, tagsüber viele Stunden zu Fuß unterwegs gewesen, war erschöpft und schlief wie ein Toter. Es muss eine besonders hungrige Hyäne gewesen sein, die ihm ins Gesicht biss. Schwer verletzt schleppte er sich nach Hause, wo er in Daggis Armen an Blutvergiftung starb. Keine drei Wochen später trat Sohn Walter auf eine Puffotter, die Schlange schnellte hoch und biss ihm in die Wade. Walter band sein Bein über dem Biss ab, fühlte sich recht stabil. Also trat er seinen Heimweg an, den er unter normalen Umständen in einer Stunde geschafft hätte. Doch das Gift schwächte ihn, das Bein schwoll an. Er humpelte drei Stunden durch die Savanne. Als der Arzt mit dem Serum auf der Farm eintraf, war Walters Kreislauf zusammengebrochen. Nun starb auch der Sohn in den Armen der Mutter. Lastete ein Fluch auf der Farm? Daggi war davon überzeugt. Sie gab das Landleben auf und zog nach Swakopmund, wo sie fortan als Lehrerin arbeitete. Trost fand sie bei Mutter und Schwester in Windhoek. Afrika zu verlassen kam ihr nicht in den Sinn.

Am Ende der Libertine Amathilas Avenue stoße ich auf das Restaurant The Tug, es liegt vor einem Jetty, der weit in den Ozean reicht. Das Ende des Steges ist von Nebel umhüllt. Ein Schwarm klagender Möwen versetzt den Jetty in eine gespenstische Stimmung. Daggi sitzt am Fenster des Lokals und blickt übers Meer. Sie ist alt geworden. Ihr einst schönes Gesicht durchziehen tiefe Sorgenfalten. Als sie mich entdeckt, blitzen ihre blauen Augen kurz freundlich auf.

»Wie geht es, Daggi?«

»Ach, weißt du, die Zeit heilt auch die schlimmsten Wunden. Komm, setz dich. Schön, dass wir uns nach so langer Zeit mal wiedersehen! Was macht die Heimat? Wie geht's den Freunden in Hamburg?«

Ich berichte ihr, was ich von gemeinsamen Bekannten weiß. Gerührt hört sie zu. Als ich ihr Anekdoten meiner Frau aus dem Hockeyclub erzähle, kommen ihr die Tränen.

»Was war das für eine glückliche, sorglose Zeit! Je älter ich werde, desto stärker kommen die Erinnerungen. Doch sie sind so weit, so furchtbar weit weg.«

Bei einem saftigen, zarten Straußensteak erzählt mir Daggi etwas über ihr jetziges, wenig ereignisreiches Leben. Sie lebt als Pensionärin in einer Altenwohnanlage, von Ersparnissen aus dem Verkauf der Farm. In der Wohngemeinschaft hat sie Freunde, mit denen sie diskutieren, Bridge spielen oder Spaziergänge machen kann. Manchmal rafft sie sich auf, um Besucher durch die Stadt zu führen. Nach dem Mittagsschmaus will Daggi durch die Stadt schlendern. Aus dem anfänglichen Spaziergang die Strandstraße hinunter Richtung Swakop-Mündung wird ein intensiver Stadtrundgang.

»Der Swakop mit seinem Nebenfluss Khan ist eines der größten Riviere, die nur selten Wasser führen.«

»Also ein Trockenfluss, der nur in Regenperioden fließt? Woher kommt der merkwürdige Name?«

»Ja. Den Namen gaben ihm die Nama. Sie sagen Tsoa-xaub. *Tsoa* heißt Anus und *xaub* ist ein Ausdruck für Exkremente.« Daggi lächelt und konkretisiert: »Der Arsch, der Scheiße entlässt.«

»Nee, das bedeutet sein Name?«

»Genau. Denn wenn er einmal Wasser führt, schiebt der Swakop eine Unmenge an braunem Schlamm bis in den Atlantik vor sich her.«

Am Museum haben sich Souvenirverkäufer niedergelassen. Sie bieten Schnitzereien, Masken, Stoffe an. Eine Herero sitzt im wallenden, bunten Rock vor einer Puppenauslage und bastelt mit Hingabe an einer neuen Stoffpuppe. Dezent fordern Händler auf, an den Auslagen zu verweilen.

»Die Mole ist ja nicht wiederzuerkennen!«, rufe ich aus.

»Stimmt, hier hat sich vieles verändert. Das Hotel ist neu, die Appartements, auch das Einkaufsviertel. Swakopmund ist das südlichste Nordseebad der Welt, sagen wir gern. Wenn zwischen November und März die wohlhabende Bevölkerung Namibias, vor allem Windhoeks, unter der Hitze schmachtet, flüchtet sie hierher in die Hotels oder in ihre Sommerhäuser.«

Auf einem Ponton sitzen Kormorane und versuchen in nebelfeuchter Luft ihre Flügel zu trocknen. Ganz Abgehärtete schwimmen in der Bucht ein paar Runden. Selbst im Hochsommer ist der Atlantik kalt, selten über sechzehn Grad. Der Beluga-Strom aus der Antarktis transportiert das kalte Wasser an der Küste entlang nach Norden.

Wir wenden uns der Stadt zu. Über allem steht der schlanke, rot-weiß gestreifte Leuchtturm wie ein Wächter und schaut hinab auf das Marinedenkmal, gleichsam hinein in die Geschichte Swakopmunds. Vor dem Denkmal verweilen wir und ich muss sagen, es zeugt von Größe der Regierung, dieses monumentale Erinnerungswerk deutscher Kolonialgeschichte an seinem Standort zu belassen. Es soll an die deutschen Soldaten des Marine-Expeditionskorps erinnern, die in den Nama- und Herero-Aufständen gefallen sind.

»Der Leuchtturm ist einundzwanzig Meter hoch«, sagt Daggi. »Er sendet immer noch Signale viele Seemeilen über den Ozean, obwohl kein großes Schiff den Hafen anläuft. Der ist total versandet.«

»Das ist doch das Kaiserliche Bezirksgericht?«, frage ich und deute nach Süden.

»Richtig. Es wurde 1902 erbaut. Der Turm folgte dreiundvierzig Jahre später. Längst ist das Bauwerk die Sommerresidenz der namibischen Präsidenten geworden.«

Es lässt sich nicht leugnen, Swakopmund ist die deutscheste Stadt Namibias. Das kommt nicht von ungefähr. Und schon sind wir drin, in der kurzen, aber nachhaltigen Epoche deutscher Kolonialgeschichte, Daggis Spezialgebiet.

»Die Besatzung des deutschen Kanonenboots Wolf hisste im August 1862 an der Mündung des Swakop die deutsche Flagge, demonstrierte damit die Inbesitznahme des Landes. Doch die eigentliche Geburtsstunde von Swakopmund datiert dreißig Jahre später. 1892 nämlich legte ein weiteres Kanonenboot, die Hyäne, an ähnlicher Stelle an, mit dem konkreten Ziel, einen Hafen ausfindig zu machen. Eine bessere Alternative wäre Walvis Bay gewesen, dort hatten sich jedoch bereits die Engländer festgesetzt. Hauptmann Curt von François entschied sich zu bleiben. Er ließ die ersten Unterkünfte errichten. Ein Jahr später gingen vierzig deutsche Siedler an Land, die von einhundertzwanzig Marinesoldaten geschützt wurden. Schon ein weiteres Jahr danach richtete die Hamburger Reederei Woermann einen regelmäßigen Frachtdienst zwischen der Hansestadt und Swakopmund ein. Die Ansammlung einiger Baracken an der Küstenwüste wuchs rasch zu einem Handelszentrum, dann zu einem passablen Städtchen, in dem um 1905 rund eintausendfünfhundert Weiße wohnten und fast ebenso viele Schwarze, die für die Kolonialherren arbeiteten. In der Folge entstanden repräsentative Gebäude, die das Stadtbild noch heute prägen: der alte Bahnhof, der nach der Renovierung eine Luxusherberge wurde, das Lazarett, heute Prinzessin-Rupprecht-Heim, das Hotel Eggers. Oder das Woermann-Haus mit seinem markanten Turm, ein Prachtbau, der, wie es heißt, unredlich erwirtschaftet wurde. Adolf Woermann wurden wiederholt perfide Machenschaften, überhöhte Frachtkosten und Liegegelder vorgeworfen. Da der Hafen versandete, mussten die Frachtschiffe weit draußen auf Reede liegen. Passagiere und Stückgut wurden bei starkem Wellengang in Brandungsbooten an Land geschafft – eine mitunter lebensgefährliche Aufgabe für die *kruboys,* seefeste Liberianer, die Reeder

Woermann zu einem Hungerlohn unter falschen Voraussetzungen und mithilfe bestochener ›Häuptlinge‹ zwangsrekrutieren ließ.«

Daggi schöpft Atem und fährt fort: »Einen Entwicklungsschub für Swakopmund brachte die Schmalspurbahn nach Windhoek. Der Wüstenexpress ist mit dem zwischen Lüderitz und Keetmanshoop vergleichbar. Im Ersten Weltkrieg schlossen die Briten den Swakopmunder Hafen, nachdem Deutsch-Südwest von ihrer Kapkolonie aus besetzt worden war, und verlagerten alle Aktivitäten nach Walvis Bay, den ohnehin besser geeigneten Seehafen. Swakopmunds Einwohnerzahl reduzierte sich sprunghaft, bis in den Dreißigerjahren Südafrika bereit war, die Stadt touristisch zu entwickeln. Einen zweiten Aufschwung brachte in den Siebzigerjahren die Rössing-Mine. Heute hat Swakopmund knapp fünfzigtausend Einwohner und, wenngleich die Rassentrennung längst passé ist, hat sich in ›meiner‹ Stadt, beziehungsweise um sie herum, eine soziale Separierung entwickelt. Eine, die der ethnischen recht ähnlich ist«, schließt Daggy ihren Vortrag.

»Das musst du mir erläutern.«

»Es ist so: Swakopmunder leben außerhalb der Innenstadt, zum Beispiel in Kramersdorf, dem Villenviertel der Weißen. Andere haben sich in Vineta niedergelassen, dort leben Weiße und arrivierte schwarze Namibier. Tamariskia ist das Viertel für Schwarze und Farbige und Mondesa das ungeliebte Ghetto für vielleicht fünfundzwanzigtausend Wanderarbeiter und Menschen, die dort unter beengten, höchst einfachen Verhältnissen leben müssen. Daran hat sich auch nach der Unabhängigkeit praktisch nichts geändert. Bis 1960 wohnte die schwarze Mehrheit im Zentrum von Swakopmund. Was sich nicht mit einer Stadt vertrug, die sich touristisch entwickeln sollte. Der ›Schandfleck‹ wurde umgesiedelt, dahin, wo er Touristen nicht stört, nach Mondesa. Natürlich gab es Proteste, wer lässt sich schon gern abschieben und zerschlägt freiwillig soziale Beziehungen? Hinzu kam, dass für alle sichtbar Volkszugehörigkeiten getrennt angesiedelt wurden. Neben den Hausnummern wurde ›H‹ für Herero, ›O‹ für Ovambo ...«

»... in großen Lettern an die Hauswände gemalt. Ich war in Katutura«, werfe ich ein.

»Gut, diese Hinweise sind zwar noch sichtbar, haben aber gottlob keine Bedeutung mehr. Solange die Gemeinde jedoch nichts in die Infrastruktur ihres größten Stadtteils investiert, bleibt Mondesa ein Armenviertel.«

»Du hast den größten Teil deines Lebens im Namibia verbracht. Wie schätzt du den Einfluss der Deutschen im Land ein?«

»Zahlenmäßig verschwindend gering. Unter zwei Komma fünf Millionen Namibiern leben nicht ganz zwanzigtausend deutschsprachige Menschen. Anders sieht es aus, wenn man sich die wirtschaftliche und kulturelle Bedeutung vor Augen führt: Deutschstämmige bilden mit Abstand die reichste Bevölkerungsgruppe. Ihnen gehören die großen Farmen, ertragreiche Kaufhäuser, lukrative Geschäfte, Touristikunternehmen und vieles mehr.«

»Wie sieht es mit der politischen Einstellung aus? Ich meine, wird ein bestimmtes Deutschtum vertreten?«

»Ganz unterschiedlich. Ich kenne deutschstämmige Namibier, die der guten alten Kaiserzeit nachtrauern. Es gibt Ewiggestrige, die als Rassisten bezeichnet werden könnten. Doch die meisten sind aufgeschlossen und pflegen ein kameradschaftliches, tolerantes Verhältnis zur übrigen Bevölkerung.«

»Wie steht's mit der Landreform?«

»Ein heißes Eisen, an das sich die Regierung nur sehr zögerlich heranwagt. Weil sie mit Recht befürchtet, das Land ins Chaos zu stürzen, würde sie wie in Simbabwe vorgehen. Andererseits muss etwas geschehen. Die große Mehrheit der Schwarzen fordert, dass das Land gerechter verteilt wird, also nicht länger zweiundfünfzig Prozent der landwirtschaftlich nutzbaren Fläche in den Händen von etwas mehr als dreitausend vornehmlich deutschstämmigen Farmern verbleibt. Natürlich betrachten weiße Farmer die Landreform als Bedrohung. Noch gibt es keine Enteignungen, lediglich ein Vorkaufsrecht der Regierung und staatliche Kaufprogramme. Doch die sind nutzlos, wenn die schwarzen Landwirte nicht in moderner Agrarwirtschaft geschult werden.«

»Überall in Afrika höre ich von Problemen, die die Wilderei betreffen. Wie verhält es sich damit in Namibia?«

»Das illegale Jagen von Elefanten und Nashörnern hat in den letzten Jahren zugenommen. Es heißt, dahinter stecke eine chinesische Mafia, die mit Elfenbein und Horn Unsummen verdiene. Was wenig bekannt ist: Wir haben mehr Chinesen im Land als Deutsche. Sie fallen nicht auf, mauscheln im Verborgenen.«

»In Deutschland haben wir die Diskussion über die Anerkennung des Völkermords an den Herero. Wie wird das Thema hier gesehen?«

»Oh je, höchst unterschiedlich. Eine Entschuldigung oder vor allem Reparationen aus Deutschland kämen der Regierung gelegen. Herero-Führer haben unlängst vor einem amerikanischen Gericht eine Klage gegen die Bundesrepublik eingereicht. Die könnte auch Erfolg haben und zu Zahlungen in einen Hilfsfonds oder eine Stiftung führen, aus der entschädigt wird. Wobei nicht nur Herero profitieren sollten: Nama und andere Völker haben ähnlich gelitten. Tribalismus ist ein Grundübel in ganz Afrika. Eine einseitige Entschädigung würde den Tribalismus fördern, damit Konflikte schaffen.«

Wir marschieren hinauf zur alten Post, wie in Windhoek Tintenpalast oder Christuskirche von Gottlieb Redecker entworfen. Gegenüber steht das Haus Altona.

»Und das ist das Ludwig-Schröder-Haus«, bemerkt Daggi etwas ungeduldig. »Was hältst du von einer Tasse Kaffee mit 'nem Stück Schwarzwälder Kirschtorte? Ich muss mich mal setzen.«

»Gute Idee!«

Sie steuert das Café Anton gleich in der Nähe an. Wir schieben uns an einer großen Vitrine voller Torten, Kuchen und Plätzchen vorbei, schauen uns im Café nach einem Fensterplatz um. Daggi hat einen Bekannten entdeckt.

»Tabbert van Wyk«, stellt sich der freundliche Mann mittleren Alters vor. Mit offenem Safarihemd, Halstuch, Jeans mag er von einer Farm oder aus dem Busch kommen. Wir sollen an seinem Tisch Platz nehmen. Van Wyk und Daggi tauschen Neuigkeiten in Afrikaans aus. Der Mann hat eine hellbraune Hautfarbe, braunes Kraushaar, kleine dunkle Augen, die lustig lächeln. Er ist Baster. Ungefähr zweieinhalb Prozent der Namibier zählen zu dieser Bevölkerungsgruppe.

Gerade erscheint die schwarze Bedienung, fragt auf Deutsch nach meinem Wunsch.

»Schwarzwälder, sehr gern, mein Herr, und eine Tasse oder ein Kännchen Kaffee?«

Im Café sitzen viele, meist ältere Weiße. Zwei Männer mit Krawatte haben sich in die Allgemeine Zeitung vertieft. Zehntausend Kilometer von zu Hause in einem Mix aus wilhelminisch-kolonialem Erbe und afrikanischer Gelassenheit – das entfacht besondere Empfindungen. Tabbert und Daggi haben sich ausgetauscht. Wir unterhalten uns in Englisch. Ich erzähle beiläufig, dass ich zwei Tage in Swakopmund bleibe und gern mal die Wüste von oben sehen würde. Tabbert, so eine Art Agent in der Touristikbranche, rühre in allen Töpfen, könne jeden Wunsch vermitteln und sei absolut integer, bestätigt Daggi. Eine gute Referenz, wie mir scheint. Wir sitzen noch eine Weile beieinander, plaudern über die Fülle der touristischen Angebote in unmittelbarer Nähe. Bevor Tabbert sich verabschiedet, verabreden wir uns für morgen früh am Village Café in der Hauptstraße.

Dämmerung setzt ein. Für Daggi wird es Zeit, Adieu zu sagen. Es ist ein sehr herzlicher Abschied – vielleicht für immer?

Wüste muss man spüren!

Grauer Himmel. In der Luft kalte Feuchte.

»Küstennebel am Morgen gehört hierher wie Sonne am Mittag und Wind am Abend«, sagt Tabbert und steuert mit einem alten Land Rover aus der Stadt. »Machen wir erst mal 'ne Erkundungstour. Bei Desert Explorers hab ich dich für 'nen Rundflug mit Fallschirmabsprung angemeldet.«

»Woher weißt du, dass ich 'ne Lizenz habe?«

»Es werden auch Tandemsprünge angeboten. Swakopmund, musst du wissen, ist etwas für Adrenalinjunkies. Kannst alles unternehmen: Parasailing, Kajakfahren zwischen Robben und Delfinen, Ballonfahren, Reiten auf Pferden und Kamelen. Oder was wir mal so als Einführung an der Düne da machen.«

»Da bin ich mal gespannt!«

Van Wyk stoppt am Fuß eines ziemlich steilen Dünenhangs,

zieht seine Schuhe aus, dann kramt er zwei Surfbretter aus dem Kofferraum.

»Einfach nachmachen, was ich mache«, sagt er.

»Alles klar!« Ich ergreife das zweite Brett und stapfe damit durch den Sand und den Berg hinauf, den ich auf mindestens hundert Meter Höhe schätze. Dünenbesteigen ist mühsam. Sand gerät ins Fließen. Zwei Schritt vor, einen Schritt zurück. Man glaubt, den Kamm nie zu erreichen. Mit hängender Zunge oben angekommen, hüpft Tabbert auf sein gewachstes Brett, ruckt vor und schießt in eleganten Serpentinen zu Tal. In den Kurven stäubt der Sand wie Pulverschnee. Ich muss erst einmal kräftig durchatmen, stelle mich dann aufs Brett, das gleich rasante Fahrt aufnimmt. Denke noch: Eigentlich wie Monoski, versuche eine Kurve, verliere das Gleichgewicht und pralle mit dem Gesicht auf den Sand. Die Landung ist härter als im Neuschnee. In stabiler Bauchlage und schön geradeaus brettere ich zu Tal.

»Na, was hältst du vom Sandboarding?«, fragt Tabbert.

Ich spucke Sand aus und klopfe Sand aus Haaren, Gesicht und Kleidung.

»Wie schnell brausen die Könner herunter?«

»Je nach Hang kann man bis zu achtzig Sachen schnell sein.«

An eine Nachbardüne rollen Fahrzeuge heran, aus denen Dünensurfer mit viel Geschrei herausklettern, sich die Bretter unter die Arme klemmen.

»Darf man überall von den Dünen rutschen?«

»Nein, nein. Sandboarding und vor allem Quad Biking sind nur an bestimmten Stellen erlaubt. Es gibt einen strengen Dünenschutz.«

Warmes, helles Licht bohrt sich durch den Nebel, den die Sonne allmählich auflöst.

»Wüste muss man spüren! Los, auf, einmal geht noch!«, meint van Wyk.

Die zweite Abfahrt ist noch rasanter. Ich liege etwas zu weit vorn, die Brettspitze bohrt sich in den Sand, bäumt sich auf wie ein störrischer Esel, kippt mich ab. Nach einigen Purzelbäumen bleibe ich im Sand liegen. Muss wohl ein guter Stunt gewesen sein. Tabbert klatscht begeistert. Ich suche das Brett.

Weiter östlich geraten wir an eine Karawane, die in die Sahara, aber nicht in die Namib gehört. Vier Dromedare trotten in gemessenem Passgang durch den Sand. Treiber haben das erste und letzte Wüstenschiff am Zaumzeug. Hoch oben auf den Sätteln sitzen Touristen, als gehörten sie zu einem Spähtrupp deutscher Kamelreiter von 1906.

»Touristen von der Camel Farm«, meint Tabbert, »da kannst du Ausritte buchen.«

Nun erzählt er etwas darüber, wie Kamele ins Land kamen.

»Das erste Dromedar kam 1899 nach Südwest. Curt von François kaufte es auf Teneriffa, um zu prüfen, ob Dromedare für den zivilen und militärischen Einsatz in der Namib geeignet seien. Das ›Versuchskaninchen‹ schien sich zu bewähren, brach dann aber aus und ertrank im Sandwich Harbour.«

Stimmt. Ich erinnere mich eines Kameleinsatzes gegen die Nama. Zuvor wurden stetig mehr Tiere importiert. Als Lorenz, Sohn des Hamburger Zoodirektors Carl Hagenbeck, mit ihrer Lieferung beauftragt wurde, befanden sich um 1907 etwa zweitausend Kamele im Land.

Die Grenze zu Britisch-Betschuanaland war höchst unsicher geworden. Ständig überfiel der Nama-Führer Simon Kooper mit seinen berittenen Kriegern Siedlungen deutscher Farmer und verschwand in den Weiten der Kalahari. Er musste bekämpft werden. Aber wie? Der Wüstenfuchs Simon, seine Männer, ja auch die wüstenfesten Pferde aus Südafrika kamen fast ohne Wasser aus. Sie lebten vom Fleisch und dem Saft der Wüstenmelonen – genügsam wie das Wüstenschiff.

Hauptmann Friedrich von Erckert ließ umsatteln, vom Pferd aufs Kamel. So hoffte er, die Nama erfolgreich schlagen zu können. Für den Großeinsatz stellte Erckert eine Truppe von vierhundert Mann und siebenhundert Dromedaren zusammen. Maschinengewehre wurden auch mitgeschleppt. Anfang März 1908 setzte sich der Tross in Bewegung. Späher hatten Simon Koopers Lager in der Kalahari bei Seatsub ausgemacht. Die Nama fühlten sich in ihrem Versteck sicher. Nie zuvor hatten es deutsche Soldaten gewagt, in dieses Trockengebiet vorzudringen. Im Morgengrauen stürmte Erckert mit seiner Einheit ihr Lager. Der Hauptmann fiel als Erster im Kugelhagel, mit ihm vierzehn weitere Schutztruppler. Doch die deutsche Übermacht siegte. Fast alle Krieger Simon Koopers wurden erschossen. Dem Oberhaupt gelang mit wenigen Getreuen die Flucht. Er starb 1913 irgendwo im Betschuanaland. Merkwürdig: Wenngleich der Kameltrupp siegreich zurückkehrte, gab's danach in der Kolonie keine nennenswerten Dromedareinsätze mehr. Nachdem Südafrika, der neue Landesherr, Südwest übernommen hatte, patrouillierten hin und wieder Polizisten Wüstenabschnitte hoch zu Dromedar, bis wendigere Geländewagen zum Einsatz kamen. Der Tourismus, mit

Vorbereitungen auf dem Flugfeld

Kamelritten zur Erinnerung an alte Zeiten, macht die Wüstenschiffe heute wieder attraktiv.

Zwei Hangars, ein kleines Bürogebäude, eine asphaltierte Fläche mit einer Cessna U206. Gerade rauscht eine weitere Cessna über die Sandpiste und hebt ab. Craig Milne begrüßt mich wie einen alten Bekannten. Klar, Tabbert hatte mich avisiert. Wir befinden uns auf dem privaten Flugfeld von Ground Rush Adventures, Spezialist für Rundflüge, Freifall- und Tandemsprünge. Craig ist mit über zehntausend Sprüngen ein routinierter Mann der Lüfte.

»Um was geht's?«, fragt er knapp.

«Rundflug mit Absprung«, antworte ich forsch.

Er schaut skeptisch und meint: »Freifall? Wir setzen aus zehntausend Fuß ab. Wie viele Sprünge? Kann ich die Lizenz sehen?«

Aus dem Brustbeutel fingere ich meinen Sprungschein, den ich vor Jahren auf der niederländischen Nordseeinsel Texel gemacht habe.

»*Sorry*, das wird nichts, die Lizenz ist abgelaufen«, sagt er.

Craig ist gewissenhaft.

»Okay, dann machen wir einen Tandemsprung.«

Im Büro gibt's eine kurze Einweisung, einen roten Overall mit Geschirr. Die Wartezeit bis zum Start der nächsten Maschine überbrückt eine eisgekühlte Cola. Flieger V5-NSK schwebt ein, rumpelt über die Piste, verharrt vor dem Büro.

»*Let's go!* Also, wir fliegen dreißig Minuten über Namib und Küste. Bei etwas über dreitausend Metern springen wir ab, lassen uns fünfunddreißig Sekunden frei durchfallen. Dann ziehe ich den Schirm, die Matratze, um sanft auf die Erde zu gleiten. Das dauert etwa sieben Minuten.«

Ich steige mit Craig in den Hochdecker, eine Einpropellermaschine, die, als Absetzflieger mit übergroßer Tür ausgerüstet, auch innen total umgebaut wurde. Pilot Matthias grüßt lässig, dreht die Maschine – schon brausen wir über die Piste, heben ab.

In der Luft vor dem Tandemsprung

Immer wieder ein tolles Gefühl, frei wie ein Vogel am Himmel zu schweben. Kaum ein Ort eignet sich besser als die pittoreske Namib, die von schaumgekrönter Brandung gepeitscht wird. Swakopmund und Walvis Bay liegen unter uns wie Miniaturen aus dem Legoland. Da, die Nase von Pelican Point mit dem Leuchtturm. Sind die rosa Pünktchen Flamingos? Salzfelder von Salt Works glitzern weiß wie Schneeverwehungen. Vor uns liegt Sandwich Bay. Die Offroad-Fahrt in das Gebiet ist eine Herausforderung für jeden Wüstenfan. Morgen soll es dorthin gehen. Aus der Luft ist keine *pad* zu erkennen. Matthias dreht bei, wir fliegen landeinwärts. Eine überwältigende Kulisse breitet sich aus. Rotbraune Zeugenfelsen ragen aus gelbem Sand. Die Sonne, teils von Wolken verdeckt, lässt das Licht changieren, taucht je nach Intensität die Wüstenlandschaft in eine regelrechte Farborgie. Zerklüftete Berge werfen Schatten, schwarz wie Scherenschnitte. In größter Wüstenei eine Oase, eine Lodge, rote Dächer, von grünen Spielzeugbäumen umgeben. Feine Striche führen in die Oase. Ameisengleich bewegen sich auf ihnen Fahrzeuge. Dann wieder unberührter Formenschatz der Wildnis. Rechts voraus liegt die eintausendsiebenhundertneunundfünfzig Meter hohe Spitzkoppe, ein Inselgebirge, das entstand, als Magma in den Ursockel Afrikas eindrang. Eine Galerie San-Zeichnungen zeugt von früher Besiedelung.

Wieder wird die Küste ins Visier genommen. Ein Örtchen am Meer, das bei Sportfischern beliebt ist, was an den vielen parkenden Autos erkennbar ist. Nördlich davon: das Robbenreservat Cape Cross, wo um die hunderttausend Zwergrobben brüllen, schreien und vor sich hin stinken mögen. Der fischreiche Benguela-Strom ist ihr gedeckter Tisch.

An der Küste fliegen wir zurück. Die Wasserwüste geht über in die Sandwüste, durchzogen von einer Küstenstraße, die hoch bis Terrace Bay führt. Man mag sich fragen, warum Küstenwüsten immer an der Westseite von Erdteilen liegen. Dafür ist die Corioliskraft verantwortlich: eine Trägheitskraft, die einen rotierenden Körper quer zur Bewegungsrichtung ablenkt und in diesem Fall Oberflächenwasser vor Afrikas Westküste in Richtung See lenkt und kaltes Wasser aus der Tiefe aufsteigen lässt. An der Wasserwechselzone kühlt die Luft ab, bildet Nebelbänke, die der Wind aufs Land treibt. Warmer Wüstenboden und Sonne lösen den Nebel auf. Eine Temperaturumkehrschicht, von Meteorologen Inversionsschicht genannt, unterbindet das Aufsteigen feuchter Luftmassen in eine Höhe, die es regnen ließe. Namib und Atacama sind die trockensten Wüsten unseres Globus.

»Anschnallen. Festmachen zum Absprung!«, heißt der Aufruf.

Craig befestigt mich vor seiner Brust. Ich schiebe eine dunkle Sprungbrille über die Augen. Ein letzter Blick über ein berauschendes Meer aus Wasser und Sand. Wanderdünen wurden umspült und haben linsenförmige Trichter gebildet. Ein Klaps auf die Schulter, Craig stürzt sich aus der Cessna. Luftwiderstand trifft uns wie ein Faustschlag. Schon fallen wir wie ein Stein vom Himmel, stürzen auf ein weißes Wolkenband zu, das den Blick auf die Erde verwehrt. Der freie Fall beschleunigt sich. Wahrscheinlich sausen wir mit einhundertachtzig Kilometern pro Stunde in die Tiefe. Craig liegt waagerecht in der Luft, hat Arme und Beine ausgebreitet, um in eine stabile Bauchlage zu kommen. Das gelingt ihm gut. Dadurch wird der Freifall etwas gebremst. Ich hänge hilflos unter ihm, wie ein Babykänguru im Beutel.

Plötzlich gibt es einen Ruck, wir werden von der Waagerechten in die Senkrechte gerissen. Craig hat die Reißleine gezogen, wunderbar und sicher hat sich die Matratze geöffnet. Mein Pilot kann das Luftkissen steuern. Spiralförmig schrauben wir uns durch die Wolkendecke, gleiten einer Möwe ähnlich Mutter Erde entgegen. Herrlich, der Flug könnte ewig währen! Das Flugfeld wird erkannt, die Hangars, Menschen ... noch eine elegante Kurve – wir landen neben der Piste im Sand, laufen kurz aus. Hinter uns fällt der Fallschirm in sich zusammen.

In Swakopmund lade ich Tabbert zum Essen ein. Er schlägt das Western Saloon & Pizzeria vor, auch als Steakparadies bekannt. Van Wyk zeichnet sich durch einen erstaunlichen Kenntnisstand europäischer, vor allem deutscher Verhältnisse aus. Ihn interessiert die Flüchtlingspolitik, meine Einstellung zum Ukraine-Konflikt und zum Bürgerkrieg in Syrien. Bass erstaunt diskutiere ich mit ihm über die Weltpolitik ... Plötzlich meldet sich sein Smartphone. Er spricht, soweit ich folgen kann, auf Afrikaans mit einer Frau. Es geht um einen Besuch oder ein Treffen.

»Wir sollen uns beeilen, meine Frau würde dich gern einladen«, sagt Tabbert nach dem Gespräch.

Aus dem Steak wird nichts. Wir kippen das Windhoek Lager hinab und brechen auf. Ein namibisches Sprichwort kommt mir in den Sinn: »Der anbrechende Tag hat Weisheit, der sich neigende Erfahrung.«

»Wir wohnen in Tamariskia im Norden der Stadt«, sagt Tabbert.

Also im Viertel der Farbigen, die in Namibia und Südafrika als Coloureds bezeichnet werden. Zehn Minuten später parken wir in der Sinden Street vor einem gepflegten Häuschen. Eine schlanke, fast zierliche Frau steht vor der Tür, umrahmt von zwei kleinen Mädchen mit weißen Schleifen im Haar, gekleidet in karierte Röckchen.

»Willkommen!«, ruft sie uns auf Deutsch zu. »Ich heiße Amanda.«

»Ich Johanna.«

»Und ich Hermine«, rufen die Mädchen.

Die Herzlichkeit der Familie beeindruckt mich sehr. Die Eheleute begrüßen sich mit einem Kuss und bitten mich in ihr Haus. Es ist eingerichtet wie das einer deutschen Mittelstandsfamilie: ein großer Esstisch mit fünf gedrechselten Stühlen. An den Wänden hängen gerahmte Fotos von einzelnen Personen und mehrere Gruppenaufnahmen. Es wird sich um Verwandte handeln. Mir fällt auf, dass viele der abgebildeten Herrschaften schwarz gekleidet sind und große Hüte tragen. Mein Blick bleibt an einem ausgebreiteten Stoffquadrat hängen, das ein Rechteck in den Farben Schwarz und Rot mit weißem Kern zeigt.

»Das ist unsere Flagge, die der Rehobother Baster«, sagt Amanda, »wir freuen uns über Ihr Kommen. Bitte setzen Sie sich doch.«

Kaum Platz genommen, bringen die Kinder Speisen aus der Küche auf den Tisch. Fast wäre mir ein schlimmer Fehler unterlaufen: mich hungrig auf die Vorspeise, Apfel-Rosinen-Risotto, zu stürzen.

Tabbert faltet die Hände. Frau und Kinder tun es ihm gleich. Er spricht ein Tischgebet in Afrikaans. Es könnte »Komm, Herr Jesu, sei unser Gast und segne, was du uns bescheret hast« heißen.

Nach der Vorspeise wird Straußengulasch mit Reis, rotem Süßkartoffelbrei und weißem Kartoffelbrei aufgefahren. Als Nachtisch gibt es Zebrakäsekuchen, aus zweifarbigem Quark hergestellt. Ganz beeindruckt von der Gastlichkeit, dem großartigen

Essen, ja auch von der Tischkultur der Kinder verschlägt's mir fast die Sprache. Amanda bemerkt mein Erstaunen und sagt:

»Meine Familie väterlicherseits waren deutschstämmige Farmer aus Südafrika. Mütterlicherseits bin ich Khoikhoi, zu denen Nama und Orlam gehören. In der Familie meiner Eltern herrschte eine strenge, christliche Erziehung. Es galt das Lutherwort: ›Wer sein Kind liebt, der züchtigt es!‹«

Nach Amandas Worten denke ich über die Begriffe Baster und ›Hottentotte‹ nach, über die Herkunft dieser Bezeichnungen.

Übertragen aus ihrer Muttersprache, dem Afrikaans, bedeutet Baster ›Bastard‹, Mischling. Baster gehören Familien an, die aus einer Beziehung zwischen einer Khoikoi und einem Buren entstanden sind. Doch anders als die Coloureds, die ja ebenfalls Mischlinge sind und überall in Namibia leben, haben die Baster ein angestammtes Siedlungsgebiet sowie eine westlich geprägte Kultur, die christliche Werte achtet. Khoikhoi und alle verwandten Völker wurden während der ersten Besiedlung Südafrikas durch die Weißen und bis lange nach der Kolonialzeit abschätzig ›Hottentotten‹ genannt. Doch wieso? Eine Erklärung fußt auf den eigenartigen Schnalz- und Klicklauten der Khoisan-Sprache: Niederländische Siedler empfanden die Laute als Gestotter, somit nannten sie die Khoikhoi Stotterer, was in Afrikaans auch als *hottentots* bezeichnet wird.

Nun bringt sich Tabbert ins Gespräch ein. Seine väterlichen Vorfahren waren Niederländer, einst Kapholländer oder Weißafrikaner genannt. Ihre Sprache ist Afrikaans. Im Glauben sind sie Calvinisten. Unter den Buren, meist Farmer, Viehzüchter oder *voortrekker,* Männer, die im Norden neues Siedlungsgebiet suchten, herrschte akuter Frauenmangel. So kam es, dass Männer einheimische Frauen suchten, um Familien zu gründen, wobei darauf geachtet wurde, dass calvinistisches Geistesgut in den Mischehen am Leben blieb. Um 1870 wanderten die Baster aus der Kapregion ins heutige Namibia hinauf und siedelten nahe einer heißen Quelle, die ein Missionar nach einem Brunnen in der Bibel Rehoboth taufte. Aus der Siedlung hat sich die Hauptstadt Rehoboth entwickelt und drumherum Rehoboth Basterland. Es liegt in den Regionen Hardkap und Khomas und beginnt knapp fünfzig Kilometer südlich von Windhoek.

»Wir Baster sind sehr auf Eigenständigkeit bedacht«, sagt van Wyk, »gern würden wir das Basterland als unabhängiges Homeland selbst verwalten. Das ist zwar illusorisch, aber wir träumen davon, seit wir uns aus der Abhängigkeit der Kapregierung lösten, dann unter Führung unseres *kaptein* Hermanus van Wyk an die heiße Quelle zogen. Zwei Jahre dauerte der Treck. Ständig mussten wir uns gegen räuberische Überfälle der Herero und Nama wehren. Unsere politische Organisation ist ein Basterrat mit dem *kaptein* an der Spitze. Doch seit der Unabhängigkeit Namibias hat unsere Verwaltung nichts mehr zu sagen.«

Amanda pflichtet ihrem Mann kopfnickend bei.

»Ihr wohnt weit weg von Rehoboth, was bindet euch an das Land?«, frage ich.

»Verwandte, Freunde, Kindheit, Kultur. Geld verdiene ich hier in der Touristikbranche. Später gehen wir zurück, das steht fest.«

Der Zusammenhalt, gepaart mit Eigenständigkeit, dieses Mischvolks imponiert mir. Ich kenne kein Land, in dem Mischlinge eine dermaßen stolze Selbstverständlichkeit ihrer Herkunft verbunden mit einem besonderen Zusammengehörigkeitsgefühl entwickelt haben.

Sandwich Harbour, eine Feuertaufe

Die weitere Erkundung Namibias habe ich gut geplant. Erst einmal soll es in den landschaftlich spektakulären Süden gehen: Gobabeb, die Wüstenstation, der Kuiseb Canyon, wo sich zwei Deutsche vor dem Krieg versteckten. Natürlich darf das Sossusvlei nicht ausgelassen werden. Ich freue mich schon, auf der Namtib-Farm nach langer Zeit Familie Theile wiederzusehen. Den Abschluss im Süden soll eine Wanderung durch den Fish River Canyon bilden, bevor ich mich an den Waterberg, die Skelettküste, dann in den wilden Norden, zu den Himba, begeben werde.

Ich hatte Tabbert von dem Vorhaben erzählt. »Ein anspruchsvolles Programm, wenn du das allein durchziehst«, meinte er. Doch bevor ich zur Wüstenstation führe, riet er mir, solle ich unbedingt Sandwich Harbour besuchen. Es sei ein herrlicher Abschnitt der Namib und für Wüstenfahrer eine Herausforderung.

»Was Wüstenfahrten angeht, bist du doch erfahren, oder?«, fragte er, was mich hätte stutzig machen müssen.

Nun, Wüstenfahrten schrecken mich nicht. In vielen Sandgebieten bin ich unterwegs gewesen, zwar selten allein, und Küstenwüsten sind mir nicht besonders vertraut. Sandwich Harbour als Tipp gefiel mir, zumal Tabbert bemerkte, auf dieser Strecke würde man ein gutes Gefühl dafür entwickeln können, was einem Geländewagen in weichem Sand und schwerem Gelände zuzumuten sei.

Ich bin gespannt. Gerade durchfahre ich Walvis Bay mit seinem Tiefseehafen, dem einzigen Namibias. Eigentlich ein langweiliger Siebzigtausend-Seelen-Ort, der von etwas Fischindustrie und Meersalzgewinnung lebt. In der schachbrettartig angelegten Stadt kann man sich nicht verfahren. Parallel zur Küste heißen die Straßen *streets, roads* führen auf die Küste zu. Als Hamburger interessiert mich die Rheinische Missionskirche. Sie wurde 1879 in der Hansestadt komplett aufgebaut, dann zerlegt und ein Jahr später in Walvis Bay zwischen 8th und 9th Street West wieder zusammengesetzt.

Bartolomeu Dias war ein Seemann mit einem sicheren Blick für gute Ankerplätze. Er entdeckte die Bucht 1487 und nannte sie Golfo de Santa Maria da Conceição, Mariä-Empfängnis-Bucht. Später folgten Walfänger, Kapholländer, schließlich die Briten. Der ständige Wassermangel im Ort machte das Leben nicht sonderlich attraktiv. Erst nach dem Zweiten Weltkrieg entwickelte sich Walvis Bay zu einer für Südwestafrika bedeutenden Hafenstadt. 1994 übertrug Nelson Mandela sie dem Staat Namibia.

Was für ein Bild! Hohe, leuchtend weiße Berge vor azurblauem Himmel. Das sind die Salzberge von Salt Works, dem größten Salzproduzenten Afrikas. Hier werden jährlich rund vierhunderttausend Tonnen bestes Salz gewonnen. Ich halte mich jetzt westlich. Noch folgt man einer tief versandeten *pad* und passiert das trockene Delta des Kuiseb, bis die Piste ein Spurenbündel wird, auf dem die Übersicht abhandenkommt. In Strandnähe stoße ich auf die Einfahrt zum Namib Naukluft Park. Jetzt wird es ernst. Reifendruck reduzieren. Ist alles gut befestigt und verschnürt? Ich wähle die Strecke durch die Dünen. Vor mir hat sich eine aufgebaut, die frontal genommen werden muss. Den Sandberg kaum halb erklommen, ruckt der Wagen, kommt nicht weiter. Klar, ich war zu zögerlich. Habe noch nicht das richtige Gefühl für steile Sandbretter. Im Rückwärtsgang geht's sachte abwärts. Im Tal wird Vollgas gegeben. Zweiter Gang, schnell in den ersten Gang, mit letzter Kraft erreicht der Toyota den Kamm ... und kippt nach vorn. Verdammt, ist die Leeseite steil! Das Fahrzeug bohrt sich mit der Stoßstange in den Sand, befreit sich, schießt abwärts. Jetzt die Spur halten. Gerate ich in Schräglage, schlägt der Wagen seitlich um und kollert übers Dach zu Tal. Das wär's dann. Heil unten angekommen, lasse ich den Toyota erst mal verschnaufen.

Sonores Brummen nähert sich von hinten. Wird laut und lauter, zerreißt als hochtouriger Motorenkrach die Luft. Turmhohe Sandfahnen quellen über die Nachbardüne. Zwei getunte Land Cruiser donnern durch den Sand. Die Wüste bebt. Sie schießen den Hang hinauf. Oben, mit zwei Rädern in der Luft, verschwinden sie im Abgrund. Moderne Cowboys in der Wüste? Piloten auf der Rallye Dakar? Nein, so muss man durch die Dünenwelt preschen. Alles andere ist Pillepalle. Das Team ist mit mindestens achtzig Sachen im neunzig-Grad-Winkel Dünen hinauf- und hinabgesaust. Allerdings gehören Mut, Verwegenheit und Routine dazu – Attribute, die mir etwas abhandengekommen sind.

Auf geht's, es kann nur besser werden. Es folgt eine Ebene, der Wagen gleitet darüber wie über eine Eisfläche. Weicher, tiefer Sand: Vollgas heißt die Devise. Wer zaudert, versackt. Wieder einmal muss ein Steilhang erklommen werden. Ich komme in Schräglage, drohe umzukippen. Sand fließt dahin wie auslaufendes Wasser. Der Wagen legt sich fünfundvierzig Grad schräg zum Hang, schlägt nicht um. Noch nicht.

SANDWICH HARBOUR, EINE FEUERTAUFE

Sand muss schnell durchfahren werden. Namib-Dünen »rauf- und runter brettern« ist nichts für Anfänger

Wind kommt auf, fegt Sand über Dünenkämme, als würden sie rauchen. In einer Senke steht ein Fahrzeug. Zwei Personen laufen hektisch herum. Ich steuere darauf zu, in der Wüste hilft man sich. Ein Ehepaar aus München hat sich festgefahren. Es ist gut ausgerüstet mit Sandleitern und Schaufeln. Gemeinsam schieben wir Bleche unter die Reifen. Hans-Jürgen lässt den Motor aufheulen. Die Pneus greifen, radieren über die Blechbahn. Ich trage ihm die Sandleitern nach. Winkend braust das Paar davon. Ein kräftiger Schluck aus der Feldflasche erfrischt die Kehle und löst die Zunge vom trockenen Gaumen.

Beherzter als zuvor schicke ich den Wagen an die Dünen. Es ist wie Reiten auf einem wilden Mustang und fängt an, Spaß zu machen. Nach knapp zwanzig Kilometern erreiche ich ein geräumtes Terrain. Hier parken Fahrzeuge, die es geschafft haben. An die Lagune stapft man zu Fuß durch den Sand. Sandwich Harbour ist seit 1979 Namib-Naukluft-Parkgebiet. Die Attraktion des Küstenabschnitts sind die Lagunenlandschaft und die einzigartige Vogelwelt. Ich setze mich in den Sand, werde von Wasservögeln aller Art umflattert. Ein Paradies für Ornithologen, die siebzig verschiedene Arten beobachten können, darunter seltene wie Hirtenregenpfeiffer, Grünschenkel, die endemische Damaraschwalbe oder die Schmarotzerraubmöwe. Sogar Graukopfkasarka und Weißbürzel-Singhabicht sind zu erspähen. Besonders erfreuen jedoch Flamingos, die gravitätisch durch seichtes Wasser schreiten oder stoisch auf einem Bein verharren, den Kopf unter den Flügel gesteckt. Und die Pelikane: Sie schweben wie Tiefflieger knapp über den Wellen, schießen jäh in die See, um mal eben einen Fisch zu erbeuten, der im Kehlsack verschwindet.

Etwas abseits kannst du ungestört die Zeit verträumen. Dir vorstellen, wie Nama-Hirten herumstrichen und eines Tages hier eine Süßwasserquelle entdeckten. Süßwasser in unmittelbarer Nähe des salzigen Atlantiks! Die Entdeckung nannten sie Anichab, ›Quellwasser‹. Sandwich Harbour wurde erstmals 1791 auf einer Landkarte vermerkt, und zwar nach einem Walfangschiff, das Sandwich hieß. Der Engländer Samuel Enderby hatte den Schiffsnamen auf einer Skizze notiert. Die Lagune blickt auf eine bewegte Geschichte zurück: Piraten und Walfänger ankerten im Naturhafen. Deutsche Kolonisten betrieben um 1890 im südlichen Abschnitt eine Fleischfabrik, die nach fünf Jahren wieder aufgegeben wurde. Schließlich baute man Guano ab und transportierte den Dünger auf abenteuerlichem Weg nach Walvis Bay. Längst haben Sand und Meer die Zivilisationsspuren beseitigt, die Natur hat die Regie übernommen. Es heißt, die wilde Brandung des Atlantiks habe die Lagune im Würgegriff. Es ist damit zu rechnen, dass sie in absehbarer Zeit überspült und versandet sein wird. Noch wiegt üppiges Grün an der Lagune. Ein Schabrackenschakal schnürt durchs Schilfgras, in der Hoffnung, einen unachtsamen Vogel zu erlegen oder ein Nest zu räubern.

Dominikanermöwen, auch Kelp-Möwen genannt, sind raffinierte Muschelräuber. An felsigen Gestaden lassen sie Muscheln aus großer Höhe auf Fels fallen, um sie zu öffnen. In der Sandwich-Lagune ist der Untergrund weich. Um die Beute zu öffnen, legt die Kelp-Möwe sie einfach im Sand ab und wartet, bis sie sich in der Sonne öffnet und verspeist werden kann. Ich schaue mich um, überall pickt diese große Raubmöwenart an offenen Muscheln und Napfschnecken. In anderen Habitaten fallen sie über kränkliche Lämmer oder die Nachgeburt von Seelöwen her.

Der Sonnenball färbt sich orange und strebt dem Horizont entgegen. Ich schaue auf die Uhr: Zeit für den Aufbruch. Wie gern würde ich in diesem Garten Eden bleiben. Doch übernachten am Sandwich Harbour ist streng verboten. Auf dem Weg zurück zum Wagen stolpere ich über das Wurzelwerk der kürbisartigen Nara-Frucht. Für die Nama ist sie ein wichtiges Nahrungsmittel, das eine Menge Wasser speichert und Kerne mit hohem Fettgehalt liefert.

Für die Rückfahrt wähle ich die ebene Strecke an der Küste entlang. Der Abend kündigt sich mit Wind und schummerigem Licht an. Möwen kreischen ein schauriges Requiem. Am Ende der Lagune donnert der Ozean seine Brandung ungehindert an den Wüstenstrand. So gegen Abend können die Naturgewalten Angst einflößen: Angst vor der Kraft, der Unberechenbarkeit, vor Verlassenheit und Ungewissheit, vor dem, was sich ereignen könnte. Ich springe ins Auto, möchte auf einmal rasch raus aus dem Chaos, zurück in vertraute Umgebung.

Es gibt keine feste oder markierte Route, der zu folgen wäre. Ich habe aus Berichten vernommen, dass sich viele Touristen am Strand, im weichen Sand, festfuhren und hilflos miterleben mussten, wie die Flut ihre Wagen umspülte, dann allmählich in die Tiefen des Atlantiks zog. Dorthin, wo das Fahrzeug für immer verschwand. Fatal, wenn es sich, wie in den meisten Fällen, um einen Leihwagen handelt.

Nicht auszudenken, wenn mir das in den frühen Abendstunden passieren sollte! Angestrengt suche ich Untergrund, der tragfähig wirkt. Helle, trockene Stellen scheinen das zu sein. Um über feuchte, dunklere Nester zu gleiten, fahre ich im dritten Gang mit Vollgas. Was natürlich bei hoher Geschwindigkeit Schleudergefahr bedeutet. Jetzt eine Fläche: nicht weiß, nicht dunkel getränkt, so was dazwischen, grau und besonders groß. Und dann: Der Toyota bohrt sich in schlammigen Untergrund ... Scheiße, verdammte Scheiße aber auch! Noch ein kurzes Aufheulen des Motors. Aus und abgewürgt! Ich reiße die Tür auf, trete auf feuchten, morastigen Strand. Wenige Meter seitlich brechen sich gierige Wellen. Sie züngeln nach meinem Wagen, als wollten sie zischen: Warte, gleich holen wir dich ... Am dunklen Himmel schreien Möwen noch grauenvoller. Nebel umhüllt die Namib wie ein Leichentuch.

Die sonderbaren *little five*

Nun zählt jede Sekunde. Ich zerre meinen Rucksack aus dem Wagen, stopfe ihn unter ein Rad. Die Furchen haben schon Wasser gezogen. An in Panik grenzender Hast reiße ich Strauchwerk und Nara-Wurzeln aus einer Düne, schiebe, presse alles unter die Räder. Im Wagen: Vollgas, die Räder greifen. Ich jage den Toyota an einen Dünenfuß. In der Aufregung hätte ich beinahe meinen Rucksack vergessen. Weiter geht's, immer in Schräglage, aber einigermaßen sicher bis auf die feste Piste. Dort halte ich, um erst einmal zur Ruhe zu kommen. Ich nehme zurück, dass ich Tabbert vorhin verflucht habe: Sandwich Harbour ist ein herrliches Fleckchen Namibia und für meinen Wagen konnte ich nützliches Feeling entwickeln.

Noch am späten Abend fahre ich nach Gobabed und übernachte vor der Forschungsstation im Wagen. Das Training and Research Centre forscht in den Bereichen Wüstenökologie, Geomorphologie und Klimata in hyperariden Gebieten. Der Standort am Kuiseb-Rivier zwischen Sand- und Schotterwüste ist geradezu ideal. Die Anlage hat sich seit meinem letzten Besuch vor zwanzig Jahren erstaunlich erweitert: Mehrere Labore, eine umfangreiche Bibliothek, Büroblock, Vortragssaal, Gebäude für Angestellte und Besucherunterkünfte stehen zur Verfügung. Einem Wahrzeichen gleich ragt ein Wasserturm über der Station auf.

Mit dem Biologen Dr. Natan Benn will ich mich vor Sonnenaufgang ins Gebiet der Wanderdünen begeben, um mein lückenhaftes Wissen zum Leben in der Todeszone aufzufrischen und Neues, Spannendes zu erfahren. Benn weilt seit einigen Monaten in der Station, sein Forschungsgebiet ist die Anpassung der Oryxantilopen an extreme Hitze.

»Die Wüste lebt«, empfängt er mich, »man muss nur genau hinschauen. Das trifft speziell für die Namib zu, was in der Khoikhoi-Sprache ›Weiter Platz‹ bedeutet.«

Gleich zu Anfang haben wir ein merkwürdiges Erlebnis. Beim Hinaufstapfen auf einen Dünenkamm ertönt plötzlich ein dumpfes Dröhnen. Es schwillt an. Ich schaue unwillkürlich in den Himmel, da ich über mir ein Flugzeug vermute. Es ist nichts zu sehen. Das Dröhnen verebbt ... Dann ist es wieder da, intensiver als zuvor. Unheimlich. An der Düne hat sich nichts verändert.

»Eine Brummdüne. Das Phänomen ist noch nicht schlüssig erforscht. Es wird angenommen, dass an steilen Leerwänden eine kalte Sandschicht über eine warme gleitet und dieses Geräusch auslöst. Der Dünenforscher Bruno Andreotti erklärt das Entstehen der akustischen Signale mit Lawinenabgängen, bei denen Sandkörner aneinanderreiben, somit Schallwellen auf der Dünenoberfläche erzeugen«, klärt Benn mich auf.

Eine Spur zeichnet sich im Sand ab. Sie erinnert an die Kettenabdrücke eines Minipanzers, führt den Hang hinauf und endet an einem schwarzen, glänzenden Käfer mit langen Beinen, der in einer komischen Stellung verharrt.

»Das ist ein Schwarzkäfer, die gehören zu den *Tenebrionidae*, mit zwanzigtausend Arten die größte Käferfamilie. Doch dieser ist speziell, den *Onymacris unguicularis* gibt's nur hier. Er macht Kopfstand und badet im Nebel. An Leib und ausgestreckten Hinterbeinen kondensiert feuchte Luft. Es bilden sich kleine Wassertropfen, die sich vereinen und als Blase vom Kopf bis an den Mund rinnen. Dort wird das Wasser von den Fresswerkzeugen, den Mandibeln, aufgesogen.«

In der Morgenkühle sind die Käfer recht steif. Ich kann nah an das Exemplar herantreten und die Wasseraufnahme so gut wie nie zuvor beobachten.

»Im Verhältnis zu anderen Tieren säuft das Insekt auf diese Weise mehr als ein Kamel. Unsere Koleopterologen, die Käferforscher der Station, haben Nebeltrinker-Käfer vor und nach dem Nebelsaugen gewogen und konnten feststellen, dass sie an einem Morgen vierzig Prozent ihres Körpergewichts an Nebelwasser zu sich genommen hatten.«

»Unglaublich!«

Vom Trinken aus der Luft abgefüllt, gräbt sich der Käfer behänd zurück in sandige Tiefe. Nicht weit entfernt ist ein Käfer aktiv, der aussieht wie eine fliegende Untertasse. Benn nennt das fünfzehn Millimeter große, braun-weiß gestreifte Insekt, dessen Halsschild wie die Schaufel eines Baggers ausgebildet ist, *Lepidahora kahani*.

»Schau, der Käfer ist gerade dabei, einen Nebelgraben zu ziehen. Er buddelt eine Furche, etwa einen Meter lang und fünf Millimeter tief, quer zur Nebelwindrichtung. An den Wänden des Grabens schlagen sich bald Wassertröpfchen nieder, die das Insekt auf dem Rückmarsch aufsaugt.«

Nicht nur Käfer decken ihren Flüssigkeitsbedarf aus dem Nebel. An einer Nara-Pflanze sind Dünenameisen, *Camponotus detri-*

tus, erkennbar, die am hellbraunen, behaarten Leib leicht zu bestimmen sind. Sie saugen am Stamm der Pflanze kondensierte Wassertropfen auf.

Allmählich hat die Sonne den Nebel weggefressen. Am Boden wird es heiß. Für die Sandechsenart *Meroles anchietae* ist die Temperatur erträglich. Sie ist tagaktiv. Nur bei Bedrohung taucht sie in den Sand.

»Sollte der kleinen Echse der Boden zu heiß werden, wechselt sie in rascher Folge die Standbeine. Sie vollführt einen Sonnentanz, der wie überschwängliche Lebensfreude anmutet«, sagt Benn.

Wie in Zeitlupe bewegt sich ein Namib-Wüstenchamäleon auf einen weißen Quader zu und klettert hinauf. Oben hält es nach Beute Ausschau.

»Dem Burschen ist der Sand zu heiß geworden«, meint der Wissenschaftler, »gleich wird er seine Hautfarbe ändern. Es gibt Wüstenchamäleon-Arten, die ertragen eine Sandhitze von über sechzig Grad. Ihre Farbe passen sie nicht nur dem Untergrund, sondern auch der Temperatur an. Morgens sind sie dunkel, in steigender Hitze werden sie immer heller. Den Flüssigkeitsbedarf decken Wüstenchamäleons mit dem Saft ihrer Beute. Sie verschlingen bis zu zweihundert Insekten pro Tag, erbeutet mit langer, klebriger Zunge.«

»Auf wie viel Grad heizt sich die Oberfläche der Wüste in der Sonne auf?«

»Um die fünfundsiebzig Grad Celsius. Tiere begeben sich dann in die Luft oder unter den Sand. Schon in zwei Metern Höhe fällt die Temperatur auf unter vierzig Grad, und fünfzig Zentimeter tief herrschen angenehme zwanzig Grad. Kein Wunder, dass sich fast alle Tiere der Namib am Tag eingraben und die heißesten Stunden in ihren Verstecken verschlafen.«

Ein Namibgecko hat sich wohl in der Zeit geirrt. Gewöhnlich huscht er nur bei Dunkelheit umher und schreit wie ein

Baby nach Muttermilch. Mit seiner langen, rosa Zunge leckt er sich Feuchtigkeit vom Leib und Sand von den großen, lidlosen Augen. Die Zunge dient ihm als Scheibenwischer. Seine Füße sind mit Zehenflossen versehen, die wie Sand- oder Schneeschuhe funktionieren – deshalb wird er auch Schwimmfußgecko genannt. Seine Haut ist fast durchsichtig, sodass seine Blutgefäße zu sehen sind.

»Zwei typische Namib-Bewohner werden wir nicht zu Gesicht bekommen«, meint Benn, »den Goldmull und die Zwergpuffotter. Der Wüstengoldmull führt ein unterirdisches Leben wie der Maulwurf. Man könnte meinen, er wäre blind, weil seine winzigen Augen versteckt unter dem Fell liegen. Mit seinem torpedoförmigen Körperbau und besonderen Grabklauen ist er Spezialist im Sandschwimmen. Wenn sich die Zwergpuffotter durch glühend heißen Sand windet, berühren nur wenige Zentimeter Körperoberfläche den Boden. Ihre für Schlangen eigentümliche Fortbewegungsart hat ihr den Namen Seitenwinder gegeben. Kommt man ihr zu nah, zischt sie und beißt schmerzhaft zu.

Eine solche Attacke ist für Menschen nicht lebensbedrohlich, kommt auch nur selten vor. Die Otter ist scheu, sucht bei Erschütterungen das Weite. Meist gräbt sie sich an Dünenhängen ein und lauert auf Beute. Da schaut nur ein Augenpaar aus dem Sand. Ihr unsichtbarer Körper ruht wie eine aufgezogene Feder, die herausschnellt, wenn sich die Beute nähert, zum Beispiel Sandechsen oder Chamäleons.«

»He, was ist das für ein Tandem?«

Gerade eilt ein hochbeiniges Gespann heran: ein kleiner, zierlicher Käfer fest an den Rumpf eines großen geklammert.

»Kleine, reitende Männchen müssen nicht immer Paarung bedeuten. Eine Schwarzkäferart lässt das Männchen aufsitzen, um dem Weibchen Schatten zu spenden, damit es in der Sonnenhitze länger Nahrung suchen kann.«

Kurios, was sich bei genauer Betrachtung in der Wüstenwelt abspielt!

»In der Wüste lebt, wer sie erträgt«, sagt Benn und stapft forsch weiter. Es ist Mittag. Die Sonne donnert ihre Strahlen vom Himmel wie auf einen Amboss. Schatten, Wasser, ›schreit‹ der Körper. Alle Geschöpfe flüchten vor der Mittagsglut. Nicht jedoch Benn. In der Ferne hat er sein Forschungsobjekt entdeckt. Das will er mir noch gern erklären.

»Bis auf die Radspinne konnte ich Ihnen die Meister der Anpassung, wir nennen sie *little five,* erläutern. Dahinten stehen große Anpassungsmeister.«

Vorsichtig und gegen den Heißlufthauch nähern wir uns einer Gruppe Oryxantilopen.. Sie haben übrigens mit Gämsen nichts gemein, obwohl dies die Afrikaans-Bezeichnung *gemsbok,* eingedeutscht Gemsbock, nahelegt. Wie in Stein gemeißelt stehen die *Oryx gazella* im grellen Licht. Vielleicht wedelt mal eine mit dem schwarzen Schweif oder schwenkt den schwarz-weißen Kopf mit

Die Oryxantilope, Buren sagen *gemsbok*, ist ans Wüstenklima bestens angepasst

dem mächtigen Gehörn, das wie zwei Säbel aus der Stirn wächst. Ich höre ihr unruhiges Schnauben. Haben sie uns gewittert? Auf einmal stakt ein Kalb zwischen den dicht stehenden Leibern hervor. Noch unbeholfen hält es sich auf den Beinen.

»Das Kalb ist höchstens ein paar Tage alt, das ist an der sandfarbenen Decke zu sehen«, flüstert Benn.

Zwei Antilopen springen davon, im selben Moment gefolgt von der Herde. Ihre Flucht lässt roten Staub tanzen. Schon nach hundert Metern verharren sie. Das Kalb ist bei ihnen.

»Wir wollen sie nicht weiter verfolgen. Die einhundertneunzig Kilogramm schweren Oryx können ungemütlich werden. Wenn sie sich bedroht fühlen, greifen sie an und versuchen, dir ihr spitzes Gehörn in den Wanst zu rammen.«

Unwillkürlich muss ich an die Geschichte mit dem San denken, der einen Bock zur Strecke brachte. Wir ziehen uns zurück, bis die heiße, wabernde Luft die Tiere allmählich auflöst.

»Das Erstaunliche an der Oryxantilope ist ihre heterothermische Anpassung bei großer Hitze«, erklärt der Forscher. »Von einer solchen Adaptation spricht man, wenn Säugetiere, die eigentlich konstante Körpertemperaturen haben, diese äußeren Gegebenheiten anpassen können. Untersuchungen haben gezeigt, dass Oryxantilopen eine Körperwärme von fünfundvierzig Grad Celsius über acht Stunden lang ertragen können, obgleich normalerweise zweiundvierzig Grad für Säuger tödlich sind.«

»Und wie erklärt man sich die Fähigkeit?«

»Salopp ausgedrückt, verfügt die Antilopenart im Schädel über ein Kühlsystem, einen Wärmetauscher, der ihr Gehirn auf erträgliche Temperatur bringt. Der Kühler besteht aus einem Netz feinster Adern, direkt unter dem Hirn. Hechelt die Oryx in der Hitze, kühlt sich das Blut in der Nasenschleimhaut ab. Es entsteht ein Wärmeaustausch zwischen Venen und Arterien. Das Blut, das vom Herzen ins Gehirn strömt, ist immer um einige Grade kühler als das im übrigen Körper.«

In der Namib bin ich viele Meilen zu Fuß unterwegs gewesen

»Kann man Gemsböcke die Dromedare der Namib nennen?«
»Wenn du so willst. Immerhin können die Tiere an Hitzschlag sterben, wenn sie bei großer Hitze gejagt werden. Dann nämlich reicht ihr Kühlsystem nicht mehr aus. San-Jäger wissen das.«

Am zweiten Tag unserer Wüstenpirsch machen wir eine seltene Beobachtung. Als wir fast den Hang einer Wanderdüne erklommen haben, verharrt Benn und schaut sich um.
»Hier ist die Namib immer in Bewegung. Die großen Dünen zum Beispiel bewegen sich um die dreißig Meter pro Jahr, die Kleinen pro Tag zehn Meter, bei Sandsturm noch schneller. Der Wind modelliert die Landschaft.«
»Was ist das denn?«, frage ich und trete an etwas heran, das wie eine Spinne aussieht, die einen Gecko gepackt hat.
»Nicht möglich!«, meint der Biologe und eilt herbei. »Das ist eine Afrikanische Radspinne, wird auch Tanzende Weiße Dame

genannt. Sie saugt gerade ihren Fang, einen Wüstengecko, aus. Sie ist für ihre Fluchttaktik berühmt.«

Die große Spinne, wie mit weißem Samt überzogen, sieht irgendwie eklig aus, leichenblass wie der Tod.

»Ihren Bau legt sie an Dünenhängen an und verschließt ihn mit einer Falltür aus einem Fadengespinst, in dem sich Beute verheddert.«

Irgendetwas irritiert die Spinne. Urplötzlich lässt sie von der Beute ab, zieht ihre acht Beine ein und rollt wie ein Ball die Düne hinab. Das Auge kann der Kugel kaum folgen – so rasch.

»Sie rollt vierundvierzig Umdrehungen pro Sekunde. So schnell kann ihr kein Widersacher folgen. Unter Biologen gilt sie als das einzig bekannte lebende Rad.«

»Ich hab mal von einer Spinnenart der Sahara gehört, die Dünen aufwärts rollt.«

»Es scheint sich da um eine Spinne der Gattung *Cebrennus* zu handeln. Die rollt nicht, sondern setzt zusammengezogene Beine wie Schaufelräder ein.«

Auf dem Weg den Hang hinab erzählt Benn von einem Todeskampf für neues Leben. Zwei Todfeinde begegnen sich. Eine Mordwespe aus der Familie der Grabwespen, vier Zentimeter lang, schlank, der Körper glänzend schwarz, scharlachrot die Flügel, sucht eine Tanzende Weiße Dame mit gefährlichen Beißzangen. Die Geschichte von der Wespe und der Spinne in der Namib ist ein Modellfall für Leben, das vom Tod lebt. Halb fliegend, halb laufend eilt die Wespe über den Sand. Sie ist erregt, ihre Flügel zittern wie eine Membrane. Sie will ein Ei legen. Um es zu deponieren, muss sie eine große Spinne finden. Ihr Handeln ist zwanghaft, ein Selbstmordkommando. Die Weiße Dame hat die wahnsinnige Wespe schon geortet. Sie schleicht in eine günstige Kampfposition. Die Kontrahenten stoßen aufeinander. Lange Spinnenbeine packen die Wespe, zwingen sie unter den dicken Leib. Starke Beißzangen versuchen der Wespe jetzt tödliche Bisse beizubringen. Das Insekt tobt und windet sich in den Fängen. Gleichzeitig versucht es, einen Giftstachel in die Unterseite der Spinne zu bohren. Wem gelingt es zuerst, seine Waffe in das Fleisch des Gegners zu schlagen? Die Chancen stehen fünfzig zu fünfzig. In der Tat kommt etwa die Hälfte der Wespen bei diesem Duell um. Kraft und Größe stehen gegen Schnelligkeit und Gewandtheit. Summend entwischt die Wespe den Fangbeinen. Hastet um die Spinne, stürzt sich aufs Neue auf sie. Es kommt zu einem erbarmungslosen Ringkampf. Die Wespe wird in den Sand geschleudert, wo sie sich benommen schüttelt. Setzt die Spinne nach? Sie wendet sich ab. Die Wespe hat sich erholt und attackiert aus der Luft, wütend wie eine Furie. Die Spinne? Sie flüchtet! Und wie sie flüchtet. Schlägt die Beine nach innen und rollt zu Tal. Aus der Luft wird sie von der Mordwespe verfolgt. Nun geht alles ganz schnell: Noch im Austrudeln stürzt sich die Wespe auf das Spinnenrad und jagt ihren Stachel in den runden Bauch der Weißen Dame. Drei Mal sticht sie zu. Das Gift wirkt schnell. Noch wehrt sich die Radspinne. Doch während sie zur Verteidigung ansetzt, erschlafft sie und sinkt in sich zusammen. Das Gift hat sie gelähmt. Die Siegerin beißt sich an der Spinne fest und zerrt sie hinter sich her – ein unglaublicher Kraftakt. Übertragen müsste ein Mensch einen beladenen Waggon mit dem Zähnen ziehen. Nachdem die Wespe eine bestimmte Stelle erreicht hat, lässt sie ihre Beute liegen. In Windeseile wird für die scheintote Spinne eine Grube gescharrt. Nun krümmt sich die Wespe auf dem Spinnenleib und legt ein Ei. Ein einziges Ei, das sie mithilfe ihres Stachels in den Körper der scheinbar leblosen Afrikanischen Radspinne drückt. Rasch scharrt die Wespe den Trichter zu, glättet die Oberfläche und fliegt davon. Unter der Erde reift unterdessen das Wespenei im atmenden, daher nicht verwesenden Körper der Spinne. Das ist wichtig, denn nur im lebendigen Leib entwickelt sich aus dem Ei eine Larve. Und die Larve der Mordwespe kann sich nur von frischem Fleisch ernähren. Allmählich frisst sich der tödliche Mieter durch den Wirt, wird stark und arbeitet sich als fertige Wespe durch den Sand ins Freie. Sollte sie ein Weibchen sein, wird sie ihrem mörderischen Instinkt folgen, kämpfen, siegen, ein Ei einimpfen – oder sterben ...

Natan Benn unterbricht sich, denkt nach und meint: »Man staunt immer wieder über die Grausamkeit der Natur. Charles Darwin hatte recht, sie kennt nur das Gesetz des Stärkeren. In der amerikanischen Trockenzone wird eine ähnliche Wespenart übrigens Pepsi genannt, *Pepsi formosa*. Da kämpft sie mit einer Vogelspinne.«

Auf dem Rückweg zur Station scheuchen unsere Schritte eine Zwergpuffotter aus der Tarnung. Sich windend huscht ihr Körper über den heißen Sand.

Ein Versteck, Sossusvlei und eine Farm in der Wüste

Im Khomas-Hochland entspringt ein Fluss von etwa fünfhundertsechzig Kilometern Länge und einem Einzugsgebiet von fast fünfzehntausend Quadratkilometern. Auf halber Strecke hat sich der Fluss – der eigentlich gar keiner ist, lediglich ein staubtrockenes Rivier – vor Urzeiten durch Fels ein Bett gegraben. Dieses steinige Bett heißt Kuiseb Canyon und ist zweihundert Meter tief, bisweilen nur zwanzig Meter breit. Das Kuiseb-Rivier würde, führte es Wasser, durch die Namib an Gobabed vorbei nach Norden fließen und bei Walvis Bay in den Atlantik münden. Bis auf Oranje und Kunene gibt es in Namibia keine Flüsse, die stetig Wasser an die Küste bringen. Es sei denn, im Hochland fallen schwere Niederschläge – was alle paar Jahre passieren kann. Dann wälzt sich eine meterhohe Flutwelle als mächtiger Strom durch ausgedörrtes Land. Wer sich nicht rechtzeitig in Sicherheit bringt, wird mitgerissen und kommt um. Wieder bewahrheitet sich: In der Wüste sind mehr Menschen ertrunken als verdurstet! Nach wenigen Tagen hat sich das Element Wasser ausgetobt. Was bleibt, sind ein paar Pfützen im Canyon. Der abkommende, das bedeutet wasserführende und fließende, Kuiseb verhindert auf seine Weise das Vorrücken der Wüste, indem vom Wind ins Flussbett getragener Sand zurück ins Meer gespült wird.

Ich folge dem Hinweisschild zum Karpfenkliff. Von dort kann ich in die Schlucht blicken und durch den Stand der Nachmittagssonne ein herrliches Farbspiel der Gesteinsschichten aus Schiefer und Quarziten genießen. Ich steige ein Stück hinab in den fantastischen Irrgarten, durchzogen von Schluchten, Klüften, bizarren Felsen – eine Landschaft, die Gramadullas genannt wird. Die Bezeichnung geht auf Afrikaans *gramadoelas* zurück, das seinerseits vom dem Bantu-sprachlichen *amaduli* stammt und eine weite, öde, durch Schluchten zerklüftete, gebirgige Landschaft bezeichnet. Jemand sagte einmal, der Teufel habe sie in Raserei erschaffen. Ich liebe Urlandschaften, kann mich an ihnen nicht sattsehen. Und mit dieser hat es eine besondere Bewandtnis. Zwei Männer kehrten der Zivilisation den Rücken, um sich zu verstecken. Der Kuiseb Canyon schien ihnen der geeignete Ort, um nicht gefunden zu werden.

Direkt hier unten an einem Kolk, der wassergefüllten Schüssel da, fingen die Männer einen Karpfen, sahen Zebras, Klippspringer, Antilopen und beschlossen, eine Halbhöhle als Unterkunft wohnlich herzurichten. Erst später, als das abenteuerliche Aussteigerleben der beiden Herren bekannt wurde, wurde die Stelle als Karpfenkliff bekannt. In Namibia ist die Story der beiden promovierten Geologen Henno Martin und Hermann Korn aus Deutschland gegenwärtig, als wäre sie gestern passiert. Die Freunde kamen 1935 nach Südwestafrika, forschten im Naukluft-Gebirge und suchten Quellen oder Wasserstellen für die Farmer. Beide waren Wüstenfans. Die Namib hatte es ihnen besonders angetan. Nichts zog sie zurück nach Deutschland, angesichts der Probleme, die sich in der Heimat als bedrohliche Gewitterwolken zusammenbrauten. Beide waren überzeugt, dass Hitler einen Krieg plante – einen Krieg, den sie für verheerend hielten und der nicht der ihre werden durfte. Doch schon im ersten Jahr des Zweiten Weltkriegs holten seine Auswirkungen auch Deutsche in Übersee ein: Immer mehr verschwanden in Internierungslagern hinter Stacheldraht. Jeden Tag konnte Henno Martin und Hermann Korn dasselbe Schicksal ereilen. Sie berieten sich und auf einmal war der Gedanke von einst gegenwärtig: »Wenn es Krieg gibt, gehen wir in die Wüste!«

Der Idee folgte die Tat. Die Männer beschlossen, das Kriegsende in völliger Einsamkeit abzuwarten. Nur von Otto, ihrem Hund, begleitet, rumpelten sie mit einem vollbepackten Lastwagen auf Umwegen dem Ziel, einem unzugänglichen Bereich des Kuiseb Canyon, entgegen. Ihrer ersten Höhlenwohnung folgte bald eine zweite und schließlich mit dem Affenloch eine dritte. Zweieinhalb Jahre hausten die Geologen nahezu wie Steinzeitmenschen in der Kuiseb-Schlucht, allerdings mit Klappstühlen, mit Blechkoffern als Tisch und Holzkisten als Schrank. Und einem Radioapparat, der aber bald den Geist aufgab. Ihre Küche bestand aus einer geräumten Fläche mit Grube, die steinverkleidet die Feuerstelle bildete. Henno Martin nannte sie Ofen und beschrieb zwei in den Sand gegrabene Kuhlen als Schlafzimmer. Er schrieb: »Am Nachmittag betrachteten wir das Werk. Unser erstes Heim machte noch einen recht unwohnlichen Eindruck, aber immerhin befanden wir uns unter Dach.« Die Männer machten sich in der Einöde keine Illusionen, was Entbehrungen und Ungemach betraf.

»Wir wussten, wir würden ein Leben an der Grenze zu führen haben. Das war das Gesetz der Wüste. Aber auch seelisch würde es nicht anders sein. Wir würden ein primitives Leben führen und uns hart an der Grenze wilder, gestaltloser Rohheit bewegen müssen, wollten wir überleben.«

Die Wasserknappheit bereitete den Aussteigern stets Sorgen. Einen mühsam für die wichtige Vitaminzufuhr angelegten Garten mussten sie wegen Wassermangel aufgeben. Oft quälte sie der Hunger, schließlich waren sie keine geübten Jäger oder Fallensteller. So führten sie ein freies, doch periodenweise grausam hartes Leben, bis Hermann eines Tages über Rückenschmerzen klagte und ernsthaft krank wurde. Muskelzerrung, Rheumatismus oder Vitaminmangel?

Seine Schmerzen gingen auf die Gelenke über. Er verbrachte die meiste Zeit geschwächt, von Schmerzen gemartert, auf dem Lager. Sie mussten ihren Schlupfwinkel verlassen.

Ich schaute in den Canyon hinab und stellte mir die große Enttäuschung der Aussteiger vor. Die Gesundheit hatte Hermann Korn einen Streich gespielt. War das Versteckspiel vorbei? Welche Konsequenzen drohten ihnen? Henno Martin enttarnte das Fahrzeug, machte es flott, lud den Freund ein. Vor Windhoek erkundigte er sich bei einem befreundeten Farmer nach der allgemeinen Lage und übergab ihm Hermann, damit er ihn ins Krankenhaus bringe. Martin selbst fuhr zurück und verschwand im Canyon. Zwei Tage später tauchten bewaffnete Polizisten auf. Den Aufenthaltsort hatten sie Hermann Korn entlockt. Vereint fanden sie sich im Gefängnis von Windhoek wieder und warteten auf ihren Prozess. Gott sei Dank gerieten sie an milde Richter, die Verständnis für ihr Abenteuer hatten. Die Internierung blieb ihnen erspart.

Hermann Korn fand seine letzte Ruhestätte auf dem Friedhof von Windhoek. Er war 1946 mit dem Auto tödlich verunglückt. Henno Martin kehrte nach dem Krieg nach Deutschland zurück, erwarb eine Professur und lehrte Geologie in Göttingen. Den Kuiseb Canyon machten die beiden Deutschen durch ihr abenteuerliches Versteckspiel berühmt.

Für mich ist die Strecke von Sesriem hinein ins Dünengebiet von Sossusvlei der schönste Teil der Namib. Der Andrang ist groß.

Touristen strömen aus allen Himmelsrichtungen heran und alles ist reglementiert, mit Gebühren und Permits belegt.

Wehmütig denke ich an meinen ersten Besuch zurück. Wie jetzt war ich mit einem Leihwagen in Namibia unterwegs. Auf dem Campingplatz in Sesriem war ich allein. Es hatte einige Tage zuvor heftig geregnet. Ob der Trockenfluss Tsauchab die Pfanne von Sossusvlei gefüllt hatte? Zuvor aber wollte ich einen Blick in den Sesriem Canyon werfen. Eine enge, einen Kilometer lange und dreißig Meter tiefe Schlucht, die der Tsauchab durch Kalkstein gegraben hatte. Ein gutes Zeichen, der Canyon führte Wasser, vielleicht sogar auch der See? Hier hatten einst am Rand des Canyon Buren mit ihren Ochsenkarren gestanden und geschöpft. Um an das Wasser zu gelangen, mussten sechs Ochsenleder-Riemen aneinandergeknotet werden, daher der Name Sesriem. Auf schmalem Pfad konnte ich hinab in die Unterwelt steigen. Mit Kopfbedeckung, weil Taubenkolonien an den Wänden nisteten und mit Freude Wanderer einkoteten. In großer Erwartung schlug ich die *pad* zum Sossusvlei ein. Hielt an der markanten Düne 45. Einer der höchsten Sandberge der Welt – mit den zerzausten Akazien am Fuß des Dünengrats schon damals ein Wahrzeichen. Der Aufstieg mutete leichter an, als er sich tatsächlich gestaltete. Die Wasserflasche lag im Fahrzeug, die letzten Meter waren eine Qual. Nur noch wenige Kilometer bis zur Pfanne. Doch die Kilometer hatten es in sich. Was sich dann als Panorama bot, belohnte für alle Mühen: Das rote Sandgebirge von Sossusvlei spiegelte sich im See. Ein grandioses Naturschauspiel lag vor mir wie die Kulisse eines traumhaften Amphitheaters. Am Ufer stillten Oryxantilopen, Schakale, eine bunte Vogelschar ihren Durst. Tot geglaubtes Gras, verdorrtes Geäst von Kameldornbäumen entfalteten grünes Leben. Das Auge hatte sich an den scharfen Kontrast erst einmal zu gewöhnen: Wasser und Wüste, Leben und Tod. Tiefblauer Himmel, stechende Sonne stülpten sich über rotbraunen Dünensand und den silberblauen See: Sossusvlei. Die

Pfanne ist aus dem Tsauchab-Fluss entstanden, dessen Bett im Lauf der Zeit immer stärker versandete. Und irgendwann blockierte ein mächtiger Dünengürtel den Fluss, ließ ihn hier am Fuß der Dünen enden, wo er bei starkem Regen den See bildet. Nama nennen die Senke Sossus, was übersetzt ›Blinder Fluss‹ heißt.

Was wird mich heute erwarten? Erst einmal bin ich nicht allein, befinde mich auf einem Campingareal, eingezwängt zwischen Zelten und Fahrzeugen. Sandgeschwängerter Wind behindert die Sicht. Es ist grau. Die Sonne steckt hinter dichten Wolken. Das Wetter gefällt mir nicht. Mit mulmigem Gefühl im Bauch verlasse ich die Sossus Oasis Camp Site. Der Manager schaute zuvor skeptisch himmelwärts und prognostizierte Sturm und Unwetter. An diesem Vormittag wagt sich kaum ein Fahrzeug aus dem ›Bau‹. Vielleicht ganz gut so. Mit aufgeblendetem Licht und Nebelscheinwerfern schleiche ich hinter einem Dodge Ram 2500 Heavy Duty her, ein beeindruckendes Geschütz. Das schwere Gelände vor dem Sossusvlei wird es mit Bravour nehmen, kann mich eventuell an den Haken nehmen und durch den Sand ziehen.

Der Wind zerrt und ruckelt wie toll am Wagen. Es ist kein Wind mehr, es ist ein Sandsturm, der sich zum Orkan aufspielt. Gerade noch rechtzeitig merke ich, dass der Dodge hält. Tief gebeugt stemmt sich der Fahrer gegen die Kraft, inspiziert sein Fahrzeug von außen, steigt wieder ein und fährt weiter.

Es muss bei Kilometer fünfundvierzig sein. Dort, wo die berühmte Düne steht, ist die Sicht so schlecht, dass ich den Vordermann nicht mehr sehen kann. Rein gar nichts mehr ist zu erkennen. Etwas veranlasst mich, die Tür zu öffnen. Sie wird mir aus der Hand gerissen, Sand wie mit Schaufeln ins Innere geschleudert. Ohren sausen, als hielte ich Rauschmuscheln davor. Endlich ist die Tür wieder zu. Draußen toben Urgewalten. Bis zu hunderttausend Tonnen Sand mögen sich jetzt über einem Quadratkilometer Wüste in der Luft befinden. Mir reicht die Portion Sand im Fahrzeug. Sie legt sich auf Nase, Mund, Augen und Ohren. Ich spucke aus und halte ein Tuch vor Mund und Nase. Nun versetze ich den Cruiser um einige Meter, in der Hoffnung, dass der Motor nicht völlig versandet. Wie lange mag das Chaos andauern?

Der *storm,* wie die Afrikaaner, die Afrikaans sprechenden aus Europa stammenden weißen Afrikaner, sagen, orgelt nun schon über eine Stunde. Doch allmählich flaut er ab. Schemenhaft ist die *pad* zu erkennen. Zeit für den vorsichtigen Rückzug. Im Camp erfahre ich abends, dass der Dodge Heavy Duty total vom Weg abkam und nahe dem Sesriem Canyon an einen Felsbrocken geriet.

Der nächste Tag empfängt uns mit strahlend blauem Himmel, aus dem die Sonne hämisch über blank geputzte Dünen lacht. Schwach säuselt ein Lüftchen, als habe sich der Sturm zuvor gänzlich verausgabt. Eine Kolonne von fünfundzwanzig Fahrzeugen setzt sich in Bewegung. Ich bin mittendrin. Marschrichtung Sossusvlei. Nach sechzig Kilometern müssen Pkw-Fahrer ohne Allradantrieb auf dem Parkplatz halten und die letzten fünf Kilometer zu Fuß gehen. Allradfahrer reduzieren ihren Reifendruck auf etwa ein Bar, um es durch den weichen Sand zu schaffen.

Jetzt zeigt sich die von Dünen umschlossene Salztonpfanne, das *vlei,* in üblicher Kargheit, ohne Wasser. Sein rissiger Boden sieht aus wie zerbrochene Tonscherben. Kein Tier lässt sich sehen, kein Vogel zwitschert. Aber Big Daddy, auch Crazy Dune genannt, lebt. Eine Menschenkette stapft den Grat des gewaltigen Sandhaufens hinauf, der ebenfalls zu den ganz hohen des Globus gehört: Über der Pfanne erhebt er sich mit dreihundertachtzig Metern. Sein orangefarbener Sand ist auf Eisenoxid zurückzuführen.

Auf der Spitze von Big Daddy bietet sich ein berauschender Blick über das Dünenmeer und hinüber zu Big Mama, einer weiteren markanten Sandformation. Und auf dem Zenit des ›Großen Papas‹ klicken die Kameras und Smartphones für Selfies in allen Posen. Gerade wird eine Oma in die Mitte genommen und zu Tal geschleppt. Sie hat sich zu viel zugemutet. Oder das Trinken vergessen. Im Süden stehen Blasen am Himmel wie bunte Luftballons. Ballonfahrten über das Sossusvlei sind sehr beliebt. Manchmal sieht man von oben aus dem Korb Oryxantilopen durch die roten Dünen ziehen. Wenn der Butangasbrenner in das Innere des Ballons faucht, hebt das Wild verwundert den Kopf und trottet weiter. Aus der Luft erwarten die großen Vierbeiner keine Gefahr. Strauße sind sensibler, sie mögen das Fauchen weniger und traben aufgebracht davon.

Walter Theile ist in seinem Element. Wir sitzen an einem langen Tisch in der Wohnküche, genießen ein gutes Mittagessen, angerichtet von Frau Renate, und lauschen Walters spannenden Storys.

Bei einigen seiner Abenteuer kann ich mitreden, weil ich dabei war. Die gerade frisch eingetroffenen Touristen sperren Mund und Nase auf, als es um die Fahrten mit seinem alten Unimog durch die Kalahari zum Okavango-Delta geht. Die Karre streikte ständig

Dünenfuß nahe der Gästefarm Familie Theiles

oder fuhr sich fest. Später behaupteten Teilnehmer, sie hätten vom ewigen Schieben Schwielen an der Schulter bekommen.

Ein ewig trockenes Rivier neben der Farm kam überraschend ab. Eine ungeheure Wasserfront riss Unterstände und Stallungen mit sich. Theiles bangten um ihren Besitz. Spannend war auch die Wüstendurchquerung: ein Hundertdreißig-Kilometer-Marsch durch eine reine Dünenwelt bis an die Hottentots Bay am Atlantik.

»Natürlich gab's da kein Trinkwasser. Wir mussten Salzwasser destillieren, um lebendig zurückzukommen. Mein Gott, damals waren wir fit wie Wüstenelefanten!«

Dabei schlägt er mir krachend auf den Rücken. Holger, ein Farmgast, fragt, wie es Theiles in die Unwirtlichkeit verschlagen konnte. Wer investiere freiwillig in eine Farm, umgeben von Sand und Geröll der angrenzenden Tiras-Berge? Nun erzählt Walter, wie es dazu kam: In Hessen nach dem Krieg geboren, wanderten seine Eltern nach Südafrika aus. Der Vater arbeitete in der Diamantenproduktion. Sohn Walter besuchte die Schule in Lüderitz, bis es die Eltern zurück nach Deutschland zog. Walter wurde Lehrer in Hamburg, lernte seine Frau Renate kennen. Beide plagte das Fernweh. Bei Walter war es eher Heimweh nach Südwest. Nach intensiver Suche fanden die beiden eine Farm hier im Tal zwischen Sand und Felsen, eine, die mehrere Jahre verlassen vor sich hinschlummerte und bezahlbar war. Das Wohnhaus, der Stall, alles war versandet und heruntergekommen. Aber sie besaßen jetzt einhundertfünfundsechzig Quadratkilometer Natur, was der Fläche des Fürstentums Lichtenstein entspricht.

»Anfangs arbeitete ich als Mechaniker auf Nachbarsfarmen«, berichtet Walter, »auszahlen ließ ich mich in Naturalien. Mal hier ein Schaf oder eine Ziege, mal dort ein Kalb. So kam allmählich 'ne kleine Herde zusammen.«

»Und die war in der Trockenheit am Leben zu halten?«

»Ihr werdet es nicht glauben, selbst europäische Rinderrassen gewöhnen sich an die Dürre. Doch wir hatten auch verdurstetes

Vieh. Schlimm ist es, wenn die Tiere Tag und Nacht vor Durst herzzerreißend brüllen, weil die Tränke keinen Tropfen Wasser hergibt.«

Holger will wissen, wie es zu dem Namen Namtib kam.

»Den hatten schon die Schutztruppler übernommen. Es ist ein San-Wort. *Nam* bedeutet leer und *tib* Spitze. Das Jäger- und Sammlervolk war schon sehr früh in dieser Region, weil es eine Quelle gab. Doch Farmwirtschaft in der Wüste trauten sich hier weder Einheimische noch zugewanderte weiße Afrikaner zu. Und mal ganz ehrlich, auch heute wäre die Namtib Desert Lodge Farm ohne den Gästebereich nicht zu halten.« Ich kann das nur bestätigen. Familie Theile startete sehr früh mit der Aufnahme von Gästen und ich war in den frühen Achtzigerjahren einer ihrer ersten. Ich erinnere mich an diesen Besuch. Mit einer ungenauen Skizze und einer vagen Beschreibung ausgerüstet, begab ich mich in eine Landschaft, die von Kilometer zu Kilometer unwirtlicher erschien – bis ich annahm, das kann der rechte Weg nicht sein. Schon wollte ich umdrehen. Da polterte der Wagen über ein *cattle guard,* jene Metallschwellen, die das Vieh am Wandern auf anderes Farmgelände hindern sollen. Kurz darauf tauchte ein Schild auf: »Namtib Farm 16 km«. Eine halbe Stunde später befand ich mich mit drei anderen Gästen in feuchtfröhlicher Gesellschaft auf einem einfachen Hof mit einem überaus herzlichen Farmerehepaar.

Als Walter uns nun die Außenanlage zeigt, staune ich nicht schlecht. Der Bungalowbereich hat sich verdreifacht. Die Gebäude sind einheitlich mit grünen Wellblechdächern versehen. Überdachte Terrassen mit gemütlichen Sitzplätzen richten sich zu einem offenen Atrium hin aus. Der Gast blickt auf Akazien, Säulenkakteen und bizarre Köcherbäume, die zwischen riesigen Findlingen stehen. Steinquader, die von den Hängen des eintausendneunhundert Meter hohen Tiras-Gebirges stammen. Braune Steinwüste als Kontrast zu den gelben Sandfeldern von gegenüber. Ein Dorado für jeden Wüstenfan!

Walter schlägt eine Rundfahrt mit seinem nicht mehr ganz frischen Land Rover vor, mit anschließender Wüstenwanderung bis zum Sonnenuntergang.

»In unserem Biosphärenreservat«, erklärt er, »beherbergen wir zurzeit fünfundsiebzig Rinder, gut vierhundert Schafe und um die dreißig Strauße.«

Eine Familie der Großvögel flitzt gerade im Stechschritt vor uns her.

»Was befindet sich an Wild auf dem Gelände?«

»Ich gehe von zweihundertfünfzig Oryxantilopen, etwa dem Doppelten an Springböcken *(Antidorcas)* und vielleicht sechzig Kudus aus. Wir versorgen Farmtiere und das Wild mit Brunnenwasser aus einer Tiefe von einhundertzwanzig Metern.« Gerade will Walter den Wagen unter einem Kameldornbaum abstellen, da zischt er:

»Im Wagen bleiben, da oben liegt ein Leopard auf dem Ast.«

Tatsächlich! Kameras klicken. Die Raubkatze rührt sich nicht, wie es einem Tagschläfer geziemt.

»Wir haben zwölf Leoparden und zwischen fünfzehn und achtzehn Geparden auf Namtib. Ab und zu reißen sie Schafe, Ziegen oder Fohlen. Das nehmen wir in Kauf. Warum auch nicht, eine Farm mit Leoparden ist eine Attraktion.«

Ein Stück weiter parken wir am Fuß einer Düne, begeben uns in den Sand, immer westwärts, der sinkenden Sonne entgegen. Plaudernd, schwatzend, ein Touristengrüppchen, das den Sand nur als Sand wahrnimmt, in dem Walter wie ein Lektor auf einem Lehrpfad auf das Kleine und Unscheinbare aufmerksam zu machen versucht. Ich stapfe abseits, allein, das Gerede stört mich. Die Wüste ist nur schweigend zu ertragen. Lärm nimmt ihr die Exklusivität. Doch du musst wissen, in ihrem Sandgarten verzeiht die Wüste keinen Leichtsinn, keine Unachtsamkeit. Schon ein Dünental, das dich von der Gruppe trennt, kann dein Grab bedeuten, weil du die Orientierung verlierst. Ich setze mich auf einen Grat, blicke über das Meer aus Sand und lasse den Stoff durch die Finger rinnen. Sand hat so etwas Reines, Unbeflecktes. Im Sand stelle ich mir den Anbeginn der Erde nach dem Urknall vor und wie sie sich langsam in einen bewohnbaren Planeten entwickelte. Ja, Wasser und Sand sind Anfangs- und Endprodukte. Selbst Felsen werden irgendwann wieder zu Sand. Gleich liegt die Sonne wieder begraben hinter den Dünen, die trommelnde Tageshitze wird zerfließen und angenehme Kühle das Getier aus dem Sand locken. Nichts ist, wie es ist. Die Veränderung im Unsichtbaren, Heimlichen beschreibt den Charakter von Wüsten als totale Landschaft. Leben im Verborgenen. Wasserödnis und Sandmeere sind lieblich, trostlos und mörderisch zugleich. Dennoch sind sie meine liebsten Regionen. In friedlichen Momenten ähneln sie sich in ihrer Güte und sie gleichen sich in ihrer Raserei mit peitschenden Brechern und erstickenden Sandwirbeln. In solchen Zeiten des Chaos dulden sie keine Lebewesen in ihrer Nähe. Und doch fühle ich mich angezogen durch die Kraft des Fremden. Ist es die Begeisterung am Schauder, solange ich dieser Kraft entrinnen kann? Folgt dann die Erleichterung, mehr noch, die Befriedigung, von ihr verschont geblieben zu sein? Wüste birgt den Sog der Imagination, weil sie ein leerer Raum zu sein scheint, lässt der Fantasie freien Lauf. Berühmte Wüstenwanderer wie Heinrich Barth erlagen solchen Fantasien, bis sie ihr Ziel erreicht hatten und erkannten, dass das sagenhafte Timbuktu nur ein dreckiges Nest in der Sahara war.

Manchmal, denke ich, geht es mir wie dem englischen Abenteurer Wilfred Thesiger, der es nie erwarten konnte aufzubrechen, um in der Wüste die Qualen ständigen Durstes zu spüren. Wird da ein großes Gefühl gesucht, um verändert aus dem absoluten Raum herauszutreten? Wer sich der Magie tödlicher Regionen aussetzt, nähert sich dem Sinn des Lebens. Wie bei einer Geburt öffnet sich eine Tür zwischen Leben und Tod. Und es ist, als wäre man Zeuge eines steten Schöpfungsakts. Nicht von ungefähr entstanden drei große monotheistische Religionen in der Wüste, mit der Ödnis im

Diesseits und dem Paradies im Jenseits. Einen einzigen Gott kann es nur in einem absoluten Raum, der Wüste geben. Fern der übrigen Welt und doch die bewohnte Welt durchdringend. Der Gläubige erhofft sich das Paradies wie der Beduine einen wassergefüllten Brunnen. Ist der Gott der Christen, der Muslime, auch der Juden ein Gott der Leere, weil im leeren Raum geboren? Der Mensch begegnete Gott in der Wüste. In dem magischen Raum jenseits aller Vorstellungskraft. Staunend sitze ich im Sand, blicke grübelnd in die Weite. Und mir wird, wie immer in einer Landschaft wie dieser, die Winzigkeit, die Belanglosigkeit der eigenen Existenz bewusst. Man fügt sich in Demut einer viel größeren, viel höheren Kraft. Es war Sven Hedin, der in der Gobi gesagt haben soll, jeder brauche seine Wüste. Wie wahr: Von Zeit zu Zeit ist sie für mich Erbauung, Erlebnis, Ort der Erkenntnis und Inspiration. In ihr habe ich gelitten, Angst gehabt, bin verzweifelt gewesen, habe glückliche Momente genossen und die schönsten Tagträume durchlebt, dann wieder trostlose Einsamkeit als tiefen Abgrund empfunden. Nur Wüsten verursachen jenes Wechselbad der Gefühle. Besonders nachts, wenn du dich ihr hilflos ausgeliefert fühlst, zerrt sie an deinen Nerven wie ein schwarzes, aggressives Tier. Bei Sonnenaufgang umschmeichelt sie dich, doch nur ganz kurz, denn die Strahlen des Glutballs möchten dich wie eine Lanze durchbohren. Wüste bedeutet für mich Freiheit, doch zugleich Himmel und Hölle.

Jetzt nippt die Sonne an den Dünen. Das Rosé eines kurzen Abends, das dem Sand unbeschreibliches Kolorit verleiht. Licht wird auf einmal ein Wesen, das die Namib überflutet. Ich stehe auf, wandere in die Farbe hinein. Und es ist, als würde ich Teil der farbtrunkenen Landschaft.

Wo ist Walter? Wo sind die redseligen Touristen? Der Abendwind hat noch nicht eingesetzt. Ich folge ihrer Spur.

»Was schreit da wie ein Baby?«, ruft Claudia.

»Das ist ein Wüstengecko«, sagt Walter.

»Mein Gott, das klingt ja schaurig!«
»War das eben Wetterleuchten? Zieht ein Gewitter auf?«, fragt Holger, schaut gen Himmel.
»Nee, leider nicht. Regen könnten wir dringend gebrauchen. Das war der !nub, wie die San das geheimnisvolle Leuchten nennen. Übertragen heißt das zwar ›Wind, der den Regen bringt‹, doch das stimmt nur höchst selten. Es handelt sich, ähnlich wie beim Nordlicht, um ein Naturphänomen. Elektrisch aufgeladener Wüstenstaub reibt sich in großer Höhe und lässt Kondensationsbereiche entstehen. Manchmal lädt sich die Atmosphäre elektrisch so stark auf, dass Mensch und Tier die Haare buchstäblich zu Berge stehen. Das ist kein Witz.«

Zurück in der Wohnküche am langen Tisch mit Bier aus dem Kühlschrank. Verpflegung für die Gäste wird einmal im Monat in Windhoek eingekauft, da befindet sich auch der nächste Arzt.
»Heute ist die Strecke in acht Stunden zu schaffen, das war früher unmöglich«, meint Walter. Walter als Alleinunterhalter. Wie kann es anders sein, er bringt die Story von Amy Schoeman, der Fotografin, die Hyänen in der untergehenden Sonne knipsen wollte. Dabei musste sie möglichst nah an die Tiere herankommen. Walter spielte verwundete Beute. Mit bizarren Verrenkungen humpelte und tänzelte er bis auf wenige Meter an die neugierigen Hyänen heran, sodass Amy tolle Fotos schießen konnte.

»Die Aktion war nicht ohne«, sagt Walter, »wenn Hyänen zubeißen, splittern Knochen wie Glas. Ihre Kieferkraft übertrifft die eines Löwen.«

Die Geschichte mit der entlaufenen weißen Ziege darf auch nicht fehlen: Walter vermisste sein Zicklein, suchte es überall. Schließlich gab er auf, da es wohl von einem Leoparden gerissen worden war. Unverhofft erschien es ihm Tage später an einer Tränke im Beisein einer unbekannten braunen Ziege. Die Farmgäste hören gespannt zu, als er erzählt:

»Ich wollte gerade den Pick-up abstellen, um die Ziegen einzufangen. Seltsam, als ich aufschaute, war die braune Ziege verschwunden. Meine Weiße stand noch da, also lud ich sie auf und fuhr Richtung Farm. Nun müsst ihr wissen, dass die meisten San Animisten sind. Auch die, die auf unserem Gelände leben. Vielleicht habt ihr unterwegs hin und wieder Steinhaufen gesehen. Die haben San aufgeschichtet. Es sind Kultstätten, angelegt für Heitsi-Eibib, ein guter Geist des an Göttern und Geistern reichen Volkes. Er ist wandelbar, steckt in Menschen, Tieren und Gegenständen. Er schützt vor Krankheiten und bewacht das Vieh. Widerfährt San etwas Gutes, legen sie aus Dankbarkeit einen neuen Stein auf den Haufen. Ich bin, weiß Gott, nicht abergläubisch. Aus Freude über das wiedergefundene Zicklein aber legte ich doch einen Stein auf den Haufen. Dabei erblickte ich unmittelbar vor mir eine Schwarze Mamba. Ihr Körper, gespannt wie ein Flitzbogen, hätte mich anspringen, beißen und töten können. Sie tat es nicht, verschwand schlängelnd im Steinhaufen ...«

»Das ist ja erstaunlich!«, fällt ihm Claudia ins Wort.

»Genau, das Erlebnis machte mich nachdenklich. Auf der Farm berichtete ich unserem Nama-Hirten von dem Vorfall. Der hatte sofort eine Erklärung parat: ›Die braune Ziege war Heitsi-Eibib, er hatte dein Geißlein beschützt. Nun prüfte der Geist, ob du dich als dankbar erweist, und erschien als Giftschlange. Zum Glück warst du dankbar, also zog sie sich zufrieden zurück.‹«

Nach einer Weile des Nachdenkens sagt Claudia:

»Leben die San noch als Jäger und Sammler bei euch?«

»Schon lange nicht mehr. Sie haben Jobs als Farmhelfer oder halten selbst Schafe und Ziegen. San ist übrigens eine Bezeichnung, die ihnen die Nama gaben. Sie bedeutet: ›Jene, die etwas vom Boden aufsammeln‹. Interessant ist, dass ihr Zahlungsmittel, die ›Buschmannperlen‹, das älteste Geld Afrikas war. Seit 7000 vor Christus war es in Gebrauch, damit länger als das Kaurimuschelgeld.«

»Wie muss man sich ›Buschmannperlen‹ vorstellen?«, fragt Holger.

»Straußeneier spielten im Leben der San eine wichtige Rolle. Sie waren ihre Trinkgefäße und das Material für die Perlen. Sie brachen kleine Stückchen aus den Schalen, schliffen sie rund. Die Kügelchen wurden gelocht und auf Schnüre zu Halsketten aufgezogen. Jedes Kügelchen stellte einen Wert dar. Eine Art Währung im üblichen Tauschhandel.«

Holger: »Kennen die San einen Toten- und Ahnenkult, wie viele andere Naturgemeinschaften?«

»Mir nicht bekannt. Im Gegenteil, die Toten und Geister, die mit dem Tod in Verbindung stehen, sind gefürchtet. Daher werden Gräber, sofern überhaupt welche angelegt wurden, mit Steinen beschwert und die Stätten der Toten gemieden.«

Renate stellt uns noch einige Flaschen Windhoek Lager auf den Tisch und wünscht uns eine gute Nacht. Ihr Tag beginnt vor Sonnenaufgang.

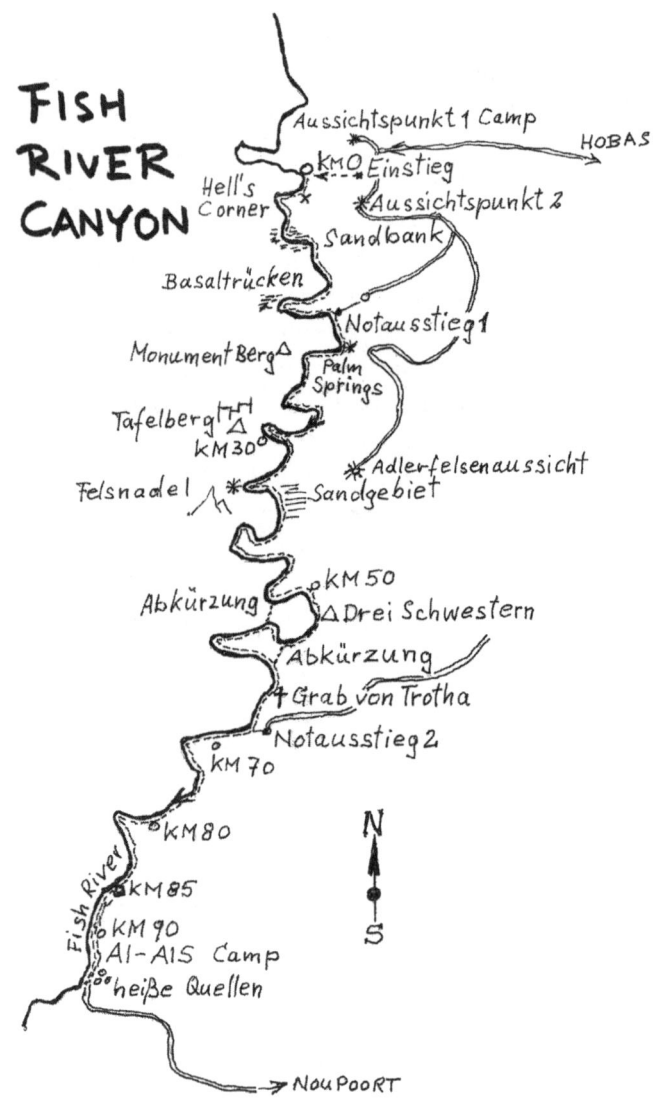

Zwei Abgründe

Man hatte mich gewarnt, erst der Angestellte im Namibia Wildlife Resort Windhoek, als ich das Permit beantragte, dann der freundliche Ranger am Einstieg. Laut Wetteramt herrschen da unten im Sommer mehr als fünfzig Grad Celsius. Der Weg sei beschwerlich, für Ausrüstung und Proviant müsse selbst gesorgt werden, es drohe Wassermangel. Im Ernstfall seien nur zwei Notausstiege verfügbar.

Wovor wird da gewarnt? Es geht um die Schlucht, die schlaucht. Das Durchwandern des Fish River Canyon von Hell's Bend bis Ai-Ais auf sechsundachtzig Kilometern. Der Fish River Canyon ist der tiefste Abgrund Afrikas und nach dem amerikanischen Grand Canyon und dem mexikanischen Copper Canyon der drittgrößte der Welt. In beiden war ich gewandert – was allerdings schon ein paar Jahre zurückliegt. Die Exkursion an den Fischfluss sehe ich als Teststrecke für einen wahrscheinlich härteren Marsch zu isoliert lebenden Himba, Nomaden im nordwestlichen Kaokoveld.

Ich stehe mit leichtem Rucksack am Rand des Canyons, vor dem Abstieg in eine andere Epoche Zeitgeschichte. Natürlich bin ich skeptisch. Mute ich mir da nicht doch zu viel zu? Mich tröstet, dass mein Körper Hitze gut verträgt und mit wenig Wasser auskommen kann. Ich habe mich einer Gruppe von acht Wanderern angeschlossen. Gleich geht es steil bergab. Zuvor lasse ich mir noch etwas über die Entstehung des etwa einhundertsechzig Kilometer langen, bis zu siebenundzwanzig Kilometer breiten und fünfhundertfünfzig Meter tiefen Canyons durch den Kopf gehen: Einer Nama-Sage zufolge entstand die Schlucht durch eine vor Jägern fliehende Riesenschlange, hatte sie doch zuvor Vieh der Nama verschlungen. Schwer verwundet wand und schüttelte sich die Schlange im Wüstensand so heftig, dass das Erdreich aufriss und sie darin verschwand. Geologen erklären sich die Entstehung etwas anders, und zwar durch tektonische Verschiebungen im Erdinneren vor etwa fünfhundert Millionen Jahren. In der Erdkruste entstanden Risse und Spalten, durch die Wasser, später der Fischfluss sein Bett grub. Der Urkontinent Gondwana teilte sich, Afrika driftete von Südamerika ab. Diese Verschiebung trug zusätzlich zum Entstehen des Canyons bei.

Auf dem engen Serpentinenpfad liegt Geröll. An besonders gefährlichen Stellen sichert eine Kette vor dem Abstürzen. Mühsam ist die Zeitreise durch die Entstehungsgeschichte unseres Planeten. Unterschiedliche Gesteinsschichten erzählen, farbig untermalt, von frühen Erdschüben, auch von stetiger Erosion.

Zwei Amerikaner überholen uns im Laufschritt. Sie wollen Ab- und Aufstieg ohne Wasser in sieben Stunden schaffen. Ihre hochroten Köpfe lassen einen Sonnenstich vermuten. Nach drei Stunden erreichen wir bei beginnender Dämmerung die Talsohle. In Felsgrotten balgen sich hasengroße Klippschliefer, auch Klippdachs genannt. Selbst in den Gebärden erinnern sie an unsere Murmeltiere.

Ein Vogel in buntem Gefieder hüpft futtersuchend von Stein zu Stein und stößt urige Laute aus. Eine Gabelracke? Vom Fluss sind nur Tümpel wie stumpfe Spiegel zu erkennen. Ich stärke mich mit einer flüssigen ›Tafel‹ Schokolade, Nüssen und etwas Wasser. Ein japanisches Paar beginnt Fertigeintopf zu kochen. Ihre Rucksäcke mögen jeweils achtzehn Kilo wiegen. Ich suche ein sandiges Plätzchen, starre noch eine Weile in einen Himmel voller Sterne, der mich an das Planetarium in Hamburg erinnert, und schlafe ein. Ohne Schlafsack, ohne mich in Decken zu wickeln.

Aufbruch ist um halb sieben in der Frühe. Erst wird eine weiche Sandstrecke durchschritten, dann Geröllhalden. Francis aus England tänzelt in Turnschuhen über die Steine und verstaucht sich den linken Knöchel. Nun humpelt er. Hoffentlich hält er bis zum ersten Notausstieg bei Kilometer zwölf durch. Ein Bereich mit dicht an dicht liegenden Findlingen erfordert sicheres Springen von Stein zu Stein. Für Francis muss das eine Tortur sein. Die Sonne klettert in den Zenit. So ohne Schatten bringt uns die Hitze zum Kochen. Wo immer eine Wasserpfütze auftaucht, nässe ich mein Handtuch, das ich mir um den Kopf wickele. Kleine Schilfinseln, dorniges Gebüsch, einige Akazien, selten ein Köcherbaum bilden die spärliche Vegetation. Wie auf langen Märschen üblich, bestimmt jeder sein eigenes Tempo, was die Gruppe in die Länge zieht. Die windstille Hitze ist erbarmungslos. Ich mühe mich irgendwo in der Mitte der Wanderer ab, sehe aber weder vor noch hinter mir jemanden. Links zeigt sich der Notausstieg. Er verführt zum Aufgeben. Schluss mit der Quälerei. Viele geben hier tatsächlich auf, weil Durst sie zermürbt, weil sie Angst haben, nicht rechtzeitig Trinkwasser zu finden. Der Notausstieg liegt immer weiter hinter mir. Ein Blick auf die Routenskizze zeigt: Hinter der nächsten langen Kurve ist Palm Springs erreicht, das Etappenziel. Ein verheißungsvoller Name für zerzauste Palmen und eine heiße Quelle, die scheußlich nach Schwefel stinkt. Es heißt, 1915 seien zwei deutsche Schutztruppler hierher desertiert, einer mit Hautkrebs, ein anderer mit Asthma. Durch regelmäßiges Baden in der Schwefelquelle hätten sie sich kuriert. Ob sie anschließend aufgegriffen und erschossen wurden, ist nicht bekannt.

Unsere Gruppe ist nicht mehr komplett. Francis und das japanische Paar haben den Ausstieg gewählt. Im Canyon gibt es Schlangen und Skorpione, jedoch weder einen Arzt noch adäquates Serum. Meine Schuhe lasse ich auch nachts an, das hat einen Vorteil: Skorpione können sich in ihrem Innern nicht verstecken. Wie ein Hohn liest sich die Erste-Hilfe-Anweisung, wie man sich bei Schlangenbissen zu verhalten habe: »Patient zwischen Bisswunde und Herz abbinden. Tote Schlange mitbringen.«

Normalerweise wird der sechsundachtzig Kilometer lange Canyon-Abschnitt in fünf Tagen durchwandert. Gerade stört eine Horde tougher Südafrikaner krakeelend die Nachtruhe.

»We make it in two days!«, posaunen sie.

Bevor es wieder losgeht, werden die Wasserflaschen gefüllt. Zwei Tage muss mein Fünf-Liter-Vorrat reichen. Das ist sehr knapp bemessen. Vorerst verlangt der Pfad Steinehüpfen, bald danach Waten durch tiefen Sand. Schließlich behindert dorniges Strauchwerk den Weg. Von irgendwo dringt bestialischer Gestank an die Nase. Aas? Plötzlich taucht eine Hyäne auf. In ihrem Maul baumelt Fleisch, wie ein großer brauner Lappen. Ein zweiter Aasfresser folgt. Er will dem Ersten das stinkende Fleisch abjagen. Dann sehe ich auch das abgenagte Kuduskelett. Von einem Leoparden geschlagen? Möglich, wenn das Kudu verletzt war. Im Westen zeigt sich bei Kilometer fünfundzwanzig der Tafelberg. Ein Massiv, durchaus mit dem Table Mountain Kapstadts vergleichbar. Geraume Zeit ist der Fischfluss ein staubtrockenes Bett. In ganzer Länge führt er nur in regenreichen Jahren Wasser – was selten vorkommt, weil der 1963 gebaute Hardap-Damm bei Mariental kein Wasser durchlässt. Es sei denn, er hat sich zuvor so stark gefüllt, dass Wasser abgelassen wird. Ein Wasserloch bei Kilometer achtundzwanzig ist eine grüne

Pfütze, in der tote Insekten und anderes Getier schwimmen. Durst nagt. Die Wasserflaschen sind fast leer. Das nächste Trinkwasser soll es nicht vor morgen Abend geben. Was tun? Durchhalten oder wie Ruth das Wasser mit dem T-Shirt filtern und Micropur-Forte-Tabletten in die Flasche werfen? Ich entscheide mich fürs Durchhalten, stapfe weiter durstig durchs Höllental.

Nun folgt eine Strecke auf glattem Fels entlang einer Kette brauner Wassertaschen. Welch Wohltat für die Füße, welch Verführung für trockenen Mund und Rachen. Studentenfutter lässt sich nicht mehr schlucken. Trockenobst klebt am Gaumen. Mechanisch setzt du Fuß vor Fuß. Das Ende naht: noch fünfzig Kilometer bis Ai-Ais. Längst lässt du tagsüber lästige Fliegen, nachts gierige Mücken gewähren. Wedeln ist zwecklos. Links oben am Grabenrand schauen die Three Sisters in den Abgrund, Felsen, in denen du Frauengestalten erkennen kannst. Ich stelle sie mir hämisch lachend vor – über die Irren, die sich da durch den Canyon schleppen.

Was ist das? Fantasiere ich schon? Sehe ich weiße Mäuse, Pferde auf der Koppel? Die Wildpferde im Gras sind Realität. Um 1910 sollen sie deutschen Kavalleristen durchgebrannt sein. In der Schlucht hat ihre Art überlebt. Achtung: Eine Pavianfamilie tollt auf den Pfad. In der Nacht liege ich auf meinem Rucksack, verschnüre die Taschen. Paviane sind wahre Meisterdiebe. Bei Kilometer fünfundfünfzig, am Vier-Finger-Felsen, werden die meisten Wanderer schwach und nehmen die Abkürzung über ein Plateau, sparen dabei fünf Kilometer. Am Grab von Leutnant Thilo von Trotha stößt man wieder auf den eigentlichen Pfad. Ein Steinhaufen mit recht gut erhaltener Gedenktafel: »Hier ruht in Gott ...« Er erinnert an 1905, als kriegerische Nama auf deutsche Marinesoldaten stießen. Unter ihnen befand sich der junge Offizier von Trotha. Er wurde tödlich verletzt und an Ort und Stelle beigesetzt. Sein Grab schmücken drei rote Blüten. Gut sichtbar ragt es aus einem Sandfeld.

Der zweite Notausstieg wird bei Causeway erreicht. Flimmert da vorn eine Fata Morgana? Nein, der kleine Laden für kalte Getränke, Süßigkeiten, Snacks ist echt. Eine Cola weckt die Lebensgeister. Unsere Gruppe ist auf drei Wanderer geschmolzen. Kaputte Füße und Magenprobleme sind die häufigsten Gründe, um aufzugeben. Ruth hat sich einige Male übergeben – und macht auch Schluss.

Tag vier: noch gut zwanzig Kilometer. Die Piste ist sandig. Man ahnt die Zivilisation nahen – wenn da nicht ständig Aasgeier über uns kreisen würden. Gegenverkehr. Spaziergänger aus Ai-Ais erscheinen. Touristen, die mal in den Canyon hineinschnuppern wollen, lassen sich erzählen, was hinter uns liegt. Meinen: »Oh je, das tu ich mir nicht an!«

Auf den letzten Kilometern denke ich an jene *mission impossible,* die ungleich schwerer war als das einfache Durchwandern der Schlucht. Aber auch eine gehörige Portion verrückter! Sechs Männer aus Kapstadt hatten sich in den Kopf gesetzt, den Fish River Canyon mit drei Vespas zu durchfahren – was 1968 kläglich scheitern musste. Veni, der erste Roller, zerschellte beim Herablassen an einer Felswand. Überreste sind als Wrack an einem Plateau zu besichtigen. Roller Nummer zwei, Vidis genannt, versank, als er mit einem lecken Schlauchboot über ein Stück Gewässer expediert werden sollte. Der dritte Roller schließlich war dermaßen versandet, dass der Motor nicht mehr ansprang. Die Männer zogen, zerrten, schleppten ihn eine Weile durch das schwere Gelände. Gaben die Plackerei auf, begruben Vandis unter großen Findlingen. Die unmögliche Vespa-Mission endete etwa sechzig Kilometer vor Ai-Ais, dem ausgemachten Ziel.

Nicht an schmerzende Blasen denken. Erschöpfung ignorieren, auf den letzten zwei Kilometern forsch ausschreiten, auch wenn der Atem pfeift. Ich habe die heißen Quellen von Ai-Ais erreicht. Geschafft! Der *heavy hiking trail* ist zu Ende.

Auf dem Campingplatz kaufe ich mir eine Dose Sprite, lege mich auf ein Fleckchen Grünes. Nur mal kurz verschnaufen. Drei

Stunden später, es ist schon dunkel, weckt mich ein Wachmann. Ein letztes Fahrzeug des Shuttleservice bringt mich zurück zum Hikers' Viewpoint, an meinen Wagen. Eigentlich wäre jetzt eine ordentliche Unterkunft vonnöten. In der Saison sei in der Umgebung jedoch nichts zu finden. Ich möge es in Keetmanshoop, zweihundertzehn Kilometer nördlich versuchen.

Na gut, ich begebe mich auf die C12 und brause durch die Nacht Richtung Seeheim. Nach einiger Zeit macht sich Müdigkeit bemerkbar. Ein Auge fällt zu, dann das andere. Sekundenschlaf ist gefährlich! Ich versuche, mich durch Singen und Schenkelklopfen wach zu halten. Nichts hilft. Ich werde eine Parktasche am Straßenrand suchen und etwas schlafen. Angestrengt suche ich das linke Bankett ab. Wie so häufig wird sich doch irgendwo eine Haltegelegenheit bieten. Im Scheinwerferlicht sind sie als dunkle Flächen erkennbar. Endlich bietet sich ein Parkplatz. Ich verlangsame das Tempo, schere nach links aus – ins Nichts.

Was ist passiert? Ich bereite mich auf den freien Fall vor. Der Wagen kracht aufs Chassis. Metall auf Beton kreischt entsetzlich. Der Toyota schaukelt nach – und steht. Wie ein Traumwandler öffne ich vorsichtig die Tür. Bekomme festen Boden unter die Füße, während der Wagen mit zwei Rädern über dem Abgrund schwingt. Scheinwerfer leuchten in schwarze Ferne. Hinter dem Wagen laufe ich auf und ab. Wie konnte das passieren? Als ich mich gesammelt habe, wird eine Taschenlampe aus dem Kofferraum gekramt. Im Licht verschaffe ich mir einen Überblick. Ich habe den Wagen über einen ungesicherten Düker gesteuert. Ein Düker ist eine Art Brücke, durch ihn wird abkommendes Wasser unter der Straße quer zur Fahrbahn abgeleitet. In Namibia findet man häufig Düker, wenn die Straße über trockene Riviere führt. Im Allgemeinen sind sie durch eine Betonmauer oder durch einen stabilen Prallschutz gesichert. Diesem verdammten Düker fehlt dergleichen. Und der Toyota baumelt über einem drei Meter tiefen Abgrund.

Es geht auf dreiundzwanzig Uhr zu. Guter Rat ist teuer. Ich hocke mich in den Straßengraben, suche krampfhaft nach einer Lösung. Aus südlicher Richtung nähern sich Scheinwerfer. Ich stelle mich auf die Straße. Ein Mercedes hält. Zwei Weiße steigen aus, betrachten den Schaden. Kopfschüttelnd sagt der eine von ihnen:

»Da können wir nicht helfen. Ein Kran muss her und den Wagen zurück auf die Straße setzen. Wir fahren nach Seeheim. Die erste Tankstelle dort soll einen Kran oder ein Fahrzeug mit Winde schicken. Ist das in Ordnung?«

»Na klar. Besten Dank.«

Der Mercedes entfernt sich. Bei der Vorstellung, den Toyota mit einer Winde auf die Straße zu ziehen, bekomme ich einen Schweißausbruch. Stelle mir vor, was dabei alles beschädigt wird.

Kaum eine halbe Stunde später scheppert ein klappriger Bus heran. Hält sogar. Der Fahrer, ein Namibier, lehnt sich aus dem Fenster:

»What's on?«

»Accident!«

Ich leuchte nach hinten, traue meinen Augen nicht. Da sitzen sicher zwanzig schwarze Farmarbeiter drin, junge, stämmige Ovambo.

Der Fahrer krabbelt aus dem Bus. Mit einem Blick hat er die Situation erfasst, öffnet die Mitteltür des Busses, ruft etwas Unverständliches ins Innere. Im Nu quellen und hüpfen die Männer auf die Straße. Schauen in den Abgrund. Kurze Diskussion, dann klettern sie im Schein von Taschenlampen ins trockene Rivier, bilden eine Menschenpyramide. Vorsichtig heben die Ovambo den Wagen an, stemmen alle vier Räder auf die Straße zurück. Alles passiert leicht und geräuschlos, als hätten sie gerade ein paar Kartoffelsäcke transportiert. Dank und Begeisterung sind grenzenlos bei mir. Man klopft sich gegenseitig auf die Schultern. Lachend verschwinden die Afrikaner im Bus. Bei Jonathan, dem Fahrer, bedanke ich mich mit mehreren Scheinen, die er an die Leute verteilen soll. Mit dem Trinkgeld ist er hochzufrieden und wünscht:

»Have a safe trip – bye bye!«

Ich habe immer noch nicht ganz erfasst, wie toll mein Problem gelöst wurde. Die erste Tankstelle in Seeheim ist hell erleuchtet. Als ich an die Zapfsäule fahre, kommt mir der Tankwart entgegen, ist bass erstaunt, mich mit heilem Wagen vorzufinden. Er wollte sich gerade auf den Weg zu einem Toyota Land Cruiser machen, der einige Kilometer weiter am Abgrund hängen soll ...

Das habe sich erledigt, sage ich cool wie Gary Cooper in »High Noon« und tanke mein Fahrzeug voll.

Schicksalsplateau Waterberg

Um die siebzig Kilometer nördlich von Windhoek liegt Okahandja. Für Touristen kein attraktiver Ort, wohl aber für die Herero. In der eintausenddreihundertvierzig Meter hoch gelegenen Kleinstadt leben etwa dreiundzwanzigtausend Menschen. Viele unter ihnen sprechen Ojihereo, danach heißt Okahandja übersetzt ›Große, sandige Ebene‹ – auch wenn die Umgebung kein Sandfeld ist, sondern mehr Buschland, durch das sich die Riviere Okahandja und Swakop ziehen. Im Schwemmland der Trockenbetten wachsen Eukalyptusbäume, der Kameldornbaum und Kasuarien mit Blättern, die Schachtelhalmen oder Federn des gleichnamigen Vogels ähnlich sind. Eine Fleischfabrik produziert landesweit bekanntes *biltong*, gewürzte, dann getrocknete Rind- oder Wildfleischstreifen. Dörrfleisch beschreibt die ›Delikatesse‹ nicht richtig, weil *biltong* ausgeklügelt mit Koriander,

Salpeter, braunem Zucker und Pfeffer gewürzt wird. Meine Begeisterung für das Trockenfleisch hält sich in Grenzen, dennoch habe ich bei einer Herero mit besonders prächtiger Kopfhaube eine Tüte voll gekauft. *Biltong* hält die Kaumuskeln den ganzen Tag in Bewegung, außerdem isst eine Begleitung gern mit. In diesem Fall ist es Sackey, ein Herero, der Besuchern gern etwas über den für sein Volk wichtigen Ort erzählt.

»Hier ist viel Blut geflossen. Daher wird Okahandja auch Platz des Krieges genannt. Unser Volk kam mit Vieh aus dem Norden. Siedelte sich um 1800 in der Region an, bis Windhoek und darüber hinaus. Das Zentrum blieb stets hier, wo unser Oberhaupt Tjamuaha, auch Hüter des heiligen Ahnenfeuers, seine Heimatwerft hatte.«

»Werft? Ist das eure Bezeichnung für Siedlung?«

»So ist es. Die Nama, Jahrzehnte unsere Erzfeinde, überfielen 1850 mit ihrem Anführer Jonker Afrikaner unser Gebiet. Der Kampf ging als das Blutbad von Okahandja in die Geschichte ein. Wechselseitige Kämpfe flammten auf, bis sich ein Deutscher namens Dr. Göring als Reichskommissar einmischte. Er ergriff Partei für die Herero und verhandelte mit deren Führer Maharero um Anerkennung der deutschen Schutzherrschaft.«

Biltong kauend schlendern wir hinüber zum Stadtpark. Dabei kommt mir eine Beschreibung aus »Deutschlands Kolonialweg« in Erinnerung:

»Während des Kampfes zwischen Nama und Herero hielt sich der kleine deutsche Trupp aber nicht in müßiger Beobachtung, sondern alsbald entwickelten unsere Landsleute die Liebestätigkeit, welche die Menschlichkeit verlangt. Dorthin wurden die Verwundeten in Schutz gebracht und aus dem kleinen Vorrat an Medikamenten und Verbandszeug versorgt. Zumal Dr. Göring war nicht müde, selbst Kugeln herauszuschneiden und Wunden zuzunähen.«

In dem Bericht geht es um den Kampf vom 15. Oktober 1886. Angeblich soll der humanitäre Einsatz den Abschluss der Verhandlungen mit Maharero beeinflusst haben. Bei der Vertragsunterzeichnung wurde auf dem Gebäude des Herero-Führers die deutsche Flagge gehisst. Bei Walter von Schoen heißt es:

»Einige Ochsen wurden zur Feier des Tages abgeschlachtet, sowie Lebensmittel an die Eingeborenen verabreicht. Festspiele und großes Feuerwerk beschlossen den Abend.«

Humanismus, der der deutschen Schutztruppe achtzehn Jahre später gänzlich abhandengekommen war! Die Befriedung der Kampfhähne wurde Dr. Göring nicht leichtgemacht. Ein skrupelloser englischer Kaufmann namens Robert Levis ›versorgte‹ erst Nama, dann Herero mit Gewehren, Schnaps und Tabak, in der Absicht, sie gegen die neuen Herren aufzuwiegeln. Als die Lage immer brenzliger wurde, betrat 1889 Hauptmann von François mit einundzwanzig Mann afrikanischen Boden. Kurz vor der Verhaftung floh Levis nach Kapstadt. Sein Munitionstransport gelangte in die Hände der immer unzufriedeneren Schwarzen. *Kaptein* Hendrik Witbooi, der Nama-Führer, gebärdete sich wie ein rasender Bandenführer und zog raubend und plündernd durchs Damaraland. Witbooi war ein kleiner, energiegeladener Mann, wurde häufig mit Gewehr, Anzug, Halstuch und großem Hut abgebildet. Er soll Curt von François zugerufen haben: »Was verstehen Sie eigentlich unter Schutz? Vor wem oder was will uns Ihr Kaiser schützen? Ich bin ein unabhängiger Herrscher und kann mich und mein Volk aus eigener Kraft schützen.«

Von ihm stammt das denkwürdige Zitat: »Afrika den Afrikanern!« Witbooi entfachte die großen, sogenannten ›Hottentotten‹-Aufstände 1893/94 und 1904. In der Kolonie waren unterdessen mehr Soldaten eingetroffen. Maharero bat Dr. Göring, Witbooi zum Frieden zu bewegen. Görings Brief an den Nama-*kaptein* führte ins Leere. Stattdessen schrieb Witbooi an Maharero und forderte ihn auf, mit ihm gegen die Weißen zu kämpfen.

Der Herero-Führer stand nicht nur äußerlich in krassem Gegensatz zu seinem Widersacher: Groß gewachsen, ließ er sich gern in Fantasieuniformen mit Affenschaukel und Südwesterhut sehen. Ein dunkelhäutiger Mann, wankelmütig, mit Freude am Alkohol.

Von François, zwischenzeitlich Reichskommissar geworden, appellierte an Berlin, zusätzliches Militär zu entsenden. Im März 1893 trafen drei Offiziere mit zweihundertfünfzig Soldaten aus Deutschland ein. Witbooi erwies sich als geschickter Taktiker, der gegen die Schutztruppe einen hartnäckigen Guerillakrieg führte. Doch irgendwann brach der Widerstand, die Nama unterwarfen sich. Nach einer Phase der Ruhe gärte es dann im Gebiet der Herero. Heimlich rüstete Samuel Maharero zum Aufstand. Die Herero wollten sich nicht damit abfinden, immer mehr gute Weidegründe an die weißen Siedler zu verlieren. Noch ein weiteres Problem war entstanden, das zum Streit mit den deutschen Händlern führte: Herero kauften allerlei Waren auf Kredit. Als es um die Bezahlung ging, wurde heftig gestritten und weitere Lieferungen gesperrt. Unterdessen war es Maharero geglückt, einen stattlichen Vorrat an Pferden, Zaumzeug, Sätteln, Waffen und Munition anzuhäufen. Anfang Januar 1904 meldeten die Farmer vermehrt Viehdiebstähle. Die Luft knisterte vor Spannung. Als das Herero-Oberhaupt aus Okahandja verschwand, dämmerte den Deutschen: Da braut sich etwas Schlimmes zusammen. Dann, am 12. Januar, brach der Sturm los: Die Herero zogen mordend und brennend durchs Land. Maherero hatte sein Volk in den Aufstand geführt. Es gab Gräueltaten, aber auch die klare Anweisung des Herero-Führers, Kinder, Frauen, Missionare, Buren und Engländer zu verschonen. Die deutschen Kolonialisten waren in großer Bedrängnis, als in Swakopmund Marinesoldaten, Kanonen und Maschinengewehre zur Unterstützung eintrafen. Der Kaiser war entschlossen, Deutsch-Südwest zu halten. Mittlerweile standen dreihundert Offiziere und siebentausendzweihundert Soldaten, modernst ausgerüstet, einer Schar von siebentausend Herero-Kriegern mit Pfeil und Bogen, Lanzen und veralteten Schießprügeln gegenüber. Wegen zu großer Nachgiebigkeit wurde Gouverneur Theodor Gotthilf Leutwein abgesetzt. Das Kommando über die Schutztruppe übernahm im Mai 1904 Generalleutnant Lothar von Trotha, ein kampferprobter, skrupelloser Militär mit Erfahrung aus dem chinesischen ›Boxeraufstand‹. Das Todesurteil für das Volk der Herero?

Mit Sackey wandere ich durch den Stadtpark, besuche Friedhöfe, auf denen verehrte Herero-Persönlichkeiten bestattet wurden: Samuel Maharero, Friedrich Maherero, Clemens Kapuuo. Kapuuo, erster Präsident der Turnhallen-Allianz, verlor 1978 sein Leben durch ein Attentat.

Erstaunlich die Geste Hosea Kutakos, des Vaters des namibischen Nationalismus: Er bestand ganz gegen die Tradition auf einem Grab neben dem einstigen Feind der Herero, dem Nama-*kaptein* Jonker Afrikaner, um im Tod Versöhnung zu demonstrieren.

»Schon mal etwas über den Heroes' Day in Okahandja gehört?«, fragt Sackey.

»Ist das nicht so etwas wie ein hiesiger Nationalfeiertag der Herero?«

»Einmal im Jahr treffen sich am letzten Wochenende im August die Frauen in ihrer traditionellen Festtagskleidung, um gefallene Kämpfer, aber auch deren Gegner zu ehren. Herero-Führer und Priester versammeln sich am heiligen Feuer, wo sie Kontakt zu den Ahnen aufnehmen. Marschmusik ertönt, Bläser musizieren. Frauen formieren sich zu einer langen Schlange. Bei einer Grabprozession gedenken sie der Toten durch Berührung der einzelnen Grabsteine, auch jener der einstigen deutschen Feinde. Zur Zeremonie wird auch getanzt und gesungen. Himba reisen aus dem Norden an. Und der deutsche Botschafter hält im Beisein unseres traditionellen Führers Kuaima Riruako eine Rede. Riruako starb 2014 in Windhoek. Dona Magdalena Indjala aus Okakarara ist eine Ovambo, doch auch häufig zu Gast an unserem Gedenktag.«

»Wer ist Dona Magdalena?«

Prozession der Herero-Frauen am Heroe's Day

»Die Kommissärin von Okakarara, eine bemerkenswerte Frau, Mittlerin zwischen Herero-Führern, der Bevölkerung und der Regierung in Windhoek. Um eine ordentliche Ausbildung zu erhalten, wurde sie SWAPO-Mitglied, ging nach Angola. Später schloss sie die Oberschule in Nigeria ab und erhielt ein Stipendium für ein landwirtschaftliches Studium in der damaligen DDR. Nach fünfzehn Jahren im Exil kehrte sie am Tag der Unabhängigkeit Namibias in ihre Heimat zurück. Ein Jahr später wurde Dona Magdalena der erste und einzige weibliche Kommissär im Hereroland. In ihrem Distrikt leben um die zwölftausend Menschen auf gut zweihundert Rinder- und Ziegenfarmen im Umkreis des Waterbergs. Zu ihrem Leidwesen in ärmlichen Verhältnissen: Der Boden ist karg, die Unterkünfte sind so schlecht wie die Infrastruktur. Der Arbeitsmangel veranlasst junge Leute, ihr Glück in Windhoek zu suchen. Doch Dona kämpft für eine bessere Entwicklung der Region, um Herero eine auskömmliche Zukunft zu ermöglichen.«

An der Hauptstraße von Okahandja verweilen wir auf dem Mbanguru Woodcarvers Market, wo Holzschnitzer ihre Kunstwerke herstellen und zum Kauf anbieten. Eindrucksvolle Gesichter werden da aus Stämmen modelliert. Oder Charakterköpfe aus Holzklötzen, meterlange Giraffen aus dicken Ästen. Die Künstler stammen aus dem Norden, einige unter ihnen aus dem Ovamboland.

Gerade drehe ich einen großen und beeindruckenden Holzschädel einer Ovambo in den Händen, da meint Sackey:

»Den wahren Schmuck tragen die Frauen auf ihren Köpfen. Bei den Ukuanjama-Ovambo etwa arbeitet eine Mutter drei Tage am Haarschmuck ihrer verheirateten Tochter. Wenn das Kunstwerk fertig ist, erkennst du deren Familienstand und die Anzahl ihrer Kinder. Eine Frisur mit vier Hörnern an den Seiten des Kopfes und der kleinen wippenden Palme in der Mitte verrät auf einen Blick Zugehörigkeit und Lebensumstände. Frauen einer anderen Ovambo-Gruppe tragen ihr Vermögen auf dem Kopf spazieren: ins Haar geflochtene Kaurimuschelmatten. – Wo führt dich deine Reise noch hin?«

»In den Nordwesten zu den Himba.«

»Aha, zu unseren armen Brüdern aus dem Norden. Du solltest zuvor zum Waterberg fahren – ganz wichtig!«

Eigentlich war ich geneigt, mit Sackey über die armen Himba und Tschimba zu diskutieren. Hat Traditionsbewusstsein etwas mit Armut zu tun? Ich verzichte darauf, nehme Kurs auf den Waterberg.

Herero nennen den Waterberg Omuverumue. Er heißt so, weil sich dort oben ein riesiges zweihundert Meter hohes Plateau befindet, das aus zweihundert Millionen Jahre altem Etjo-Sandstein besteht. Sandstein, der wie ein Schwamm wirkt und das Wasser im Plateau versickern lässt. Am Fuß des Bergmassivs staut sich das Regenwasser über einer Tonschicht, um schließlich an verschiedenen Stellen

Blick auf den Waterberg

als Quelle zum Vorschein zu kommen. In der eigentlich kargen Landschaft um den Waterberg konnte somit eine vegetationsreiche, landschaftlich besonders reizvolle Oase entstehen. Das gesamte Gebiet steht seit 1972 unter Naturschutz. Im Plateau Park lassen sich herrliche Wanderungen unternehmen. Wo einst Rinder, Schafe, Ziegen grasten, können heute seltene Wildtiere beobachtet werden: Elenantilopen, Büffel, Leoparden, sogar Breit- und Spitzmaulnashörner. Wandern im Waterberg Plateau Park ist Wandern durch einen Garten Eden. Bis auf den deutschen Soldatenfriedhof und eine Gedenktafel für die gefallenen Herero-Krieger westlich des Eingangstors erinnert nichts an die Schlacht am Waterberg. Ich kann nicht umhin, mich in landschaftlicher Idylle an die Untat zu erinnern.

Am 11. August 1904 kam es bei Sonnenaufgang zur entscheidenden Schlacht. Das gesamte Herero-Volk hatte sich mit Kriegern, Frauen, Kindern, dem Viehbestand am Waterberg konzentriert. In der Nacht zuvor hatten von Trothas Soldaten einen Ring um den Berg gebildet: Aus dem Kessel sollte kein Herero entkommen. In den Kanonendonner und ins Knattern der Maschinengewehre hinein brüllten Herero-Frauen auf Deutsch hinter ihren Kriegern: »Wem gehört Hereroland? – Uns gehört Hereroland – uns gehört Hereroland!« Sechzigtausend Herero waren an den Waterberg geflüchtet, in der Hoffnung, dort sicher zu sein. Das war ein Irrtum. Gegen eintausendfünfhundert Soldaten der Schutztruppe mit dreißig Kanonen und moderner Waffentechnik hatten sie keine Chance. Der Ring zog sich enger und enger. Nach verheerenden Kämpfen waren die Herero am nächsten Tag geschlagen. Nur wenige schafften den Durchbruch nach Osten ins britische Betschuanaland, in die erbarmungslose Wüste, so auch ihr Oberhaupt Samuel Maharero. Am dritten Tag folgte das eigentlich Verwerfliche: Die Schutztruppe nahm die Verfolgung der fliehenden Menschen auf, trieb sie weiter in das wasserlose Sandfeld und riegelte den Rückweg ab. Britischen Beobachtern enthüllte sich ein Bild des Schreckens: sterbende, vor Durst wahnsinnige, zu Skeletten abgemagerte Herero. Einer der Tagesbefehle General von Trothas lautete: »Innerhalb der deutschen Grenzen wird jeder Herero, mit oder ohne Gewehr, mit oder ohne Vieh, erschossen. Ich nehme keine Weiber und Kinder mehr auf, ich treibe sie zu ihrem Volk zurück oder lasse auf sie schießen.« Wenn das kein Völkermord ist? Zum 100. Jahrestag des schlimmen Ereignisses gedachte die damalige deutsche Ministerin Heidemarie Wieczorek-Zeul in Okakarara der toten Herero. Deutschland bekannte sich damit erstmals zur Schuld der Kolonialverwaltung und bat das afrikanische Volk um Vergebung für das Verbrechen.

Nach einer geführten Wanderung auf dem Waterberg Wilderness Trail, der die Schrecken der Vergangenheit einzigartiger Natur weichen lässt, fahre ich über Otjiwarongo und Tsumeb in Richtung Etosha-Pfanne.

Der Hoba-Meteorit ist ein Stopp auf der Strecke, an dem ich beinahe vorbeigefahren wäre. Den sechzig Tonnen schweren Metallkörper aus dem Weltraum will ich doch gern in Augenschein nehmen. Vor achtzigtausend Jahren war der drei Meter breite und ein Meter dicke Klotz auf die Erde geschlagen. Gefunden wurde er zufällig, beim Pflügen, lag also dicht unter der Erdoberfläche, hatte keinen größeren, sichtbaren Krater hinterlassen, was Astronomen verwunderte. Wahrscheinlich war er in flacher Kurve auf die Erde zugeflogen, rutschte dann beim Auftreffen über den Boden. Der dunkelbraune Brocken aus dem All ist übrigens der schwerste, den man je gefunden hat. Ich lasse mich auf dem äußersten von drei Steinringen, die den Meteorit umgeben, nieder. Seine Position ist immer noch die ursprüngliche. Sein Alter: zweihundert bis vierhundert Millionen Jahre. Ich erfahre, dass er aus etwa achtzig Prozent Eisen, fünfzehn Prozent Nickel, einem Prozent Kobalt sowie Spuren von Gallium, Zink, Schwefel, Kupfer, Iridium, Germanium, Chrom und Kohlenstoff bestehen soll. Der Blick auf den toten Stein lässt die Gedanken tanzen. Achtzigtau-

Der 60 Tonnen schwere Hoba-Meteorit

send Jahre vor unserer Zeitrechnung konnten San den Einschlag erleben. Was mag er ausgelöst haben? Angst? Schrecken? Verehrung? Ich stelle mir das mittlere Alter des Meteoriten vor: dreihundert Millionen Jahre. Von welchem Stern mag Hoba sich gelöst haben? Die Erde war zu jener Zeit ein Klumpen, in dem Amerika, Afrika, Indien, Australien und die Antarktis aneinanderklebten. In den Meeren schwammen Fische. Reptilien, Ahnen der Krokodile, waren in der Entwicklung. Amphibien, Wirbeltiere wagten Schritte an Land ...

Ich gebe mir einen Ruck. Es muss weitergehen. Ich erreiche Tsumeb. Tsumeb heißt bei den Hai//Om-San *tsomsoub*, ›ein Loch graben, das immer einstürzt‹. Der Ort ist die älteste Industriestadt Namibias und bekannt wegen seiner großen Erzvorkommen. Bereits vor dem Erscheinen der Weißen schmolzen hier Damara Kupfererz in verlassenen Termitenhügeln, wegen ihres guten Belüftungssystems ideal als Hochöfen nutzbar, und tauschten dann unter einem sogenannten Handelsbaum Kupfer wortlos mit anderen Völkern. Ovambo schmiedeten aus dem Metall kunstvollen Schmuck. Unter den vordringenden Europäern sprach sich rasch herum, dass das Otavi-Bergland eine wahre Fundgrube für Kupfer, Blei, Zink und andere Erze darstellte. Nach Gründung der deutsch-britischen Otavi Minen- und Eisenbahn-Gesellschaft (OMEG) begann 1900 die planmäßige Förderung. Schon wenige Monate später wurde die erste Erzladung auf Ochsenkarren nach Swakopmund gezogen. Die Woermann-Linie transportierte das Gut nach Europa. Mitten im Ersten Weltkrieg erlebte Tsumeb stürmische Zeiten: Flüchtlinge und Reste der deutschen Schutztruppe mit Dr. Seitz als letztem Gouverneur wurden in der Umgebung von einer Übermacht südafrikanischer Soldaten eingekesselt und am 9. Juli 1915 zur Kapitulation gezwungen. Um Waffen und Kriegsgerät nicht in Feindeshand fallen zu lassen, war es von deutschen Soldaten zuvor im siebzig Meter tiefen Otjikoto-See versenkt worden. Viele Jahre später bargen Taucher einen Teil des

Kriegsgeräts, das heute mit Ausstellungsstücken aus Landesgeschichte, Mineralogie und Bergbau ein interessantes Museum in Tsumeb bestückt. Stets in Erinnerung bleibt den Tsumebern Frau Ilse Schatz, die ›Weiße Dame‹ der Hai//Om. Sie betrieb mit viel Engagement ein privates, kleines Museum in der Ilse Schatz Road, das allerdings inzwischen geschlossen ist.

Mein Ziel heißt Namutoni in der Etosha-Pfanne. Auf dem Weg zum einstigen Fort der deutschen Kolonialtruppen beschäftigen mich die Ereignisse nach der Vernichtung des Herero-Volks. Wie verhielten sich die Nama mit ihrem Anführer Hendrik Witbooi? Im Süden hatten die Afrikaner vom Drama am Waterberg erfahren, sie drängten auf Krieg. Noch hielt sich der Nama-*kaptein* an den Vertrag mit den Deutschen. Die Niederlage steckte ihm in den Knochen. Wie lange noch? Am 3. Oktober 1904 wendete sich das Blatt. Bezirkshauptmann Henning von Burgsdorff erhielt einen Brief von Witbooi, in dem stand, er, Witbooi, wolle aufhören, der deutschen Regierung zu folgen.

Eine Kriegserklärung! Von Burgsdorff schwang sich aufs Pferd, um den Nama-Führer umzustimmen. In Mariental wurde der Bezirkshauptmann erschossen. Ob Witbooi selbst dahintersteckte, konnte nie geklärt werden. Von Stund an tobte der Aufstand. Wieder zog Witbooi brandschatzend durch das Nama-Land. Kaum eine Farm blieb von seinen Horden verschont. Oberst Deimling versuchte erfolglos, den Räuberhauptmann zu stellen. Der Wüstenfuchs entkam ihm in der wasserarmen Kalahari, deren Schlupfwinkel er wie kein Zweiter kannte. Oberst Deimling war ein zäher Verfolger, der Witbooi im Januar 1905 mit drei Kompanien, Maschinengewehren und Kanonen auf den Fersen blieb. Es kam zu schweren Gefechten mit Verlusten auf beiden Seiten. Auf deutscher Seite wurde der Durst unerträglich. Die Hitze war mörderisch. Soldaten tranken das Blut erschossener Maultiere. In letzter Minute erhielt die bedrängte Vorhut Verstärkung und Wasser. Am dritten Kampftag verebbte der Gefechtslärm. Die Nama flohen. Hendrik Witbooi hatte sich mit seinem Volk ins östliche Nama-Land zurückgezogen, wurde jetzt von Major von Estorff von Wasserstelle zu Wasserstelle gejagt. Von Estorff trieb die Afrikaner wie einen Haufen aufgescheuchter Hühner vor sich her. Ans Aufgeben wollte Witbooi nicht denken. Ende Oktober 1905 wurde er bei einem Überfall am Oberschenkel verletzt und verblutete. Im Sterben soll er gesagt haben: »Es ist genug. Es ist mit mir vorbei. Die Kinder sollen jetzt Ruhe haben.«

Wenngleich der einflussreiche Nama-Führer tot war, gingen die Unruhen bis Ende 1906 weiter. Deutschland hatte die Kolonie, mit schlimmen Kriegen, vielen Toten und hohen Kosten – man sprach von fast 400 Millionen Goldmark – kein Glück gebracht, was sich allerdings ab 1907 allmählich änderte: Südwest war befriedet, Diamanten wurden entdeckt, Kupferbergwerke produzierten. Farmer trieben lukrative Land- und Viehwirtschaft auf den ertragreichen Böden der Nama und Herero. Aus der geschmähten Streusandbüchse wurden Gewinne erwirtschaftet – bis der verlorene Erste Weltkrieg neue Regeln diktierte.

Die Etosha-Pfanne

Das Von Lindequist Gate kommt in Sicht, die östliche Parkeinfahrt. Friedrich von Lindequist, Gouverneur der ersten Zivilverwaltung, konnte nicht mitansehen, wie Berufsjäger sich anschickten, den einzigartigen Tierreichtum von Etosha zu dezimieren. 1907 erklärte er ein großes Gebiet im Norden von Deutsch-Südwest zum Naturschutzgebiet. Heute umfasst der Nationalpark zweiundzwanzigtausendzweihundertsiebzig Quadratkilometer, das entspricht etwa der Hälfte der Schweizer Landesfläche. Vergleichsweise wenig, wenn man weiß, dass von Lindequist einst hunderttausend Quadratkilometer als geschützte Zone definiert hatte. Das Wildtierparadies an der riesigen Salzpfanne ist mit über einhundertdreißigtausend Besuchern pro Jahr Namibias Hauptattraktion und zählt zu den eindrucksvollsten und tierreichsten Gebieten weltweit. Auf früheren Reisen konnte ich neben Elefantenherden unzählige Springböcke, Giraffen, Geparden, Leoparden, Spitzmaulnashörner und Löwen auf der Jagd beobachten. Es gab Tage, da verbrachte ich den lieben langen Tag an einem Wasserloch, weil es dort zuging wie auf einem Jahrmarkt des Großwilds.

Am Von Lindequist Gate heißt es: »Tore werden bei Sonnenaufgang geöffnet, bei Sonnenuntergang geschlossen, wer über Nacht bleibt, bekommt einen Passierschein.« Ich bin im Namutoni Rest Camp angemeldet. Das ehemalige Fort liegt zehn Kilometer hinter dem Tor auffallend strahlend weiß und mächtig wie ein Fremdkörper in der Savanne. Das Grün einer Palmengruppe davor kontrastiert mit dem sterilen Weiß. Einst befand sich hier ein Ovambo-Kral mit sprudelnder Quelle. Den Ort nannten die Einheimischen Oshivambo, ›Ort, der gut zu sehen ist‹. 1851 erschienen die ersten Europäer in dieser Region: Karl Johan (Charles John) Andersson, ein schwedischer Abenteurer, und der Brite Francis Galton. Sie lagerten hier und entdeckten die Etosha-Pfanne. Einundfünfzig Jahre später errichtete die deutsche Schutztruppe ein Fort als Grenz- und Kontrollposten für den Handel mit den Ovambo. Im Freiheitskampf der Herero fühlten sich die Ovambo mit diesen solidarisch: 1904 griff ein Trupp von fünfhundert Ovambo-Kriegern das Fort an und schlug sieben Wachtposten in die Flucht. Ovambo-König Nehale ließ die Trutzburg zerstören. Zwei Jahre später mussten Zwangsarbeiter seines Volkes die Burg wieder aufbauen. Nach mehreren Erweiterungen wurde das Fort als Teil des Namutoni Rest Camp zur Touristenattraktion, mit Hotelzimmern. Zum 92. Jahrestag des Ovambo-Angriffs taufte Präsident Sam Nujoma das nahe Namutoni-Wasserloch um in King Nehale Waterhole.

Ich habe Glück und kann eines der Turmzimmer mit herrlichem Ausblick über Savanne und Wasserstellen beziehen. Schon ein merkwürdiges Gefühl, in einem Raum der ehemaligen deutschen Reiter zu schlafen.

In den Etosha National Park bin ich zurückgekommen, um mit Muße Geparden und Leoparden zu beobachten, wenn möglich ein paar schöne Szenen zu fotografieren. Ein Guide wird mich begleiten, der mit den Rangern in Verbindung stehen wird. So hoffe ich, die Raubkatzen überhaupt sehen zu können.

Vor Sonnenaufgang klopft es leise an die Tür. Ronn habe ich mir anders vorgestellt: jung, dynamisch, mit wachen Augen. Beim Gehen weit ausschreitend, auf dem Kopf einen Hut mit Leopardenband. Eine tiefe Stimme, die Anweisungen geben kann und Geschichten erzählt. Dieser Guide namens Ronn ist klein, wirkt uralt, fast schüchtern, mit der sauertöpfischen Miene eines Menschen, der sein Leben in Innenräumen verbringt. Er schüttelt mir die Hand, als fühlte er sich in Anwesenheit eines Fremden unbehaglich. War Ronn der Richtige für das Vorhaben?

Ich frage, ob er ein Handy oder Sprechfunk bei sich habe. Aus wässrig-schwarzen Augen schaut er staunend auf und schüttelt den Kopf. Ich war geneigt, dem Afrikaner zu sagen, dass die Safari mit ihm wenig Sinn habe. Im Toyota sitzt er neben mir. Seine Augen sind fast geschlossen, als wolle er jeden Moment einschlafen. Ronn dirigiert mich mit sparsamen Handbewegungen über Wege, die ich noch nie gefahren bin. Fehlt nur noch, dass wir uns verfahren. Fahlgelbes Gras krallt in sandigem Boden, graues Buschwerk greift in die *pad*. Mopane-Bäume und Akazien zeigen grüne Blattansätze. Am Wasserloch steht eine Giraffe und zupft das letzte Grün aus den Ästen. Wie ein wandelnder Felsblock in Grau schiebt sich ein Elefant durch das Gras. Ich erschrecke, als Ronn plötzlich munter wird und sagt:

»Giraffen fressen pro Tag sechzig Kilo Grünzeug. Ihre Zungen sind fünfzig Zentimeter lang. Elefanten unterhalten sich mit Tönen, die sind so tief, dass sie kaum zu hören sind. Unsere Elefanten sind mächtig, einen Meter größer als die in Botswana. Ihre Rüssel sind jedoch kürzer.«

Die Vegetation ist verschwunden. Im pulverigen Grau verliert sich der Pfad. Eine hellgrau gepuderte, tischebene Fläche reicht bis ins Nichts und über den Horizont hinaus.

Ronn lässt halten.

»Die Etosha-Pfanne. Wir Ovambo sagen ›Großer, weißer Platz‹. Sie ist viertausendsiebenhundertsechzig Quadratkilometer groß. Einst existierte hier ein Binnenmeer, das vor langer, langer Zeit austrocknete. Nur noch selten füllt sich die Senke nach heftigem Regen mit etwas Wasser und lockt Tausende Flamingos an.«

Über die Redseligkeit Ronns erstaunt, ergänze ich:

»Die tektonische Aktivität scheint vor drei Millionen Jahren stattgefunden zu haben. Wahrscheinlich wurde der See durch den Kunene gespeist.«

»Kann schon sein. Die Punkte da draußen sind Strauße. Sie rennen manchmal zu weit hinaus und verdursten.«

»Woher kommt das?«

»Sie sind dumm, fallen auf Luftspiegelungen herein, denken, da gäbe es Wasser.«

Nach geraumer Zeit setzen wir uns ab, verlassen den Trockensee aus salzverkrustetem Lehm. Als wir uns dem Halali Rest Camp nähern, laufen zwei Nashörner im Stechschritt vorweg.

»Vor Jahren bekamen wir Kai aus Deutschland, einen Nashornbullen, der sich hier sauwohl fühlt.«

Allmählich merke ich, dass Ronn verdammt gut informiert ist. Kai stammt aus einem norddeutschen Safaripark und wurde hier ausgewildert.

Gerade fahren wir an stattlichen Akazien vorbei. Ronn schaut ins Geäst und sagt:

»Bevor die Weißen kamen und vor den Ovambo lebten Hai// Om hier, ein San-Volk, das Baumschläfer genannt wurde. Sie bauten in den Baumkronen Liegeplätze und schliefen dort. Mit schwelenden Feuern darunter vertrieben sie die Moskitos.«

Nun werde ich an das Wasserloch Rietfontein dirigiert.

»Woran erkennst du künstliche Wasserstellen?«

»Das hat was mit dem Bewuchs zu tun.«

»Genau. Die künstlichen haben karge Ufer, die natürlichen sind mit Schilf bewachsen«, erklärt Ronn.

Ein schmaler Pfad führt an eine Grabplatte, die mir zuvor nie aufgefallen war. Auf ihr steht der Name Johanna Alberts, Ehefrau des Dorsland-Trek-Leiters Gert Alberts. Interessant! Dorsland-Trekker waren Buren, die um 1860 aus Transvaal vor den Briten flohen. Auf Ochsenkarren durchzogen sie die Kalahari, die sie Durstland *(dorsland)* nannten. Sie machten Station im Etosha-Gebiet, zogen dann weiter nach Angola.

Ich schaue mich um, bin im Begriff auszusteigen.

»Hiergeblieben!«, kommandiert der Guide. »Wir sind hier nicht im Zoo.«

Ich füge mich. Über Sicherheit lassen Guides nicht mit sich diskutieren.

Ronn berichtet von zwei Löwenangriffen mit tödlichem Ausgang. An einem Wasserloch verharrte ein Tourist, um nachts einen Löwen zu beobachten. Der erschien nicht. In der zweiten Nacht schlief der Tourist ein. Der Löwe kam, zerrte den Mann über die Brüstung und fraß ihn. Die Mauer ist erhöht und mit einem Elektrozaun ausgerüstet worden. In einem anderen Fall hatten zwei alte Einzelgänger in aller Frühe die hohe Mauer des Okaukuejo Rest Camp überwunden. Zwei deutsche Touristen schliefen in ihren Schlafsäcken unter freiem Himmel. Einer der Löwen biss dem nächstliegenden Deutschen in den Nacken und brach ihm das Genick ...

»Löwen sind feige Gesellen. Sie lassen die Weibchen jagen, beobachten in der Etappe und schnappen sich nachher die besten Portionen. An der Wasserstelle gehen sie den Elefanten aus dem Weg. Doch wehe, Löwen sind durstig oder sehr hungrig und der Elefant säuft das Wasserloch leer. Der braucht immerhin rund zweihundert

Liter pro Tag. Ja, dann packt den Löwen der Mut der Verzweiflung. Er kämpft mit dem Elefanten. Manchmal gewinnt er auch.«

Wir befinden uns auf Höhe des Wasserlochs Charitsaub, abseits der Hauptpiste, als Ronn mir an den Arm greift. Ich bremse. Gepardenköpfe lugen über hohes Steppengras, eine ganze Familie. Glatt wäre ich daran vorbeigefahren.

»Vorsichtig rechts rüber! Motor aus und warten. Da entwickelt sich was.«

Ich bin gespannt. Wir stehen gut. Der warme Windhauch bläst uns entgegen. Sehen können uns die Geparden, aber nicht wittern. Die Familie kommt aus der Deckung. Während sich die Jungen balgen, hält die Mutter nach Anzeichen von Gefahr Ausschau. Hinter einem Busch schreitet ein weiterer Gepard hervor: langbeinig, schlank, elastisch in den Schultern, der Gang eines Laufstegmodels.

»Geparden sprinten bis zu hundert Stundenkilometer schnell. Ihr Blitzstart liegt bei unter drei Sekunden von null auf hundert. Dabei machen sie vier Sätze von fast acht Metern in einer Sekunde. Doch lange halten sie das Tempo nicht durch. Besonders an heißen Tagen müssen sie nach etwa vierhundert Metern mindestens fünfzehn Minuten verschnaufen, sonst bricht ihr Kreislauf zusammen.«

»Echte Rennmaschinen. Da kommt kein anderes Landtier mit. Selbst der Windhund ist nur etwas mehr als halb so schnell wie sie«, ergänze ich.

»Geparden jagen am Tag und meist allein. Ihre Beute sind Gazellen, auch äußerst schnelle Läufer, die Haken schlagend versuchen zu entkommen – was selten gelingt. Geparden setzen ihren langen Schwanz als Steuerruder ein und reagieren sofort. Sie haben recht kleine Zähne, mit denen sie die Beute nicht totbeißen können. Ihre Kiefer umklammern beispielsweise den Hals eines Impalas so fest und lange, bis die Antilope erstickt. Der Gepardennachwuchs kann ab dem vierzehnten Monat mit ersten Erfolgen jagen. Es wird nur frisches Fleisch verzehrt. Im Gegensatz zu Löwen oder Hyänen verschmähen sie Kadaver, Aas oder die Beute anderer Jäger. Sie sind vorsichtige Jäger, die instinktiv wissen, dass ihre Beine ihr wichtigstes Gut sind. Mit Pavianen und deren scharfen Eckzähnen lassen sie sich ungern ein.«

Wir beobachten, wie sich die Familie hinüber zu einem Termitenhügel vor einem ausladenden Kameldornbaum trollt.

»Achtung, Kamera bereithalten!«, zischt Ronn.

Tatsächlich, als hätte er es gewusst. Mit einem eleganten Satz springen drei der Katzen auf den Hügel, spähen interessiert in unsere Richtung. Was für ein Bild! Plötzlich Stimmen. Ein offener Safariwagen rollt heran. Die Gepardenfamilie verschwindet hinter einer Bodenwelle.

Ronn, der atypische Guide, begeistert mich. Wir verabreden uns für eine Nachtsafari, nicht ohne zuvor an der Bar den Auftritt der Geparden zu feiern.

Nachtpirsch ist wie geheimnisvoller Natur Geheimnisse zu entlocken. Phosphoreszierende Augen flackern wie Irrlichter in der Dunkelheit. Man hört Husten, Schnauben, Brüllen, ja hysterisches Gelächter – Geräusche, die so intensiv noch nie wahrgenommen wurden. Lodges wie Halali, Namutoni oder Okaukuejo liegen in unmittelbarer Nähe illuminierter Wasserstellen, an denen der Tourist mit Cocktail und Kamera das nächtliche Treiben beobachten kann. Es wird ihm sozusagen vor dem Schlafengehen auf der Terrasse präsentiert. Und er träumt von einem alten, romantischen Afrika längst vergangener Zeit. Ronn hat sich mit einem Handscheinwerfer ausgerüstet, dazu ein Nachtsichtglas umgehängt. Wir fahren an die Batia-Tränke. Zebras stillen ihren Nachtdurst. Der Guide reicht mir sein Glas.

»Das Steppenzebra hat an den Beinen blasse Streifen. Beim Hartmann-Bergzebra reicht die Zeichnung bis zu den Hufen.«

Der Geograf Georg Hartmann erforschte um 1900 das Kaokoveld, dabei stieß er auf die dort lebende Zebraart.

»Die Tränken Sueda und Salvadore liegen sich fast gegenüber. Wer von einem Ausflug aus der Pfanne kommt, labt sich gern an den Wasserlöchern. Elefanten saugen um die zehn Liter in ihre Rüssel, spritzen dann den Inhalt in ihre Mäuler oder zur Kühlung über die Rücken. Ist eine Wasserstelle tief genug, begeben sie sich hinein, wobei ihre Rüssel wie Schnorchel in die Luft ragen«, erzählt Ronn.

Auf einmal ist die afrikanische Landschaft in milchiges Blaugrau gehüllt. Der Vollmond schiebt sich aus dem horizontnahen Wolkenband. Scherenschnittgleich nähern sich zwei Nashörner. Was wie eine freundliche Begrüßung aussieht, ist ein brutaler Revierkampf, bei dem die gehörnten Schädel gegeneinanderkrachen. Nächtlicher Busch lebt: Stachelschwein, Schakal, eine Eule stolzieren über den Sandboden. Wir streifen dichtes, mannshohes Buschwerk.

»Kann da nicht mal ein Löwe herausspringen?«

»Solange du im Wagen bleibst, nicht!«

Ronn leuchtet den Boden ab.

»Hier sind Löwen unterwegs. Die Spuren sind ganz frisch.«

Als das Gelände freier wird, schleicht eine Löwin auf gleicher Höhe neben dem Fahrzeug. Sie leckt an einem Stein und reißt das Maul auf. Dabei streicht sie mit der Zunge über ihre Nase.

»Sie hat anhand der Urinspur ihr Rudel erkannt«, meint Ronn.

Wie in Zeitlupe ziehen Elefanten an die Wasserstelle. Was für ein Anblick! In Reih und Glied, wie zu einer Parade aufgestellt, verharren die Kolosse am Rand. Von der Nacht umgeben wirken sie noch riesenhafter, noch imposanter. Das niedere Getier spürt die Macht und weicht. Und die Elefanten treten in breiter Front ans Wasser – saufen. Durst ist schlimmer als Hunger.

»Was frisst ein Dickhäuter?«

»Ein großer um die hundertachtzig Kilo Grünzeug pro Tag. Dafür muss er von vierundzwanzig Stunden achtzehn Stunden fressen. Wir haben im Nationalpark zurzeit um die dreitausend

DIE ETOSHA-PFANNE

Elefanten schreiten im Abendrot

Elefanten. Kannst dir ausrechnen, was da an Pflanzen vertilgt wird. Wenn Gräser und Büsche abgeweidet sind, holen sich die Rüsselriesen ihr Futter von den Bäumen. Dabei werden Akazien schon mal umgelegt oder Stämme geschält.«

»Das heißt: Überpopulationen lassen aus Baumland Steppe werden.«

»Das stimmt. Andererseits sinkt der Bestand an Elefanten in Namibia, Botswana und anderswo, weil wir Menschen die Elefanten durch immer mehr Nutzflächen bedrängen. Schlimm ist auch das Abschlachten der Tiere durch Wilderer, vor allem Elfenbeinjäger.«

Ohne einen Moment der Müdigkeit verbringen wir die Nacht pirschend, beobachtend und staunend, wie ein konzentrierter Jäger auf dem Hochsitz ohne Gewehr. Als wir uns im Morgengrauen absetzen wollen, meint Ronn:

»Lass uns noch mal rüber nach Charitsaub fahren.«

»Okay!«

Was ich da zu Gesicht bekomme, ist sensationell! Am Fuß eines Kameldornbaums liegt ein Leopard mit einem gerade gerissenen Buschbock. Die Katze hechelt, die Jagd scheint sie angestrengt zu haben. Wir halten Abstand, um nicht zu stören. Nun wird der Buschbock im Genick gepackt und auf den Baum geschleppt. Das geschieht behände, erstaunlich routiniert. Auf einem stabilen Ast wird die Beute abgelegt: rechts Kopf mit Brust, links Leib und hinteres Geläuf. Noch ein Rundumblick, dann beginnt der Leopard Stücke aus der Gazelle zu verspeisen.

»Nachts sieht der Leo sechs Mal besser als der Mensch, deshalb kann er auch bei Dunkelheit jagen. Dabei schleicht er sich an die Beute heran oder lauert ihr auf. Bisweilen springt er sie auch aus einem Baum an. Dort verbringt er die meiste Zeit des Tages schlafend. Beuteraub kommt häufig vor. Der Leopard bestiehlt den Geparden, den Löwen oder die Hyäne. Ein Grund, die Beute in den Baum zu hieven.«

»Wie schnell ist die Katze?«

»Im Sprint schneller als sechzig Kilometer pro Stunde. Leoparden sind Einzelgänger, die ihr Revier mit Urin, Kot oder Geräuschen markieren.«

»Was für Geräusche sind das?«

»Hört sich an wie Holzsägen. Missachtet ein Männchen das Revier eines anderen, gibt's heftigen Streit. Überhaupt sind Leoparden recht streitsüchtig. Bei der Paarung wird aggressiv gebalgt und gestritten.«

Was sich da oben im Baum abspielt, ist makaber. Natur in ihrer Ursprünglichkeit. Für Städter weitab von der brutalen Realität von Fressen und Gefressenwerden eine grausliche Szene – und dennoch ist es faszinierend, Beobachter zu sein. Erst als die Sonne den Tag andeutet, kehren wir in die Lodge zurück.

Ich beschließe, die Etosha-Pfanne durchs Andersson-Tor zu verlassen, mache jedoch einen Abstecher an die Westseite der Pfanne, die wenig besucht wird. In Adamax traue ich meinen Augen

Ein Löwe brüllt in die Kamera

nicht: Am hellen Tag haben sich Löwinnen zur Jagd formiert. Sie haben es auf ein Zebra abgesehen, das abseits der Herde äst. Im Gegenwind greift eine Löwin an, treibt das Zebra drei anderen Katzen zu, die geduldig im Gras auf der Lauer liegen. Kaum hat sich das gestreifte Pferd genähert, springt die Katze aus der Deckung. Drei, vier Sätze, ein gewaltiger Sprung auf den Rücken der Beute – um das Zebra ist es geschehen. Der Kampf ist kurz, die übrigen Löwinnen springen hinzu und beenden mit mörderischen Bissen und Prankenhieben das Leben des schönen Tieres. Staubschwaden legen sich. Gemächlichen Schrittes kommen die Mähnenlöwen aus der Etappe ... Die Katzen werden sich die Bäuche vollschlagen, dann wie gelähmt herumliegen. So eine Verdauungspause dauert zwei, drei Tage.

Am Tor erzähle ich den Rangern von meiner Beobachtung. Sie staunen. Selten erwischen Löwen ihre Beute gleich beim ersten Angriff. Und Zebras sind gewöhnlich auf der Hut, in Zweiergruppen stehen sie beieinander und legen in der Ruhezeit den Kopf auf den Rücken des anderen Tieres. So sichern sie rundum. Außerdem haben Löwen einen Mordsbammel vor den Hufen der Streifenpferde.

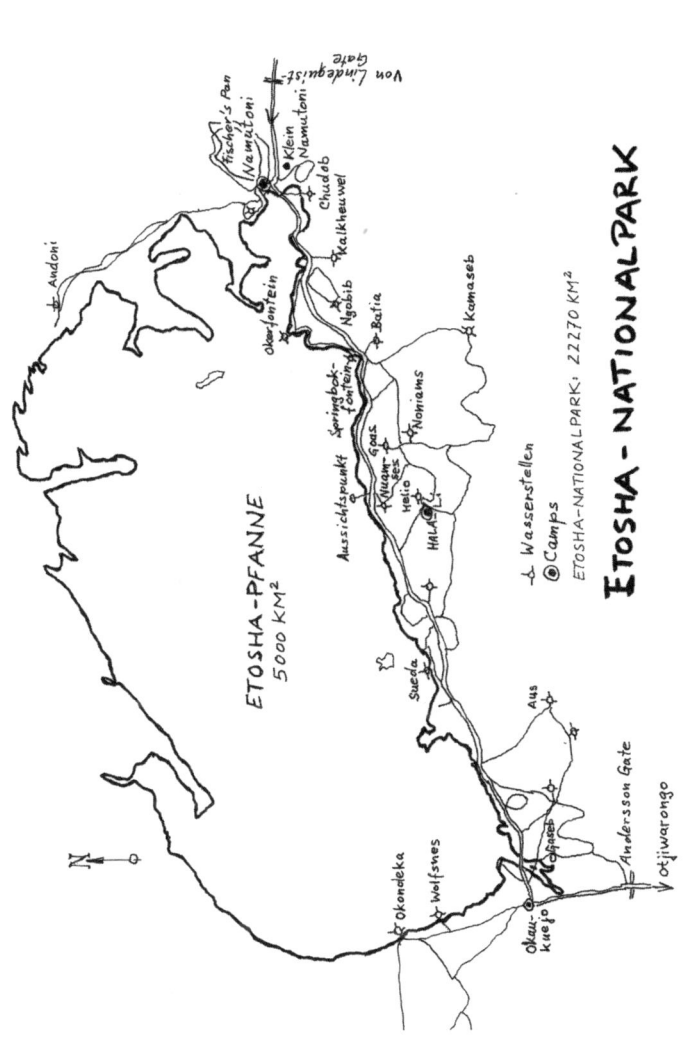

Dramen an der Skelettküste

Ein zweiflügliges Tor, an Walknochen aufgehängt, makaber mit zwei riesigen Totenschädeln versehen, markiert den Eingang zum Skeleton Coast National Park. Das Tor befindet sich dort, wo die Küstenpiste das Ugab-Rivier kreuzt. Ich kannte einmal einen Abenteurer aus Worms, der zu Fuß nach Kapstadt gewandert war. Ich traf ihn auf seinem Rückmarsch bei den Robben in Cape Cross. Er sagte: »Wie weit muss ein Mann gehen, um zu sich selbst zu finden? Ich gehe an die Skelettküste!«

Das war zu weit. Egon kam nie zurück. Nun gut, das ist einige Jahre her. Das mahnende Tor gab es noch nicht, die menschlichen Skelette im Dünensand und die Schiffswracks am Strand aber schon.

Das Wrack der Winston, die 1970 in unmittelbarer Nähe strandete, hält der Sand umklammert. Zu sehen sind nur Fragmente.

Merkwürdige Zeugen einer einstigen Besiedlung befinden sich an der Flussmündung. Kaum zu glauben: Es soll sich um Behausungen prähistorischer Jäger und Sammler, der sogenannten Strandläufer, handeln: ein Volk, das einst die Küste Namibias bewohnte, von Fisch lebte und Hütten aus Walskeletten baute.

Auf der Küstenpiste komme ich gut voran. Die Spurenbündel, die durch Dünen unmittelbar an die Küste führen, sind tief und weich. Nur mit Allrad zu schaffen. Vor tosender Brandung in scharfem Westwind betrachte ich eines der zahllosen Wracks, die die Küste auf dem Gewissen hat. Es muss ein recht großer Frachter gewesen sein, da vorn. Er liegt auf der Seite. Aus dem rostigen Rumpfteil ragen zerschmetterte Aufbauten mit abgeknickten Masten. Eine Kolonie Kormorane hat sich auf dem havarierten Schiff häuslich eingerichtet, verrottete Plankenbereiche mit weißer Patina, Guano, überzogen. Der Sturm jagt Gischt über das Wrack. Wellen brechen sich donnernd an dem Fremdkörper. Schiffbruch vor der Wüste: Mein Gott, das heißt stranden, um sich in anderes Sterben zu flüchten. In der Ödnis der Skelettküste liegen um die fünfhundert Wracks, bleichen unzählige Skelette. Freilich haben sich Sand und Ozean die meisten Überreste längst geholt. Gespensterkrabben flitzen über felsigen Grund, Teleskopaugen ausgefahren, Zangen gierig ausgestreckt. An einem Knochen verharren sie und nagen: Knochen vom Schakal, vom Seehund, vom Menschen gar?

Ich schaue an die Kimm und weiter durch den Dunst hinein in das Ereignis einer Havarie, die Geschichte schrieb: Man schrieb den 29. November 1942, es war Krieg und Montgomery benötigte Nachschub, oben, im Afrikafeldzug gegen Rommel. An Bord des britischen Frachtschiffs befanden sich einhundertsechs Personen – Passagiere und Besatzungsmitglieder –, aber auch Munition, Sprengstoff und Flugzeugtorpedos. Aus heiterem Himmel und bei voller Fahrt stieß der Rumpf der Dunedin Star auf ein Hindernis, vielleicht einen Felsen, den Coal Alpine Shoal. Was es wirklich war, wurde nie geklärt. Die Dunedin war leckgeschlagen. Durch einen sechzig Meter langen Riss drang Wasser ein. Das Schiff drohte zu sinken. Kapitän Lee befahl Kurs auf die Küste zu nehmen. Besser stranden als ertrinken. Es dauerte nicht lange, da saß der Frachter auf einer Sandbank fest, fünfhundert Meter von der Küste entfernt.

Trotz der hohen Dünung wurde das Beiboot ausgesetzt. Als Erstes brachte es einundzwanzig Passagiere an Land, danach einen Teil der Besatzung. Dann zerschellte das Rettungsboot an der Küste. Zu diesem Zeitpunkt waren dreiundsechzig Menschen, darunter ein Säugling, zwei Kleinkinder und eine Schwangere, der Wüste mit einem Minimum an Proviant und Wasser ausgeliefert, dreiundvierzig Mann harrten an Bord der Dunedin Star aus. Der Kapitän sendete SOS und Notrufe nach Walvis Bay. Zwei Tage vergingen. Tags brütende Hitze, nachts bittere Kälte. Dazu peitschte Sand in die Gesichter, setzte Augen, Ohren, Nasen zu. Endlich erschienen Flugzeuge und Schiffe. Der Schlepper Sir Charles Elliot havarierte bei der Rettungsaktion, zwei seiner Besatzungsmitglieder ertranken. Ein Lockheed-Ventura-Bomber landete im Sand, konnte nicht mehr starten. Auf dem Landweg kämpften sich zwei Konvois durch die Dünen, fuhren sich immer und immer wieder fest. Schiffe und Flugzeuge mussten umdrehen, wegen schlechter Sicht, zu hoher See, aus Treibstoffmangel. Die Versorgung aus der Luft klappte erst nach mehreren Anläufen. Wasserschläuche platzten beim Aufprall auf den Boden. Drei Bomber waren im Einsatz, um die Menschen am Strand aus der Luft zu versorgen. Wieder platzten abgeworfene Trinkwasserbehälter. Unten wurde schon eine Woche lang gedarbt. Die Hoffnung, der Wüste zu entrinnen, schwand von Stunde zu Stunde.

Am Strand legten Personen, die noch einsatzfähig waren, eine Behelfspiste an, sodass ein Pilot die Schwangere, den Säugling und Frauen ausfliegen konnte. Der siebzehnte Tag nach der Strandung war vergangen, als Schwache und Kranke per Flugzeug die Namib verließen. Unterdessen war auch der zweite Lkw-Konvoi eingetroffen, um Gestrandete zu bergen. Gewittergüsse machten die Rückfahrt zum Kampf durch Schlammlawinen abkommender Riviere. Doch endlich, an Heiligabend, fünfundzwanzig Tage nach dem Unglück, trafen die Lkws mit den Geretteten in Windhoek ein. Die Freude war riesig, handelte es sich doch einmal um die Havarie eines Schiffes, bei der niemand in der Wüste ums Leben gekommen war. Auch die an Bord verbliebenen Besatzungsmitglieder wurden lebend geborgen.

Und was passierte mit dem Lockheed-Ventura-Bomber der damals neuesten Bauart, der im Sand landete und nicht mehr starten konnte? Das Flugzeug durfte nicht aufgegeben werden. Flugkapitän Naudé kam mit Verstärkung an Männern, Fahrzeugen und Gerätschaft zurück. Man schaffte es: Der Bomber startete mit Kurs Kapstadt. Wenig später setzte einer der Propeller aus, die Ventura stürzte ins Meer. Wie durch ein Wunder überlebte die Besatzung, trieb an Land, konnte von dem zurückfahrenden Konvoi aufge-

Eines der vielen Wracks an der Skelettküste. Havarien, die von Leid und Verzweiflung, aber auch von glücklicher Rettung berichten können

nommen werden. Überreste der Maschine liegen am Strand als stumme Zeugen einer wundersamen Rettung.

Von jeher fürchteten Seefahrer diesen Küstenstreifen mit dem unberechenbaren Benguela-Strom. Dichte Nebelbänke, Untiefen, Felsen unter Wasser machen das Navigieren zum Vabanquespiel. Interessant ist, dass die Skelettküste ihren Namen nicht den vielen Schiffsunglücken, sondern einem Flugzeugabsturz schuldet. Wobei nicht einmal sicher ist, ob der Schweizer Pilot Carl Nauer 1933 auf dem Flug von Kapstadt nach London tatsächlich hier umkam. Es heißt lediglich, dass er mit seiner Maschine an der Küste verschwand. Nach diesem Ereignis nannte der britische Journalist Sam Davis das unheimliche Gebiet »Skeleton Coast« – ein Name, der sich durchsetzte. John Henry Marsh verwendete ihn einige Jahre später als Titel für sein Buch über die Havarie der Dunedin Star.

»Schatzschiff in der Wüste entdeckt«, lautet die letzte Meldung von der Skelettküste. Im Juni 2016 wurden im südlichen Abschnitt der Küstennamib bei Sandbewegungen für die Diamantengewinnung Teile der portugiesischen Galeone Bom Jesus gefunden. Sie war 1533 mit Schätzen im Wert von dreizehn Millionen Dollar auf dem Weg nach Indien in Seenot geraten. und trieb manövrierunfähig nach Norden, wo sie vor der Küste Südwestafrikas sank. Geladen hatte der Segler hundert Silber- und zweitausendeinhundertneunundfünfzig Goldmünzen, darunter spanische Excelentes, venezianische und maurische Münzen. Entscheidend für die Identifizierung der Galeone, die dem südafrikanischen Archäologen Dieter Noli gelang, waren Portuguez-Münzen mit dem Wappen König Joãos III. Diese wurden nur zwischen 1525 und 1538 geprägt. Außer Münzen befanden sich Elfenbein, Werkzeug, Blei, Zinngeschirr, Messing-Gürtelschnallen, Schwerter aus Deutschland und zwanzig Tonnen Kupfer, ein damals in Indien beliebtes Zahlungsmittel, an Bord. Wer weiß, wie viele Schatzgaleonen Atlantik und Wüste noch freigeben werden?

Bis heute gibt es an dem unwirtlichen Küstenstreifen keine Orte, lediglich in großen Abständen Hütten, Sommerhäuser, zwei Camps, die hauptsächlich von Anglern aus Namibia und Südafrika frequentiert werden.

Terrace Bay: Im Kantinensaal geht's zu wie auf einem Fischmarkt. Naturburschen jeglichen Alters stampfen herein, stellen ihre Angeln an die Wand, Boxen mit Fischen daneben. Terrace Bay ist ein Camp für passionierte Angler. Hier wird nur über Fisch und Fang geredet. Gäste sind, bis auf Ausnahmen, Männer. Nach jedem Bier werden die geangelten Fische größer und schwerer. Mit besonderen Exemplaren lässt man sich knipsen.

»Was fängt man denn so?«, frage ich meinen Tischnachbarn, der sich gerade einen Hamburger hinter seine ›Kiemen‹ stopft.

»What?«, grunzt er, dabei fällt ihm ein Stück Hack aus dem Mund.

Wahrscheinlich war das die dümmste Frage, die man hier stellen kann.

»Your catch of the day?«

»Kob!«

Eingefleischte Angler sind so gesprächig wie ihre Beute. Schließlich kann ich Willem aus Stellenbosch doch aus der Nase ziehen, dass *kob* Kabeljau ist. Und dass im Wesentlichen *steenbras* (Steinbrasse), *barbel* (Barbe), vor allem aber Kabeljau gefangen wird.

In der Kantine wird es mir zu laut. Worte in Afrikaans fliegen über mehrere Tische. An eine Unterhaltung ist nicht zu denken. Mein Bungalow liegt abseits in Brandungsnähe. Vor der Tür hocken zwei Schakale, als warteten sie auf etwas. Kalt und feucht ist die Bude. Kein Wunder, es ist dunkel, neblig und nasskalt. Draußen donnert die Brandung im heulenden Sturm. Das Lied der Skelettküste.

Angler bin ich nicht, wohl aber ein Freund unberührter Landschaften, vor allem Wüsten haben es mir angetan. In der Namib setzte ich zum ersten Mal meinen Fuß in die Wüste. Bestaunte die grafischen, klaren Konturen der Dünen, den Formenreichtum des Sandes. Das magische Licht. Die Farbvarianten in allen Pastelltönen bis zum harten Schwarz. Ich kann nicht widerstehen, in der Namib zu wandern. Also schnalle ich mir den Rucksack um. Er ist mit zwei großen Wasserflaschen, Müsliriegeln, Kamera, Stift und Tagebuch gefüllt. Ich werde nach Norden gehen, dahin, wo auch die letzte *pad* im Sand ihr Ende findet. Wenn möglich bis Möwe Bay. Der Weg an der Küste entlang wird kein Problem darstellen, zurück durch Dünentäler, über Sandberge schon eher.

Während ich im tiefen Sand und durch weiche, feuchte Salzlachen marschiere, begleitet von Seevögeln, die sich über den einsamen Wanderer wundern mögen, geht mir so allerhand durch den Kopf: Es war in den Achtzigerjahren, dass ich Rüdiger Nehberg den Vorschlag machte, die Skelettküste zu Fuß zu erkunden. Mein Plan sah vor, dass einer von uns an der Kunene-Mündung startet und gen Süden marschiert, der andere in Swakopmund aufbricht, um nach Norden zu wandern. Wären wir gleich schnell, hätten wir uns etwa in Terrace Bay treffen können, was für jeden etwa dreiundfünfzig Wüstenkilometer bedeutet hätte. Eine Strecke, für die der Körper pro Tag mindestens drei Liter Wasser benötigt. Bei der Firma Autoflug hatte ich ein Set besorgt, mit dem aus Salz- Süßwasser zu gewinnen war. Bei dem Marsch sollte es um die Überlebenschancen an der Skelettküste gehen. Aus dem Vorhaben wurde nichts. Rüdiger setzte sich für die indigene Bevölkerung Venezuelas ein. Ich ›verschwand‹ im Urwald Ecuadors bei den Auca.

Auch besser so. Die Wassergewinnung mit dem Überlebensset hätte vermutlich nicht ausgereicht. Was mir klar wird, als der Griff zu meiner Wasserflasche fordernder wird. Am Wasser eisern Wasser rationieren, das ist brutal! Nicht daran denken. Freiheit, Wüste, das Meer genießen. Meer und Wüste, sind sie nicht einander verwandt, mehr noch, identisch? Lebensfeindlich an der Oberfläche. Darunter herrscht angepasstes Leben. Meer und Wüste lassen sich nicht in Worte fassen. Man muss beides erleben. Für Menschen, die nicht in der Urnatur von Wasser und Sand leben, sind es beängstigend leere, große Räume, während sie für andere unendlich lebendig sind. Wie kann die Liebe von Batau, Seenomaden, San oder Tuareg zu ihrer feindlichen Umwelt erklärt werden? Durch die Landschaft. Der Mensch wird geprägt von der Umwelt, in die er hineingeboren wurde. Seine Persönlichkeit ist geprägt nach dem Landschaftsbild. Wüste und Wasser formen die Bewohner. Fordern Bescheidenheit, aber auch Strenge, Disziplin und Härte, um Unbill zu widerstehen. Naturgemeinschaften wissen, dass sie sich ihrem Lebensraum anpassen, ihn verstehen und ihm zuhören müssen, wenn sie darin auskömmlich existieren wollen. Es ist die Zivilisation, die Naturvölkern Raum, Freiheit, Kraft und Willen genommen hat und nimmt ...

Ich komme an eine Stelle, wo Land Rover und Pick-ups rückwärts am Strand parken. Am Ufer stehen Männer in kurzen Hosen, weiten Hemden, Caps auf den Köpfen, in Köchern vor den Bäuchen große, lange Angeln. Ihre Blicke starren auf den Ozean.

»Hi!«

»Hi!« Ein Strandwanderer ist für Angler ein armer Irrer. Vielleicht ist er es an dieser Küste auch. Nicht für mich. Diese Landschaft, in der Wasser und Dürre so ziemlich einmalig aneinanderstoßen, bedeutet für mich ein Zwiegespräch mit geheimnisvoller Unendlichkeit. Nur hier offenbart sich das Arkanum des Windes, der Dünen vor sich hertreibt, ihnen einmalige Formen mit scharfen Linien verleiht – und der den Ozean zornig stimmt, in dem Wellen weiße Köpfe erhalten und Brecher sich an Ufern austoben.

Ich streife das Geheimnis eines Nara-Buschs, der verloren inmitten eines riesigen Sandfelds steht, wie etwas, das vor ewiger Zeit vergessen wurde. Und das Geheimnis eines Grashalms, der von irgendwoher kam, im heißen Sand wächst, zäh und verwundbar zugleich. Indem der Wind mit ihm spielt, malt er geheimnisvolle Kreise in den Sand.

Plötzliches Entstehen von Gewittern, die Wassermassen wie Sturzbäche niederbringen, ist Geheimnis. Auch ist das Samenkorn im Dünensand ein Geheimnis, das viele Jahre überlebt, ohne den geringsten Tropfen Wasser zu benötigen. Schließlich ist das Leben der Meerestiere in absoluter Dunkelheit bei tonnenschwerem Wasserdruck ein Geheimnis.

Urlandschaften sind all diese Geheimnisse zugleich und Gründe für unser Staunen.

Für mich gibt es nichts Bewegenderes als Menschen, die zielsicher durch die Unendlichkeit des Sandes von Oase zu Oase ziehen oder die wie die Polynesier in den Weiten des Ozeans ihre Heimatinsel finden.

Gedankenverloren wandere ich an der Nahtstelle zweier Urlandschaften hinein in die Unendlichkeit. Atme die würzige Seeluft und den trockenen Atem des Sandes. Dann denke ich: Wüste, die Namib, das Meer zu fühlen, zu schmecken, zu riechen, in ihre Stille und das Tosen zu lauschen, erscheint mir ein seltenes, ja großartiges Privileg.

Vor einer besonders geometrischen Düne werde ich unruhig. Etwas treibt mich hinauf, um von dort ins Hinterland schauen zu können. Eine Dünenbesteigung, um die dreihundert Meter hoch, kostet Kraft, schlimmer noch, Wasser ...

Der Blick in die Ferne ist einfach grandios. Wie riesige Tentakel erstrecken sich die Kämme der Stern- und Sicheldünen bis an den Horizont. Einige Sicheldünen überzieht ein Muster kleiner Wellen. Sie ähneln den Rippeln auf Meeresböden. Im Norden haben Südwestwinde gewaltige Querdünen aufgetürmt, wie Riesenwellen eines ockerfarbenen Ozeans. Mitten im Lauf erstarren die Sandwellen, werden von der Brandung verschluckt.

Eine Staubfahne kündigt im ewigen Sand etwas Besonderes an: Zwei Wüstenelefanten haben sich einen Hang hinaufgekämpft, rutschen jetzt die steile Seite hinab, verschwinden in einer Talsohle, erklimmen unverdrossen die nächste Sandbarriere. Sie könnten aus dem Kaokoveld heruntergewandert sein. Wüstenelefanten bilden keine eigene Art, unterscheiden sich aber dennoch von ihren Verwandten aus der Etosha-Pfanne. Sie sind etwas kleiner, ihre Füße breiter. Im Sand können sie dadurch sicherer auftreten. Erstaunlich ist das Verhalten der Riesenrüssler in der Wüste. Während ihre Artgenossen um die zweihundert Liter Wasser pro Tag benötigen, kommen sie vier Tage ohne zu saufen aus. Auf der Suche nach Nahrung legen sie pro Tag unglaubliche siebzig Kilometer zurück. Ihr Pendant sind Wüstenlöwen, von denen bisweilen einige an der Skelettküste auftauchen.

Zurück an der Wasserwechselzone bewege ich mich wie im Traum, ohne Gefühl für Raum und Zeit. Niemals habe ich mich in einer Landschaft kleiner und unbedeutender gefühlt. Und doch denke ich: Es ist die Landschaft, die berührt und nachwirkt. Ich ahne, eines Tages wirst du zurückkehren, an den Ort, der dir viel bedeutet, der deine Sehnsucht stillt.

Ich liebe Sonnenuntergänge wie diese. Die Hitze wird erträglich. Alles wirkt frisch. Unbelastete Natur duftet sogar. Und eine gewaltige Schönheit spendet gewaltige Kraft. Ich glaube, der Mensch braucht diese Orte, um sich zu erholen, zu sich zu finden. Orte, die ihm Energie geben.

Landschaftsfotografie ist die Jagd nach dem besten Licht. Dazu werden Kräfte wie Geduld und Zeit benötigt. Ich habe meine Kamera gezückt, harre des Augenblicks. Die Hingabe wird belohnt. Ein großer Vogel fliegt vor die untergehende Sonne. Ein Albatros? Im Dämmerlicht grabe ich eine Schlafmulde. Schon umschleichen neugierige Schakale mein Lager. Ein kräftiger Schluck aus der Plastikflasche gegen nagenden Durst. Der Gedanke an hungrige Wüstenlöwen führt zu unruhigem Schlaf.

Plötzlich schrecke ich hoch. Jemand zerrt heftig an meinem Rucksack. Einbildung? Bis auf Seewind und Meeresrauschen umgibt mich nächtliche Ruhe. Sterne bohren ihr Licht durch etwas

Nebel. Fast muss ich laut auflachen in meinem Luxushotel mit so vielen Sternen.

Lachen, das mir vergeht, als ich etwas esse, einen Schluck aus der halbvollen Flasche nehme, dabei feststelle: Die anderen sind leer, der Rucksack nass. Was ist passiert? Sind die Verschlüsse undicht? Haben sich Dornen durch die Flaschen gebohrt? Die Schakale! Haben sie in den Rucksack gebissen? Ich untersuche das alte, bewährte Stück mit allerlei Narben, Schrammen und kleinen Löchern. Schwer zu sagen, ob da wirklich Getier am Werk war.

Die Wanderung muss ich abbrechen, das steht fest. Mir graut vor dem Rückmarsch. Zwanzig Wüstenkilometer mit etwas mehr als einem halben Liter Wasser ist verdammt knapp. Hat die Wüstenfalle zugeschlagen? Lautlos, unmerklich, erbarmungslos? Ich weiß um die Gefahr, habe sie auf vielen Wüstenreisen bedacht. Hatte mich die Schwärmerei an der Skelettküste unachtsam gemacht? Noch wabern Nebelschwaden. Die Sonne wird einige Zeit benötigen, um sich durch den Nebel zu fressen. Also nutze ich die erträgliche Temperatur, bis die Sonne die Hölle zum Glühen bringt.

Wie im Zeitraffer lösen sich Dunst und Nebel auf und jäh faucht die Namibhitze. Augenblicklich fällt forscher Schritt in trägen Gang. Um vierzehn Uhr habe ich keinen Tropfen Wasser mehr. Zwei Stunden später ist der Mund eine trockene Höhle, in der die Zunge wie Leder am Gaumen klebt. Durst peinigt, wie Pergament fühlt sich die Haut an. Gelenke, Arme und Beine machen sich selbstständig. Obgleich ich eindeutig nach Süden, parallel zur Küste gehe, narrt mich mein Orientierungssinn. Zwanghaft drängt es mich nach Osten, ins Meer der hohen Dünen. Eine Weile später nach Westen ans Wasser. Trinken, trinken ... Nur ein paar große Schlucke vom verführerischen, tödlichen Salzwasser. Das bringt doch Linderung!

Der Dursttod Abertausender Herero spukt mir im Schädel herum. Mit dem hohen Wasserverlust spülen lebenswichtige Mineralien aus dem Körper. Fehlende Mineralien lösen Hitzekrämpfe, dann Halluzinationen aus. Der Körper schwillt im Fieberwahn. Der Mensch kann sich nicht mehr artikulieren. Er schwankt durch den Sand wie ein Betrunkener. Ein einziger Schmerz durchzuckt das überhitzte Fleisch. Das Ende ist nah, Dehydration, der Dursttod – ein schreckliches Ende. Man reißt sich die Kleider vom Leib. Verdurstete sind nackt. Manch einer beißt sich die Pulsadern auf, um gierig eigenes Blut aus den Adern zu saugen. Erbarmungslos und elementar ist der Todeskampf des Menschen in der Wüste.

Plötzlich sehe ich, grellen Blitzen gleich, Schiffbrüchige, die an Land gespült werden, um zu sterben. Der zermalmenden Brandung entkommen, nimmt sie der süßwasserlose Wüstenstreifen in seine tödliche Umarmung. Keine andere Küste der Welt hat mehr Menschenleben gefordert als die Knochenküste. Nur einen winzigen Teil der Wracks und Knochen habe ich gesehen. Im Hirn setzen sich diese Knochen zu einem Skelett zusammen und tanzen einen schaurigen Reigen. Wollen sagen: Komm, was bedeuten schon ein paar Knochen mehr ...

Im Kaokoveld

Nun lausche ich wieder einmal dem Lied der Namib: »Soo-oop-wa-soo-oop-wa«. Es ist ein melancholisches Lied, das nach längst vergangener Zeit klingt. Und von Menschen erzählt, die so gar nicht in unsere ach, so zivilisierte, schnelle Welt passen. Mit William Flender bin ich in einer Cessna hinauf ins Kaokoveld geflogen. In die Hartmann-Berge, unterhalb des Grenzflusses Kunene. Von einem windgefrästen Felssprung aus blicken wir in die höchst besondere Landschaft der rosa Berge und hinein ins Hartmann-Tal, übersät mit sogenannten Feenkreisen. Das sind runde, kleine, rotbraune Pfannen in einem blassgrünen Teppich spärlichen Bewuchses. Wir genießen das Panorama – und das wilde, weite Land wirkt wie eine Droge. Es war der Geologe Georg Hartmann, der das Gebiet vor rund einhundertzwanzig Jahren erstmals erforschte. Das Kaokoveld ist fünfzigtausend Quadratkilometer groß. Die einen nennen es das »Kleinod im Schwarzen Erdteil«, die anderen den »Wilden Nordwesten Namibias«. Es liegt zwischen dem Kunene-Fluss und dem Hoanib-Rivier, zwischen Skelettküste und Etosha-Pfanne.

Bis Ende der Siebzigerjahre des 20. Jahrhunderts schirmte die Rote Linie das Land vor fremden Einflüssen hermetisch ab, und die Menschen jenseits der Linie waren die vergessenen Kinder Namibias. Die Schläge ihrer Steinäxte hallten über einsame Ebenen und fällten so manchen Baum.

Die Grenze gibt es nicht mehr, Himba- und Tschimba-Nomaden sind aus der Vergessenheit in grelles Rampenlicht getreten. Wir möchten eine Naturgemeinschaft aufsuchen, die vom Tourismus einigermaßen unbeeinflusst ihr Leben gestaltet.

Auf einmal beschleicht mich ein Gefühl von Eile, als wäre zu befürchten, zu spät zu kommen, nur noch assimilierte Herero zu erleben. Zwar gibt es in den Hartmann- und Baynes-Bergen Täler, die kaum Füße eines Weißen betreten haben. Und Himba-Hirten treiben Vieh in Weidegründe, die nur sie kennen. Dennoch: Am Kunene wurde längst ein Staudamm gebaut und in Windhoek hatten sich Reisegesellschaften, die das Kaokoveld restlos erschließen wollen, um Kontingente gestritten. Dabei erlag der Pionier Louw Schoeman einem Herzanfall. Doch auch das ist schon Jahre her. Wie lange dürfen wir den Luxus genießen, hier allein zu sein? Allein in der Landschaft aus Dolomit, mit gelben Sandflanken in den Rivieren, umrandet von uralten Wildfeigen und Kameldornbäumen. Ich lasse den Blick schweifen, nehme alles auf: das leuchtend gelbe Band der auslaufenden Wüste. Darüber ›fließt‹ Basaltschutt wie schwarzer, schwerer Samt. Felsbrocken, Schutthalden, Lavabruch – ein gigantischer Irrgarten, durch den wir hindurch müssen. Wieder Durstland durchziehen ...

Mit Schrecken erinnere ich mich an die Strandwanderung: Um achtzehn Uhr hatte die Sonne ihr Tagwerk vollbracht. Kühler Seewind ließ etwas aufatmen. Doch der Durst fraß sich immer ärger hinab bis in den Magen. Übelkeit würgte. Terrace Bay konnte nicht mehr weit sein. Hoffentlich hielten Kreislauf und Beine durch.

Plötzlich hupte es hinter mir. Ein Pick-up kam von irgendwo her, hielt, ließ mich einsteigen, gab mir vorsichtig Wasser. Der Fahrer, ein Angler, meinte, ich sei den Strand wie ein angeschlagener Boxer entlanggestolpert.

Der Wüste entkommen, denke ich mit Schaudern und Respekt an die Namib, die sich im Land Rover mit ausreichend Wasser fast überall sorglos durchfahren lässt. Ob Dornen oder ein Gebiss die Wasserflaschen zum Auslaufen gebracht hatten, war nicht zu klären.

Auf dem Weg zu den Himba dürfte es keine Überraschungen geben. Wir sind zu zweit. Und William ist ein erfahrener Kaokovelder, der die Menschen, ihre Sitten, Gebräuche und die Sprache kennt. Bis in den Vormittag hinein treiben wasserschwangere Wolken gen Osten, wo sie von Berggipfeln durchschnitten werden, als segelte eine Armada unter vollen Segeln über das Kaokoveld. Ich mag diese mystische Stimmung vor dem Durchbruch der Sonne. Und das Panorama, von dem man glaubt, der Teufel hätte in Raserei Felsen zerschlagen, Gesteinsbrocken geschleudert und über allem Farbtöpfe zerschmettert. Hat Hitze den Nebel verdampft, steht die Scheibe am Firmament wie ein gleißender Ballon und in Minuten verwandelt sich das Land in eine Orgie von Pastelltönen. Unglaublich rasch dröhnt der Hitzehammer herab. Farben verblassen. Alles Kreatürliche entflieht der Sonne, die wie ein flammendes Auge über die ausgedörrte Welt dahinrollt ...

William klopft mir auf die Schulter und mahnt:

»Wir müssen weiter. Bald wird die Hitze unerträglich!«

Unser Ziel sind die Ockermenschen, jene freien Hirtennomaden, die irgendwo in der Weite des Kaokoveld leben. Ich reiße mich von dem eindrucksvollen Landschaftsbild los.

Im Nordwesten Namibias leben rund fünfzehntausend traditionsbewusste Himba. In ihrer eigenen Sprache lautet der Plural

Ovahimba. Tschimba, Ovatschimba werden die Armen, die Sippen mit weniger Vieh genannt. Die meisten von ihnen haben Kontakt zu Supermärkten, Tankstellen, Bistros, Bars. Dort erscheinen sie halb nackt, werden zum Fotomodell der Weißen, belächelt, bemitleidet, bisweilen auch bestaunt, ob ihres Stolzes, traditionelle Werte zu achten, zu pflegen und zu verteidigen.

Wir wollen Himba treffen, die die Zivilisation noch nicht beherrscht. Wir folgen dem Hartmann-Tal in südöstlicher Richtung, den ganzen Tag und den folgenden. Schließlich durchziehen wir einen Canyon. Als der sich öffnet, steht er vor uns – wie aus dem Sand der Halbwüste gewachsen. Nach Tagen der Einsam-Zweisamkeit mit William erschrecke ich fast über die plötzliche Begegnung. Dabei hätten wir bemerken müssen, dass sich eine Veränderung ankündigte: Fliegen nämlich! Und wo sich im Kaokoveld Fliegen tummeln, gibt es Menschen, zumindest Vieh.

»Morro!«, sagt der Mann, wünscht uns einen guten Tag. Seine Haut glänzt wie eine Speckschwarte. Sein Gesäß ziert ein Lendenschurz. Es ist ein Himba.

»Morro!«, rufen auch wir ihm zu. Er treibt zwei ausgemergelte Rinder und zwei nicht minder magere Ziegen heran. Die goldgelben, spärlichen Halme von *Eragrostis*-, *Panicum*- und *Aristida*-Gras machen das Vieh nicht fett. Ein Fliegenschwarm umtobt das Haupt des Mannes wie Bienen den Imker. Er lässt sie gewähren. Es ist unschicklich, nach den Fliegen zu schlagen. »Wo Fliegen sind, sind Rinder, und die sind unser Leben«, sagen die Himba. An der dreieckigen Kopfhaube aus Leder, dem *ondumbo,* ist zu erkennen, dass der Mann verheiratet ist. Und jetzt sehe ich, dass er sich mit einer Fettpaste eingerieben hat. Die Bemalung soll vor der Sonne schützen und den Feuchtigkeitsverlust minimieren. Der Hirte heißt Morihono. Er plaudert über die Trockenheit, die ihn zu einer fernen Wasserstelle treibt. Seine beiden Frauen sind im Kral bei den Kindern.

»Wo stehen eure *pontok?*«, fragt William.

Morihono zeigt in östliche Richtung.
»Einen halben Tag von hier.«
»Und die Herde?«
Er weist nach Norden und macht zwei halbrunde Armbeugen. Im übernächsten Tal, schließen wir daraus. Um den Hals trägt der Hirte eine schwere Eisendrahtkette, *thipako* genannt, die aus der Nähe wie eine dicke Mettwurst wirkt. Das rührt vom steten Einreiben des Halses mit Butterschmalz her. Der Mann hat Durst. Er nimmt einige kräftige Schlucke aus meiner Feldflasche. Dabei wird das Gebiss entblößt. Ich erkenne, dass zwei seiner oberen Schneidezähne keilförmig geschliffen wurden, in dem so entstandenen Dreieck steckt eine dünne Messingscheibe, das *orukwe*. Himba-Hirten behalten dieses pfenniggroße Plättchen selbst beim Essen und Schlafen im Mund. Es dient ihnen als Flöte. Wachen die Hirten über große Herden, schrillt ihr Pfiff in kurzen Abständen durch die Stille des Kaokoveld. Das Vieh sammelt sich, bevor Hunde es zusammentreiben müssen. Wir trennen uns. Der Himba zieht nach Westen, wir nach Osten.

Gegen Abend gabelt sich das Rivier in zwei kleinere Sandadern. Wir folgen der rechten Ader, bis sich das Gelände zu einer ebenen Geröllfläche öffnet. Mit dem Wind wird Brandgeruch herangetragen. Der Kral muss in der Nähe sein. Wir beschließen zu lagern, wollen die Himba nicht in der Dunkelheit stören. Sicher haben sie längst bemerkt, dass sich Fremde in ihrem Territorium aufhalten. Vielleicht sind wir bereits von Spähern umgeben?

Es war eine Sensation, als die Öffentlichkeit 1965 aus der Presse erfuhr, in den Baynes-Bergen sei eine archaische, Steinwerkzeuge herstellende Kultur entdeckt worden. Aus Windhoek machten sich Ethnologen auf, um die Naturgemeinschaft in Augenschein zu nehmen. Tatsächlich wurden Menschen auf frühester Kulturstufe angetroffen. Es waren Himba-Nomaden, aus dem Volk der Herero, die gleichsam in selbst gewählter Isolation verharrten.

Wie ich später erfahre, hat das Volk eine weite Wanderung, eine leidgeprüfte Geschichte hinter sich.

In dieser afrikanischen Nacht finde ich keine Ruhe. Zu aufgewühlt bin ich und in Gedanken im Kral der Ockermenschen. Ich muss an H. R. MacCalman, B. J. Grobbelaar und Dr. Kuno Budack, Ethnologen aus Windhoek, denken. Sie waren die Ersten, die die Himba studierten. Hartmann hatte das Gebiet zwar vor ihnen bereist, doch ohne auf die Bevölkerung einzugehen.

Nahe Sesfontein, am Südrand des Veld, existieren noch Ruinen eines alten Forts, das als Vorposten der einstigen deutschen Kolonie galt. Hauptmann Franke, der Festungskommandant, ließ dort Palmen anpflanzen und aus Vorderasien Dromedare als Reittiere einführen. Die ersten deutschen Farmer in diesem unwirtlichen Gebiet hießen Lambert und Schlettwein. Als ich die Region Ende der Sechzigerjahre bereisen wollte, war sie längst abgeriegelt. Der Verwaltungsbeamte Ben van Zyl verwies mich für ein Permit an die Behörden in Windhoek. Die meinten, De Beers beziehungsweise die Consolidated Diamond Mines of South West Africa seien zuständig, schließlich hätten sie doch die Rote Linie ziehen lassen.

Bevor die ersten Touristen einfielen, waren weitere Wissenschaftler zu den Himba gereist: Die Völkerkundler N. J. van Warmelo, J. S. Malan, der Verhaltensforscher Professor Irenäus Eibl-Eibesfeldt ... Doch die profundesten Kenntnisse über das Volk hat die Ethnoarchäologin Margaret Jacobsohn vermitteln können. Die Südafrikanerin kam in den Achtzigerjahren nach Namibia (heute besitzt sie die namibische Staatsangehörigkeit) und lebte zwei Jahre bei den Himba. Zwei Familien adoptierten sie, stellten sie ihren Ahnen vor. Damit gewann sie wie eine leibliche Tochter Einblick in Kultur und Traditionen dieses Volkes, wurde zur Himba ehrenhalber.

Staubwolken hüllen uns ein. Wir schrecken hoch. Eine Herde gescheckter Langhornrinder trampelt durch unser Lager. Es dauert eine Weile, bis ich, noch schlaftrunken, durch Sandstaub hindurch, drei Himba-Hirten erkenne. Sie treiben die Herde dem Rivier zu. Die Jünglinge tragen den obligaten Lendenschurz, sind barfuß, außerdem mit Wurfspeeren und Stöcken bewaffnet. Auffallend sind ihre eigentümlichen Haartrachten. Aus kahl geschorenen Schädelseiten wachsen Haarkämme, die im Nacken Zöpfe bilden: Skalplocken, die wie ein künstliches Haarteil abstehen. Die Haartracht kennzeichnet die Burschen als Junggesellen.

Wir rollen unsere Schlafsäcke zusammen und begeben uns in die Richtung, aus der die Hirten kamen. Am Fuß eines im Busch versteckt stehenden Termitenhaufens steht eine Gruppe *omajova*, Termitenpilze *(Termitomyces schimperi)*. Das sind weiße Riesenpilze, die nicht nur von Himba gern gegessen werden. William trennt sie vorsichtig vom Boden und nimmt sie mit.

Einige Zeit später entdecken wir *pontok*, bienenkorbähnliche Hütten aus Strauch- und Flechtwerk, sauber mit Kuhdung verstrichen. Der Kral bildet eine harmonische Einheit mit der Landschaft. Eine künstlich angelegte Dornenhecke umgibt die im großen Oval angelegten Behausungen. Neben sechs Wohn- stehen Vorrats- und zwei verfallene Hütten. Alle Eingänge führen ins Zentrum, wo sich auch ein Kälberkral befindet. Rechts, vor zwei besonders sorgfältig gebauten Behausungen, schwelt ein Feuer. Das muss das heilige Feuer sein! Wie wir noch erfahren werden, geht von diesem Feuer eine starke mystische Kraft aus. Die beiden Hütten davor sind die des Oberhaupts und seiner Mutter. Hausbau ist Frauensache, weil die Männer mit Dung nicht in Berührung kommen dürfen. Links angrenzend liegen der große Rinder- und die kleineren Ziegen- und Schafskrale.

Ockermenschen vom Omumborombonga-Baum

Zurückhaltung fördert das Entstehen von Kontakten. Wir bleiben außerhalb der Dornenhecke und schlagen unser Zelt auf. William spricht mit einem der würdigen älteren Herren. Neben Salz, Zucker und Reis übergibt er die Pilze. Kurz darauf werde ich in den Kral gebeten. Die Einladung spricht Clanchef Watamun persönlich aus.

Schwer lastet die Hitze auf Mensch und Tier. Alles wirkt irgendwie gelähmt, wie ausgebrannt. Schatten oder kühle Hütten sind Zufluchtsstätten. Wie kann man leben, wenn man weiß, dass die Welt ringsum unerträglich ist, geht mir durch den Kopf. Wie traditionsbewusst, wie eng mit den alten Bräuchen der Vorväter muss ein Volk verwurzelt sein, wie stark und intakt müssen Glaube und Gesellschaftsordnung sein, um standhaft zu bleiben, nicht vor den Verlockungen der Zivilisation zu kapitulieren? Der würdige Clanchef schreitet in Gummisandalen, die als Abdrücke Reifenprofile im Sand hinterlassen. Für das Himba-Land gibt es eine Warnung: Lasse nie deinen Wagen unbewacht. Anderenfalls fehlen die Mäntel der Reifen. Sie werden im Nu zu Sandalen zerschnitten.

Trotz der Hitze zeigen sich die Dorfbewohner, um die Gäste zu begrüßen. Schlank, groß die Männer, wohlgebaut die Frauen und Mädchen. In Körperbau, Physiognomie und Gestik erinnern Himba etwas an die Nilotohamiten Ostafrikas, wenngleich sie zur großen Familie der Bantu gehören.

Die Frauen bestechen durch ihre glänzende, ockerfarbene Haut. Substanzen für Hautkosmetik entnehmen sie Behältern aus Horn und Holz. In einem befinden sich Ockerpuder, eisenhaltige Erde, aromatische Kräuter und Rinden, im anderen Tierfett. Täglich wird der gesamte Körper mit einer Mischung all dieser Ingredienzen eingerieben. Die Salbe duftet, schützt vor Sonnenbrand und Nachtkälte. Ihr verdanken Himba den Namen Ockermenschen.

Überhaupt sehen die Frauen und Mädchen ausgesprochen malerisch aus. Besonderen Wert legt das Volk auf eine dem Alter und dem Stand entsprechende Haartracht.

»Die Mädchen tragen Zöpfe, die an den Enden wie Pinsel gekämmt werden. Gern werden die Zöpfe durch die Haare ihrer Brüder und Sisalfasern verlängert. Verheiratete Frauen dürfen sich mit einer Lederkrone, dem *ekori*, schmücken. Die Anzahl der Kinder kannst du an den *ondengura* ersehen. Das sind schwere Kupfer- oder Eisendrahtketten, die Hals, Hand- und Fußgelenke zieren. Der wichtigste und wertvollste Schmuck aller Himba-Frauen sind weiße, faustgroße Muscheln, *ohumba* genannt, die ihnen zwischen baren Brüsten baumeln. Es sind Fruchtbarkeitssymbole. Sie haben noch heute den Wert einer Ziege oder eines Schafes. Auf dem Tauschweg gelangen die Muscheln von der Küste Angolas ins Kaokoveld«, erklärt Williams und ergänzt: »Du wirst wissen, dass in Südangola auch einige Tausend Himba leben.«

Unsere Gastgeschenke finden Anklang, besonders das Päckchen Schnupftabak, das William noch ergänzt. Fast alle Frauen rauchen oder lassen selbst gedrehte Rauchwaren von Mund zu Mund wandern.

Ein Mädchen trägt Zöpfe. Es sieht possierlich aus, wie ihr die beiden Zopfenden nach vorn, rechts und links über die Wangen wippen. Ihr Name ist Verigera. Da nähern sich zwei Jungs mit geschwollenen Unterlippen. Wir erfahren, dass ihnen zwei der unteren Schneidezähne herausgebrochen wurden. Die gerade Mannbaren hatten sich den Initiationsriten zu unterziehen, bei denen es an die Zähne geht. Mit einem Hammer wird gegen ein Holzstück geschlagen, das auf die Zähne aufgesetzt wird. Danach feilt der Operateur zwei der oberen Schneidezähne mit einem rauen Stein spitz. Schändlich, wer sich bei der schmerzhaften Prozedur etwas anmerken lässt. Einst waren die Gebissmerkmale Stammeszeichen aller Herero.

Eine alte Frau zupft mich am Arm. Ihr Gesicht erinnert an eine zerknüllte Papierkugel, aus der lebhafte Augen schauen. Offenbar will sie mir ihre Hütte zeigen und geht voran. Der Himba-Clan ist uns Fremden gegenüber von einer wohltuenden Freundlichkeit. Keck wippt ihr Lendenschurz, der einem ausgefransten Faltenrock gleicht. Wir nähern uns der heiligen Zone, dem Raum zwischen der Hütte des Clanchefs, dem heiligen Feuer und dem Kälberkral.

Achtung! Unbedachtes Durchspazieren entweiht die Stätte und würde für große Aufregung sorgen, wenn nicht zu unserer Vertreibung führen. Ich gehe hinten um die Hütte Watamuns herum und bin erstaunt, dass ich die zweite, die seiner Mutter, betreten darf. Die Alte heißt Tanagenga. In der Hütte komme ich mir vor wie in einem fensterlosen, dunklen Loch, in dem es nach Rauch, Dung und Schweiß riecht. Am niedrigen Eingang stoße ich mir den Kopf. Allmählich gewöhnen sich die Augen an die Dunkelheit. Ich erkenne allerlei Gegenstände: Nackenstützen aus

Holz. Geflochtene Körbe und Holzgefäße in mehreren Größen hängen an den Wänden. Eine Plastikschale fällt auf. Messer in Lederscheiden haben eine Ecke eingenommen, zusammen mit eisenperlenbestückten Rückenanhängern, wie sie die Mädchen über dem Gesäß tragen. Ich sehe die begehrten Konusschnecken-Anhänger, *ohumba,* und mehrere Schminkdöschen aus Kuhhorn. Eine karge Hütte, die doch Gemütlichkeit vermittelt.

Im Kral: Verheiratete Himba-Frau mit Lederkrönchen *(ekori)* und Kegelmuschel-Anhänger *(ohumba)* »schminkt« sich mit ockerfarbener Mixtur

Tanagenga reckt sich und hievt aus einer Astgabel einen roten Stein. Sie lässt sich nieder und reibt das weiche oxidhaltige Gestein über eine raue Mahlfläche. Das so gewonnene Pulver vermengt sie mit einer Paste aus der Schminkdose. Es duftet nach Myrrhe. Bedächtig reibt sie sich ein. Erst das Gesicht, dann die Arme, schließlich den ganzen Körper. Dabei beobachtet sie mich schelmisch, als habe sie etwas vor, was sie sich aber nicht traut.

Mit ihren dürren, fettroten Fingern fährt sie mir dann doch über den Arm und kichert in hellen Tönen. Es macht ihr einen Mordsspaß, mich zu bemalen. Als ich mit roten Armen und rotem Kopf aus der Hütte krieche, amüsiert sich das ganze Dorf.

Im Kral akzeptiert, begeben wir uns mit Hirten in den Schatten eines nahen Mopane-Baums und palavern wie alte Bekannte. Dabei ist William ein geschickter Dolmetscher, der selbst Konversation treibt und nebenbei meine Fragen übersetzt oder Antworten der Himba verständlich macht. Ich erfahre etwas über das harte, entbehrungsreiche Leben im Veld. Den Kampf um spärliche Weideflächen, um versiegende Quellen und Tränken, gegen Hunger und Krankheiten. Auseinandersetzungen der Ahnen mit räuberischen Orlam und Nama sowie andauernden Querelen mit den Ovambo.

Himba sind heute stärker bedroht als je zuvor. Die Dürre in den Achtzigerjahren war die schlimmste seit Menschengedenken. Sie ließ einhundertzwanzigtausend Rinder verenden – zwei Drittel des gesamten Bestands. Die Naturkatastrophe, aber auch die Nachwehen des Bürgerkriegs an der angolanischen Grenze –die südafrikanische Armee setzte Himba als Fährtensucher gegen die SWAPO ein – zeichnen ein düsteres Bild von der Zukunft der Naturgesellschaft. Heute schwebt eine andere Bedrohung über den Halbnomaden: Sie sind bei den Regierungen höchst unbeliebt. Sind kaum zu reglementieren, haben eigene Gesetze, verkörpern für viele eine rückständige Gesellschaft. Nomaden und Halbnomaden sind in Afrika so erwünscht wie bei uns Sinti und Roma. Sie sind freie Menschen – und wer im Büro arbeiten muss, hasst die freien Menschen. Also sind die letzten Freien zur Sesshaftigkeit zu zwingen. Nun sind Himba nicht aus freien Stücken, sondern aus umweltbedingten Zwängen Nomaden geworden. Für sie lautet die Frage nicht: Hirse oder Kartoffeln anbauen? Für sie heißt es: Nomadenleben oder Tod! In Trockenzonen wie dem Kaokoveld ist die nomadische Lebensweise die einzig mögliche, um zu überleben.

Ein alter Himba gesellt sich zu uns. Er raucht ein langes Pfeifchen. Hinter seinem Ohr steckt eine eiserne Speerspitze, die ihm als Werkzeug dient. Auch als Kratzhand, wenn unter der Kopfhaube die Flöhe beißen.

William erzählt: »Venomeho war ein tapferer Krieger und Hirte großer Herden. Mit dem Wurfspeer brachte er Raubwild, selbst den Löwen zur Strecke. Der Veteran ist außerdem einer der Wahrsager des Dorfes. Wird ein Tier geschlachtet, meist ist es für seherische Zwecke eine heilige Kuh, deuten Weissager künftige Ereignisse aus der Lage noch dampfender Eingeweide. Orakel werden häufig vor Hochzeiten, nach dem Tod wichtiger Clanchefs, bei Fragen zum Regen, zu Aufenthaltsorten des Raubwilds, zur Wirkmacht verhexter Familienmitglieder befragt.«

Im Leben der Himba dreht sich alles ums Vieh. Ohne Rinder ist kein Leben denkbar. Die Anzahl dokumentiert Ansehen und Wohlstand. Ein Mann mit vielen Tieren ist ein *muhona*, ein Reicher, einer mit wenigen ein *musyona*, ein Armer. Gar einer ohne Vieh wird *mutjimba* genannt, das ist ein Mann ohne Ansehen.

Rinder liefern das Grundnahrungsmittel, die Milch. Getötet werden auserkorene, heilige Kühe nur zu rituellen Anlässen, wie Heirat, Mannbarkeit, Geburt, Tod oder Namensgebung. Ziegen und Schafe dagegen werden als Schlachtvieh gehalten.

Bereits im Kindesalter wird der Himba spielerisch mit dem Vieh vertraut gemacht. Er lernt die Namen der Rinder und ihre Eigenarten. Mit sechs überlässt man ihm eine kleine Ziegenherde, die er mehrere Tage und Nächte allein hüten muss. Im Alter von zehn sind dem Jungen alle Wasserstellen seiner Umgebung vertraut. Und er lernt, an welchen Stellen erfolgreich nach Wasser gegraben werden kann. Schon bald kennt er alle genießbaren, heilenden und giftigen Pflanzen. Seine vornehmliche Aufgabe besteht darin, die Herde vor Räubern zu schützen. Ständig wird das Vieh von Hyänen, Löwen, Leoparden umlauert.

Am späten Nachmittag kündigt eine Staubfahne das Nahen der Herde an. Hundegekläff geht im Blöken der Rinder unter. Im Dorf wird es lebendig. Die Junghirten sondern sich ab und verschwinden in ihren Hütten. Ältere verweilen noch bei den Tieren und sprechen beruhigend auf sie ein. Die Herde macht einen erbärmlichen Eindruck: Durch die gesprenkelten Decken stechen die Knochen wie Zeltstangen hervor. Eine neue Dürre?

Wir hocken mit einigen Himba am Feuer, während die Frauen das Abendessen zubereiten. Es gibt Maisbrei und zu Ehren der Gäste einen gekochten Ziegenkopf. Mir schwant Schreckliches, als wir beobachten, wie Watamun die Augen der Ziege aus dem Schädel schält. Wir rücken eng um die Kalebassenschüssel, essen den Brei mit den Händen. Nach Gastrecht wird Besuch mit Leckerbissen geehrt. Die Augen der Ziege sind so ein Leckerbissen. Eines der Augen stiert mich böse an. Flupp hat der Häuptling es mir in den Mund gesteckt. Da liegt es nun und fühlt sich an wie eine Glasmurmel. Was tun? Ausspucken wäre eine tödliche Beleidigung. So wandert das Auge zwischen den Wangentaschen hin und her. Schließlich beiße ich drauf. Es schüttelt mich noch jetzt. Das Auge platzt, Zähne mahlen auf harter Knorpelmasse. Würgend gelangt die Masse durch die Speiseröhre. William ›genießt‹ unbeeindruckt das zweite Auge.

Es ist kalt geworden. Müdigkeit macht sich breit. Die Hunde begeben sich zu ihren Schlafplätzen auf hartem Untergrund. Köpfe ruhen auf den hölzernen Nackenstützen, denn Kopfputz und Frisur dürfen nicht in Unordnung geraten.

Ohne Hektik löst sich der Kral bei Sonnenaufgang aus nächtlicher Erstarrung. Man wärmt sich am Lagerfeuer. Das Vieh macht sich bemerkbar. Frauen und Mädchen fangen an, die Kühe zu melken. Ich schlendere zu den *pontok,* beobachte, wie Vainawira, eine Frau Watamuns, versonnen innehält, bevor sie mit dem Melken der heiligen Herde ihres Mannes beginnt. Der Clanchef sitzt derweil am heiligen Feuer und wartet. Einige Zeit später begibt sich Vainawira mit voller Holzkanne zu ihm, der nun die Milch kostet und sie für geeignet erklärt. Erst jetzt kann sie von der Sippe getrunken werden.

»Das morgendliche Milchritual ist ein Gehorsamstest, der täglich wiederholt wird. Es entlarvt den, der das Ritual verweigert, als unsicheres Clanmitglied. Loyalität und Disziplin sind wichtige Verhaltensweisen bei den Himba«, erklärt William.

Watamun kann oder will mir das Vorkosten lediglich als überlieferte Tradition erklären. Ich nehme an, dass es sich auch um einen Akt der Verantwortung und Fürsorge gegenüber seiner Gemeinschaft handelt.

Jäh kommt Leben in den Kral. Unter lautem Johlen, Pfeifen, Hundebellen treiben die Hirten das Vieh hinaus, spärlichem Gras ferner Weiden zu. Das Dorf verwaist in Staub und Wüstenhitze. Venomeho, der Wahrsager, ist vor seiner Hütte geblieben. Mit William begebe ich mich zu ihm, möchte etwas über das heilige Feuer, über Gesellschaftsordnung, über Mythen und Sagen erfahren.

Um nicht aufdringlich zu sein, sitzen wir einige Zeit schweigend bei ihm und rauchen. Auf einmal fragt der alte Hirte, warum wir zu Fuß gekommen seien. Ob wir arm seien, wie die Ovatschimba, die Erdferkel. Sie seien so arm, dass sie die Nahrung aus der Erde kratzen müssten, weil man ihnen das Vieh geraubt habe. Andere Besucher kämen mit Autos, wieder andere mit dem Flugzeug. Aber zu Fuß, das habe er noch nicht erlebt.

Wir schauen hinüber zur schwelenden Glut am Mopane-Stamm unmittelbar vor der Hütte Watamuns. Das heilige Feuer darf niemals verlöschen. Es symbolisiert die Verbindung zwischen den Lebenden und Toten. Es steht im Mittelpunkt des Clan- und Ahnenlebens der Himba, gleichsam als verbindendes Lebenslicht, *okuruwo*. Hüter ist der Clanchef. Nur er vermag durch das ewige Feuer den Kontakt mit den Verstorbenen herzustellen. Und die können ihm Rat geben oder Gehör bei Ndjambi Karunge verschaffen, dem Schöpfer aller Dinge.

Zwischen der Hütte des Oberhaupts, dem Feuer und dem Kälberkral liegt die heilige Meile, die niemand überschreiten darf, der nicht zuvor mittels Zeremonie den Ahnen vorgestellt wurde. Sollte das zentrale Feuer einmal verlöschen, droht Unheil. Der Clan gerät in Aufregung. Wieder entfachen darf es nur das Oberhaupt, mit geweihten Feuerstäben. Kurz vor dem Tod übergibt der Clanchef einem würdigen Sohn die Feuerstäbe und die Pflicht, das heilige Feuer ewig zu erhalten. Nachfolger wird nicht automatisch der Erstgeborene, sondern der durchs Orakel bestimmte fähigste Sohn des Oberhaupts. Tritt der Tod eines Chefs ein, treiben Himba großen Aufwand. Die Trauerfeier dauert Wochen und kostet viele heilige Rinder das Leben. Dabei darf kein Blut fließen. Die Tiere werden erwürgt. Das Fleisch von Kühen der heiligen Herde des Clanchefs wird nicht gegessen. Früher wurde es Aasgeiern und Schakalen überlassen. Heute wird es ans Nachbarvolk, an die Ovambo, verkauft oder gegen Plastikeimer getauscht. Der Verstorbene wird in das Fell seines Lieblingsrinds gewickelt und begraben.

»Dahinten, der von Steinen umgebene Hügel, geschmückt mit Rinderschädeln, ist ein solches Grab. Es gibt Stätten, an denen sind um die zweihundert Schädel befestigt«, erfahre ich über William. Bei den Himba nimmt die Frau eine zentrale Stellung ein. Zahlreiche Mutterfeste und die Initiationsrituale der Mädchen dokumentieren ihre Bedeutung in der matrilinearen Clangesellschaft. Alle Himba entstammen einem von sieben Matri-Clans, die alle auf eine gemeinsame Mutter zurückgehen. Nach der Heirat wird der Mann in den Clan seiner Frau aufgenommen. Nach dem Glauben der Himba werden das Blut von der Mutter, die spirituellen Fähigkeiten vom Vater ererbt.

An einem der folgenden Abende sitze ich wieder vor der Hütte des alten, weisen Hirten und genieße die Kühle. Amüsiert beobachten wir Verigera, das liebreizende Mädchen mit den lustig wippenden Zöpfen. Es kokettiert mit dem Jüngling Tjiningire, der vorgestern mit geschwollener Lippe zwei Zähnen nachtrauerte. Schamhaft werfen sie sich Steinchen zu. Was sich liebt, das neckt sich. Das Schicksal jedoch hat es nicht gut mit ihnen gemeint.

Venomeho wendet sich nach Westen und sagt:

»Die Quellen versiegen, wir werden weiterziehen.«

»Wann? Wohin?«, frage ich.

»Wir befragen die Ahnen, beraten, dann wird es Watamun bestimmen. Wir werden in ein anderes Tal ziehen.«

Himba sind Seminomaden. Beständig an ihrem Leben ist der Aufbruch, das Wandern mit dem Vieh nach kurzem Rasten. Auch die Geschichte des Volkes ist eine große Wanderung. Wie gern würde ich etwas über ihre Wurzeln erfahren. Ob Venomeho die Herkunft seiner Vorfahren kennt? Bisher ging er auf Fragen danach nicht ein.

»Die Himba sind die letzten freien Wanderer eines tapferen Volkes«, lasse ich William sagen.

Der Hirte schaut auf, als verstünde er mich nicht.

»Die Herero sind eine stolze Nation. Kommt sie von weit her?«

Keine Reaktion. Wir starren in die Dämmerung. Plötzlich erhebt er sich und gibt uns zu verstehen, dass wir ihm folgen mögen. Wir gehen einige Schritte durch den Busch und lassen uns unter einem mächtig ausladenden Baum nieder. Hier finden Versammlungen statt. Wir sitzen unter dem Omumborombonga, dem Ahnenbaum der Himba.

»Vor langer, langer Zeit«, beginnt der Hirte geheimnisvoll, »lebten zwei Brüder, Kathu und Nangombe. Sie führten unser Volk aus dem Land der vielen Quellen erst nach Süden, dann nach Westen. Unser Volk wurde von Räubern angegriffen und vertrieben. Es suchte neue Weideplätze. Nach vielen Entbehrungen erreichten die Brüder einen großen Baum, den Omunborombonga. Hier trennten sich sich. Kathu zog mit seinen Leuten weiter nach Süden, in die Gegend des heutigen Okahandja, Nangombe ließ sich im Westen nieder, verlor sich mit seiner Schar in den Weiten des Kaokoveld.«

Unter dem Omunborombonga schwor sich das Volk ewige Verbundenheit und gegenseitige Hilfe. So wurde der Baum für die Himba-Herero zum Sinnbild ihrer Gemeinschaft, ein Ahnenbaum. Ihr Herkunftsland »der vielen Quellen« war der westliche Teil Tansanias und »vor langer, langer Zeit« meint um 1500. Jedenfalls steht fest, dass die Herero Mitte des 16. Jahrhunderts auf die fetten Weiden und den fruchtbaren Boden der Ovambo, nördlich der Etosha-Pfanne, stießen. Das zahlenmäßig größere Ovambo-Volk drängte die einfallenden Hirten nach Süden und Westen ab, in die Halbwüste.

Die Kaokoländer lebten wegen der Kargheit des Gebiets weit verstreut in kleinen Clans. In den folgenden Jahren fielen teils mit Gewehren bewaffnete Nama und Orlam ein und raubten den Viehbestand der Nomaden. Um 1870 flohen schließlich die verarmten Himba-Gruppen ins benachbarte Angola und mussten bei den Ngambwe um Lebensraum und Nahrung betteln. Seit dieser Zeit werden die Menschen aus dem Veld Himba, das heißt ›Bettler‹, total mittellose gar Tschimba, ›Erdferkel‹, genannt.

Ihre Ehre rettete Oorlog (Afrikaans für ›Krieg‹). Der Sohn einer angesehenen Herero-Familie vereinte die Himba Angolas zu einer wehrhaften Gemeinschaft und wurde ihr Anführer. All das weiß der weise Hirte zu berichten. Wir müssen nur seine Umschreibungen, seine Fabulierkunst zu deuten und zu interpretieren wissen. 1920 überquerte Oorlog mit erobertem Vieh den Kunene und kehrte mit seiner Streitmacht ins Kaokoveld zurück.

Heute wird die Zahl der Himba auf viertausend in Namibia und zweitausend in Südangola geschätzt. Längst leben sie wieder in kleinen Clans als friedliche Wanderer. Ihr Rinderbestand wuchs rasch auf gut einhundertsechzigtausend Tiere. Die Dürre zu Beginn der Achtzigerjahre dezimierte die Herden dramatisch auf vierzigtausend. Für das karge Land sicher noch genug, doch die Sippen fühlen sich aufs Neue verarmt. Derzeit wachsen die Viehbestände wieder, ob zum Wohl der Menschen und der Erde, ist fraglich.

Der Tag des Aufbruchs naht. Der Clan wird gen Westen ziehen. Das heißt für uns, demnächst Abschied zu nehmen. Ein Fest wird vorbreitet. Wir spendieren eine Ziege, die fünfzig Euro kostet. Sie wird außerhalb des Krals geschlachtet, genauer: geräuschlos erwürgt. Im Nu wird sie aus dem Fell geschlagen, dann das Fleisch in Streifen geschnitten. Über dem Feuer siedet Wasser in bauchigen Blechtöpfen. Das Fleisch wird gekocht. Man sitzt im Kreis auf dem Sandboden. Zum Ziegenfleisch gibt es Sauermilch, die Hauptnahrung Maisbrei und *omavand*a-Blätter, das sind Blätter der *Aloe omavandae*. Die Speisen befinden sich in einer flachen Holzschüssel, in die der Reihe nach, erst die Männer, dann die Frauen und Kinder mit der rechten Hand hineingreifen. Ergänzend macht eine schwarze Flüssigkeit die Runde: *kari,* aus Honig, Borke und aus dem Nest der Erntetermiten gesammelter Grassaat selbst gebrautes Bier. Spontan beginnen zwei Mädchen zu klatschen und zu singen. Andere fallen ein, sammeln sich und bilden einen Halbkreis. Schon springen die ersten Mädchen in die Mitte und tanzen. Verigera gehört dazu. Es ist ein auf- und abschwellendes Stampfen. Sogar Tanagenga bleibt nicht ungerührt. Ihre lederharten Füße schlagen im Takt. Dabei entwickelt das alte Mütterchen ungeahnte Vitalität. Verigera hüpft im Ring wie eine junge Gazelle. Satt glänzt der frisch aufgebrachte Ocker. Rhythmisch wippen Brüste und fünfzehn Kilogramm Schmuck, dazu der Kranz langer bandwurmförmiger Zöpfe. Sie ist der Star unter den Jugendlichen, heiß begehrt. Ihr Herz scheint für Tjiningire zu schlagen. Doch für den, so heißt es, ist der Brautpreis noch unbezahlbar hoch. Verigera bringt die ledigen Männer in Fahrt, die jetzt hochschnellen, um im Kreis aus Frauenleibern mitzutanzen. Alle Tänze haben rituelle Bedeutung. Da gibt es den *otjiunda*, den Kälbergehege-Tanz, den Riesentrappen-Tanz, den Elefanten-Tanz. Der *otjiunda* ist auch der Tanz für heiratsfähige Mädchen.

Nun imponieren die Jünglinge durch Luftsprünge und kraftvolles Stampfen. Tjiningire wirbelt akrobatisch in Verigeras Nähe, was ihr imponiert. Sie revanchiert sich, indem sie immer so springt, dass sich für einen Moment ihr Gesäß entblößt. Koketterie, bei der sie Scham- und Gesäßschutz raffiniert mittanzen lässt – mit dem Ziel, Paarung, besser Hochzeit zu stimulieren, weil sie bestimmt gern die Lederkrone tragen und die große Kegelschnecke auf der Brust baumeln lassen möchte.

Himba kennen keine besonderen Musikinstrumente, doch sie verfügen über einen schier unerschöpflichen Liederschatz, der vom Klang der Mundgeige, einem gespannten Bogen, begleitet wird. Die Tänze werden furioser, die Sprünge gewagter, Klatschen und Gesang schriller. Lenden und Lendenschurze wirbeln aufreizender. Schwer schlägt der Metallschmuck aneinander. Das ganze Dorf befindet sich in einem kollektiven Tanzrausch, der William und mich nicht ausschließt. Schweißüberströmt sinke ich auf meinen Platz zurück. Venomeho macht verständlich, dass jetzt der Höhepunkt, der *otjiunda*-Tanz folgt, den müsse ich mittanzen. Matt winke ich ab.

Beim Kälbergehege-Tanz bilden tanzende, singende, klatschende Frauen das Gehege, das einzelne Tänzer durchbrechen müssen. Alle versuchen Verigera, das heiratsfähige Mädchen in der Rolle des Raubtiers, zu verjagen, ohne handgreiflich zu werden. Je länger das ›Raubtier‹ im Gehege verbleiben kann, desto furioser der Beifall. Verigera tanzt wie in Trance.

Mich packt die mystische Kulisse: flackernde Feuer, zuckende, rot glänzende Körper im dichten Staubwirbel. Die bebende Erde, die schreiende, tobende Masse Mensch. Und Mondlicht, das wie ein Silberschleier über der Szene wallt ...

Der Tanz der Ockermenschen vom Omumborombonga-Baum, wann wird es ihr letzter Tanz sein? Nicht die Dürre bedeutet die eigentliche Gefahr, es ist die Zivilisation ringsum. Der Fortschritt mit seinen vermeintlichen Segnungen wird sie bald besiegt haben. Den Organisatoren des Massentourismus ist wenig heilig. Das Kaokoveld wurde zur Besichtigung freigegeben, damit auch eine der letzten Naturgemeinschaften Afrikas. Das ist beschlossene Sache der Freizeitindustrie und nicht mehr aufzuhalten. Ich kann nur hoffen, dass sich die Himba so teuer wie möglich ›verkaufen‹, damit Flucht und Vertreibung nicht schon bald in den Slums rund um Windhoek enden.

Während ich dies schreibe, empfinde ich Trauer und Zorn. Das Volk der Himba, dessen kulturelle Identität, Sitten und Moralvorstellungen nur wenige Menschen kennen, ist in Gefahr unterzugehen. Es ist ein stolzes Volk, das die Freiheit liebt. Das Recht auf ein freies, autonomes Leben muss den Himba garantiert werden. Ich habe den Wunsch, dass alles getan wird, um den Himba und anderen Nomadenvölkern den Übergang in andere Gesellschaftsformen so schonend wie möglich zu gestalten, damit die Menschen ihre Identität und ihre besonderen Wertvorstellungen wahren können.

»Oh je, du siehst ja schrecklich aus!«
»So geht es mir auch, William.«

Und schon übergebe ich mich. Mein Magen revoltiert, der Kopf dröhnt. Habe wohl das Auge nicht vertragen und zu viel von dem Honigbier probiert. Um den Gärungsprozess einzuleiten, spucken die Himba-Damen kräftig in den Topf mit dem Sud – was ich allerdings erst hinterher erfahre. Meine Unpässlichkeit spricht sich herum. Tanagenga erscheint. Ihre knochigen Hände befühlen Bauch und Stirn.

»Kein Problem«, gibt sie zu verstehen.

Nach zehn Minuten erscheint sie mit einer schwarzen Brühe, die ich trinken möge. Hilfesuchend wende ich mich an William. Der nickt und meint: »Es kann nur schlimmer werden.«

Zum freundlichen Lächeln der Alten trinke ich die Himba-Medizin ... und es wird schlimmer! Die Entleerung ist radikal und total. Danach aber, oh Wunder, geht es mir gut, bestens sogar.

Um die Mittagszeit gerät das Dorf in Aufregung. Stimmen werden laut, Frauen stürzen aus ihren *pontok*. Durchs Hauptgatter schleppen zwei junge Männer einen dritten. Es ist Tjiningire, der zwischen den Schultern seiner Kameraden hängt. Er hatte mit anderen Hirten das Vieh vor dem Aufbruch noch einmal an eine Wasserstelle treiben wollen, war im Busch verschwunden, um einen neuen Hirtenstock aus Astwerk zu schneiden. Dabei ist er von einer Schlange gebissen worden. Eine Schwarze Mamba sei es gewesen. Das Gift wirkt schon. Tjiningire wird vor der Hütte seiner Mutter niedergelegt. Aus zwei Einstichen in der linken Wade sickert etwas Blut. Dicke Schweißtropfen perlen von Stirn und Gesicht über seinen Körper. Eine *Dendroaspis polylepis* ist eine der giftigsten Schlangen der Erde, Neurotoxin, ihr Gift, für den Menschen lebensgefährlich. Herzrhythmusstörungen, dann Atemstillstand können innerhalb von zwanzig Minuten zum Tod führen. Gott sei Dank sind seit dem Biss keine zehn Minuten vergangen.

»Das Bein abbinden!«, schlage ich vor.

William schnürt einen Lederriemen um den Oberschenkel. Venomeho beugt sich über den Hirten, bespritzt ihn mit Urin einer heiligen Kuh und hält einen Monolog. Er scheint auch so etwas wie der *witchdoctor* der Sippe zu sein. Die Dorfgemeinschaft steht da, schicksalsergeben schauen sie zu, wie sich der Jüngling zu Tode quält. Verigera drängt vor, beginnt zu heulen, ein herzzerreißendes Klagen. Ich erinnere mich eines Unfalls in der Tschadsahara. Sage William, Tjiningire solle trinken, sie müssten ihn in nasse Tücher wickeln. Damals ging es um einen Skorpionstich, was mit dem Biss einer Mamba nicht zu vergleichen ist. Rasch durchwühle ich meinen Rucksack, finde Paracetamol und Fav-Afrique, ein Antiserum gegen diverse Schlangengifte, allerdings abgelaufen. Und ein kreislaufstabilisierendes Mittel. Zeige William die Medikamente.

»Wenn er was davon bekommt und stirbt, haben wir ein ganz großes Problem!«, mahnt William.

»Zuschauen, wie er krepiert, ist auch keine Lösung.«

Tjiningire geht es verdammt schlecht. Die Augenlider hängen herab, er übergibt sich, Speichel läuft aus seinem Mund. Das Bein um die Bisswunde schwillt an.

Venomeho ist kooperativ. Er hält den Kopf des Himba, ich flöße ihm Wasser über einen Trichter und das beruhigende Kreislaufmedikament ein. William tritt unruhig von einem Bein aufs andere. Längst hat er sein Handy gezückt, bekommt aber keine Verbindung. Wir tragen den Unglücklichen in die Hütte seiner Eltern, hüllen ihn in Lederlappen, die mit Wasser getränkt werden. In dumpfer Erwartung vergeht der Rest des Tages. Venomeho harrt bei ihm aus, murmelt seltsame Beschwörungsformeln. Wir fühlen uns für Tjiningires Trinken und die Körperkühlung verantwortlich. Noch atmet er, noch lebt er. Die Nacht und der nächste Tag werden zeigen, wer stärker ist: das Gift oder das Hirtenleben. Inständig hoffe ich, dass der Biss nicht von einer Mamba stammt. Vielleicht war es eine Hornviper. Seine Überlebenschancen wären ungleich besser. Auch bei einer Mamba, die kurz vorher Beute gemacht hätte, könnte Tjiningire mit dem Leben davonkommen.

Meine Nacht ist von Unruhe und Albträumen geprägt, in denen aufgebrachte Himba mit Stöcken auf uns eindreschen, weil wir für den Tod eines ihrer besten Hirten verantwortlich sind. Trotz der Nachtkälte wälze ich mich schweißgebadet auf dem Lager.

Im Morgengrauen begebe ich mich in seine Hütte. Verigera, Venomeho, auch seine Mutter sind bei ihm. Sein Atem rasselt unregelmäßig, aber Tjiningire lebt. Er stöhnt und hat Schmerzen. Ich löse Paracetamol in Wasser auf, führe ihm das Schmerzmittel über ein Holzrohr zu. Und bete, dass die Medikation hilft.

Gegen Mittag erscheint der Wahrsager und *witchdoctor*, setzt sich zu uns und berichtet, Tjiningire gehe es besser. Er habe gesprochen. Die Schmerzen seien erträglich. Nicht zu sagen, wie erleichtert wir sind.

Der alte, weise Hirte fragt, ob ich verheiratet sei.

»Ja«, antworte ich.

»Wie viele Kinder hast du?«

»Zwei Jungs, die haben längst eigene Familien.«

»Zwei ist zu wenig«, lässt er sagen.

Damit reicht er mir eine große weiße Kegelmuschel, es sei ein Geschenk von Kuvatare, der Mutter des verletzten Hirtenjungen. Meine Frau möge die Muschel tragen und noch viele Kinder gebären. Da muss ich doch laut lachen.

Hirte, Wahrsager und einstiger Krieger Venomeho, die Speerspitze hinters Ohr geklemmt, übergibt mir zum Abschied eine Kegelmuschel

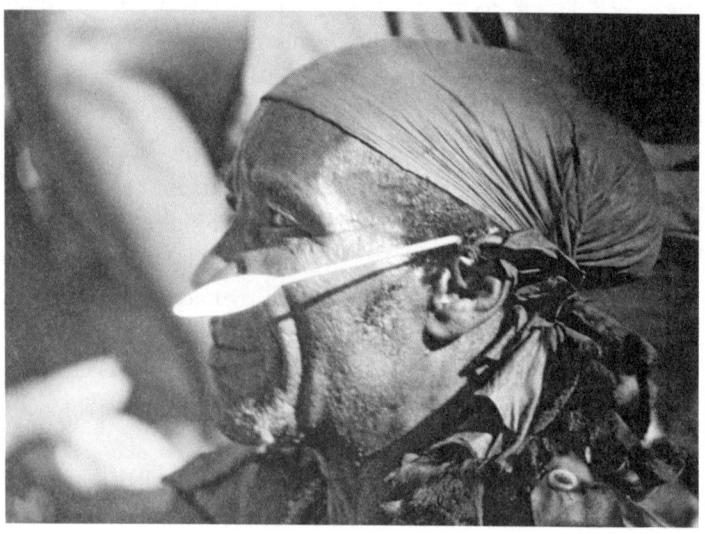

Wir sitzen uns eine Weile schweigend gegenüber. Und auf einmal wird mir bewusst: Auch diese Reise wird schon bald ihr Ende haben. Dabei überkommt mich ein Gefühl von Übelkeit und Leere, wie häufig, wenn man etwas verlassen muss, was einem irgendwie ans Herz gewachsen ist – Afrikas raue Seele.

»Jetzt wird alles gut«, murmelt der alte Hirte.

Er hebt seinen Kopf und führt einen Holznapf an seine Lippen. Er sagt noch etwas, doch seine Stimme verliert sich in ein immer tiefer werdendes Schweigen. Sonnenlicht flutet über sein Gesicht, das beginnt auszusehen wie eine Ritualmaske, zeitlos, seherisch, geheimnisvoll, tief mit dem Volk und seinen Ahnen verwurzelt. Ein zufriedenes Lächeln gleitet über sein Gesicht, dann steht er auf. Langsam, doch stolzen Schrittes geht er hinüber zu seinem *ondjuwo,* seiner Behausung.

William stößt mich an, deutet auf eine Lichtung. Was da im Sand steht, ist unglaublich: ein Marabu! Er verharrt auf seinen dürren Beinen und mustert uns listig aus kleinen schwarzen Augen. Mit dem kahlen, fleischrosa Hals, dem hässlichen Kopf sieht er aus wie ein Unheilsbote, ein Vogel aus der Unterwelt. Nein, nein, für mich ist der Marabu ein Glücksbringer. Er hat mich stets beobachtet, begleitet und beschützt.

»Danke, Marabu!«, rufe ich hinüber.

William besorgt: »Bevor du ganz abdrehst: Wir müssen packen und aufbrechen. Also, spute dich!«

So im Sand, denke ich von Horizont zu Horizont. Wie rasch ist sie zerronnen, die Zeit in Afrika! Und auf einmal fühle ich mich wie im Dunkel, umgeben von Licht – wie auf einer Reise, die niemals enden möge.

William ist aufgestanden.

Ich rufe ihm nach: »Ich könnte bleiben!«

Zitatnachweis

S. 8: Beryl Markham: »Westwärts mit der Nacht. Mein Leben als Fliegerin in Afrika«. Deutsch von Günter Panske. Nymphenburger Verlagsbuchhandlung, Edition Meyster, München 1987; Piper, München 2001

S. 19: Angela Merkel, am 9.12.2007, auf dem EU-Afrika-Gipfel in Lissabon, u. a. zit. nach Hans-Joachim Löwer: »Im Land des Hasses. Undercover durch Simbabwe«. Herbig, München 2008, S. 224

S. 31: Das Musical »Annie« beruht auf dem Comic »Little Orphan Annie« von Harold Gray. Komponiert von Charles Strouse. Die Liedtexte stammen von Martin Charnin, das Drehbuch dazu schrieb Thomas Meehan. New York 1977. Meehan publizierte den zugehörigen Roman 1980 bei Macmillan Books

S. 33: Robert Mugabe, zit. nach Hans-Joachim Löwer: »Im Land des Hasses. Undercover durch Simbabwe«. Herbig, München 2008, S. 30

S. 35: Julius Nyerere, zit. nach Äußerung 1980 im ZDF

S. 63: Hermann von Barth: »Livingstone's Reisen in Ostafrika«. S. 122, Livingstone's Reise an die Ostküste. Verlag von Otto Spanner, Leipzig 1876

S. 64: Friedrich Nietzsche: »Jenseits von Gut und Böse. Vorspiel einer Philosophie der Zukunft«. Viertes Hauptstück, Sprüche und Zwischenspiele, Nr. 146, Leipzig 1886; zit. nach www.zitate-online.de

S. 80: »Africa – Voodoo Master«: Rose Laurens, »Déraisonnable«, 1982, Text: Jean-Michel Beriat, Jean-Pierre Goussaud; © MusiXmatch, www.musixmatch.com

S. 166: Matthias Politycki: »Das Schweigen am anderen Ende des Rüssels.« Wilhelm Goldmann, München 2003, S. 219

S. 200: Jens Bjerre: »Kalahari – Afrikas Buschmänner«. F. A. Brockhaus Verlag, Wiesbaden 1960

S. 297: Friedrich Welwitsch, zit. nach J. D. Hooker: »Welwitschia, a new Genus of Gnetaceae«, in: The Transactions of Linnean Society of London, Vol. XXIV, 1. Teil, London 1863, S. 2/3

S. 298: Chris H. Bornman: »Welwitschia«. C. Struik Publishers, Kapstadt, Johannesburg 1978

S. 346: Henno Martin: »Wenn es Krieg gibt, gehen wir in die Wüste«. Two Books, Hamburg 2008, S. 33

S. 356: Sven Hedin: »Durch Asiens Wüsten«. Edition Erdmann, K. Thienemanns Verlag, Stuttgart 1986, S. 35

S. 372: Walter von Schoen: »Deutschlands Kolonialweg. Die Geschichte unserer Schutzgebiete«. Deutscher Verlag, Berlin 1939, S. 97

Darüber hinaus verwendete und weiterführende Literatur

Baumann, Peter; Uhlig, Helmut: Rettet die Naturvölker – Kein Platz für »wilde« Menschen. Frankfurt 1980

Eibl-Eibesfeld, Irenäus: Die !Ko-Buschmann-Gesellschaft. Gruppenbildung und Aggressionskontrolle bei einem Jäger- und Sammlervolk. München 1972

Frenssen, Gustav: Peter Moors Fahrt nach Südwest. Berlin 1906

Hertel, Peter: Zu den Ruinen von Simbabwe. Gotha 2000

Iwanowski, Michael: Botswana. Dormagen 2005

Jeska, Andrea: Simbabwe – Die Sehnsucht des Schlangengottes. Wien 2013

Kuntze, Lisa: Die Macht der Diamanten. Windhoek 1983

Lévi-Strauss, Claude; Llobera, José Ramón: Naturvölker. Sozialsysteme im Einklang mit der Umwelt. Reinbek 1978

Lonely Planet: Zimbabwe, Botswana & Namibia.

Losskarn, Dieter: Namibia. Ostfildern 2014

McGregor, Gordon: Seekrieg in Angra Pequeña. Windhoek 2014

Mehnert, Gottreich Hubertus: Kurzgeschichten aus Südwest-Afrika. Windhoek 2011

Post, Laurens van der: Die verlorene Welt der Kalahari. Zürich 1995

Preez, Jock du: Animals of Etosha. Windhoek 2010

Prein, Gabriele; Ripken, Peter: Zimbabwe – Reiseführer mit Landeskunde. Dreieich 1997

Randall, Will: Ein Engländer in Botswana. München 2006
Schmidt, Bettina: Zimbabwe. Die Entstehung einer Nation. Saarbrücken 1991
Scholefield, Alan: Adler des Bösen. Frankfurt a. M. 1985
Shostak, Marjorine: Ich folgte den Trommeln der Kalahari. Reinbek 2001
Sommerlatte, Herbert: Gold und Ruinen in Zimbabwe. Gütersloh 1987
Weber, Ingeborg; Wiebus, Hans-Otto: Namibia. Köln 1992
Zuchan, Knut: Zimbabwe. Kiel 2000

PAPERBACK, 408 SEITEN
ISBN 978-3-7701-8268-8
PREIS 14,99 € [D]/15,50 € [A]
AUCH ALS E-BOOK ERHÄLTLICH

Dschungelfieber und Wüstenkoller

*Abenteuer
West- und Zentralafrika*
von Wolf-Ulrich Cropp

Als kleiner Junge hatte Wolf-Ulrich Cropp bei seinem Großvater den ›Urwalddoktor‹ Albert Schweitzer kennengelernt. Der Wunsch, dessen Hospital in Lambaréné zu besuchen, ist der Anlass für eine große Reise durch West- und Zentralafrika. Cropp reist von Gabun in den Urwald des Kongobeckens, geht mit Pygmäen sammeln und jagen, beobachtet Elefanten und Gorillas aus nächster Nähe und erfährt Erstaunliches über unsere nächsten Verwandten, die Bonobos. Eine Pirogenfahrt auf dem Kongo bringt ihn ins dunkle Herz Afrikas, wo er mit Kindersoldaten konfrontiert wird. In N'Djamena schließt er sich einer Expedition in die kaum erforschte Wüste des Nord-Tschad an. Hier brodelnde Metropolen, in denen die Menschen bis heute einer Geister- und Dämonenwelt ergeben sind, dort fiebriger Dschungel mit unberechenbarer Urnatur oder die Einsamkeit der Wüste: Stets geht es dem Autor darum, das Afrika hinter den Kulissen zu entdecken. Es bringt Faszinierendes und Überraschendes, bisweilen auch Groteskes und Erschreckendes zum Vorschein und ist für den Autor nicht immer ganz ungefährlich ...

PAPERBACK, 272 SEITEN
ISBN 978-3-7701-8251-0
PREIS 14,99 € [D]/15,50 € [A]
AUCH ALS E-BOOK ERHÄLTLICH

»*Beste Symbiose von Krimi und Infotainment ...*«
Rüdiger Nehberg, TARGET

Der Mann, der den Tod auslacht

Begegnungen auf meiner Reise durch Äthiopien

von Philipp Hedemann

»Wer nicht reist, wird immer glauben, dass seine Mutter die beste Köchin ist«, lautet ein afrikanisches Sprichwort. Philipp Hedemann wollte wissen, wie andere Mütter kochen und reiste mit dem Geländewagen mehrere Tausend Kilometer durch Äthiopien. Er ließ sich von einem Aidsheiler den Teufel austreiben, lachte mit dem äthiopischen Lachweltmeister, besuchte die heilige Quelle des blauen Nils, bestieg den höchsten Berg des Landes und wäre beinahe Mönch geworden. Er traf Flüchtlinge in trostlosen Lagern und versuchte, das Rätsel der Bundeslade, in der die Zehn Gebote verwahrt werden, zu lüften. Er fürchtete in der Danakil, der heißesten Wüste der Welt, von Rebellen entführt zu werden, und trainierte mit äthiopischen Wunderläufern. Er feierte mit bekifften Rastafaris den Geburtstag Haile Selassies und fütterte wilde Hyänen ...

»Der Mann, der den Tod auslacht« erzählt von abenteuerlichen Reisen und spannenden Begegnungen und porträtiert unterhaltsam ein geheimnisvolles und widersprüchliches Land im Osten Afrikas.